하이퍼객체

컨템포러리 총서

하이퍼객체

― 세계의 끝 이후의 철학과 생태학

티머시 모턴 지음 | 김지연 옮김

현실문화

일러두기

- 이 책은 Timothy Morton, Hyperobjects: Philosophy and Ecology after the End of the World (Minnesota: University of Minnesota Press, 2013)를 옮긴 것이다.
- 본문의 [ ]는 원문의 이해를 돕기 위해 옮긴이가 보충한 내용이다.
- 원서의 (제목 표기가 아닌) 이탤릭체 표기는 강조체로 옮겼다.
- 지은이가 본문에서 인용하는 책의 경우 국역본이 있으면 최대한 그 서지사항을 달아주었다. 해당 인용 부분의 번역은 별다른 표시 없이 옮긴이가 수정하기도 했다.
- 외국 인명/지명 등의 표기는 국립국어원에서 펴낸 외래어표기법을 원칙으로 하되, 국내에서 널리 사용되는 것은 관행을 따르기도 했다.

차례

나는 죽음의 신이 되어 세계를
산산조각 내었다.
　―로버트 오펜하이머
(『바가바드 기타』에서 인용)

존재 속 지진[*]
— 하이퍼객체 서론

나는 이전 저작 『생태학적 사상』에서 인간에 비해 시공간에 광범위하게 분포한 사물들을 가리키기 위해 **하이퍼객체**라는 용어를 만들었다.[1] 하이퍼객체는 블랙홀일 수 있다. 하이퍼객체는 에콰도르의 라고 아그리오 유전이나 미국 플로리다의 에버글레이즈 습지일 수 있다. 하이퍼객체는 생물권이거나 우리 태양계일 수도 있다. 하이퍼객체는 지구에 존재하는 모든 핵물질의 총합이거나 개별 플루토늄, 우라늄일 수도 있다. 하이퍼객체는 인간이 직접 대량 생산한 후 아주 오랫동안 지속하는 결과물, 이를테면 스티로폼, 비닐봉지, 끽음을 내며 돌아가는 자본주의라는 기계 장치의 총합일 수 있다. 이때 하이퍼객체는 인간이 직접 만든 것이든 그렇지 않든 간에 다른 개체에

---

[*] [옮긴이] 극심한 요동침으로 인해 갈라지고 틈이 생기는 지진에 대한 은유는 작가가 책 곳곳에서 존재론적 틈, 갈라짐, 균열을 이야기하는 것과 공명한다.

1   Timothy Morton, *The Ecological Thought* (Cambridge, Mass.: Harvard University Press, 2010), 130–135.

비해 '하이퍼'hyper하다.

하이퍼객체는 여러 속성을 공유한다. 하이퍼객체는 **끈적거리는 데**viscous, 연관된 존재들에 '들러붙는다'는 의미다. 하이퍼객체는 **비국소적**nonlocal이다. 다시 말해 하이퍼객체가 드러나는 어떤 '국소적 발현'도 하이퍼객체 자체는 아니다.[2] 하이퍼객체는 우리에게 익숙한 인간적 척도와는 근본적으로 다른 시간성을 수반한다. 특히 행성처럼 거대한 하이퍼객체는 실제로 가우스형 시간성[3]을 띠는데, 이는 일반 상대성으로 인해 발생하는 시공간 소용돌이다. 하이퍼객체가 고차원의 위상 공간을 점유함으로써 오랜 기간 동안 하이퍼객체의 존재가 인간에게 보이지 않게 되는 결과가 초래되었다. 또한 하이퍼객체의 영향은 **상호객체적으로**interobjectively 나타나는데, 다시 말해서 그 영향은 객체가 가진 미적 속성 간의 상호관계성으로 이루어진 공간에서 감지된다는 뜻이다. 하이퍼객체는 우리의 지식이 만들어낸 작용이 아니다. 즉 하이퍼객체는 인간뿐 아니라 벌레, 레몬, 자외선에 대해서도 **하이퍼**하다.

하이퍼객체는 인간의 사회적, 심령적psychic 공간에 이미 상당한

---

2   **국소적 발현**(local manifestation)은 철학자 레비 브라이언트가 객체의 모습을 설명하기 위해 만든 조어다. Levi Bryant, *The Democracy of Objects* (Ann Arbor, Mich.: Open Humanities Press, 2011), 15를 보라: [국역본] 레비 브라이언트, 『객체들의 민주주의』, 김효진 옮김(갈무리, 2021).

3   [옮긴이] 아인슈타인은 『일반 상대성 이론』에서 평평한 카르테시안 좌표계가 아닌 임의적으로 구부러진 좌표계를 생각해냈다. 이 좌표계 위로 시간이 변형되어 가단성 있는 시공간이 만들어지는데, 저자는 이를 가우스형 시간성(Gaussian temporality)이라고 부르고 있다.

영향을 끼치고 있다. 하이퍼객체는 내가 **세계의 끝**이라고 부르는 것을 직접적으로 초래하며, 부인론denialism과 종말론적 환경주의를 모두 시대에 뒤처진 것으로 만든다. 하이퍼객체는 이미 **위선**hypocrisy, **약함**weakness, **절뚝거림**lameness이라는 특성을 띤 새로운 인류 단계의 시작을 야기했다. 이 용어들은 이 책에서 매우 구체적으로 공명하고 있으므로 심도 있게 다룰 것이다. **위선**은 메타언어의 불가능성이라는 조건에서 기인한다(또한 앞으로 설명하겠지만, 생태학적 비상사태 때문에 이러한 조건을 새롭게 의식하게 되었다). **약함**은 현상과 사물 사이의 간격[4]에서 비롯하며, 하이퍼객체에 의해 불안하게 가시화된다. 또한 **절뚝거림**은 모든 개체가 (그 자체의 존재 가능성의 조건이 되기에는) 취약하다는 사실에서 발생하며, 하이퍼객체에 의해 이 취약함은 더 부각된다.[5] 하이퍼객체는 인류의 예술과 경험(미적 차원) 역시 변화시키고 있다. 바야흐로 우리는 **비대칭성의 시대**Age of Asymmetry에 살고 있다.

하이퍼객체는 여러 객체의 단순한 모음, 시스템, 집합이 아니다. 하이퍼객체는 그 자체로 객체이자 특별한 의미를 가진 객체이며, 그 의미는 책에서 논의가 개진됨에 따라 점진적으로 밝혀질 것이다. 객

---

4   [옮긴이] 이 책에서 gap은 '간격', rift는 '균열', split은 '갈라짐', fricture는 '틈'으로 옮겼다.

5   어떤 의미에서 보자면 약함이라는 생각은 바티모가 제안했던 인간-세계 간격을 수용하는 연약한 사고를 확장한 것으로서, 약함은 허무주의를 통과해 지나간다. Gianni Vattimo, *The Transparent Society*, trans. David Webb (Baltimore: Johns Hopkins University Press, 1994), 117, 119.

체가 가진 이 특별한 의미는 독특한 형태의 실재론과 비인간중심적 사고에 전념하는 신흥 철학 운동인 **객체 지향 존재론**OOO, object-oriented ontology에서 비롯했다. 그렇다면 하이퍼객체를 (인간의) 상상력이 만들어낸 허구라고 보는 것은 상상력을 데이비드 흄David Hume의 방식대로 관념 연합으로 보든, 칸트Immanuel Kant처럼 선험적 종합 판단의 가능성으로 보든 전혀 적절하지 않다. 인간이 하이퍼객체에 대해 생각하든 말든 하이퍼객체는 실재한다. 사실 이 책이 제시하는 근거에 따르면, 하이퍼객체는 물리적 실재 '바깥에서' 초월적 도약을 이루려는 가능성을 종식해버린다. 하이퍼객체는 우리의 사고가 물리적인 것에 내재해 있음immanence을 시인하도록 강제한다. 하지만 이것이 곧 우리가 '생활세계'[6]에 '뿌리내리고 있음'을 뜻하는 것은 아니다.

따라서 하이퍼객체는 철학에 까다로운 이중 과제를 부여한다. 첫 번째 과제는 사물에 오염되지 않은 채 사물을 설명할 수 있는 메타언어가 존재할 수 있다는 생각을 폐기하는 것이다. 이 책에서 내가 분석한 이유를 근거로 보자면, 후기구조주의자들의 사상은 몇 가지 측면에서 이 과제를 수행하는 데 실패했거나, 더 정확히 말하면

---

6   [옮긴이] 생활세계(Lebenswelt)는 학문적으로 수립된 객관적 세계와 대립되는 일상적 삶의 세계를 말한다. 에드문트 후설은 생활세계를 원칙적으로 직관할 수 있는 주관적인 세계로 본다. 생활세계는 이 실제적인 경험 가능성 때문에 다른 세계에 비해 탁월하며, 그렇기 때문에 객관적 학문의 토대로서 이것들을 위한 '논리적' 하부구조에 해당한다. 하이데거는 이 개념을 『존재와 시간』에서 재조명했다.

완결하지 못했다. 두 번째 과제는 '세계'라고 부를 만한 유의미한 것이 부재하는 상황에서 현상학적 '경험'이란 무엇인가를 규명하는 일이다. 이런 이유들로 이 책에 '세계의 끝 이후의 철학과 생태학'이라는 부제를 달았다.

나는 이 책을 두 부분으로 나누었다. 객체 자체와, 객체가 다른 개체에게 보이는 외양 사이에 근본적인 쪼개짐이 있다는 점에서 이런 방식으로 책을 분할한 것은 적절해 보인다. 하이퍼객체를 이해하려면 직접적인 철학적, 역사적, 문화적 설명이 필요하며, 이는 1부에 해당한다. 그러한 설명 이후 하이퍼객체를 인간이 전유하는 것에 관해 살펴보는 것으로 넘어가는데, 이는 2부에 해당한다.

이 책에서 나는 줄곧 독자가 '사적'이라고 느낄 법한 문체로, 때로는 도발적이거나 좌절감을 느낄 만한 스타일로 썼다. 다소 '사적으로' 글을 쓰기로 결심한 데는 과감히 도전해볼 만한 알폰소 링기스 Alphonso Lingis[7]의 현상학에서 받은 영향이 크다. 사적인 문체를 시도한 것은 적절해 보인다. 나는 이 책에서 **지구온난화**라고 부르는 하이퍼객체에 붙들린 개체들 중 하나다(내가 이 책을 쓰면서 내린 또 다른 결정은 지구온난화를 **기후변화**로 부르는 것에 동의하지 않는 것이다. 그림1을 보라). 지구온난화는 내가 잘 아는 개체 중 하나다. 그리

---

7   [옮긴이] 알폰소 링기스는 미국의 철학자이자 작가 겸 번역자다. 프랑스 현상학자인 메를로퐁티와 사르트르에 관한 연구로 철학 박사학위를 취득했으며, 에마뉘엘 레비나스의 다수의 저작을 영어로 번역했다.

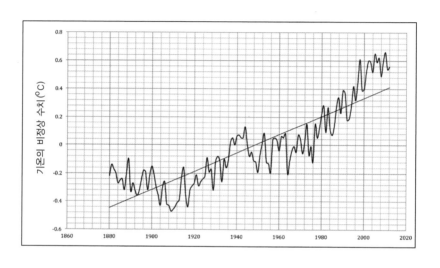

그림1. 지구온난화는 직접 볼 수 없지만 이 그래프가 제시하듯 사고할 수 있고 컴퓨터로 계산할 수 있다. 미국항공우주국 고다르 연구소NASA Godard Institute for Space Studies의 데이터. 그래프 디자인: 래리 버츠Larry Butz.

고 나는 객체 지향 존재론자로서, ('나 자신'을 포함해) 모든 개체는 수줍고 내성적인 문어처럼 숨겨둔 먹물을 뿌리면서 존재론적 그림자 속으로 물러난다고withdraw 생각한다. 따라서 '객관적'이라는 단어가 곧 말의 내용에 '메타'를 없는 마스터 언어master language를 뜻한다면, 어떠한 담론도 진정으로 '객관적'이진 않다. 또한 이 책에는 필연적으로 회귀하고 윤회輪廻하는 사유 방식이 있다. 하이퍼객체는 한 번에 오직 일부만 볼 수 있다는 점 때문이다. 하이퍼객체를 사유하기란 본질적으로 까다롭다.

이러한 추론 과정이 나를 포스트모더니스트로 보이게 하겠지만 이 책에서 명확히 제시될 근거들 탓에, 최근 부상하는 생태학적 시대는 포스트모더니즘이 이해했던 것보다 훨씬 더 강력하고 날것 그대로 '메타언어란 없다'는 생각을 받아들이게 될 것이다.[8] 포스트모더니즘에서는 모종의 강력한 의미에서 '모든 것은 은유'이기 때문에 모든 은유는 똑같이 형편없다. 하지만 나에게는, 그리고 바야흐로 비대칭성의 시대로 이행하고 있는 때에 모든 인류에게는, 우리의 앎과는 무관하게 실재하는 것이 확실히 존재하기 때문에 어떤 은유는 다른 은유보다 낫다.[9] 그렇지만 사물을 벗어나 있을 수 있는 곳이 전혀 존재하지 않기 때문에, 이제 우리는 '메타언어는 없다'를 창안한 자

8   Jacques Lacan, *Écrits: A Selection*, trans. Alan Sheridan (London: Tavistock, 1977), 311: [국역본] 자크 라캉, 『에크리』, 홍준기·이종영·조형준·김대진 옮김(새물결, 2019).

9   이 사유의 문장을 Graham Harman, *Guerrilla Metaphysics: Phenomenology and the Carpentry of Things* (Chicago: Open Court, 2005), 101–102에서 가져왔다.

보다도 그 진실을 더 절절히 이해할 수 있다. '메타언어란 없'으며, '모든 것은 은유'라고 말하는 포스트모더니즘의 전 지구적 확신은 스스로 생각했던 바와는 다르게 포스트모더니즘이 그저 또 다른 버전의 (백인, 서구, 남성의) 역사적 프로젝트임을 의미한다. 이 프로젝트의 최종 목적은 시대의 인물, 테크놀로지, 사상이 부드럽고 황홀에 가까운 착란 상태로 서성이는 이상한 환승 구역을 역사 바깥에 만드는 것이 아니었을까.

하지만 점차 우리는 이 환승 구역이 지구 위에 세워졌다는 것을 깨닫게 되었는데, 이는 환승 구역을 **자연**Nature의 일부라고 말하는 것과는 다르다(이 책에서는 줄곧 자연의 앞 철자를 대문자로 쓰는 방식으로 자연을 '탈자연화'denature하는데, 마치 요리를 통해 단백질을 변성시키는 것과 같다). 헨리 데이비드 소로Henry David Thoreau가 표현한 바와 같이, 이제 "실제 지구actual Earth"의 둘레에는 1945년 이후 퇴적된 방사성 물질의 얇은 층이 있다.[10] 이 퇴적층은 인간에 의한 뚜렷한 지구 '행성 개조'와 같은 것으로 특징지어진 지질학적 시간인 **인류세**Anthropocene에서 결정적인 지질학적 순간을 나타낸다.[11] 최초의 중요한 흔적이 깔린 1784년에는 제임스 와트James Watt의 증기기

---

10   Henry David Thoreau, *The Maine Woods*, ed. Joseph J. Moldenhauer (Princeton, N.J.: Princeton University Press, 2004), 71.

11   대기 화학자 파울 크뤼천이 **인류세**(Anthropocene)라는 용어를 고안했다. Paul Crutzen and E. Stoermer, "The Anthropocene," *Global Change Newsletter* 41.1 (2000), 17–18; Paul Crutzen, "Geology of Mankind," *Nature* 415 (January 3, 2002), 23, doi:10.1038/415023a.

관 발명 덕택에 석탄 화력 산업에서 배출된 탄소가 극지방을 포함한 전 세계에 쌓이기 시작했다. 만능 기계인 증기기관의 (특허에 기록된 바와 같은) 만능 역량이 바로 산업 시대를 촉발한바, 증기기관의 탄생은 마르크스Karl Marx가 그 중요성을 놓치지 않았던 사건이었다.[12] 이 범용 기계(훨씬 더 일반 기계에 가까운 컴퓨터의 기괴한 전조 격)는 방대한 집합체의 다른 기계들과 연결되어 동력을 공급할 수 있었으며, 그 덕분에 산업 시대를 일종의 원시적 수준의 인공지능인 기이한 사이버네틱 시스템으로 전환시키는 집합들의 집합을 낳았다―더 정확히 말해서 이것은 창발적 기계 수준의 뱀파이어식 하향 인과성 downward causality과 추상적 가치를 지닌 관련 기계식 특성을 갖추고 그 아래 수준에 있는 인류를 빨아먹는 산업자본주의다. 1945년 이후 **거대 가속**Great Acceleration이 시작되면서 인간에 의한 지구의 지질학적 변형은 두드러지게 큰 규모로 증가했다.

그러나 약 10년 전까지의 다른 사람들과 마찬가지로 마르크스도 막상 [증기기관의 탄생보다] 더 큰 그림을 놓쳤다. 생각해보라. (상상할 수 없을 정도로 방대한) 하나의 지질 시대가 매우 구체적이고 직접적인 것들과 한 마디 안에 병치되어 있는 것을―1784년, 그 을음, 1945년, 히로시마, 나가사키, 플루토늄. 이것은 그저 역사 연대

---

12   Karl Marx, *Capital*, trans. Ben Fowkes, 3 vols. (Harmondsworth: Penguin, 1990), 1: 499: [국역본] 카를 마르크스, 『자본론 1-상』, 『자본론 1-하』, 김수행 옮김(비봉출판사, 2015); 『자본론 I-1』, 『자본론 I-2』, 강신준 옮김(길, 2006).

일 뿐만 아니라 지질 연대이기도 하다. 혹은 이렇게 말하는 편이 더 적절하다. 우리가 인류세에 속해 있다는 바로 그 이유로, 역사를 더는 인간 소유의 것처럼 배타적으로 생각할 수 없다. 비인간이 인간에게 유의미하게 접촉하고, 오히려 인간은 다른 종과의 차이를 강화하느라 분주한 이 시기에, 인류세란 참으로 묘한 이름이다.

인류세라는 이러한 사태 전환은 규범적 확실성을 뒤집고, 나아가 해체하는 사고 양식을 (따라서 글쓰기도) 필요로 한다. 내가 받은 내밀한 인상은 더는 '그저 나의 것' 또는 '주관적인 것'이라는 의미의 '사적인' 것이 아니다. 그 인상들은 하이퍼객체가 남긴 발자국이며, 그 발자국은 흔적을 남긴 개체에 의해 항상 왜곡된다—그 개체는 곧 나다. 나는 (그리고 당신 역시) 하이퍼객체의 시대를 가늠하는 리트머스지가 된다. 나는 내부로부터 떠내어진다. 여기서 나의 상황성situatedness과 그에 대한 수사는 방어적인 자기 확신을 위한 자리가 아니라 정확히 그 반대다.[13] 다시 말해, 이제 상황성은 워즈워스William Wordsworth 시의 주인공[14]이나 〈블레이드 러너〉 속 등장인물이 되는 것처럼 존재하기에 매우 언캐니한uncanny 장소다. 내가 '안'in이라는 상황성에 관한 (종종) 1인칭 시점의 번역을 넘어서기란 불가

---

[13] 상황성에 대한 중대한 연구는 David Simpson, *Situatedness; or Why We Keep Saying Where We're Coming From* (Durham, N.C.: Duke University Press, 2002), 20이다.

[14] [옮긴이] 저자는 1부 2장 「비국소성」에서 워즈워스의 자전적인 시 「서곡」을 분석하면서 이를 자세히 다루고 있다.

능하며, 이것을 나는 다른 지면에서 **생태미메시스**ecomimesis[15]라고 불렀다.[16] 그 이유는 생태미메시스를 지지해서가 아니라, 바깥이란 없으며 메타언어가 없다는 것을 인정하기 때문이다. 그렇더라도 독자들은 이 책 어디에서나 현상학적 서사와 과학적 근거 사이에서 멀미가 날 정도로 흔들리는 문장들을 발견하게 될 것이다. 내가 하이퍼객체에 의해 파내어지겠지만 마찬가지로 과학의 언어도 냉정한 무인격성이라는 이데올로기적 위상을 박탈당한다. 하이퍼객체를 알면 알수록, 하이퍼객체는 더 낯설어진다. 이렇게 하이퍼객체는 한때 생명체에만 해당된다고 생각했던 사실, 즉 **기이한 낯선 것**strange stranger의 진실을 구현한다.[17]

그렇다면 이 책이 추구하는 것은 생태미메시스라는 수사법의

---

15   [옮긴이] 생태미메시스는 저자가 이전 저작 『자연 없는 생태학』(Ecology without Nature)에서 자연 글쓰기(Nature writing)가 취하는 수사적 장치를 분석하기 위해 차용한 용어로서, "자연 글쓰기의 개략적인 그리스어 번역, 즉 oikos(집)에 대한 미메시스다." 「환경적 언어의 예술: 그것이 자연이 아니라니 믿을 수 없어!」(The Art of Environmental Language: "I Can't Believe It Isn't Nature!)라는 장에서, 모턴은 자연 글쓰기가 종종 택하는 "내가 글을 쓸 때"(As I write)와 같은 진술의 수사는 글을 쓰는 주체가 마치 물리적 자연과 비매개적으로, 즉 직접적으로 접촉하는 듯한 환영을 만들어냄으로서 글이 묘사하고 있는 것이 실재인 것처럼 위장하는 효과를 낸다. "많은 생태학적 텍스트는 자연의 실재에 대한 감각을 환기시키기 위해 1) 이 [자연의] 실재가 단단하고, 진실하며, (특히 글쓰기 자체로부터) 독립적임을, 또한 2) 독자가 단지 글을 읽기보다 직접 경험하는 편이 낫고, 종종 노골적으로, 제안한다." "생태미메시스는 글의 진위성을 인증하는 장치" 역할을 하게 되며, 모턴은 생태학적 비평이 비평적으로 작동하려면 이러한 생태미메시스에 대한 이해가 필요하다고 본다.

16   Timothy Morton, *Ecology without Nature: Rethinking Environmental Aesthetics* (Cambridge, Mass.: Harvard University Press, 2007), 33.

17   Jacques Derrida, "Hostipitality," trans. Barry Stocker with Forbes Matlock, *Angelaki* 5.3 (December 2000), 3–18; Morton, *Ecological Thought*, 14–15, 17–19, 38–50.

한계를 힘껏 잡아당겨서 그 수사의 위선을 찾아내는 기이한 생태미메시스일 것이다. 나는 이 **위선**이라는 용어를 매우 신중히 골랐고, 그 이유에 대해서는 이후에 논할 것이다. **하이퍼객체의 시대는 위선의 시대**다. 하지만 바로 같은 이유로 냉소적 관점으로는 위선을 찾아낼 수 없다. 메타언어가 없다면 좌파의 지배적 이데올로기 형태인 냉소적 거리도 심각한 상태에 처하게 되어 하이퍼객체의 시대에 제대로 대응하지 못하게 된다.

이 기획에서 알폰소 링기스가 핵심적인 더 중요한 이유가 있다. 링기스는 그의 저작 『정언 명령』(1998)에서 칸트식 윤리학을 현상학의 관점에서 탁월하게 재작업했다. 이 현상학은 링기스 자신의 것으로, 에마뉘엘 레비나스Emmanuel Levinas와의 수년에 걸친 연구와 협업을 통해 발전했기에 그 증조부모 격인 후설Edmund Husserl의 현상학과는 매우 다르다. 특히 링기스는 생태학적 윤리를 진실로 사유할 수 있도록 한다. 링기스는 생태학적 행동이 갖는 윤리적 딜레마에서 다수의 설득력 있는 사례를 도출했다. 책의 후반부(2부에 수록된 '하이퍼객체의 시대')에서는 링기스가 영감을 준 윤리학 관점이 왜 생태학적 행동에 필수적인지 심층적으로 다룰 것이다. 특히 「위선」이라 이름 붙인 장에서는 링기스의 사상을 포괄적으로 다룬다.

하이퍼객체는 세계의 끝을 초래했다. 지구 행성이 폭발하지 않았다는 것은 자명하다. 하지만 **세계**라는 개념은 더는 작동하지 않으며, 하이퍼객체가 그 종말을 초래했다. 세계의 끝이라는 발상은 환경주의에서 매우 활발한 편이다. 하지만 나는 이러한 견해가 효과적이지 않다고 주장한다. 사실상 우리가 염려해야 하고 돌봐야 하는 그 존재가 사라졌기 때문이다. 그렇다고 생태학적 정치와 윤리에 희망이 없다는 뜻이 아니다. 오히려 정반대다. 차차 주장할 것이지만, '우리가 지금 행동하지 않으면' 세계가 끝장난다는 굳게 움켜진 신념은 역설적으로 우리가 이곳 지구에서 생태학적 공존에 온전히 참여하는 것을 저해하는 강력한 요인 중의 하나다. 그렇다면 이 책의 전략은 세계가 곧 끝에 이를 것이라는 망상에서 우리를 깨우는 것이며, 바로 그 각성에 지구(실제의 지구)에 대한 행동이 달려 있다.

세계의 끝은 이미 벌어졌다. 우리는 세계가 끝난 시점을 이상하리만치 정확히 알고 있다. 문명의 이기利器가 역사기록학이나 지질 시대와 쉽사리 연관되는 것은 아니다. 그렇지만 이 경우에는 기이할 정도로 명확하다. 1784년 4월, 제임스 와트가 증기기관으로 특허를 획득하면서 지구 표층에 탄소가 축적되기 시작했다—즉 인류가 행성 규모로 지구물리학적 힘을 개시한 시점이다. 어떤 일이 필히 일어나게 되어 있다면 그 일은 흔히 두 번 일어난다. 1945년, 맨해튼 프로젝트Manhattan Project라는 이름으로 뉴멕시코 트리니티에서 최초의 원자폭탄 가젯Gadget을 실험했을 때 세계는 다시 한번 끝났고, 그해 말 두 개의 핵폭탄이 각각 히로시마와 나가사키에 투하됐다(그림2). 이 사건들은 인류 행동이 갖는 지구물리학적 힘이 로그적으로logarithmic 증가했음을 보여준다.[18] 이 사건들은 "세계-역사적"world-

<hr>

18   트리니티 원자 웹사이트를 보라. http://www.cddc.vt/edu/host/atomic/trinity/trinity1.html

그림2. 1945년 7월 16일, 0.016초에 진행된 트리니티 실험. 이 사진은 통상적인 버섯구름 사진보다 훨씬 더 도발적으로 여겨졌기 때문에 한동안 공개를 금지했다. 수평선에 있는 작은 형체가 나무들이다. 로스앨러모스 국립연구소.

historical으로 인류에게—또한 방사능 낙진 범위에 있는 모든 생명체에게—매우 중대한 사건으로서 최대 규모의 지구 시대terrestrial era인 지질 시기를 확정한다. "세계-역사적"에 인용 부호를 넣은 이유는 **세계**라는 개념의 운명이 다소 논쟁적이기 때문이다. 현재 인류의 시야에 들어온 세계의 끝은 확신하건대 지구 자체도 그중 하나인 하이퍼객체의 잠식에 따라 촉발되었으며, 더욱이 지구의 지질학적 윤회는 단순히 인류의 사건이나 인간적 의의의 관점에서만 사유하지 않는 **지구철학**geophilosophy을 필요로 한다.

세계의 끝은 인간중심주의와 상관관계에 있다. 인간중심주의로 인한 지구온난화와 그 결과로 초래된 급격한 기후변화의 정확한 범위는 여전히 불확실하지만, 현실은 의심할 여지없이 지구온난화의 존재를 입증하고 있다. 이 책에서는 줄곧 **기후변화**가 아니라 **지구온난화**라는 용어를 사용한다. 왜일까? 이 특정 하이퍼객체를 명명하는 데서 **지구온난화**에 비해 **기후변화**가 지배적으로 통용되는 과학적, 사회적 근거가 무엇이든 간에, 기후변화가 사회적, 정치적 담론에 미치는 영향력은 초라할 정도로 미비하다. 당연한 수준의 우려조차 줄어들고 있다. 실제로 [지구온난화] 부인론은 **기후변화**라는 용어를 단지 꾸며낸 것에 대한 재포장, 더 나아가 현장에서 꾸며낸 증거라고 주장할 수 있다. 미디어와 사회정치적 영역에서 **기후변화**라는 표현이 크게 실패했기 때문에 이 용어 자체는 지구온난화라는 전례 없는 과격한 트라우마에 대한 일종의 부인denial 반응으로 보이도록 유도되었다. '지구온난화의 결과로 초래된 기후변화'라는 주장이 논리적으로는 타당하며 여기서 '기후변화'는 단지 더 구체적인 문구의 압축이자 하나의 환유이기 때문에, 기후변화라는 용어가 필연적으로 연결된 묶음이 아니라 그저 선택된 단어로 보인다는 것은 이 표현이 실패했다는 징후다.

그렇지 않다면, **기후변화**로 **지구온난화**를 **대체**하는 것은 '문화 변화'라는 말로 르네상스를, '생존 조건의 변화'로 홀로코스트를 대체하는 것이나 다름없다. **기후변화**를 대체 용어로 제시하는 것은 "기후는 언제나 변화해왔다"고 말할 냉소적 추론의 여지를 (보수와 진보 양쪽에) 남기며, 이는 총기 판매량을 제한하지 않기 위해 "사람은 언제나 누군가를 죽여왔다"는 터무니없는 근거와 유사하게 들린다. 우리에게 절실히 필요한 것은 구체적인 생태학적 트라우마에 대한 온당한 수준의 충격과 불안이다—진실로, 우리 시대의 이 생태학적 트라우마야말로 인류세를 정의한다. 이 책이 **지구온난화**라는 표현을 고수하는 이유이기도 하다.

인류 역사와 지구 지질학의 섬뜩하고 진정 소름끼치는 동시 발생을 두고 최근 여러 철학적 접근이 응답이라도 하듯 대두하고 있다. **사변적 실재론**은 그레이엄 하먼Graham Harman, 제인 베넷Jane Bennett, 퀑탱 메이야수Quentin Meillassoux, 퍼트리샤 클러프Patricia Clough, 이언 해밀턴 그랜트Iain Hamilton Grant, 레비 브라이언트Levi Bryant, 이언 보고스트Ian Bogost, 스티븐 샤비로Steven Shaviro, 레자 네가레스타니Reza Negarestani, 레이 브라시에Ray Brassier 등의 학자, 그리고 벤 우다드Ben Woodard와 폴 에니스Paul Ennis 등의 떠오르는 다수의 저술가, 철학자가 참여하고 있는 철학 운동을 일컫는 포괄적 용어다. 이들은 모두 낭만주의 시대 이래로 철학에서 내려온 주문을 깨기로 결심했다. 그 주문이란, 철학은 오로지 인간-세계가 상관하는 것에 한해 좁은 대역폭으로만 말할 수 있다는 **상관주의**correlationism다. 상관주의는 의미란 오로지 인간 정신과, 인간 정신이 엉성하고 불확실하다고 생각하는 '객체' 사이에서만 가능하다고 본다. 상관주의가 객체를 바라보는 방식의 문제점은 냉장고 문을 닫는 순간에서야 냉장고 내부에 램프가 켜진다는 것이 아닐까?

상관주의가 꼭 관념론인 것은 아니지만, 그러한 경향이 있을 수 있다. 하지만 이 문제의 시작은 낭만주의 시대보다 훨씬 이전, 근대 초기로까지 올라간다(나는 라투르Bruno Latour와는 달리, 우리가 "근대인인 적이" 있었으며, 그것이 인간과 비인간 존재 모두에게 영향을 미쳤다고 생각한다).[19] 물질을 보는 스콜라주의적 관점—우연으로 장식된 단순한 덩어리—을 데카르트René Descartes가 무비판적으로 계승한 이후, 유럽인들의 사상을 줄곧 점령해왔던 어떤 난제를 철학의 대역폭을 제한함으로써 해결하려는 시도가 있었다.[20] 데카르트는 자신의 혁명적 합리주의—(의심하는) 정신 능력에 대한 확신으

---

19   Bruno Latour, *We Have Never Been Modern*, trans. Catherine Porter (Cambridge, Mass.: Harvard University Press, 2002): [국역본] 브뤼노 라투르, 『우리는 결코 근대인이었던 적이 없다』, 홍철기 옮김(갈무리, 2009).

20   Martin Heidegger, *Being and Time*, trans. Joan Stambaugh (Albany: State University of New York Press, 1996), 83–85: [국역본] 마르틴 하이데거, 『존재와 시간』, 이기상 옮김(까치, 1998).

로부터 실재성을 탁월하게 도출해내는—에도 불구하고, 자신의 작업 토대를 약화시키는 스콜라주의를 가장 중요한 존재론의 영역에까지 무비판적으로 수용했다. 그 이후로 **존재론**ontology이라는 말을 꺼내기만 해도 스콜라주의가 배어 있는 듯 느껴진다. 그러는 사이, 인식론이 점차 장악하기 시작했다. 우리는 실제로 무언가 존재한다(혹은 존재하지 않는다)는 것을 어떻게 아는가? 무엇이 실재로의 접근을 가능하게 하는가(혹은 거부하는가)? 접근 가능성을 규정하는 것은 무엇인가? 가능성의 가능성? 이러한 [인식론적] 생각들은 시류에 대항해 '사태 자체로!'라는 슬로건을 내걸며 고군분투하던 셸링Friedrich Wilhelm Joseph Schelling이나 하이데거Martin Heidegger와 같은 원조 현상학자들에게도 영향을 주었다. 인간 바깥을 사유하는 것이 소수적 경향이 되었다는 점은 앨프리드 노스 화이트헤드Alfred North Whitehead가 철학계에서 주변시되었던 것으로 예시되는데, 오히려 최근 들어서서 사변적 실재론 덕분에 화이트헤드의 철학이 부활의 국면을 맞고 있다.

철학은 스스로를 의미의 작은 섬 안에 가둬왔으며, 사변적 실재론은 이 상관주의자 서클에서 이탈하려는 건강한 충동이다. 마치 17세기 이래로 사상이 과학에 겁을 먹어왔던 것과 같다. 그러나 이제 과학은 '해석'이 필요하다고 주장한다—또한 과학의 홍보를 위해 맹세코 인문학을 옹호해야 한다고 주장하기까지 이르렀다. 이것 외에도, 과학이라고 해서 반드시 과학이 무엇에 대한 것인지 알진 못한다. 신다원주의자들에게 실재는 메커니즘이고 알고리즘적 과정이다.

양자물리학자들에게 사물은 매우 다른 것을 의미할 수 있다. 실재는 상관주의의 한 양상을 수반할 수도 있다. 코펜하겐 해석Copenhagen Interpretation[21]이 바로 그것이다. 또는 모든 것은 마음이 지은 것이다.[22] 그렇다면 마음이란 무엇이고 어느 것이 마음인가? 그간 임무에 소홀했던 철학은 디폴트 존재론default ontology이 지속되도록 용인했다. 즉 사물들이 존재하며, 이것들은 기본적으로 특징 없는 덩어리로서, 색색의 설탕가루가 뿌려진 컵케이크처럼 우연한 속성을 갖고 있다는 식이다.

이러한 사유—또는 사유의 결여—는 코드명 리틀 보이와 팻 맨으로 불린 원자폭탄이 제조와 실험을 거쳐 각각 히로시마와 나가사키에 투하된 것과 무관하지 않다. 인식론적 공황은 "세계 그 자체를 증명하기 위해 세계를 무효화하는"[23] 경화硬化 증후군과 무관하지 않다. 이렇듯 [상관주의적] 사유가 무관하지 않음에도 그것은 여전히 계속된다. 이 사유는 원자 에너지 섬광으로 세계를 증발시킬 수 있

---

21   [옮긴이] 코펜하겐 해석은 양자역학에 대한 다양한 해석 중의 하나로, 닐스 보어와 베르너 하이젠베르크, 막스 보른 등에 의한 정통 해석으로 알려져 있다. 이는 그 논의의 중심이었던 코펜하겐의 지명에서 이름이 붙여진 것이며, 20세기 전반에 걸쳐 가장 영향력이 컸던 해석으로 꼽힌다. 보어의 상보성 원리와 하이젠베르크의 불확정성 원리를 바탕으로 하는 코펜하겐 해석은 전자를 예로 들면 전자의 상태를 서술하는 파동 함수는 측정되기 전에는 여러 가지 상태가 확률적으로 겹쳐 있는 것으로 표현된다. 하지만 관측자가 전자에 대한 측정을 시행하면 그와 동시에 '파동 함수의 붕괴'(wave function collapse)가 일어나 전자의 파동 함수는 겹침 상태가 아닌 하나의 상태로만 결정된다고 설명한다.

22   Arthur Eddington, *The Nature of the Physical World* (New York: Macmillan, 1928), 276.

23   Heidegger, *Being and Time*, 191.

다면 세계는 틀림없이 실재한다는 그저 역설적일 뿐인 생각을 넘어선다. 이 상관주의적 사유는 매일 기름을 시추하고 이제는 '파쇄'하는 것으로 실연된다. 1900년경, 인류세의 실현과 거대 가속의 도래에 대한 다수의 '예고편'들이 목격되었다. 이 예고편들은 인간의 사고 내부에서 등장했지만 인류는 회고를 통해서야 비로소 충분히 그것들을 인식할 수 있게 되었다. 양자 이론, 상대성 이론, 현상학이 모두 그때 탄생했다. 양자 이론은 소립자를 작은 탁구공처럼 여기던 생각에 큰 구멍을 냈다. 상대성 이론은 사물들이 스스로와 동일하고 내내 한결같이 존재하는 일관된 객체라는 관념을 파괴했다. (두 이론 모두 책 후반부에서 자세히 다룬다). 내러티브상의 극단적 사실주의[24]는 의식의 흐름을 가지고 있다고 여겼던 사람들에게서 의식의 흐름을 해방시켰고, 독자의 손을 친절하게 잡아주던 화자는 사라졌다. 모네 Claude Claude는 색과 붓놀림을 특정 형상으로부터 해방시켰으며, 수련이 떠 있던 물이야말로 오랑주리 미술관의 곡선형 벽에 전시되어 그림의 진정한 주제가 되었다. 표현주의는 낭만주의가 만들어낸 안락한 미적 거리를 폐기하고, 대신에 불편하고 추한 존재자들이 관람객을 향해 모여들게 했다.

'1900년대의 발견'은 어떤 특징을 공유하는가? 물, 양자, 시공간

---

24   [옮긴이] 세계의 모든 현상과 그 변화의 근본 원리가 자연(물질)에 있다고 보는 자연주의 문학 사조를 가리킨다. 19세기 후반 프랑스를 중심으로 발생했으며 대표적인 작가로 에밀 졸라(Emile Zola)가 있다.

이 보이기 시작했다는 점이다. 이것들은 자율적인 개체로서 기묘하고 온갖 예측 불가능한 속성을 띤다. 심지어 의식 그 자체도 더는 중립적인 매개체가 아니다. 현상학이 낭만주의 시대에 대해 이룬 주요 철학적 발견은 의식이 모종의 내용을 '가진다'는 사실을 밝힌 것이다.[25] 모네는 수련을 그리기 시작했다. 그보다는 수련이 떠 있는 공간을 그리기 시작했다고 말해야 할지 모른다. 그보다는 수련이 떠 있고 잔물결이 일며 반사하는 물이라는 객체를 그리기 시작했다고 말해야 할 것이다. 이전에는 그저 객체들이 떠다니는 곳으로 여겼던 텅 빔이 아인슈타인Albert Einstein에 의해 물결치며 흐르는 시공간으로 발견된 것처럼, 모네는 캔버스 그 자체의 감각적 광대함을 발견했으며, 이는 타르코프스키Andrei Tarkovsky가 말년에 미사용 필름에서 감각적인 물질을 발견했던 것과도 같다. 이 모든 것들은 이미 낭만주의 시대에 예시豫示된 것으로, 무운시 내러티브가 자전적인 우회로를 굽이굽이 지나가면서 이룬 발전이었다. 불현듯 더 많은 종이가 필요해졌다.[26]

---

25 David Simpson, "Romanticism, Criticism, and Theory," in *The Cambridge Companion to British Romanticism, ed. Stuart Curran* (Cambridge: Cambridge University Press, 1993), 10.

26 [옮긴이] 무운시(blank verse)는 운율이나 각운 없이 약강 5보격(iambic pentameter)으로 쓰인 시의 형태를 가리키는 문학 용어로, 16세기 이후로 가장 보편적이고 영향력 있는 영시 형식의 표준 양식이 되었다. 무운시로 쓰인 대표작으로는 셰익스피어의 소네트, 존 밀턴의 「실낙원」, 워즈워스의 「서곡」 등이 있다. 이 문장은 무운시 형식으로 쓰인 시가 자전적인 내용을 띠고 분량이 늘어난 것을 은유적으로 표현한 것으로 보인다. 「실낙원」은 12권의 분량으로 쓰인 대서사시다.

1900년경, 에드문트 후설은 객체에서 이상한 점을 발견했다. 아무리 여러 번 동전을 뒤집어도 결코 동전의 뒷면이 뒷면으로 보이지 않는다는 것이다. 동전에는 겉보기에 환원할 수 없는 어두운[알 수 없는] 면이 있다. 이러한 환원 불가능성irreducibility은 이를테면 동전과 상호 작용하는 먼지 한 점과 같은 또 다른 객체에도 용이하게 적용된다. 이에 대해 좀 더 숙고한다면, 모든 객체가 어떤 의미에서는 환원할 수 없을 정도로 물러나 있는 것을 볼 수 있을 것이다. 하지만 깨어 있는 매 순간 우리는 객체를 만나고 있기에 이것은 말이 되지 않았다. 또한 이 낯선, 보이지 않는 어두운 면은 일반적으로 사유라고 알려진 '지향적 객체'intentional objects에도 똑같이 적용되어 현상과 사물 사이에 칸트식 간격이 있음을 기묘하게 확인해준다. 이 간격에 대해 칸트가 든 예시는 하이퍼객체 연구에 꽤 적절하다. 빗방울을 생각해보자. 머리 위로 떨어지는 빗방울을 느낄 수 있다—하지만 실제 빗방울 자체를 지각할 수는 없다.[27] 지각하는 것이라고는 빗방울에 대한 특수하고 의인화된 번역일 뿐이다. 이것은 내 머리 위로 떨어지는 것을 통해 감각하는 날씨weather와, 지역적 패턴의 날씨라는 진부한 개념으로서가 아닌 총체적 시스템으로서의 전 지구적 기후climate 사이에 놓인 틈과 유사하지 않은가? 이러한 의미에서 기후

27   Immanuel Kant, *Critique of Pure Reason*, trans. Norman Kemp Smith (Boston: St. Martin's
      Press, 1965), 84–85: [국역본] 이마누엘 칸트, 『순수이성비판』(총2권), 백종현 옮김(아카넷,
      2006).

를 사고하고 계산할 수 있지만, 직접 보거나 만질 수는 없다. 현상과 사물 사이 간격이 입을 벌리자 세계 속 현존과 존재에 대한 나의 감각은 당황스러워진다. 사실 상황은 훨씬 더 심각하다. 빗방울은 빗방울답지 사탕답지는 않다—그러기에 더 애석하다. 그렇다고 해도 빗방울 현상이 빗방울이라는 사물은 아니다. 나는 현상과 사물 사이 간격을 내게 주어진 현상적, 경험적, 과학적 공간 속에 위치시키지 못한다. 불행히도 빗방울에는 그 자체에 작은 점선이나 "여기를 자르세요"라고 적힌 가위 모양의 그림이 없다—플라톤Platon에서 흄, 그리고 칸트에 이르기까지 철학은 사물 어딘가에 일종의 점선이 있으며 철학의 역할이란 이 점선을 찾아내 조심스럽게 자르는 것이라고 주장해왔음에도 말이다. 하이퍼객체의 광대한 규모는 우리 인간을 웃돌기 때문에, 사물들의 이 기이함weirdness은 우리가 볼 수 있을 정도로 확대되었다. 사물들은 그 자체이지만, 우리는 그것을 직접 가리킬 수 없다.

1900년경, 아인슈타인은 객체에서 이상한 점을 발견했다. 빛의 속도는 일정하며, 이는 객체를 모양이 유지되는 단단하고 연장된 물체로 볼 수 없음을 의미했다. 로런츠Hendrik Antoon Lorentz[28]는 전자파가 빛의 속도에 도달하면 신기하게도 마치 단축된 것처럼 수축한다는 것을 알아냈다. 시선을 연필에 두고 이동하여 그 끝에 도달하게 되면, 다른 쪽 끝은 조금 줄어들어 있다. 눈꺼풀 위에 작은 시계

---

28   [옮긴이] 헨드릭 안톤 로런츠는 네덜란드의 물리학자다.

를 올려두면 그 시계는 테이블 아래 가만히 놓인 발 위에 있는 작은 시계와는 다른 시간을 알려주며, 손가락 사이에 연필을 끼고 돌리는 동안 손톱마다 올려진 작은 시계들도 조금씩 다른 시간을 가리킨다. 물론 그 차이를 매우 명확히 알 수 있는 것은 아니지만 빛의 속도에 가깝게 이동한다면 객체는 반투명해 보일 것이고, 이상하게 압축되어 종국에는 모두 사라질 것이다. 시공간은 모네의 수련 그림처럼 물결을 일으키고 곡선을 그리며 출현했다. 그렇다면 사유할 수는 있지만 나의 지각으로는 접근 불가능한 시공간 구역이 틀림없이 존재하는 셈이다. 현상과 사물 사이의 칸트식 간격을 또다시 기묘하게 확인한다.

1900년경, 막스 플랑크Max Planck는 객체에서 이상한 점을 발견했다. (오븐처럼) 밀폐된 객체 속 에너지를 측정하기 위해 모든 파장을 더하면 그 값은 특정 온도 범위 이상으로 무한히 치솟는 부조리한 결과에 이른다는 것이다. 바로 흑체복사 문제다. 하지만 에너지를 개별 양자 속에 봉해진, 상자들 속에 분포된 것으로 생각한다면, 이는 참이다. 이러한 정확도는 부조리한 양자 세계가 존재하며, 이 양자 세계에서는 객체들이 비확정적인 구역을 점유하면서 외견상 단단해 보이는 벽을 뚫고 서로가 서로에게 스며드는 것처럼 보인다는 충격적인 깨달음을 대가로 얻을 수 있었다. 이는 칸트가 개시한 현상-사물 간 간격을 또다시 확인하는 셈이 되는데, 그 이유는 양자를 측정하려면 양자에 다른 양자를 쏘아야 하기 때문이다—측정하기란 곧 진행 방향을 바꾸기, 따라서 위치와 가속을 동시에 측정할 수는 없다는 단순한 이유 때문이다.

현상과 사물 사이의 칸트식 간격은 실체substance를 우연으로 장식된 것으로 보는 관념을 매우 곤란하게 한다. 현상학자 후설의 획기적인 발견을 차용한 하이데거는 이 문제를 푸는 데 가장 근접했던 철학자로 보인다. 하이데거는 실체라는 컵케이크와 우연이라는 [컵케이크에] 뿌린 설탕가루가 (인간) 존재 혹은 그가 말한 **현존재**Dasein 내의 혼란이 빚은 '객관적 현존'의 산물임을 깨달았다. 그러나 하이데거는 현존재 없이는 사물의 진실을 말할 수 없다고 주장하는 상관주의자며, 그에게 존재란 바로 현존재의 실존을 의미한다. "오로지 **현존재**가 있는 한해서 존재가 '**있다**'gibt es … 존재자beings는 **있다** 혹은 없다고 말할 수 있는 것이 아니다."[29] 과연 얼마나 더 많은 상관주의자가 필요할까? 램프는커녕 냉장고 그 자체가 오직 내가 문을 열 때만 존재한다는 식이다. 이는 **존재하는 것은 지각된 것**esse est percipi이라는 버클리George Berkeley의 철학과 꼭 같지는 않지만 꽤 근사하다. 하이데거는 상관주의 내부에서 빠져나와 매우 깊은 곳까지 내려온 철학자다. 그렇지만 인간-세계 상관관계 밖으로는 나오려고 하지 않았기 때문에 그의 철학적 핵심은 실재론이 아니라 관념론이다. "만약 관념론이라는 용어가 존재는 결코 존재자에 의해 설명될 수 없으며 존재란 모든 존재자에 항상 이미 '초월적'transcendental이라는 사실에 대한 이해에 이르렀다면, 철학적 문제를 해결하는 단 하나의 타당한

---

29 Heidegger, *Being and Time*, 196.

가능성은 바로 관념론에 있었을 것이다."[30]

하이데거 자신이 겪은 적지 않은 혼란은 그가 나치즘과 접촉했다는 사실에서 드러나며, 이는 존재에 대한 그의 통찰과 맹목에 내밀히 연결되어 있다. 내가 지지하는 객체 지향 존재론 철학자 그레이엄 하먼은 하이데거라는 잠수함 아래서 반짝이는 사물들로 이루어진 거대한 산호초를 발견했다. 이 독일 잠수함은 이미 심오한 존재론적 깊이에서 이동하고 있었으며, 철학에서 돌파하려는 모든 진지한 시도는 이러한 존재론적 깊이를 횡단하거나 존재론의 슈퍼마켓에 있는 컵케이크 코너에 갇히는 위험을 무릅써야 한다.

하먼은 두 가지 방법으로 이 발견을 이루었다. 첫 번째 방법은 단순한 유연성flexibility이다. 하먼은 인간에게만, 유독 독일 사람에게만 고유하게 적용되던 현존재의 특별함을 기꺼이 내려놓았다. 이러한 자발적 태도 그 자체는 우리가 생태학적 시대, 즉 하이퍼객체 시대로 진입하기 시작했다는 징후다. 하이데거의 논리대로라면 뉴턴Isaac Newton 이전에는 뉴턴 법칙으로 기술된 물리적 실재가 존재하지 않는 것이 되며, 하먼은 이러한 측면에서 하이데거를 받아들이지 않았다.[31] 하이데거의 이러한 사고방식은 칸트보다도 더 상관주의적이다. 하먼이 그 문제를 공격한 두 번째 방법은 『존재와 시간』 도입부에 나오는 놀라운 도구 분석tool-analysis에 대한 철저한 독해를 통해

---

30 Heidegger, *Being and Time*, 193.

31 Heidegger, *Being and Time*, 208.

얻어졌다. 이 독해는 후기 하이데거의 웅변에도 불구하고, 도구 분석이야말로 그의 사상에서 정점임을 보여준다. 다시 말해, 하이데거는 도구 분석에서 이룬 발견이 내포한 놀랄 만한 함의를 충분히 인식하지 못했다. 그것은 도구가—도구의 의도나 목적이 무엇이든 간에—기능하거나 또는 '수행'Vollzug할 때 도구는 접근에서 물러난다Entzug는 뜻이다. 즉 도구가 고장 났을 때 비로소 **눈앞에 있는**present-at-hand(vorhanden) 것이 된다. 하면에 따르면, 이것이 의미하는 바는 고유한 개체들entities로 이루어진 광대한 공간이 있고, 그 개체의 본질적인 속성 중 하나는 **물러남**withdrawal이라는 것밖에는 없다—어떤 개체도 다른 개체들을 충분히 설명할 수 없다는 뜻이다. 이 개체들은 인간과 바늘꽂이 사이에 아무런 차이가 없는, 비교적 **평평한 존재론**flat ontology에서만 존재한다. 또한 인과관계를 포함한 그 개체들 사이의 관계는 반드시 **대리적**代理的이고, 따라서 본질상 **미적**이다.

존재와 존재자들 간의 존재론적 차이를 진지하게 받아들인다면, 이것이 의미하는 바는 하면의 주장에 따라 다음 두 가지 갈래다.

(1) 사전에 주어진pregiven '존재적'ontic 데이터에만 근거하는 실재론을 지지할 수 없다. 그것은 미리 포장된 개념들로 사고하는 것과 같다—그것을 결코 사유로 볼 수 없을 것이다.

(2) 그러나 관념론은 작동 가능하지 않은데, 그 까닭은 실재하는 것이 존재하나 그 핵심적 실재는 접근으로부터, 심지어 그 자신으로부터도 물러나 있기 때문이다.

(1)은 우발적으로 과학과 빚어진 마찰이다. 과학이 갖는 신선하고 필수적인 회의론과 철저한 의심에도 불구하고, 과학적 발견은 실재하는 것이 무엇인가에 대한 결정에 기반할 수밖에 없다.[32] (2)는 객체 지향 존재론이 제기하는 주된 주장이자 하이데거식 독일 잠수함 아래에서 하먼이 발견한 산호초다.

이 책에서 논의가 나아가면서 하이퍼객체가 단순히 정신적(또는 이와 다르게는 관념적) 구성물이 아니라 실재 개체real entities이며, 그 근원적 실재는 인간으로부터 물러나 있다는 점이 매우 분명해질 것이다. 하이퍼객체는 하먼이 일반적으로 **객체**라고 명명한 것을 사유할 플랫폼을 제공한다. 서론에서 객체 지향 존재론을 충분히 설명할 수는 없다. 객체 지향 존재론을 간추려 말한다면, 우리가 결코 하이퍼객체 자체에 도달하지 못한다는 의미이기도 하다. 더욱이 객체 지향 존재론 자체의 미묘함 덕분에 하이퍼객체를 면밀하게 검증하게 된다는 점이 중요하다. 가까이에 있는 사물들에서 시작해 앞으로 나아간다고 느끼는 것은 좋은 연습이 될 것이다―이 방식으로 나는 링기스의 사유와 글쓰기에 동참한다. 이윽고 책 말미쯤에 다다를 때면 독자들은 이 강력하고 새로운 철학적 접근을 사용해 실재하는 것들에 관한 실재하는 것을 찾아내는 방법을 충분히 이해하게 될 것이라

32   Martin Heidegger, *Phenomenological Interpretations of Aristotle*, trans. Richard Rojcwicz (Bloomington: Indiana University Press, 2001), 23: [국역본] 마르틴 하이데거, 『아리스토텔레스에 대한 현상학적 해석』, 김재철 옮김(누멘, 2010).

고 믿는다.

이제 하이퍼객체에 대해 조금 더 깊이 들어가보도록 하자. 인간 세계에 출현한 하이퍼객체에서 가장 눈에 띄는 점은 무엇인가? 당연히 인류는 인류가 존재해온 기간 동안 거대한 개체들—어떤 것은 실재하고, 어떤 것은 상상인 것들—을 의식해왔다. 하지만 이 책에서는 최근에 발견된 기후와 같은 개체에는 특별한 점이 있다고 주장한다. 이 개체는 인간이 지구와 우주 안에서 인간의 자리를 되돌아보도록 만든다. 이것이 가장 근본적인 쟁점일 수 있다—하이퍼객체는 존재한다는 것의 의미, 그리고 지구와 사회가 무엇인지에 대한 핵심적인 생각에 강력한 영향을 끼치는 무언가를 우리에게 강제하고 있는 것으로 보인다.

하이퍼객체를 특별하게 만드는 것은 무엇일까? 유성, 핏빛으로 물든 달, 쓰나미, 토네이도, 지진 등의 우주 현상이 과거에 인류를 겁먹게 했다는 점에는 의심의 여지가 없다. 유성과 혜성은 **재앙**disasters으로 알려졌다. 축어적으로 말해서, 재앙은 추락한, 기능 장애의, 위험한, 사악한 별dis-astron이다. 그렇지만 그러한 재앙은 적어도 [천구와 지상이라는] 두 가지 의미에서 안정된 배경에 반하여 일어난다. 천구에 대한 프톨레마이오스-아리스토텔레스적 기계관은 별을 제자리에 고정된 것으로 본다. 이 사고 체계는 중세 시대 그리스도교, 이슬람교, 유대교 우주론에 공통으로 적용된다. 유성과 같은 하나의 '별'이 재앙이 되려면 조화로운 배열이나 천상의 기계에서 어긋나야 한다. 반면 지상에서 본다면 별똥별은 상대적으로 안정적인 지구의 지평선이나 하늘에 남겨진 흔적의 전조였다. 언젠가 종말은 일어날 것이다. 하지만 아직은 아니다. 마찬가지로 다른 문화권에서도 비교적 일관되게 대재앙을 설명한다. 일본의 전통 종교인 신도에 따르면, 쓰나미는 가미[神]가 분노해 복수한 것이다.

하이퍼객체에는 이러한 '재앙'보다 훨씬 더 도발적인 면이 있다. 그것은 하이퍼객체가 흄 이후의 통계적 인과율에 의해 가시화된 개체라는 점이다—일례를 들어 실재론의 관점에서 보자면 인과율이, 유리구에 별들이 박혀 회전한다는 것을 단순히 받아들이는 것보다 실제로 더 **낫다**. 지구온난화 부인론자들은 이 점을 결코 간과하지 않고 인간에 의한 원인이 직접적으로 지구온난화를 야기했음을 증명할 수 없다고 마땅히 주장하는데, 이는 내 머리를 향해 쏜 총알이 반드시 나를 죽일 것임을 결코 증명할 수 없다는 논리와 꼭 같다. 하지만 인류가 지구온난화를 초래할 극도로 높은 통계적 가능성을 믿는 편이 인과적 유사 사실factoid을 단순히 주장하는 것보다 낫다. 지구온난화를 부인하는 것은 흄과 칸트 이후의 인과율을 부인하는 것이다—즉 사물 자체보다 현상의 특징을 믿는 격이다.

이것이 막 싹트고 있는 생태학적 각성에서 의미하는 바는 무엇일까? 통계적으로 측정 가능한 사건에 의미를 부여하거나 가치를 매기는 일이 전적으로 인간에게 맡겨져 있지 않다는 뜻이다. 우려되는 것은 **재앙**이라는 구식 사고 모델에서처럼 세계가 끝을 맞이할 것인가가 아니라, 오히려 세계의 끝이 이미 지금 벌어지고 있거나 또는 **이미 벌어졌을지도 모른다**는 점이다. 시간성에 관하여 깊은 전율이 인다. 더 나아가 하이퍼객체는 코페르니쿠스Nicolaus Copernicus와 다윈 Charles Darwin에 이어 지그문트 프로이트Sigmund Freud가 인간에게 커다란 굴욕이라고 여겼던 것을 지속하고 있는 것으로 보인다. 자크 데리다Jacques Derrida는 인류에게 굴욕을 안긴 그 명단에 마땅히 프로이트를 추가한다—결국 프로이트는 정신 활동의 중심에서 인간을 몰아냈다. 하지만 이 목록에 인간의 사회생활을 경제 조직으로 대체한 마르크스도 추가할 수 있다. 또한 서로 연관되면서도 미묘하게 다른 방법으로 의미 만들기의 중심에서 인간을 몰아낸 하이데거와 데리다를 추가할 수 있다. 니체Friedrich Nietzsche와 니체의 혈통들을 데려온다면 목록은 더욱 확장될 것이며, 그 혈통은 이제 들뢰즈Gilles Deleuze와 가타리Felix Guattari를 거쳐 레이 브라시에로 흘러들어간다. "과연 누가 우리에게 지평선 전체를 지울 스펀지를 주었는가?"(니체).[33] 또한 이와는 다른 줄기에서, 인간 존재가 그렇게 특별하지 않으며, 그보다는 종이컵의 존재가 인간 존재만큼 심오하다고 주장하면서 인간의 위치를 근본적으로 옮겨놓는 객체 지향 존재론을 이 목록에 추가할 수도 있다.

하이퍼객체가 이러한 굴욕의 작업을 극단으로 밀고 나가는 것으로 보이는가? 그 끝은 무엇일까? 코페르니쿠스는 결국 변위

[33] Friedrich Nietzsche, *The Gay Science*, trans. and ed. Walter Kaufmann (New York: Vintage, 1974), 125: [국역본] 프리드리히 니체, 『즐거운 학문/메시나에서의 전원시 유고』, 안성찬·홍사현 옮김(책세상, 2005).

displacement에 대한 것이라고들 한다. 처음 이 변위는 인지적 초공간 hyperspace으로의 짜릿한 도약으로 여겨졌다. 하지만 하이퍼객체가 우리에게 탈출 전략마저 잊게끔 강제한다면? 궁극적으로 **굴욕**이라는 단어 그 자체가 실은 겸손해지고, 땅으로 내려온다는 뜻임을 우리가 깨닫도록 강요한다면? 실제로 하이퍼객체는 우리를 이중의 변위로 떠민다. 블레이크William Blake가 말한 "거룩한 사람의 형상"의 얼굴을 만지기 위해 지상의 족쇄를 느슨하게 할 가능성이 당분간은 요원해진 듯하다.[34] 〈몬티 파이선〉의 엔딩 크레디트 마지막에 등장하는 거대한 발[35]과 다소 유사하게 행동하는 하이퍼객체 그 자체에 따르면, 바깥 공간은 그저 상상의 산물이다. 다시 말해, **우리는 언제나 객체의 안쪽에 있다.**

그렇다면 16세기 이래 하이퍼객체의 시대까지 줄곧 우리에게 있었던 것은 이른바 코페르니쿠스주의라는 진리였다―중심이란 없으며 우리는 중심에 살지 않는다는 사실이다. 여기에 또 다른 사유의 비틂을 더할 수 있다. 가장자리도 없다! 우리는 우주에서 뛰어내릴 수 없다. 매브 여왕은 이안테를 침대에서 꺼내어 우주선에 싣고는 모든 것을 완벽하게 볼 수 있는 시간의 끝으로 재빨리 보낼 수 없다

34　William Blake, "The Divine Image," in *The Complete Poetry and Prose of William Blake*, ed. D. V. Erdman (New York: Doubleday, 1988). [옮긴이] 인간이 하느님의 형상대로 창조되었다는 성서적 배경에서 쓰인 이 시에서 '거룩한 사람의 형상'은 곧 사랑이 현현된 것으로 말해진다.

35　[옮긴이] 1970년대 영국 BBC의 유명한 TV 코미디 시리즈 〈몬티 파이선〉의 마지막 부분에 등장해, 발의 일부만 보이는 존재다.

(퍼시 비시 셸리Percy Bysshe Shelley의 판타지). 선험적 종합 판단이란 객체 내부에서 내려지는 것이지, 순수 자유의 어떤 초월적 영역에서 이루어지는 것이 아니다. 칸트가 자칭 코페르니쿠스적 전환이라 부른 것을 퀑탱 메이야수는 프톨레마이오스Ptolemaeus의 반혁명이라고 서술하면서, 칸트가 앎을 (인간) 주체와 세계 사이 상관관계의 유한성 안에 가둬버렸다고 본다.[36] 하지만 내가 볼 때 문제를 구성하는 것은 특권적인 초월적 영역이라는 관념이지 인간-세계 상관관계의 유한성이 아니다. 칸트는 인간이 비록 이같이 한계지어지지만 그 초월적 능력은 적어도 은유적으로 우주 가장자리 너머까지 떠다닌다고 상상하는데, 이는 메이야수 스스로 실재성이란 궁극적으로 (인간의) 주체성에 의해서만 배타적으로 알 수 있다고 주장하면서 고수했던 논거다. 그렇다면 문제는 바로 **이것**, 즉 인간중심주의라는 문제다.

인류세가 막 시작할 때, 사물이 결코 그것의 현상과 일치하지 않는다는 것을 보여준 이가 바로 칸트였다. 이 혁명적 통찰을 인간-세계 간격 너머로 확장할 필요가 있다. 메이야수와 달리, 우리는 인간의 유한성을 부수고 통과하기보다 그 유한성을 사물의 수만큼 무수히 많은 유한성으로 이루어진 우주 속에 위치시키고자 한다—왜냐하면 사물은 그 자체로 단순히 (인간) 주체라 불리는 특별한 개체

---

36   Quentin Meillassoux, *After Finitude: An Essay on the Necessity of Contingency*, trans. Ray Brassier (London: Continuum, 2010), 119–121: [국역본] 퀑탱 메이야수, 『유한성 이후』, 정지은 옮김(도서출판 b, 2010).

에게뿐 아니라 그 어떤 개체에게도 실재와 외양 사이의 틈이기 때문이다. 따라서 생태학적 사고가 해야 하는 것은 인간을 강제로 땅으로 내리는 방식으로 재접지하는unground 것, 다시 말해 **생물권**biosphere이라 불리는 거대한 개체 내부의 **지구**라 불리는 거대한 객체 위에 인간이 발붙이고 서 있게 하는 것이다. 칸트는 이 정초定礎 작업을 1900년에 시작했다. 현상학 덕분에 칸트주의는 땅으로 내려왔지만, 하이퍼객체와 객체 지향 존재론이야말로 '표리 없음'sincerity, '꾸밈 없음'ingenuousness, 거기 있음being-there의 중력장에서 도망치기란 불가능하다는 점을 확실히 했다.[37] **그곳**there이 있기 때문이 아니다―우리는 이미 그것을 보내버렸다. 여기서 '배태성'embeddedness이라는 판타지로의 퇴행을 고집하는 생태현상학과 결별해야 한다. 배태되어 있는 것이 아니다. 인간은 우주의 중심에 있지도 않고, 우주 가장자리 너머에 있는 VIP 상자에 있지도 않다. 이것은 매우 심오하면서도 불편한 깨달음이라 해도 과장이 아니다. 이것이 생태학적 각성의 진실

---

[37] José Ortega y Gasset, *Phenomenology and Art*, trans. Philip W. Silver (New York: Norton, 1975), 63–70; Harman, *Guerrilla Metaphysics*, 39, 40, 135–143, 247. [옮긴이] 저자가 참조한 그레이엄 하먼의『게릴라 형이상학』에서 인용된 철학자 호세 오르테가 이 가세트(José Ortega y Gasset)의 문장은 다음과 같다. "우주에서 표리 없음을 제거하려는 모든 시도는 헛되다. 한마디로 말해서, 우주에는 숭고한 꾸밈없음, 즉 실재 이외에는 아무것도 없기 때문이다." 하먼은 이 문장이 객체보다 관찰하는 의식을 더 우선시했던 후설을 비판한 것으로 해석한다. 하먼은 후설의 현상학에서 중요한 개념인 의식의 지향성("모든 의식은 무엇에 관한 의식이다")을 비틀어, '꾸밈없음'과 '표리 없음'은 모든 사물이 있는 그대로 그 존재 안에 흡수되는, 어떤 개체도 피할 수 없는 보편적인 구조이며, 이것이 엄격한 존재론적 법칙이라고 얘기한다. 저자는 녹아내리는 거울 객체가 인간과는 무관하게 객체 스스로에게 꾸밈없고 표리 없음을 설명하는 맥락에서 하먼의 용어를 차용하고 있는 것으로 보인다.

한 내용이다. 하먼은 이렇게 설명한다.

한편으로 과학주의는 인간의 의식이 특별한 것이 아니기 때문에 다른 것들과 마찬가지로 자연적인 것으로 보아야 한다고 주장한다. 다른 한편으로 과학주의는 인간의 지식을 빗방울이나 도마뱀이 세계와 맺는 관계와는 완전히 다른, 세계와의 특별한 관계로 보존하기를 원한다. … 사람들은 인간 역시 다른 모든 것과 마찬가지로 물질 조각에 불과하다는 사실에 흐뭇해하면서도 그 발언 자체가 특별하다고 주장하고 싶어 한다. 그들은 빗방울이 아무것도 알지 못하고, 도마뱀은 조금 알고, 어떤 인간은 다른 인간보다 더 많이 안다고 가정한다. 이러한 가정은 직접적인 경험을 무효화하고 초월하는 고유한 능력인 사고가 주어질 때에만 가능할 뿐이며, 당연히 과학주의와 같은 이론은 무생물의 물질에게 이 사고를 허락하지 않는다. 간단히 말해서, 인간은 존재하지 않는다는 **비정한**noir 주장에도 불구하고, 그 주장은 오히려 인간 **사고**의 구조를 존재론적 정점으로 승격시킨다.[38]

---

38   Graham Harman, "Critical Animal with a Fun Little Post," *Object-Oriented Philosophy* (블로그), 2011년 10월 17일, https://doctorzamalek2.wordpress.com/2011/10/17/critical-animal-with-a-fun-little-post/

인간의 우월성에 대한 이러한 이중 부인의 효과는 히치콕Alfred Hitchcock의 대표적인 촬영 기법인 줌 인 트랙 아웃과 다르지 않다. 렌즈가 앞으로 당겨지는 동시에 카메라는 뒤로 물러남에 따라 같은 자리에 있는 듯 보이지만 그 자리는 우리의 통제 범위를 넘어 왜곡되는 듯 보인다. 상충되는 두 움직임은 서로를 상쇄시키지 않고, 오히려 '여기'를 경험하는 방식을 재설정한다. 이중 부인은 인간의 경험을 폐기하지 않고 오히려 현기증이 날 정도로 급격히 변형시킨다.

하이퍼객체를 모호하고 지배적인 시스템 속에 개인이 뿌리내리고 있는 것으로 여기지 않거나, 반대로 개인보다 더 광대한 어떤 것으로 간주하는 생태학적 사상은 개별적인 것들의 일시적인 형상으로 압출된다. 하이퍼객체는 **비환원주의적** 사고를 불러일으키는데, 다시 말하자면 하이퍼객체는 어떤 사물이 가장 실재적인가(생태계, 세계, 환경, 혹은 반대로 개인)에 관한 존재신학적ontotheological 진술이 불가능해진 단계적 딜레마를 우리에게 선사한다.[39] 마찬가지로, 절대적 거리라는 아이러니도 작동하지 않는다. 아이러니는 현기증 나는 반실재론의 심연이 아니라 오히려 존재하는 비인간과의 친밀함을 우리에게 선사한다.

하이퍼객체와 객체 지향 존재론을 발견한 것은 존재에 대한 근

---

39 비환원(irreduction)이라는 용어는 브뤼노 라투르와 그레이엄 하먼의 저작에서 가져왔다. Graham Harman, *Prince of Networks: Bruno Latour and Metaphysics* (Melbourne: Re.press, 2009), 12.

원적 요동, 즉 **존재-지진**being-quake의 징후다. 존재의 근거가 흔들린다. 그 근거 위에서 우리는 산업화, 자본주의, 테크놀로지의 시대를 배회하다 별안간 외계 생명체로부터 정보를 수신한 형국이다. 정보가 전달된 형태는 아무리 우둔한 사람이라도 간과할 수 없을 정도로 정확히 근대성을 구성하는 도구적, 수학적 공식 그 자체였다. 근대성이라는 타이타닉호가 하이퍼객체라는 빙산에 부딪힌다. 하이퍼객체의 문제를 근대성으로 풀 수는 없다. 나는 라투르의 기본적인 철학적 관심을 공유하긴 하지만, 우리가 근대인인 **적이 있었으며** 이제 막 근대인이 안 될 수 있는 법을 배우기 시작했다고 생각한다.

근대성은 특정 형태의 존재론과 인식론에 기대서 스스로의 좌표를 확보하기 때문에, [이러한 근대성이 부딪힌] 하이퍼객체 빙산은 진정한, 그리고 심오한 철학적 문제를 시야에 밀어 넣는다. 이 책은 그러한 문제들을 직접적으로 다루기 위해 쓰였다. 이 책은 타이타닉호를 작동시킨 장치의 일부이면서도 하이퍼객체라는 빙산에 세게 부딪히기로 결심한 장치이기도 하다. 이 사나운 기계 장치—사변적 실재론으로 불리든 객체 지향 존재론이라고 불리든—는 앞으로 다가올 사회적, 인지적 배치configuration를 명분 삼아 [근대성이라는] 기계를 들이받기로 결정했으며, 그 배치의 윤곽은 하이퍼객체가 떠 있는 북극 안개 사이로 희미하게 보일 뿐이다. 이러한 관점에서 보자면 하이퍼객체는 우리에게 호의를 베풀었다고 볼 수 있다. 실재 그 자체는 지배적인 근대적 관점—텅 빈 무無와 작은 입자들의 혼합물—에서 보자면 확실히 중간 크기인 객체들의 편에 존재한다. 이러한 중간 크기의 객체가 매력적이면서도 소름끼치는, 강력한 힘을 가진다는 것이 밝혀졌다.

한 예로, 우리는 고래 속 요나처럼 하이퍼객체 속에 들어와 있다. 이것은 우리가 내리는 모든 결정이 어떤 의미에서 하이퍼객체와 관계된다는 의미다. 이러한 결정은 단지 하이퍼객체를 설명하는 문장에만 국한되지 않는다. 내 승용차의 점화 장치에 차 열쇠를 돌릴 때, 나는 지구온난화와 연관된다. 어떤 소설가가 화성 이주에 관한 글을 쓸 때도 소설가는 지구온난화와 연관된다. 그렇지만 점화 장치에 열쇠를 돌리는 것은 아는 것의 수식화(데카르트)와 시공간을 평평하고 보편적으로 존재하는 용기容器로 보는 관점(뉴턴)에서 비롯된 철학적이고 이데올로기적인 결정과도 긴밀히 연결된다. 내가 왜 열쇠를 돌리는지―왜 열쇠가 연료 주입 시스템으로 신호를 보내 모터를 가동시키는지―는 객체, 운동, 공간, 시간에 대한 일련의 결정이 초래한 하나의 결과다. 따라서 존재론은 활기차고 논쟁적인 정치적 영역이다. 이 책은 존재론에 많은 관심을 기울였다. 하이퍼객체의 위협적인 그림자 아래서, 과정적 사고process thinking와 상관주의를 다소 엉성하게 엮은 형태에 윤리학과 정치학을 정초定礎하는 동시대의 결정은 단지 성급한 것만이 아니다―그것은 문제의 일부일 수 있다.

하이퍼객체가 근대성이라는 안개 낀 초월주의에서 '돌출' towering-through(하이데거)함에 따라 이른바 사유의 '진보'라 하는 것이 훼방을 받는데, 이 사유의 진보란 전 우주를 후기자본주의 친화적 버전의 『맥베스』로 동화시켜 가는 것으로서, (마르크스가 인용한 구절에 따르면) 그곳에서 "모든 단단한 것이 공기 속으로 녹아내린다."[40] 대기 속으로 녹아내리는 일이 일어나는 바로 그 순간, 우리는 안개 속에 있는 너무나도 단단한 빙산을 최초로 일견한다. 이 책의 2부에는 자본주의가 하이퍼객체에 대응하는 것에 대해 무척이나 회의적인 근거들을 제시한다. 나는 다른 곳에서 자본주의가 가진 날것의 기제가 예방적이기보다는 반응적이기 때문에 생태학적 비상사태에 충분히 대응하는 데 결함이 있다고 주장해왔다.[41] 자본주의는 (공장 문 앞에 무엇이 도착하든) '원자재'처럼 이미 존재하는 객체에 기반한다. 자본주의의 소급적 양상은 자본이 '충족시키는' '소비자'와 '수요'의 이데올로기에 반영되어 있다.

근대성의 함선에는 강력한 레이저와 핵무기가 장착되어 있다. 하지만 이 장치들의 연쇄작용으로 발생한 더 많은 하이퍼객체가 외삽外揷된,[42] 예측된 미래와 인간 사이에 스스로를 들이민다. 과학 그 자체는 근대성의 모험에 격렬한 제동을 거는 비상 브레이크가 된다. 그러나 이 중단은 빙산 앞에서 벌어지는 것이 아니다. **멈춤 자체가 빙**

---

40 Karl Marx, *The Communist Manifesto*, in *Selected Writings*, ed. David McLellan (Oxford: Oxford University Press, 1977), 12; William Shakespeare, *Macbeth* (New York: Washington Square Press, 1992), 19: [국역본] 카를 마르크스·프리드리히 엥겔스, 『공산당 선언』, 이진우 옮김(책세상, 2018).

41 Morton, *Ecological Thought*, 121.

42 [옮긴이] 외삽법(extrapolation)은 알려진 사실로부터 어떤 것에 대해 의견을 형성하거나 추정한다는 뜻으로, 어느 순간까지의 흐름에 미루어 아직 나타나지 않은, 또는 나타나게 만들 수 없는 부분을 예측하는 기법이다.

산(의 한 양상)이다. 엔진의 맹위가 의미하는 것은 바로 이미 엔진 내부에 얼음이 들어와 엔진 작동이 중단되어 기능이 멈춘다는 것이다. 미래는, '세계의 끝 이후의 시간'은 너무 일찍 도착했다.

하이퍼객체는 하이데거가 "마지막 신"이라고 부른 것이나 시인 휠덜린Friedrich Hölderlin이 위험한 힘이 있는 곳에서 함께 자라는 "구원의 힘"이라 부른 것에 적격이다.[43] 어쩌면 우리는 하늘에 종말론적 해결책이나 의식에서의 혁명을 기대했는지 모른다—또는 실제로 국가 통제를 움켜진 민중의 군대를 기대했는지도 모른다. 하이퍼객체는 예상보다 훨씬 빨리 도착했다. 하이퍼객체는 지난 200년간 상관주의자들이 만들어낸 신중한 보정補正 작업을 폐기했다. 지구온난화를 두고 공황을 겪고 부인하고 보수적 부조리함을 드러내는 것은 이해할 만하다. 하이퍼객체는 개인주의, 국가주의, 반지성주의, 인종주의, 종차별주의speciesism, 인간중심주의, 그밖에 무엇에게도 위협이 될 수 있다. 아마도 자본주의 그 자체에도 위협일 것이다.

하이퍼객체가 어떻게 이미 여기에 존재하게 되었는가를 명확히 하려는 의도에서 이 책을 가운데가 접히는 두 폭 제단화diptych처럼 구성했다. 첫 번째로 [하이퍼객체라는] 빙산이 등장하고 그것으로 인한 기본적인 충격을 설명한다. 이런 방식으로 인간이 현실을 따

---

[43] Martin Heidegger, *Contributions to Philosophy: (From Enowning), trans. Parvis Emad and Kenneth Maly* (Bloomington: Indiana University Press, 1999), 283-293: [국역본] 마르틴 하이데거, 『철학에의 기여』, 이선일 옮김(새물결, 2015). 또한 Joan Stambaugh, *The Finitude of Being* (Albany: State University of New York Press, 1992), 139–144도 보라.

라잡는다는 감각을 담아낸다. 1부 '하이퍼객체는 무엇인가?'에서는 존재 속 지진의 범위와 깊이를 '객관적인' 서술의 관점에서 탐구하면서 하이퍼객체의 **객체성**objectness을 환기하고자 할 것이며, 이 객체성은 사유에 선행해서 하이퍼객체의 존재를 근원적으로 구성한다. 이후 책은 곧바로 '반응 숏'reaction shot으로 바뀐다—하이퍼객체의 조짐이 인간에게 어떻게 보이는지, 사회적 공존과 관련해 어떤 함의를 갖는지, 이 공존과 함께하는 사유란 무엇인지를 다룬다. 하이퍼객체는 진실로 '포스트모던' 시대를 알리는 조짐이다.[44] 그래서 2부는 '하이퍼객체의 시대'라고 이름 붙였다. 모든 인류는 이제 역사의 새로운 단계로 진입했음을 인식하게 되었으며, 이 새로운 단계에서 비인간이 더는 배제되거나 사회적, 심령적, 철학적 공간의 장식적 성격에 그치지 않으리라고 본다. 환경적으로 가장 취약한 상태에 놓인 태평양 열도 주민부터 강경 제거적 유물론자[45]까지 해수면 상승과 자외선의 영향을 우려한다. 이 단계는 '세계의 끝'이라는 트라우마적 좌표 상실을 특징으로 한다. 또한 이 단계는 모든 것에 적용되는 **위선**의 형

---

44   나는 이 표현을 하이데거 철학자 이언 톰슨이 다음 두 책에서 보여준 혁신적인 주장에 영감을 받아 썼다. Iain Thomson, *Heidegger, Art, and Postmodernity* (Cambridge: Cambridge University Press, 2011), and "Heidegger's Aesthetics," in *The Stanford Encyclopedia of Philosophy*, ed. Edward N. Zalta, summer 2011. https://plato.stanford.edu/entries/heidegger-aesthetics/

45   [옮긴이] 제거적 유물론(Eliminative Materialism) 또는 제거주의(eliminativism)로 불리는 이 이론은 마음 철학에서 유물론적 입장을 취하면서 심리학에서의 대다수의 정신적 상태라는 것은 존재하지 않는 것으로 본다. 1960-70년대에 시작된 제거적 유물론은 그동안 상식으로 받아들여졌던 신념이나 욕망과 같은 정신적 개념이 존재하지 않는다고 주장한다.

태로 일군의 비평가들에게 당혹스러운 충격을 주는데, 이 위선은 "메타언어란 없다"는 라캉식 진실의 기이함을 물리적이고 타협 없이 드러낸다.[46] 후기구조주의나 포스트모던적 사상으로는 결코 획득하지 못했던 진실이다.

인류는 **위선, 약함, 절뚝거림**의 시대에 진입했으며, 이 용어들 각각의 특정 의미와 정의에 대해서는 2부에서 밝히고 있다. 하이퍼객체 시대의 전반적인 미적 '느낌'은 무한한 힘의 인식과 무한한 사물들의 존재 사이에서 발생하는 **비대칭**asymmetry의 감각이다. **아는 것**과 **존재하는 것** 사이에 미칠 듯한 경쟁이 일어나는 가운데 우리가 아는 것을 다루는 기술이 스스로를 배반하기도 한다. 이 경쟁은 미적 경험과 미적 행동에 새로운 매개변수를 설정한다고 볼 수 있는데, 이는 가장 넓은 의미에서 존재자들 간의 관계가 발생시키는 방식을 의미한다. 상당히 유의미한 결과들이 예술에서 생겨났으며, 이 책은 그 몇몇 윤곽을 그리면서 끝맺는다.

내 글을 자주 찾는 독자들은 이 책에서 하이데거 사상을 상당 부분 차용하는 것에 대해 다소 어리둥절하거나 심지어 당혹해할지 모른다. 과거에 나는 **자연 없는 생태학**[47]의 몇몇 중요한 특징을 사

---

46   Lacan, *Écrits*, 311: [국역본] 자크 라캉, 『에크리』, 홍준기·이종영·조형준·김대진 옮김(새물결, 2019).

47   [옮긴이] 저자의 이전 저작 제목이기도 한 '자연 없는 생태학'(ecology without Nature)은 자본주의에 의해 착취되는 자연관에서 벗어난 생태학을 논하기 위해 기획된 개념이다. 여기서 대문자로 표기되는 자연(Nature)은 낭만화되고 물화된 자연을 가리킨다.

유하는 데서 하이데거 철학은 퇴행적이고 적합하지 않다고 설명해 왔다. 나는 내가 반대해온 하이데거주의의 한 형태가 하이데거 자체가 아님을 인정하게 되었다. 만약 우리에게 공존의 언캐니한 낯설음 strangeness에 대한 감각을 생생하게 선사하는 이가 있다면, 그는 바로 하이데거다. 나는 또한 레비나스와는 반대로, 진정으로 긴급한 생태학적 전투가 벌어져야 할 곳은 존재론의 영역이라는 점을 이해하게 되었다.

내가 하이데거로 돌아온 이유는 의심할 여지없이 하이데거 사상 전체를 받아들이기 때문이 아니며, 따라서 여전히 하이데거 사상에서 특정한 갈래를 거부한다. **세계**라는 개념은 아직도 지극히 문제적으로 남아 있으며, 이에 대해서는 2부를 구성하는 세부 장에서 명확히 밝히고 있다. 인간을 가장 중요한 개체로 상정하는 노골적인 존재신학적 접근이나, 특히 독일 인간이 가치의 정수라는 주장도 가차 없이 배제된다. 이 책은 객체 지향 존재론을 통해서 하이데거에게 빚을 지고 있다. 건설자가 거부한 하나의 돌이 새로운 사유의 주춧돌이 된다는 생각에는 매력적인 지점이 있다—그리스도교적 이미지와 공명하기 때문에 마찬가지로 의문스러운 지점도 있다.[48] 하이퍼객체의 시대에는 사유의 작업장 주위에 널브러져 고장 난 것으로 보이던 도구들을 사용한다—내가 참조하는 하이데거의 도구 분석은 하먼이

---

48   [옮긴이] "집 짓는 이들이 내버린 돌 그 돌이 모퉁이의 머릿돌이 되었네"(마태복음 21:42)를 가리킨다.

놀랍도록 혁신적으로 전유하기 전까지 작업장 주위에 그저 널려 있었으며, 실용주의에 의해 성의 없이 쓰이거나 해체주의에 의해 무시되어왔다. 객체 지향 존재론과 '사물 이론'thing theory이 도구 분석에 기대는 것은 환영할 만하다.[49]

다소 기이하게도, 부정적인 것에 대한 비헤겔적 마술이 바로 휠덜린이나 하이데거가 말한 "구원의 힘"이라는 도구이며, 이 무언의 잔혹한 사물은 축적된 인간의 편견이 초래한 모든 인간중심주의적 힘과 공명한다. 영화 〈월-E〉는 고장 난 도구들이 어떻게 지구를 구하는지에 대한 이야기다.[50] 이 책도 그렇다. 〈월-E〉에서 고장 난 도구란 강박적인 두 로봇이다. 주인공인 한 로봇은 조악한 장신구를 모아 멜랑콜리한 수집품을 만든다. 다른 하나는 청소하는 로봇으로, 모든 표면을 닦으려는 충동 때문에 중요한 찰나에 막 닫히려는 슬라이딩 도어 사이에 끼여 있곤 한다. 이 책에서 두 로봇은 책의 두 부분이다. 1부는 하이퍼객체의 표면과 차원을 나열하는 강박적 멜랑콜리다. 2부는 우리를 영원히 근대성 안에 가둔 채 닫힐 찰나에 있는 역사의 슬라이딩 도어를 붙잡고 있는 강박적 로봇이다.

인간인 내가 의인화하지 않고 생각하기는 불가능하기 때문에 1부 역시 하이퍼객체가 인간과 관련된다는 생각을 담고 있다. 하지

---

49   사물 이론은 빌 브라운(Bill Brown)의 창안물이다. *Critical Inquiry*의 특별판 "Things"를 보라(2001년 가을호).

50   앤드류 스탠튼(Andrew Stanton) 감독, 〈월·E〉(픽사 애니메이션 스튜디오, 2008).

만 인간성이라는 작은 관 '내부'에 완전히 갇히지 않았기에, 2부에서는 하이퍼객체 자체의 특성에 대한 세부 사항들을 담고 있다. 하이퍼객체는 상호 연관된 다섯 가지 특성을 띠는 것으로 보인다. 아니 오히려 이러한 특성들을 파악함으로써 인간은 하이퍼객체에 더욱 정확하게 조율할 수 있다. 책이 하이퍼객체의 전체적인 특징(**점성**viscosity)으로 시작해서 세 개의 범주를 거쳐 5장(**상호객체성**)에 이르면, 우리가 **객체**의 의미를 다시 사유하도록 하이퍼객체가 강제한다는 점이 명확해진다. 여기서 세 개의 범주란 **비국소성**nonlocality, **물결치는 시간성**temporal undulation 그리고 **위상 조정**phasing이다.

하이퍼객체 시대에 대한 인간의 반응은 세 가지 기본 양상을 띠는데, 이를 2부에서 세 장에 걸쳐 다룬다. 첫 번째 반응은 **세계**라는 관념의 용해다. 두 번째는 우리 시대(말하자면 하이퍼객체 **이전** 시대)의 지배적인 이데올로기적 양상인 냉소적인 거리두기의 불가능성이다. 세 번째 반응은 하이퍼객체 시대가 되어서야 사유 가능해진 미적 경험 및 실천과 관련된다. 2부에서는 줄곧 하이퍼객체의 시대가 **위선, 약함, 절뚝거림**의 시대임을 말하고 있다.

1부
하이퍼객체란 무엇인가?

보이지 않는 힘이 드리운 경이로운 그림자

―퍼시 비시 셸리

점성

나는 거리를 두고 투명한 매개물로 들여다보듯 하이퍼객체에 접근하지 않는다. 하이퍼객체는 여기, 내가 속한 사회 공간과 경험 공간 바로 여기에 있다. 창문에 대고 짓눌린 얼굴처럼 하이퍼객체는 나를 위협적으로 노려본다. 그것이 지나치게 가까이 있다는 것 자체가 나를 위협한다. 초대질량 블랙홀은, 마치 신호를 기다리는 차 안 바로 내 옆자리에 앉아 있기라도 하듯, 은하계 중심에서부터 내 의식을 침해한다. 지구온난화는 매일 내 목덜미 살갗에 화상을 입혀 신체적 불편감과 내적 불안감 탓에 가려움증을 유발한다. 내 몸속 세포가 분화와 변이를 거칠 때, 내 몸이 스스로를 복제할 때, 수많은 정자 세포 중 하나가 난자와 섞일 때, 내 유전자 속에서는 진화가 펼쳐진다. 내가 자동차 계기판에 연결된 아이폰 충전기에 손을 뻗을 때, 나는 진화에, 즉 **확장된 표현형**extended phenotype[1]에 도달하며, 유전자의 발

---

1   [옮긴이] '확장된 표현형'은 진화생물학자 리처드 도킨슨(Richard Dawkins)이 1982년 출간한 동명의 책에서 밝힌 생물학적 개념이다. 그는 개별 유기체가 아닌 유전자(복제자)를 진화적 선택과 적응의 힘이 작용하는 단위로 본다. 이에 기반해, 유전자의 표현형은 유기체 신체 내부의 단백질 생합성이나 조직 성장과 같은 생물학적 과정에 국한되지 않고 유기체의 신체

현은 비단 피부 가장자리에서 멈추지 않고 나의 인간다움이 식민지화한 모든 공간 속에서 계속된다.[2]

모든 미국 승용차의 우측 사이드 미러에는 우리 시대에 매우 걸맞은 존재론적 슬로건이 새겨져 있다. **"거울 속 사물은 보이는 것보다 훨씬 가까이 있습니다."** 건너다보듯 거리를 두어서는 하이퍼객체에 접근하지 못할 뿐더러, '거리'란 사물과 지나치게 가까워지는 상황에서 나 스스로를 보호하기 위해 고안된 심리적이고 이데올로기적인 구성물에 불과하다는 점이 날이 갈수록 더욱 분명해진다. 이는 신경쇠약증을 '정신분열적 방어'라고 부르는 이유이기도 하다. 거리를 두는 그 시도는 사물에 대한 진실한 판단의 결과에서 비롯된 것이 아니라, 가까움을 위협으로 느끼는 심리가 만들어낸 방어 기제이고 항상 그래왔던 게 아닐까? 그렇다면 우리가 '자연으로 돌아가야 한다'고— 요컨대 사물들과 더 친밀해져야 한다고—주장하는 환경주의자들의 연설은 절반의 진실만을 말하고 있는 게 아닐까? 문제는 사물들이 멀리 있다는 것이 아니라 오히려 우리 얼굴 안에 들어와 있는 것이

외부 환경에 영향을 끼친다고 주장한다. 즉 유전자가 자신이 속한 유기체 너머로 '확장되어' 전 세계에 자신의 표현형을 발현한다는 것이다. 저자는 하이퍼객체를 신체 내부에 영향을 끼치는 존재로 보는 관점과 진화를 유전자 신체 외부로의 확장으로 보는 개념을 병치시켜서 서술하고 있다.

2 리처드 도킨스는 『확장된 표현형: 유전자의 먼 도달』에서 이 개념을 발전시킨다. Richard Dawkins, *The Extended Phenotype: The Long Reach of the Gene* (Oxford: Oxford University Press, 1999), 1–2: [국역본] 리처드 도킨스, 『확장된 표현형』, 홍영남·장대익·권오현 옮김(을유문화사, 2016).

라면—사물들이 이미 우리의 얼굴이 **되어버린** 것이라면—'다시 돌아갈' 곳조차 없는 게 아닐까? 이 환경주의야말로 위협적일만치 가까이 있는 사물들을 쫓아내는 데 급급한 것은 아닐까? 대문자로 시작하는 **자연**Nature이라는 개념은 곧 '거울 속 사물'이며, 그것이 지시하는 대상은 티베트고원을 넘을 때 스포츠 유틸리티 차량SUV 앞좌석에서 보이는 경관보다도, 미국 유타주의 아치스 국립공원에 서서 카메라 너머로 보이는 풍광보다도, 내가 '그것[자연]' 한가운데서 접이식 텐트를 펼칠 때 보게 되는 조망보다도 훨씬 가까이에 있는 것이 아닐까?

1부의 각 장들을 거치면서 나는 하이퍼객체가 무엇인지 점점 더 정확히 명시하려고 노력할 것이다. 첫 장에서 하이퍼객체를 **끈적이는** viscous 것으로 기술하면서 논의를 시작하는 데는 전개상 이유가 있다.

하이퍼객체는 가까이 있지만 또한 너무 언캐니해서 설명하기 어렵다. 어떤 날은 지구온난화가 나를 가열하지 못한다. 이상할 정도로 서늘하거나 험악한 폭풍이 몰아친다. 목덜미에 따끔거리는 열기를 느끼는 내밀한 감각은 지구온난화의 뜨거운 손에 덴 왜곡된 자국일 뿐이다. 나는 생물권에 있어도 '집에 있는 것 같은' 편안함을 느끼지 못한다. 하지만 영화 〈스타워즈〉에 나오는 포스The Force처럼 지구온난화가 나를 에워싸고 관통한다는 것을 느낄 수 있다. 지구온난화를 알면 알수록, 그것이 도처에 퍼져 있다는 것을 깨닫는다. 진화를 더 알게 될수록, 온 신체가 망사 구조meshwork에 붙들려 있음을 깨닫는다. 하이퍼객체를 암시하는 직접적이고도 내밀한 징후는 강렬하고 때때로 고통스럽기까지 한데, 동시에 비현실에 대한 흔적을 동반한다. 더는 내가 어디에 있는지조차 확신하지 못한다. 집에 있으면서도 집에 있다고 느끼지 못한다. 호빗 굴이나 고향에 대한 민족적 신화 같은 것이 아닌 하이퍼객체를 통해 비로소 나는 하이데거의 사상이 담고 있는 진실을 보게 되었다.[3]

　하이퍼객체를 이해하려고 애쓸수록 그것에 붙들려 꼼짝할 수 없는 나를 보게 된다. 내 신체의 모든 곳이 하이퍼객체로 뒤덮인다. 하이퍼객체가 곧 나 자신이다. 흡사 영화 〈매트릭스〉 속 네오가 된 것 같다. 공포에 질린 그의 얼굴, 거울 같은 물질로 코팅되어 문손잡이마저 녹아내리게 하는 그의 손. 그가 자기 얼굴에 손을 들어 올리자 가상의 신체는 와해되기 시작한다. "거울 속 사물은 보이는 것보다 훨씬 가까이 있습니다." 거울 그 자체가 내 살의 일부가 되었다. 더 정확히 말하면, 내가 거울의 살의 일부가 되어 사방에 하이퍼객체를 비춘다. 나는 내 혈액에 든 수은과 다른 독소에 대한 정보까지 알 수 있다. 후쿠시마 참사가 일어난 지 몇 주 후, 도쿄에서 비행기를

3　[옮긴이] 하이데거는 『존재와 시간』에서 현존재가 근본적으로 처한 불안에 대해 고찰하면서 "불안 속에서는 사람이 '섬뜩해진다'(unheimich)", "섬뜩함은 거기에서 동시에 '마음이 편치 않음'을 의미한다", "일상적 친숙함은 무너져내린다"라고 표현했다(『존재와 시간』, 이기상 옮김, 1부 6장 40절). 저자가 참조한 『존재와 시간』 영문 번역본에서는 독일어 unheimich를 uncanny(언캐니함)으로 번역하였는데, 독일어 unheimich는 집(heim)을 떠난 낯선 상황을 가리킨다. 저자는 하이데거의 불안에 대한 존재론적 사유를 기후 위기 시대에 하이퍼객체가 유발하는 언캐니함(uncanny)과 편안하지 않은 'feeling not at home' 불안의 성질과 연결 짓고 있다.

환승했다는 이유로 타이페이 공항에서 방사선 검사를 받아야 했다. 이러한 일종의 인지 행동으로 하이퍼객체에서 빠져나오려는 모든 시도는 나를 하이퍼객체에 더욱 가망 없이 들러붙게 만든다. 왜일까?

하이퍼객체는 이미 여기에 와 있기 때문이다. 나는 그것들을 그저 우연히, 나중에, 방사선에 오염된 내 몸과 빠진 머리카락으로 발견하게 된다. 데이비드 린치David Lynch 감독의 작품들에 등장하는 사악한 캐릭터들이나 샤말란M. Knight Shyamalan 감독의 영화 〈식스 센스〉에 나오는 유령처럼, 하이퍼객체는 내가 속한 사회 공간과 심리 공간에 항상-이미always-already 출몰한다. 시간을 일종의 용기容器나 경주 트랙 또는 길로 보던 나의 평범한 인식으로는 이러한 '항상-이미'를 알아채지 못했고, 그 속에 시간이 새어 나오고 있었던 것도 알 수 없었다. 이 점은 추후 이어지는 글 「물결치는 시간성」에서 다룰 것이다. 우리의 관점에서 보자면, 〈트윈 픽스〉의 악령 캐릭터 밥이 계시한 것은 하이퍼객체에 대한 것이자, 아마도 객체 일반에 대한 것일 수 있다.[4] 하이퍼객체는 행위자agents다.[5] 하이퍼객체가 광섬유 케이블이나 전자기장처럼 여러 세계와 시간에 걸쳐 있다는 점에서 실제로 그것들은 작은 악령 이상이다. 또한 그 내부로 인과관계가 전

---

[4] 데이비드 린치 외, 〈트윈 픽스: 불이여 나와 함께 걷자〉(Twin Peaks: Fire Walk with Me) (ABC, 1990; CIBY Pictures, 1992).

[5] 현재까지 행위자의 정치성을 가장 생생하게 설명한 저서는 아마도 제인 베넷의 『생동하는 물질: 사물에 대한 정치생태학』일 것이다. Jane Bennett, *Vibrant Matter: A Political Ecology of Things* (Durham, N.C.: Duke University Press, 2004), 21; [국역본] 제인 베넷, 『생동하는 물질』, 문성재 옮김(현실문화연구, 2020).

기처럼 흐른다는 점에서 하이퍼객체는 악마적이다.

플라톤 시대 이후로 사물을 이러한 관점에서 사유해본 적은 없었다. 이온Ion과 소크라테스Socrates가 정령δαίμων이라고 부른 것을 우리는 전자파라 부르는데, 그것은 기타 줄을 뜯는 소리를 증폭해 공연 음향 시스템으로 내보내는 역할을 하는 것이기도 하다.[6] 인류세 시작 이후로, 특히 거대 가속이 시작된 이래로(1940년대) 전자파라는 이 악령의 통로는 더욱 강력해졌다. 인간 작가들은 음송자Rhapsode가되었고 잭슨 폴록Jackson Pollock, 존 케이지John Cage, 윌리엄 버로스William Burroughs가 여기에 해당된다. 이러한 상황에서 왜 많은 이들이 예술을 악의 영역으로 생각했는지 짐작할 수 있게 된다.

마이 블러디 밸런타인My Bloody Valentine의 음악을 들을 때, 나는 애써 사운드에 닿으려고 하지 않는다—그 대신에 사운드의 강한 진동이 나를 내부에서부터 괴롭히고, 그 물리적인 힘은 나를 바닥에서부터 거의 들어 올린다. 케빈 쉴즈Kevin Shields의 기타 사운드는 엑스레이선처럼 나를 지지고 스캐닝하고 맹폭격한다. 기타 코드는 구역질이 날 정도로 하나에서 다음 코드로 휘청대고, 음에서 음으로 미끄러져 음정이 맞았다 이탈했다[7] 하면서 불협화음을 통한 하모닉스의 탑을

---

6 Plato, *Ion*, trans. Benjamin Jowett, http://classics.mit.edu/Plato/ion.html: [국역본] 플라톤, 『이온/크라튈로스』, 천병희 옮김(숲, 2014).

7 [옮긴이] 케빈 쉴즈가 고안한 '글라이드 기타'(Glide guitar)는 기타에 장착한 현의 피치를 일시적으로 변경하는 기계장치인 비브라토 바를 잡은 상태에서 기타를 스트럼 주법으로 연주해서 흔들리는 음정을 내는 기술이다. 마이 블러디 밸런타인의 앨범《You Made Me Realise》,《Isn't Anything》에서 처음 사용되어 이후 슈게이징(Shoegazing) 등의 얼터너티브

쌓는다. 디스토션 이펙터는 그 사운드를 흐물흐물하게 만들고 산산 조각 내서 자갈과 걸쭉한 기름으로 뒤범벅된 덩어리로 만든다. 그러나 어떤 노력을 한다 해도 나는 내 귀를 찢을 수는 없다. 음악은 너무나 아름답다. 돛대에 줄로 몸을 결박한 오디세우스가 세이렌을 들었을 때 어떤 느낌이었을지 궁금하다. 잔잔하고 고요하고 슬픔에 잠긴 노래가 들리는 듯하다. 파도의 거품 속에서 줄줄 새어나온 기타의 왜곡된 소리가 후드득 떨어졌다가 드럼 심벌소리에 씻겨나간다. 이 음악이 내 몸속 장기를 녹이고, 귀에 출혈을 일으켜(이것은 실제로 벌어졌다), 나를 발작에 이르게 할 수도 있겠다는 생각이 든다. 어쩌면 나를 죽일 수도 있을 것이다. 강렬한 아름다움으로 죽는 것. 이는 키츠식 죽음이다. 더글러스 애덤스Douglas Adams의 『은하수를 여행하는 히치하이커를 위한 안내서』에 등장하는 밴드 디재스터 에어리어의 행성을 파괴해버리는 사운드 시스템이 떠오른다. 그 책의 첫 페이지는 우르줄라 하이제Ursula Heise가 논했던 행성적 의식planetary consciousness에 대한 이야기로 시작된다.[8]

마이 블러디 밸런타인의 싱어 벨린다 버처Belinda Butcher의 목소리는 스테레오 양쪽 끝, 오른쪽과 왼쪽 극단에 놓인다. 그녀의 목소리는 부서질 듯한 거품 용기가 되어 케빈 쉴즈 쪽에서 맹렬하게 쏟

음악에 큰 영향을 끼쳤다.

8   Ursula Heise, *Sense of Place and Sense of Planet: The Environmental Imagination of the Global* (New York: Colombia University Press, 1982), 84.

아져 나오는 눈부신 안개와 같은 기타 사운드를 담아낸다. 목소리는 앰비언트ambient가 된다(라틴어 ambo는 '양쪽 모두에'라는 뜻이다). 거의 들리지 않을 정도도. 마치 그녀의 목소리에는 기타가 들어 있기라도 한 것처럼, 솟구치고, 어지럽게 미끄러지고, 휘청거리고, 쿵쿵 두드리는 하이퍼객체가 담겨 있기라도 한 것처럼 들린다. 이런 의미에서 마이 블러디 밸런타인의 음악은 재현적인 '자연' 음악보다 진정으로 더 생태적이며 조용한 앰비언트 음악보다 훨씬 더 비타협적이다.

칸트는 미적 경험을 **조율**Stimmung이라고 주장한다.[9] 하지만 내가 마이 블러디 밸런타인의 음악에 맞추는 것이 아니라 오히려 마이 블러디 밸런타인의 음악이 내게 동조해 내 장기를 추적하고, 내 배와 내장, 얼굴의 연골 주머니를 진동시키는 공진 주파수를 찾아낸다. 그런데도 이 아름다운 코드는 늘 우리를 돛대에 결박시킨다. 벨벳 언더그라운드Velvet Underground가 〈헤로인〉에서 처음 시작을 알린 피드백 벽[10]은 하이퍼객체로서의 소리이며, 도망칠 수 없는 끈적이는 음

---

9   Immanuel Kant, *Critique of Judgment*, trans. Werner S. Pluhar (Indianapolis: Hackett, 1987), 445–446: [국역본] 이마누엘 칸트, 『판단력 비판』, 백종현 옮김(아카넷, 2009).

10   [옮긴이] 벨벳 언더그라운드 음악의 특징 중 하나로, 전자적으로 발생시킨 피드백을 들 수 있다. 〈헤로인〉(Heroine) 곡 전반에는 존 케일(John Cale)이 연주한 비올라 드론 소리가 들린다. 존 케일은 1960-70년대 라몬테 영과 매리언 자질라가 이끌었던 영원한 음악의 극장(이후에 드림 신디케이트로 불림)이라는 아방가르드 음악 그룹에서 미분음 음계를 적용해 비올라 드론을 연주했다. 이후 루 리드(Lou Reed)와 함께 벨벳 언더그라운드를 만들고, 피업을 활용한 실험적인 피드백 및 드론 사운드를 음악에 도입했다. 이들은 피드백을 단지 음악을 부분적으로 장식하는 데 그치지 않고 음악 전반에 광범위하게 사용함으로써 독특한 소리 공간을 만드는 예술적 장치로 다루었다고 평가된다. 존 케일과 라몬테 영의 연결에 대해서는 토드 헤인즈(Todd Haynes) 감독의 다큐멘터리 〈벨벳 언더그라운드〉(2021)에서 다루

향적 라텍스다. 그것은 나를 아프게 한다. 미적 경험의 이상한 마조 히즘적 차원은 '작품'과, 내가 칸트식 정신 융합에 완벽히 사로잡힌 곳의 하부를 열어젖힌다. 미적인 것의 출현에 선험하는 끈적이는 점성의 그물망이 틀림없이 이미 존재해서 그곳에서 나는 그 작품과 동조되고, 이는 내가 초월 행위라 생각하는 것마저 한계를 정하는 미학적 자궁이기도 하다. 하이퍼객체 예술은 사르트르Jean-Paul Sartre가 혐오했던 이 자궁 내 경험, 사물들 간의 '교활한 연대'를 보이고 들리고 읽힐 수 있게 한다. "불쾌하고 미끈거리는 것은 나 자신이다."[11] 사르트르에게 점성이란 큰 꿀단지에 손을 넣었을 때 손이 느끼는 것이다—손은 꿀에 녹아내리기 시작한다. "(마치 잼 속에 빠져서 익사한 말벌의 죽음처럼) 대자對自의 달콤한 죽음."[12] 달콤함과 권력을 구분했던 낡은 예술 이론들은 무너져 내린다.[13] 달콤함이 바로 권력, 그것도 가장 강력한 권력임이 밝혀지기 때문이다.

극심하게 날카로운 음향이 신체 내부 구조를 재정렬해서 종국에는 죽음에 이르게 하는 결과를 낳는다는 상상도 가능하며, 더욱

고 있다. 저자는 이 책 2부 3장 「비대칭의 시대」에서 라몬테 영이 추구한 드론 사운드의 의의를 상세히 살핀다.

11 Jean-Paul Sartre, *Being and Nothingness: An Essay on Phenomenological Ontology*, trans. and ed. Hazel Barnes (New York: Philosophical Library, 1984), 609, 610: [국역본] 장폴 사르트르, 『존재와 무』, 정소성 옮김(동서문화사, 2009).

12 Sartre, *Being and Nothingness*, 609.

13 Debora Shuger, "'Gums of Glutinous Heat' and the Stream of Consciousness: The Theology of Milton's Maske," *Representations* 60 (Fall 1997): 1–21.

이 미 국방부가 개발하고 배치까지 염두에 두고 있는 음향 무기가 이와 같을 것임은 분명하다. 사물의 내부가 완벽히 외부와 일치할 때, 그것을 **용해**dissolution 또는 **죽음**이라고 부른다. 아주 큰 하이퍼객체(예를 들어 우주 전체의 엔트로피)를 생각해본다면 모든 존재자들은 일종의 죽음의 문턱에 있다고 할 수 있으며, 이는 '생의 수레바퀴'를 묘사한 티베트의 불교 회화인 탕카 육도윤회도六道輪廻圖에 존재의 여섯 가지 영역이 이빨을 드러내고 있는 죽음의 신 야마Yama의 벌린 턱 속에서 돌아가고 있는 것으로 묘사되는 이유다. 레자 네가레스타니[14]는 지구 표면 아래에서 꾸며진 지구의 음모를 일련의 행위자로 간주하고, 인간이 부지불식간에 인간 자신 및 다른 종에게 그 행위자들을 촉발한 것으로 상상하면서, 환경주의자들의 논픽션을 악마적으로 패러디한다. "지표면 생물권은 지하 세계의 크툴루적cthulhoid 건축물과 분리된 적이 없다."[15] 먼지와 안개는 소용돌이치는 존재자로 상상되어 '안개 악령'을 일으켜 말 그대로 '전운'戰雲 속에 인류를 에워싸고, 그 속에서 미국과 중동은 불운하게도 그들이 이해하지도 못하는 땅속의cthonic 행위자를 대신해 전쟁을 치른다. 날씨는 괴물

---

14 [옮긴이] 레자 네가레스타니는 이란의 철학자이자 작가다. 2008년에 출간한 『사이클로노피디아』로 '이론 소설' 장르를 개척했다는 명성을 얻었다.

15 Reza Negarestani, *Cyclonopedia: Complicity with Anonymous Materials* (Melbourne: Re.press, 2008), 29: [국역본] 레자 네가레스타니, 『사이클로노피디아』, 윤원화 옮김(미디어버스, 2021).

인 셈이다.[16]

아기는 덩어리진 우유를 토해낸다. 아기는 토사물과 토사물 아닌 것을 구분하는 법을 익히면서 토사물 아닌 것을 자아로 인식하게 된다.[17] 모든 주체는 어쩌면 박테리아가 득실거리고 위산이 가득한, 끈적거리며 약간은 독이 든 모종의 물질을 대가로 치르고 형성된다. 아기의 부모는 상한 우유를 건져내 휴지에 싸서 그 끈적한 뭉치를 변기에 버리고는 물을 내린다. 그것이 어디로 가는지는 이제 모두가 알고 있다. 꽤 오랜 시간 동안 우리는 변기의 U자형 굽은 관을 존재론적 공간의 편리한 구부러짐 정도로 여겨서 그곳에 무엇이든 변기 물을 내려 흘려보내면 여기는 깨끗해지고, 버린 것은 **저 너머로**away라는 완전히 다른 차원으로 보내진다고 생각해왔다. 하지만 이제 우리는 더 잘 알게 되었다. 저 너머라는 신화적인 땅 대신에, 쓰레기는 태평양이나 폐수 처리시설로 간다는 것을 말이다. 지구와 생물권을 하이퍼객체로 이해하게 되자 우리는 끈적이는 표면을 보게 되었고, 어떤 것도 이 표면에서 강제로 벗겨질 수는 없다. 이 표면 위에서는 저 너머로 보내버린다는 것도, 여기나 저기라는 구분도 없다. 사실상 지구 전체가 우유 토사물을 훔친 끈적이는 휴지 뭉치인 셈이다.

16   같은 책, 87–97, 98–100, 101–106.

17   Julia Kristeva, *Powers of Horror: An Essay on Abjection*, trans. L. S. Roudiez (New York: Columbia University Press, 1982), 3–4: [국역본] 줄리아 크리스테바, 『공포의 권력』, 서민원 옮김(동문선, 2001).

결맞음[18]의 개념이 심령적, 사회적 공간에 소개되면서 멀리 보내 버렸다고 믿었던 그 끈적이는 휴지 뭉치가 되돌아오게 되었고, 이 회귀는 가이아의 복수라기보다는 그보다 이상하리만치 훨씬 평범하면서도 잊기 어려울 정도로 기묘한 무엇이다.[19] 어떤 것도 빛의 속도를 추월할 수 없기 때문에 빛 그 자체는 모든 것 중에서도 가장 끈적거린다고 할 수 있다. 빛의 방사는 사르트르의 탁월한 꿀단지다. 그 발광하는 꿀은 우리 몸에 배어들면서 몸속 뼈 구조를 훤히 드러낸다. 다시 말하지만, 이것은 자살을 할 듯 꿀단지 속으로 뛰어드는 문제가 아니라, 우리가 이미 그 속에 들어와 있음을 자각하는 일이다. 여러분, 바로 이것입니다! 이것이 바로 생태적 상호연결성입니다, 모두 와서 즐기십시오! 하지만 내가 보기에 당신도 이미 여기에 들어와 있는 것 같군요. 하이퍼객체는 **끈적이니까요**.

이토록 생생한 밀접함은 비현실에 대한 감각을 동반한다. 이에 따라 동시대 생태적 경험에 수반되는 전적으로 악마적인 특성이 발

---

18   [옮긴이] 결맞음(coherence)은 파동들이 서로 결이 맞아 간섭 현상을 보이게 하는 성질이다. 파동은 중첩되지만 독립적이기에 간섭 현상을 발생시키는데, 결맞음이 잘 될수록 간섭 현상이 잘 일어난다. 두 개 이상의 파동이 합해질 때 두 파동의 위상에 따라 상쇄 간섭(진폭이 작아짐) 혹은 보강 간섭(진폭이 커짐)이 일어난다. 19세기 초 영국의 물리학자 토마스 영(Thomas Young)이 광자를 대상으로 한 이중 슬릿 간섭 실험에서 간섭이 확인되었다. 빛은 파동이라는 것이 확인된 이후, 1927년 전자를 대상으로 한 이중 슬릿 실험에서는 입자성과 파동성이 동시에 나타날 수 있다는 것이 증명되었고, 이는 양자론의 탄생을 낳았다. 양자 결맞음은 양자들이 파동처럼 결이 맞는 현상이다.

19   "가이아의 복수"라는 구절은 제임스 러브록(James Lovelock)의 *The Revenge of Gaia: Earth's Climate Crisis and the Fate of Humanity* (New York: Basic Books, 2007)에서 차용했다.

현되어 1945년 이후 예술에서 묵시적으로 재현되었다. 하이퍼객체가 남긴 미적 흔적의 강도는 비현실적일 정도로 선명하다. 하이퍼객체의 거대한 규모는 그보다 작은 존재자들―인간, 국가, 심지어 대륙마저―을 하나의 환영처럼, 고작해야 크고 어두운 표면 위에 칠해진 작은 조각 정도로 보이게 한다. 어떻게 우리는 하이퍼객체가 실재적이라는 것을 알 수 있는가? **실재적**real이라는 것은 무슨 뜻인가? 지구온난화의 위협은 비단 정치적 문제일 뿐 아니라 존재론적 문제이기도 하다. 비현실unreality의 위협은 현실 그 자체에 대한 매우 중요한 징후다. 악몽이 실재의 심리적 강도에 대한 정보를 전달하는 것처럼, 하이퍼객체의 그림자는 하이퍼객체의 존재를 알린다.

우리 역시 하이퍼객체에 붙잡혀 있다는 것을 알게 된다. 이 덫의 이름은 **점성**viscosity이다. 텔레비전 드라마 〈트윈 픽스〉의 마지막 회에 데일 쿠퍼가 악의 기운이 감도는 검은 오두막으로 들어가는 장면이 나온다. 그곳에서 그는 평소 즐겨하는 음료인 커피 한 잔을 제공받는데, 종종 우리는 (커피 브레이크, 모닝커피라는 표현처럼) 커피라는 음료를 시간을 표시하는 데 사용하곤 한다. 막상 그가 커피를 마시려 하자 커피는 단단하게 응고되어 까만 플라스틱 덩어리가 된다. 마치 시간이 멈춘 것 같다. 그러고 나서 그가 커피를 다시 부으려고 하자 다리 위로 쏟아져 다리를 데인다. 시간은 인간의 속도로 흐른다. 커피를 한 번 더 붓자 이번에는 '타버린 엔진 기름'처럼 줄줄 흘러내려 그 냄새가 검은 오두막 입구 표면을 덮어버린다. 무엇이 실재일까? 이것은 우리가 같은 사건을 다른 존재의 관점에서, 매우 다른 시간성을 가지고 보는 것과 같다. 〈트윈 픽스〉에 등장하는 예언적인 꿈들과 꿈같은 일련의 사건들은 (과연 우리는 꿈과 그저 '꿈같은 것'을 엄밀히 구별할 수 있는가?) 모두 녹아내린 시간과 같다. 로라 팔머가 살해되기도 전에, 쿠퍼는 검은 오두막 안에서 그녀에게 말로 경고한다. 시간은 사물들이 그 속에서 떠다니는 연속체라기보다 사물로부터 흘러나온다고 할 수 있는데, 그 방식의 한 가지 특징이 바로 점성이다.

2010년, 브리티시 페트롤리엄BP의 해상 시추선 딥워터 호라이즌호에서 21세기 최악의 해양 원유 유출 사고가 발생했을 때, 인간과 비인간 존재들은 모두 똑같이 신체 안팎으로 기름 막을 뒤집어썼다 (그림3). 미디어가 다른 구경거리로 화제를 돌렸을 때에도 기름은 계속 작용하며 영향을 미쳤다. 체르노빌 주변에 있는 언캐니한 죽음의 지대는 [원전 반경 30킬로미터 이내의 지역을 일컫는] 격리 지대로서, 나무들이 붉은 갈색으로 변한 채 죽어갔던 시기의 이름을 따서 붉은 숲이라 불렀다. (지대zones 개념은 이 책 후반에서도 중요한 분석 도구로 사용된다.) 2002년, 소비에트 연방 그루지야(조지아) 북부의 리야Liya 마을에 있는 숲 근방을 지나던 벌목꾼 세 명이 방사성 스트론튬-90이 담긴 작은 실린더 두 개를 발견했다. 몇 시간 잠을 자는 동안 실린더가 데워졌고, 결국 벌목꾼들은 방사능증과 화상으로 쓰러졌다.[20] 스트론튬-90은 피부를 관통하는 양자인 베타선을 방출하

---

20   E. V. Klass et al., "Reconstruction of the Dose to the Victim as a Result of Accidental

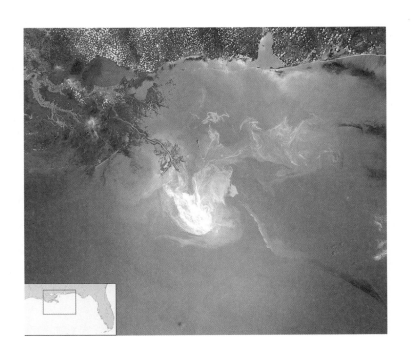

그림3. 미국 항공우주국의 지구 관측 위성 테라가 촬영한 딥워터 호라이즌호 기름 유출 사진
(2010년 5월 24일). 이제 인류는 이와 같은 거대한 규모의 유동적 형태를 추적할 수 있는 능력
을 갖게 되었다. 더불어 형태를 만드는 능력까지도 갖게 되었다.

는데, 이 베타선은 다른 양자와 충돌할 때 다량의 열을 내보낸다. 벌목꾼들에게 노출된 두 개의 스트론튬-90 방사능 원천은 각각 3만 5,000퀴리를 방출하여 2분 만에 치사량의 방사선을 내뿜었다. 또한 스트론튬-90은 방사성 동위원소 열전 발전기RTG에도 사용되었다. 소비에트 연방은 외진 곳에서 원자력 발전기를 대거 가동하는 한편, 미국은 우주 탐사선 보이저 1, 2호에 방사성 동위원소 전지를 실려 보냈다. 탐사선은 이제 막 태양계를 벗어나, 성간 매질과 만나면 수백만 마일에 걸쳐 거품이 형성되는, 느리고 불안정한 태양풍으로 구성된 하이퍼객체인 헬리오스시스heliosheath를 통과하고 있다.

2006년, 캘리포니아 데이비스대학교 방면 고속도로 출구 근처에서 콘크리트에 매립된 비글견들이 발견됐다. 1960년대부터 1980년대까지 이 대학 소속의 에너지관련건강연구소Laboratory for Energy Related Research에서는 비글견을 전 생애에 걸쳐 스트론튬-90과 라듐-226에 노출시켰고, 그마저 단명했다. 과학자들은 '모체 투여'라는 명목으로 임신 21일 후부터 개들에게 이 물질을 먹이로 주었다. 매일 하루 최대 12마이크로퀴리를 투여당한 개들은 중간값 5.2년 이후 죽

Irradiation in Lia (Georgia)," *Atomic Energy* 100.2 (2006), 149–153; Richard Stone, "The Hunt for Hot Stuff," *Smithsonian* 33.12 (March 2003), 58; PBS, Transcript of "Dirty Bomb," *Nova*, February 25, 2003, http://www.pbs.org/wg bh/nova/transcripts/3007_dirtybom. html; NTI, "Radiothermal Generators Containing Strontium-90 Discovered in Liya, Georgia," January 15, 2002, http://www.nti.org/db/nistraff/2002/20020030.htm

었다.[21] 1마이크로퀴리는 라듐-226 1그램의 100만분의 1에 해당하는 방사능 양이다. 동위원소에 의해 방출된 이온화된 입자의 크기를 그것이 생명체 및 다른 개체들에 끼치는 장기적 영향과 비교하면 그 규모의 차이는 극적일 만치 크다.

뉴멕시코에 위치한 트리니티 실험장에서 핵폭발로 모래가 태양의 표면보다 만 배 이상 높은 온도로 녹아내리자 거기서 기묘한 밝은 녹색을 띤 유리(트리니타이트)가 만들어졌다(그림4). 로버트 오펜하이머Robert Oppenheimer는 시인 존 던John Donne의 '거룩한 소네트'Holy Sonnets 중 한 편인 「제 심장을 부수소서, 삼위일체의 하나님이시여」를 따라서 이 유리를 트리니티Trinity라 이름 붙였다.[22] 오펜하이머는 폭발 후 힌두교의 파괴의 신 시바를 떠올렸다. "나는 죽음의 신이 되어, 세계를 산산조각 내었다."[23] 오펜하이머는 죽음의 신이 되지 않았다. 그 역할은 공명정대하게 하이퍼객체에게 돌아갔다.[24]

21 Steven A. Book, William L. Spangler, and Laura A. Swartz, "Effects of Lifetime Ingestion of 90Sr in Beagle Dogs," *Radiation Research* 90 (1982), 244–251.

22 John Donne, *Holy Sonnets* 14, in *Major Works: Including Songs and Sonnets and Sermons*, ed. John Carey (Oxford: Oxford University Press, 2000).

23 이 구절은 『바가바드 기타』에 나오는 구절이다. 11장 32절. '파괴자'(destroyer) 대신 '산산조각 낸 자'(shatterer)라는 용어는 「영원한 도제」에서 처음 나왔다. "The Eternal Apprentice," *Time*, November 8, 1948, http://www.time.com/time/magazine/article/0,9171,853367-8,00.html

24 [옮긴이] 『바가바드 기타』에서 신 크리슈나는 "I am terrible time, the destroyer of all beings in all worlds"(나는 무시무시한 시간, 모든 세계의 모든 존재들을 파괴한다)라고 말한다. 모든 사물은 시간이 지남에 따라 부식되고 파괴되기에 시간을 곧 죽음의 신이라고 볼 수 있다. 저자는 하이퍼객체야말로 매우 큰 유한한 시간 동안 지속되기에 오펜하이머보다는 하이퍼

그림 4. 최초의 핵 장치인 '가제트'의 폭발이 만들어낸 트리니타이트는 전에 없던 완전히 새로운 광물이다. 사진: 샤닥Shaddack

세계라는 관념에 구멍을 낼 수 있게 된 데에 우리는 다름 아닌 기름한테 감사해야 한다. 어떤 종류의 구멍일까? 그것은 타르로 만든 공처럼 끈적이는 구멍이다. 네오가 거울을 만지던 〈매트릭스〉 장면으로 돌아가보면, 거울은 녹아내려 그의 살을 뒤덮고 있고, 그는 손을 들어 공포에 질린 얼굴로 자기 손을 바라보고 있다. 거울은 반사하는 표면에 그치기를 멈춘다. 그것은 끈적이는 물질이 되어 그의 손에 들러붙는다. 네오가 빨간 알약을 먹은 방 안 흐릿한 불빛 아래에서, 우리가 비춰보려고 사용하던 사물은 그 자체로 기름처럼 흘러내리는 검은 객체가 된다. 일반적으로 이 장면은 네오의 현실이 녹아내리는 것으로 해석된다. 하지만 기름 같은, 끈적이는 거울 단계에 머물러서 본다면 우리는 또 다른 강력한 독해를 얻을 수 있다. 용해되는 것은 현실이 아니라 주체이며 그 주체가 사물을 '비춰보는'mirror 능력이라는 것, 다시 말해 거울 속 반사된 상을 바라보는 사람처럼 스스로를 세계로부터 분리시킬 수 있는 그 능력이 녹아내린다는 독해다―주체는 반사하는 유리라는 존재론적 피복 덕분에 거울로부터 분리될 수 있었다. 끈적거리는 거울은 현상학에서 이야기하는 **꾸밈 없음**ingenuousness이나 **표리 없음**sincerity이라는 것의 진실이 무엇인지 보여준다.[25] 객체는 우리가 무엇이라고 생각하든지 간에, 그것을 어떻

객체가 죽음의 신에 더 가깝다고 본다.

25   Ortega y Gasset, *Phenomenology and Art*, 63–70; Harman, *Guerrilla Metaphysics*, 39, 40, 135–143, 247.

게 생각하든지 간에 그 자체이고, 그것들은 여기 있으며, 우리는 그 존재를 떨쳐버릴 수 없다. 아이러니의 한가운데에 당신은 여기, 아이러니한 존재로 있다. 심지어 거울도, 그것이 무엇을 반사하든지 거울 자체다.[26] 이러한 객체의 표리 없음 속에서 현실은 기름 막처럼 우리를 에워싼다. 거울은 하나의 **실체**substance, 하나의 객체가 된다. 자신과 거울 속에 비친 상 사이의 거리를 쾌적하게 미적으로 통제 가능한 방식으로 유지할 수 없으며, 오히려 거울이 그에게 달라붙는다는 것을 깨달은 네오처럼, 하이퍼객체는 표리 없음의 [의미를 초기화시키는] 리셋 버튼을 누른다.

우리가 더욱더 이성으로 무장하고 현상학적 표리 없음과 싸우려 들수록, 그것이 우리에게 더 단단히 들러붙게 된다는 것을 알게 되는데, 이때 우리가 느끼는 것이 위험 사회에 살고 있다는 감각이다. 즉 위험 사회에서는 (예를 들어 독성 화학물질이 가져올) 위험에 대한 과학적 경각심이 증가하면서 민주주의 본연의 속성에 변화가 진행된다.[27] 한편으로 이는 우리가 근대성에서 벗어났다는 뜻이기도 하다. 기름 같은, 녹아내리는 거울의 아름다운 가역성可逆性은 지구온난화 시대에 발생하는, 정확히는 하이퍼객체 때문에 벌어지는 어떤 것에 화답한다. 현실이 동시다발적으로 녹아내리고 하이퍼객체가 압

---

26 Harman, *Guerrilla Metaphysics*, 135–136.

27 Ulrich Beck, *Risk Society: Towards a New Modernity* (London: Sage, 1992), 19–22: [국역본] 울리히 벡, 『위험사회』(새물결, 2006).

도적으로 현존하여 우리에게 들러붙었으며, 결국 그것은 우리가 된다고 말이다. 그리스인은 이를 오염miasma이라고 불렀고, 이는 유혈流血에 대한 죄의식이 인간에게 들러붙는 식이다.[28] 후설의 통찰—지각이 객체를 완벽하게 꺼내지 못한다[29]—은 끈적이는 효과를 낳는다. 객체를 바라볼 때 어느 쪽으로도 치우치지 않은 적절한 골디락스[30] 위치란 없다. 객체 지향 존재론이 주장하는 것은 이러한 통찰을 비인간 개체들로도 확장할 수 있다는 점이다. 어떤 의미에서는 모든 객체가 찐득거리는 점성에 사로잡혀 있다고 말할 수 있는데, 그 이유는 서로가 서로를 향해 아무리 세게 맞부딪히더라도 존재론적으로 서로를 결코 꺼내지 못하기 때문이다. 방사능 물질은 점성에 대한 매우 적절한 예시다. 방사능 물질을 제거하려 할수록 도저히 불가능하다는 것을 깨닫게 된다. 따라서 방사능 물질은 '저 너머로'라는 관념을 상당히 약화시킨다. 눈에 보이지 않는다고 해서 마음에서도 멀어지지 않는 이유는 미국 네바다주에 있는 유카산에 방사선 폐기물을 묻으면 지하수면에 방사능이 침출된다는 사실을 우리는 알기 때문

---

28 Robert Parker, *Miasma: Pollution and Purification in Early Greek Religion* (Oxford: Oxford University Press, 2001), 5–9.

29 [옮긴이] 객체의 물러남을 뜻하는 withdraw와는 반대로 객체를 완전히 밖으로 끄집어내다(draw out)라는 의미로서 exhaust를 '꺼내다'로 번역하였다. exhaust의 ex는 '밖으로', haurire는 (물과 같은 것을) '빼내다'라는 어원을 갖는다. 나아가 '파악하다', '고갈하다', '소진시키다'의 의미로 읽을 수 있다.

30 [옮긴이] 골디락스(Goldilocks)는 높은 경제성장을 이루고 있어도 물가가 상승하지 않는 이상적인 경제 상태를 말한다.

이다.[31] 그렇다면 지금으로부터 2만 4,100년 후 유카산은 어디에 있게 될까?

네오의 녹아내리는 거울은 거대 가속에 내재한 현상학적 표리 없음을 완벽히 묘사한다. 이 거대 가속의 시대에 우리 인간은 정지 궤도를 돌고 있는 것이 아니라, 지구적 현실에 깊이 배태되어 있다는 점을 알게 된다. 이러한 발견은 소작농의 닳아 해진 신발이나 자연으로 돌아가자는 축제를 통해서가 아니라, 정확히는 진보한 기술과 측정 기구들을 통해 이루어졌다. "인간은 점점 다양해지는 객체를 인정함으로써 암흑 속 허무주의적 왕자가 아니라 지구 역사상 가장 진실한 생명체가 된다."[32] [라캉Jacques Lacan이 말한] "메타언어는 없다"[33]라는 사실은 우리가 우주 공간에서 영원히 떠돌고 있다는 뜻이라기보다 오히려 그 반대에 가깝다. 우리는 우리의 현상학적 상황에 접착되어 있다.

과학이라는 거울이 녹아 우리 손에 달라붙는다. 양자 단위 측정이 명백하게 보여주듯, 모든 측정은 이제 변경alteration임이 밝혀졌기에, 사물을 대상화해 지구의 표면을 수축 포장재로 씌우는 데 사용했던 바로 그 도구들은 화염 토치가 되어 지구에서 인간을 분

---

31   [옮긴이] 미국은 1982년부터 유카산을 핵폐기물 영구 처분장을 지을 후보지로 두고 2002년에 건설 부지로 최종 승인했다. 그러나 지하수 오염과 화산 분출 가능성 논란, 주민들의 반발 등이 정치적 압력과 결합하며 2009년 이후 폐기장 건설은 사실상 백지화되었다.

32   Harman, *Guerrilla Metaphysics*, 247.

33   Lacan, *Écrits*, 31.

리시켜온 유리막을 녹여버린다. 양자 객체들은 끈적거린다. 상보성 complementarity[34]이란 양자를 찌르면 양자가 찌르는 도구에 들러붙어 그 두 가지를 분리시킬 수 없게 되는 것을 의미한다. 양자 이론은 객체를 용해시켜 무無로 만들기보다는 달라붙게 만든다. 만약 이 점착성을 늘어뜨리면 얼마나 멀리까지 갈 수 있을까? 양자 수준에서 측정이란 충돌 이후의 광자나 전자(등등)의 **진행 방향을 바꾸는** 일과 같다. 결과적으로 우리가 보는 것이 그것을 보는 장비에 들러붙는 것을 의미하는 상보성이 발생한다.

닐스 보어Niels Bohr는 이를 하나의 징후로 받아들여 양자 현상을 실재로서가 아니라 (인간이 만든) 기구와의 상관성으로 보았다. 기구와 양자는 더는 나누어 분석할 수 없는 전체를 형성한다.[35] 그러한 의미에서, 보어가 이야기하듯, "양자 세계라는 것은 없다."[36] 하지만 이와 마찬가지로 타당한 다른 관점이 존재론적 해석에 대한 [양자역학자들 사이의] 금기를 깨고 제기되었는데, 도구와 양자의 얽힘[37]

---

34 [옮긴이] '상보성'에 대한 역주는 1부 2장 「비국소성」 참조.

35 David Bohm and Basil Hiley, *The Undivided Universe: An Ontological Interpretation of Quantum Theory* (London: Routledge, 1995), 18–19, 23. [옮긴이] 저자는 데이비드 봄의 '미분리된 전체'(undivided whole) 개념을 적극적으로 수용하고 있다. 데이비드 봄은 상대성 이론과 양자 이론이 문제에 접근하는 방식이 다르며 서로 모순되는 특성을 가지고 있음에도 두 이론이 공통적으로 세계를 미분리된 전체로 본다는 점에서 공통적이라고 주장하며 두 이론의 통합을 시도했다. 3장 「물결치는 시간성」에서 이에 대한 구체적인 논의가 전개된다.

36 Anton Zeilinger, *Dance of the Photons: From Einstein to Quantum Teleportation* (New York: Farrar, Straus, and Giroux, 2010), 236를 보라.

37 [옮긴이] '얽힘'(entanglement)이라는 용어는 둘 이상의 상태가 양자적으로 서로 연결되어

이 발생하는 이유는 양자(심지어 아양자) 수준에 관한 더 깊은 사실 때문이라는 주장이다.[38] 이와 유사하게, 아인슈타인의 상대성 이론이 받아들여져 상대주의를 승인하는 결과를 가져왔다. 그럼에도 상대성 이론은 비인간 객체들을 인간에 의한 배타적 속박에서 해방시켜 인간중심주의에 일격을 가하고 코페르니쿠스적 혁명을 뒤이었다. 인간이 지구에 있든 우주선에 있든 우주에 대한 인간의 어떠한 관점도 그의 상대적인 위치와 속도에 기반한 많은 시각 중 하나일 뿐이라는 점이 이제 확실해진다.

있어서 각 상태를 따로 다룰 수 없는 상태를 가리킨다. 에르빈 슈뢰딩거(Erwin Schrödinger)가 이 용어를 처음 도입했다.

38   Bohm and Hiley, *The Undivided Universe*, 28–38.

비국소성*

지붕에 설치된 태양광 패널 위로 눈부시게 빛나는 햇빛을 보고 있으면, 지구온난화가 펼쳐지는 것을 지켜보게 된다. 대기 상층부 속 탄소화합물과 여타 분자들은 캘리포니아 센트럴 밸리 위로 강렬하게 내리쬐는 태양열의 강도를 높인다. 그렇다고 내가 지구온난화라고 할 만한 것을 보는 것은 아니다. 두 눈을 반쯤 뜨고 번쩍이는 사파이어빛 태양광 패널 표면에 반사되는 것을 바라볼 때, 내 정수리 살갗을 태우는 이 눈부신 태양광선을 알게 된다. 내가 목격하는 이 다양체는 단지 '주관적 인상'이 아니라 햇빛과 태양광 패널, 지붕, 내 눈 사이에서 비밀스럽게 벌어지는 공모다. 하지만 지구온난화는 여기에 없다. 하이퍼객체는 **비국소적**이다.[1]

---

* [옮긴이] 한 장소에서 실행한 어떤 행위가 아무런 신호 전달 과정 없이 멀리 떨어져 있는 다른 장소에서 이루어지는 행위에 영향을 줄 수 있는데, 이러한 현상의 특징을 비국소성이라고 한다. 이는 물질의 근원인 양자 수준에서 우주 전체가 서로 연결되어 있다는 의미다. 국소성은 본래 물리학 원리다. 즉 사물들이 오직 근접한 곳에 있는 다른 사물들에만 영향을 미칠 수 있고 공간적으로 멀리 떨어져 있는 두 물체는 절대 서로 직접적으로 영향을 줄 수 없다는 의미다. 하지만 양자역학적 상호관계는 빛의 속도보다 빨리 전달되는 것처럼 보인다. 다른 말로 말해서, 관계는 비국소적이다. 아인슈타인은 이 때문에 양자 역학이 잘못되었다

핵 방사선은 인간의 눈에 보이지 않는다. 체르노빌과 후쿠시마 핵발전소 사고가 발생시킨 초미세 방사선은 대기류를 타고 유럽과 태평양을 날아가 수천 마일 밖 생명체들을 보이지 않는 알파, 베타, 감마 입자들에 잠기게 했다. 짧게는 몇 날 몇 주, 길게는 수개월 수년이 지나서 어떤 이들은 방사능증으로 사망한다. 기이한 돌연변이 꽃이 자란다.

이와 유사하게 내분비계 교란 물질이 내 살갗과 폐, 음식을 통해 몸속으로 들어온다. 라운드업Roundup이나 그 사촌뻘인 에이전트 오렌지Agent Orange(둘 다 미국의 다국적기업 몬산토가 제조했다)와 같은 살충제에 들어 있는 다이옥신류 교란 물질은 종종 몸 안에 연쇄반응 작용을 일으켜서 호르몬의 생산과 순환 과정을 손상시킨다. 과연 내가 무엇을 먹었었는지, 혹은 가로질러 걸었던 그곳이 잉글랜드 노포크의 들판이었는지, 그곳의 공기가 코가 얼얼할 정도로 살충제 냄새로 진동했는지 전혀 기억나지 않는다—십 대 시절 휴가를 보냈던 비옥한 경작지에서는 식물 줄기대가 살충제에 젖어 번들거리는 것을 볼 수 있었다. 아마도 덜 생생하게 회상된 다른 순간들이었을 것이다. 하지만 통계 수치는 내가 앓고 있는 암과 내분비계 교란 물

고 주장했지만 숨은 변수 찾기와 관련된 여러 실험을 통해 오히려 양자 세계에서 국소성의 원리가 통하지 않으며, 비국소적이란 것이 밝혀졌다.

1   [옮긴이] 이 문단에는 look, watch, see, witness 등 '보는' 행위와 관련된 단어가 조금씩 다른 뉘앙스로 사용되었다. 저자가 '보는' 행위에 세심하게 기울이고 있는 의미의 차이와 그 의도에 대해 본 장의 마지막 문단에서도 확인할 수 있다.

질 간에 결코 직접적인 인과관계가 있지 않다고 돌려 말한다. 하이퍼객체는 데이비드 흄의 인과 체계 안에 거주하고 있는 것처럼 보인다. 흄의 인과 체계는 연합association, 상관correlation, 개연성probability만이 우리가 당장 근거할 수 있는 유일한 것으로 본다. 이것이 바로 거대 담배회사나 지구온난화 부인론자들이 여유 만만한 이유다. 인과관계를 입증할 만한 직접적인 증거는, 물론 없다.

흄 이후의 인과율은 '객관적' 인상 대 '주관적' 인상의 문제가 아니며, 더욱이 인간적 실재 대 비인간적 실재의 문제도 결코 아니다. 오히려 그것은 다른 차원의 인과율에 관한 문제다. 인과율이란 인간이냐 비인간이냐의 여부나 지각 능력의 여부에 관계없이 어떤 개체가 다른 개체에게 발현되는 방식의 문제다. 꽃잎에게 핵 방사선은 잎을 이상한 색조의 붉은색으로 변화시키는 것이다. 토마토를 재배하는 농부에게 지구온난화란 토마토를 썩게 만드는 것이다. 새에게 플라스틱이란, 새의 목에 엉키는 식스팩 링[2]처럼 목을 조르는 것이다. 여기서 우리가 다루는 것은 직접적인 인과관계가 있는 미적 효과다. 하이퍼객체는 자신에게 접근하는 대상으로부터 물러나면서 먹물 구름을 발사하는 문어와 같다. 하지만 이 먹물 구름은 구름처럼 일으켜진 효과나 정동affects일 뿐이다. 이러한 현상들 자체가 지구온난화나 방사선인 것은 아니지만 원격 작용을 수반한다. 감마 입자는 아이스테시스aisthēsis와 프락시스praxis, 즉 감각하는 것과 행위하는 것 사이의

2   [옮긴이] 여러 개의 음료를 묶는 데 사용되는 플라스틱 고리.

근본적인 혼동을 보여주는 매우 적절한 예다. 감마 입자는 초고주파 광자다. 살, 종이, 뇌 등 사물을 비추는 동시에 사물을 바꾼다.

감마선에 대한 논의는 이번 장의 제목인 비국소성이 유래한 출처를 소환한다. 바로 양자 이론이다. 양자 이론은 물리적 실체를 설명하는 비유물론적 이론이다. 양자 이론이 실재를 흐릿한 것으로, 지각 등과 깊게 연관 있는 것으로 가정하는 것은 반실재론이 양자 이론을 전용하는 빌미가 된다. 하지만 양자 이론은 사물이 우리의 마음(혹은 다른 무엇의 마음이든) 너머에 정말로 존재한다는 것을 확고하게 정립해주는 현존하는 유일한 이론이다. 양자 이론은 실재 객체 real objects[3]가 존재함을 확실히 보증한다! 그뿐만이 아니다—이 객체들은 서로의 너머에 존재한다. 양자 이론은 현상phenomena을 양자로, 객체 지향 존재론 철학자 이언 보고스트가 그의 저서 『유닛 작동』에서 기술한 것처럼, 현상을 불연속적인 '유닛'discrete units으로 봄으로써 이러한 보증을 가능하게 한다.[4] '유닛'은 객체 지향 존재론에서 이야기하는 '객체'와 매우 유사하다.[5] 유닛 관점의 사고는 시스템 관점의

---

[3]   [옮긴이] 그레이엄 하먼은 후설과 하이데거에 대한 논의에서 각각 감각 객체와 실재 객체를 끌어낸다. 하먼에 따르면, 감각 객체는 항상 경험 속에 거주하고 스스로의 성질 이면에 숨어 있지 않은데 반해, 실재 객체는 항상 숨어 있음에 틀림없다. 감각 객체는 경험 속에서만 존재하고 실재 객체는 모든 경험으로부터 물러난다. 실재 객체는 그것이 마주하는 그 어떤 것으로부터도 자율적이다.

[4]   Ian Bogost, *Unit Operations: An Approach to Videogame Criticism* (Cambridge, Mass.: MIT Press, 2008), 4–15.

[5]   Levi Bryant, "Let's Talk about Politics Again!—Ian Bogost," *Larval Subjects* (blog), September 17, 2012, http://larvalsubjects.wordpress.com/?s=Bogost

사고가 야기하는 문제를 보완한다. 흑체복사라 일컬어지는 문제를 예로 들어보자. [비양자론적인] 고전 열역학에서는 시스템 전체 에너지를 계산할 때 필수적으로 여러 다른 종류의 파동 에너지를 모두 더한다. 여기서 문제가 되는 블랙박스는 오븐과 같은 형태다. 오븐 속 온도가 상승할 때 고전 열역학 이론에 따라 파동 상태를 모두 더하면 무한대라는 터무니없는 결과가 나온다.

반면 블랙박스 속 에너지를 불연속적 양자('유닛')로 본다면 정확한 결과를 얻게 된다. 막스 플랑크는 이 접근 방식을 발견한 후 양자 이론을 정립했다. 반실재론이 종종 양자 이론을 인용한다는 점을 염두에 두고 지각에 대해 생각해보자. 양자 이론은 정신과 사물 사이 상호작용에 관해 무엇을 보여주는가? 단단함이나 빛남과 같은 지각과 관련된 감각적인 현상은 양자 역학에 의한 효과 중 가장 하위 단계. 내가 손으로 이 테이블을 뚫을 수 없는 이유는 손가락 끝의 양자가 테이블 표면 양자 속 저항 우물을 뚫을 가능성이 통계적으로 거의 없기 때문이다. **그것이 '단단함'이라는 것이다.** 그것이 불연속적인 양자 집합체를 평균적으로 정확히 경험하는 것이다. 이러한 통계적 성질은 문제라기보다는 오히려 '단단함'처럼 경험적 현상으로 여겨지던 것을 인간이 처음으로 형식화할 수 있게 된 데 그 의의가 있다. 어떤 사람들[6]이 (극도로 희박한 확률로 내 손가락이 테이블을

---

6   [옮긴이] 자연현상이 확률에 지배를 받는다는 것을 받아들이지 않는 이들을 가리키는 것으로 보인다. 여기에는 아인슈타인도 포함된다.

관통할 수 있다고 보는) 양자 이론을 불편해한다는 것이야말로 양자 이론이 사물의 **실재**를 증명한다는 증거가 된다.[7]

　양자 이론은 양자가 서로에게서 물러난다는 점, 그리고 양자를 측정하는 데 사용되는 다른 양자에서도 마찬가지라는 점을 명확히 한다. 다시 말해 양자는 실제로 불연속적이며, 이러한 불연속성의 특징은 하나의 양자가 다른 양자로 인해 일어나는 부단한 병진운동translation 또는 잘못된 병진운동mistranslation이다. 따라서 양자 하나의 위치를 측정하기 위해 다른 양자를 배치하면 운동량은 물러나고, 반대로 운동량을 측정하려 하면 위치가 물러난다. 하이젠베르크Werner Heisenberg의 불확정성 원리에 따르면, '관측자'가 관측할 때—여기서 관측자란 인간 주체만을 의미하는 것이 아니라, 광자나 전자(또는 다른 무엇이든)를 이용한 측정 도구도 포함된다—적어도 관측 대상의 하나의 양상은 관측에서 차단된다.[8] 관측은 관측 대상만큼이나 객체의 우주를 구성하는 중요한 부분이지만, 그렇다고 (이른바 주체의) 존재론적인 특별 상태는 아니다. 더 일반적으로 말하자면, 보어가 상보성[9]이라고 부른 개념은 어떤 양자도 다른 양자에 완전히

7　　Meillassoux, *After Finitude*, 82-85에 나온 주장의 하나의 버전이다.

8　　David Bohm, *Quantum Theory* (New York: Dover, 1989), 99–115.

9　　[옮긴이] 덴마크의 물리학자 닐스 보어가 불확정성 원리에 의한 양자 역학의 해석을 강조하기 위해 도입한 철학적 개념이다. 한쪽에 대한 정확한 지식은 다른 한쪽이 완전히 불확정하다는 결과가 된다. 이와 같이 어떤 사물이 서로 간섭하는 두 양에 의해 기술되었을 때, 이들의 양은 서로 상보적이라고 한다. 입자의 위치 좌표와 운동량, 시간과 에너지, 전자 혹은 빛의 입자성과 파동성도 서로 상보적인 개념이라고 할 수 있다. 예를 들어, 양자의 운동은 불

접근할 수는 없다는 것을 보증한다. 초점 렌즈가 하나의 사물만 또렷이 보여주고 다른 사물은 훨씬 흐리게 보여주는 것처럼, 하나의 양자 변수는 다른 양자 변수를 포기한 대가로 명확하게 규정된다.[10] 이것은 인간이 객체를 어떻게 아는지에 대해서가 아니라 광자가 감광성 분자와 어떻게 상호 작용하는지 말해준다. 파동 같기도 하고 입자 같기도 한 어떤 현상들은 비환원적이며 증명할 수 없다. 전자가 원자핵과 만나는 방식에는 알 수 없는 면darkside이 있다. 객체는 심원한 물리적 단계에서 서로에게서 물러난다. 객체 지향 존재론은 물리적 실재를 설명하는 현존하는 이론 중 가장 심원하고 정확한, 실험 가능한 이론과 매우 일치한다. 실제로는 그 반대로 말하는 편이 더 나을 것이다. 즉 양자 이론은 객체 지향적이기에 작동한다.

양자 세계를 면밀히 살피는 일은 자기 촉발[11]의 한 형식을 띤다. 즉 양자를 탐구하는 데 양자를 사용하는 것이다. 보어는 양자 현상이 단순히 측정 도구와 연계되어 있다고 주장하는 데 그치지 않았다. 양자 현상과 양자 도구가 **동일하다**고 주장했다. 즉 도구와 현상이 분리할 수 없는 전체를 이룬다는 것이다.[12] 이러한 '양자 결맞

확정성 원리에 의해 위치와 운동량 모두를 정확하게 파악하는 것이 불가능한데, 이때의 양자의 위치와 운동량과 같은 개념이 서로 상보적인 것이다.

10   Bohm, *Quantum Theory*, 158–161.

11   [옮긴이] 자기 촉발(auto-affection)이란 현상학에서 타자(사물, 타인 등)에 의해 촉발되는 것이 아니라 자기 자신에 의해 촉발되는 것을 말한다.

12   Bohm, *Quantum Theory*, 139–140, 177.

음'quantum coherence[13] 현상은 입자들이 '동일해지는' 절대 영도에 가까운 낮은 온도(보스-아인슈타인 응축Bose-Einstein condensates)나 매우 뜨거운 플라스마(페르미-디랙 응축Fermi-Dirac condensates) 상태에서 일어난다. 초저온 물질이나 초고온 물질은 전자에게 투명해 보여서 마치 물질이 전혀 존재하지 않는 것처럼 보일지 모른다.[14] 거시 규모의 객체들은 거의 서로 분리된 개체로 보이지만, 더 깊은 차원에서 보자면 하나다. 나노 규모의 톱니바퀴가 서로에게 접근하면 카시미르 힘Casimir forces[15]이 작용해서 두 톱니는 단단히 붙게 된다. 톱니끼리는 서로 구분할 수 없게 된다.[16] 톱니는 더는 기계적으로, 서로에게 외부에 있는 것처럼 작용하지 않는다.[17] 어떤 것에 대해서든 철저하게 외부적일 수 있는 것은 아무것도 없다. 입자는 [뉴턴의] 진자 장난

---

13   [옮긴이] 양자 결맞음은 양자들이 파동처럼 결이 맞는 현상이다. 양자의 중첩은 양자 결맞음과 연관되는데, 양자 중첩은 하나의 입자가 동시에 여러 장소에 있을 수 있는 양자 현상으로, 장소에만 해당되는 게 아니라 속도, 운동량과 같은 물리학적 상태에서도 적용된다. 양자 결맞음의 지속 시간은 극도로 짧다.

14   Bohm, *Quantum Theory*, 493-494.

15   [옮긴이] 양자장 이론에서 진공의 양자론적 효과로 인해 발생하는 힘이다. 두 금속판이 아주 가깝게 있으면 그 사이에 가상 입자의 작용에 의해 미세한 장이 생기고 두 판이 서로 잡아당기는 힘이 나타난다. 진공은 완전히 텅 비어 있지 않고 가상 입자들이 끊임없이 생성, 소멸을 반복하는 곳이다. 네덜란드의 물리학자 헨드릭 카시미르(Hendrik Casimir)가 1948년 처음으로 이 힘을 예측했다.

16   Alejandro W. Rodriguez et al., "Theoretical Ingredients of a Casimir Analog Computer," *Proceedings of the National Academies of Sciences* (March 24, 2010), www.pnas.org/cgi/doi/10.1073/pnas.1003894107

17   David Bohm, *Wholeness and the Implicate Order* (London: Routledge, 2008), 219: [국역본] 데이비드 봄, 『전체와 접힌 질서』, 이정민 옮김(시스테마, 2010).

감의 진자공처럼 탁 하는 소리를 내며 서로에게 세게 부딪히지 않는다.[18] 대략적인 근사치에도 불구하고 실재는 기계가 아니다.[19] 양자 이론은 상대성 이론에 내재해 있는 비기계론nonmechanism을 확장시킨다. 즉 "세계를 서로 별개이지만 상호 작용하는 부분들로 분리할 수 있다는 고전적 관념은 이제 더는 유효하지도 적절하지도 않다."[20] 또한 양자 이론은 수행적이기도 하다. 즉 전자처럼 걷고, 소리를 내면, 그것은 전자다.[21] 양자 수행성은 흔히 '만족화'satisficing라고 부르는 진화적 수행성과 매우 닮았다. 즉 충분히 오리처럼 보이고 오리처럼 꽥꽥 소리 내야 오리 유전자를 물려줄 수 있다는 것이다.[22] 우리는 비로소 하이퍼객체가 하는 것을 통해 객체 지향 존재론이 소위 **실행**execution이라고 부르는 것의 실재를 인정하게 된다.

비국소성은 양자 이론에서 사용되는 전문 용어다. 알랭 아스페Alain Aspect, 아인슈타인의 제자였던 데이비드 봄David Bohm, 안톤 차일링거Anton Zeilinger 등의 과학자들은 양자 이론에 대한 아인슈타인-

18   Bohm, *Quantum Theory*, 177.

19   Bohm, *Quantum Theory*, 139–140.

20   David Bohm, *The Special Theory of Relativity* (London: Routledge, 2006), 155.

21   Bohm, *Quantum Theory*, 118.

22   Dawkins, *Extended Phenotype*, 156; Joan Roughgarden, *Evolution's Rainbow: Diversity, Gender, and Sexuality in Nature and People* (Berkeley: University of California Press, 2004), 26–27.

포돌스키-로젠 역설[23]이 실증적 사실임을 입증해냈다.[24] 아인슈타인
과 포돌스키Boris Podolsky, 로젠Nathan Rosen은 양자 이론이 우주에 대
한 진실을 말하고 있다면, 입자들을 얽히게 할 수도 있다고 주장했
다.[25] 하나의 입자에 특정 방향으로 스핀spin[26]이라는 정보를 실어 보
내면 즉시 다른 입자(들)이 상보적인 방식으로 회전하게 될 것이다. 이
러한 현상은 거리에 상관없이 일어난다―즉 2미터든, 2킬로미터든, 2광
년이든 작동한다. 신호가 빛보다 빠르게 이동할 수 없다는 일반적 관
점에 따르자면, 이러한 현상은 실패해야 한다. 차일링거는 비국소적 현
상이 얽힌 입자들을 이용해서 발생한다는 것을 입증해냈다. 오스트리

---

23   [옮긴이] 아인슈타인, 포돌스키, 로젠이 양자 역학에 모순이 있음을 보여주기 위해 발표한 역
     설을 말하며, 이들의 이름 앞 글자를 따서 EPR 역설로 불린다.

24   Yuri Aharanov and David Bohm, "Significance of Electromagnetic Potentials in the
     Quantum Theory," *Physical Review* 115.3 (August 1, 1959), 485–491; Alain Aspect, Philippe
     Granger, and Gérard Roger, "Experimental Realization of Einstein-Podolsky-Rosen-Bohm
     Gedankenexperiment: A New Violation of Bell's Inequalities," *Physical Review Letters* 49.2
     (July 2, 1982), 91–94; Anton Zeilinger et al., "An Experimental Test of Non-Local Realism,"
     Nature 446 (August 6, 2007), 871–875; L. Hofstetter et al., "Cooper Pair Splitter Realized
     in a Two-Quantum-Dot Y-Junction," *Nature* 461 (October 15, 2009), 960–963.

25   Albert Einstein, Nathan Rosen, and Boris Podolsky, "Can Quantum-Mechanical Description
     of Reality Be Complete?" *Physical Review* 47 (1935), 777–780.

26   [옮긴이] 스핀은 실제 회전하지는 않지만 회전의 효과를 나타내는, 입자가 가지는 고유한 물
     리량이다. 스핀은 양자 역학적인 양으로, 고전 물리에는 이에 대응하는 물리량이 존재하지
     않는다. 스핀은 위 방향이거나 아래 방향이지만 스핀의 값이 무엇이 될지 사전에 말할 수 있
     는 방법은 없다. 전자 각각은 위 방향과 아래 방향 상태가 섞여 있는 중첩이라고 불리는 상
     태로 존재하며, 다른 무언가와 상호 작용할 때 비로소 확률 규칙에 따라서 어떤 스핀을 가
     질지 결정할 뿐이다. 만약 전자들이 서로 다른 스핀을 가져야 한다면, 전자 A가 위 방향 스
     핀을 갖도록 결정하는 순간 전자 B의 스핀은 아래 방향이 돼야 한다. 아인슈타인은 이를 유
     령과 같은 원격 작용이라 불렀다.

아 빈의 양끝에서, 카나리아제도의 두 섬 사이에서, 궤도를 따라 도는 두 인공위성 사이에서 모두 [비국소적 현상이] 발생했다.[27]

어떤 것도 빛보다 빠를 수 없다는 상대성 이론의 전제가 위배될 수 있다는 생각—물리학자들을 당혹케 했던 그 생각—을 당신이 믿고 싶지 않다면, 어쩌면 당신이 인정해야 할 것은 실재조차도 비국소적이라는 점이다. 비국소성은 불연속적인 작은 것들이 무한히 텅 빈 공간을 떠돌아다닌다는 생각에 일대 충격을 준다. 정확히 말하자면, 그렇게 '떠돌아다닐' 만한 곳이 존재하지 않기 때문이다. 즉 아무도 시공간 속 특정한 지역에서 그 작은 것들의 위치를 찾을 수 없다. 이 텅 빔void은 1277년(교황 요한 21세의 비호 아래) 파리 주교가 신의 권력을 제한시켰던 교리를 정죄한 후 남은 그리스도교식 존재론의 유물이다. 신이 원하면 무엇이든 만들 수 있다는 것을 의심해서는 안 되며, 신의 전능함은 무한한 텅 빔도 만들 수 있고, 그렇게 해서 신이 텅 빔을 만들었다는 식이다.[28] 17세기 과학은 타당한 이유도 없이 '무한한 텅 빔'이라는 관념을 그대로 수용했다. 심오한 의미에서

27   Anton Zeilinger et al., "Distributing Entanglement and Single Photons through an Intra-City, Free-Space Quantum Channel," *Optics Express* 13 (2005), 202–209; Villoresi et al., "Experimental Verification of the Feasibility of a Quantum Channel between Space and Earth," *New Journal of Physics* 10 (2008): doi:10.1088/ 1367-2630/10/3/033038; Fedrizzi et al., "High-Fidelity Transmission of Entanglement over a High-Loss Freespace Channel," *Nature Physics* 5 (June 24, 2009), 389–392.

28   Edward Casey, *The Fate of Place: A Philosophical History* (Berkeley: University of California Press, 1997), 106–116: [국역본] 에드워드 S. 케이시, 『장소의 운명』, 박성관 옮김(에코리브르, 2016).

보자면, (유일하고 견고하고 분리된) 광자라고 할 만한 것은 존재하지 않는다. 생물학이 생물체 내의 복잡한 얽힘을 밝혀내듯이, 양자 얽힘은 더욱 심오한 상호연결성이라는 세계의 문을 연다.

비국소성은 원자론에 상당한 오류가 있음을 보여준다.[29] 더욱이 객체의 경계는 우리가 생각했던 것보다 훨씬 더 큰 규모로 모호하다. 엽록체 속에서 광합성 작용을 하는 분자나 식물을 녹색으로 만드는 공생적 박테리아는 광자를 결맞음에 둔다. 광자가 분자에 진입할 때 광자는 한꺼번에 많은 위치를 차지한다.[30] 최근 한 연구에서 분자나 풀러린[31]과 같은 큰 객체에서도 비국소성이 작동한다는 점이 밝혀졌다. 인간이 풀러린에 비해 거대하듯이, 분자나 플러린과 같은 객체들은 전자와 광자에 비해 매우 크다. 2010년 초, 캘리포니아 샌타바버라대학의 애런 오코넬Aaron O'Connell 교수와 다른 물리학자들은 맨눈으로도 볼 수 있는 크기의 객체에서 양자 결맞음을 규명했다. 진동하면서 진동하지 않는 두 가지 상태가 아주 작은 포크에서 나타나는 것을 확인한 것이다.[32] 오코넬 교수와 다른 물리학자들은 30미크론[33]

29 John Bell, "On the Einstein Podolsky Rosen Paradox," *Physics* 1 (1964), 195–200.

30 Elisabetta Collin et al., "Coherently Wired Light-Harvesting in Photosynthetic Marine Algae at Ambient Temperature," *Nature* 463 (February 4, 2010), 644–647.

31 [옮긴이] 풀러린(fullerenes)은 엄청난 에너지를 받아서 형성된 기체 상태의 탄소들이 온도가 낮아지면서 덩어리(클러스터)를 형성한 것으로, 60개의 탄소원자가 축구공 모양으로 결합되어 있다.

32 Aaron D. O'Connell et al., "Quantum Ground State and Single Phonon Control of a Mechanical Ground Resonator," *Nature* 464 (March 17, 2010), 697–703.

33 [옮긴이] 미크론은 1mm의 1/1000이다.

길이의 포크를 땅에 꽂아 거의 절대 영도까지 낮춘 후 광자—즉 진동하는 양자—를 포크에 흘렸다. 그러자 포크가 진동하면서 동시에 진동하지 않는 것을 맨눈으로 볼 수 있었다. 양자 이론의 표준 모델의 관점에서 보면 이는 장관이자 놀라운 결과였다.[34] 얼마 지나지 않아 조류의 눈에 있는 아주 작은 양자 단위의 자석이 새에게 물리적 전자기장이 아닌 미적 (비국소적) 형태[35]의 전자기장을 안내한다는 사실이 밝혀졌다.[36]

존재론은 비국소성을 어떻게 바라보는가? 보어가 이끌었던 양자 이론에 대한 코펜하겐 해석에서는 양자 이론이 매우 정확한 경험적 도구라는 점은 인정하지만, 양자 현상이란 "우리에게 환원적으로 접근할 수 없기" 때문에 이 도구 아래에 어떤 종류의 실재가 존재하는지 유심히 본다면 부조리해 보일 것이라고 본다. 보어는 우리의 측정 행위와 측정 대상을 "분리할 수 없다"고 주장했다.[37] 하지만 존재론적이기를 거부하는 것은 그 자체로 이미 존재론적이다. 즉 물질을 알갱이로 보는 뉴턴식 원자론은 사실상 홀로 남겨졌다. [양자 이

---

34 O'Connell et al., "Quantum Ground State," 701.

35 [옮긴이] 조류 눈에 든 양자 자석은 물리적 파장의 전달 없이 새의 이동을 안내한다는 점에서 비국소적이며, 새의 눈에 전자기장이 어떻게 보이는지를 인지하게 한다는 점에서 미적이다. 다시 말해, 비국소적이고 미적인 것은 양자적 특징이기도 하다.

36 Collin et al., "Coherently Wired Light-Harvesting," 644–647; Erik M. Gauger et al., "Sustained Quantum Coherence and Entanglement in the Avian Compass," *Physical Review Letters* 106 (January 28, 2011): doi:10.1103/PhysRevLett.106.040503.

37 Arkady Plotnitsky, *Reading Bohr* (Dordrecht: Springer, 2010), 35.

론에 관해] 드브로이Louis de Broglie가 그 승리자들의 스핀spin을 통해 서술했던 것보다 [보어가 이끌었던] 코펜하겐 해석에서 해결되지 않은 물음들이 더 많았다.[38] 봄, 배질 하일리Basil Hiley, 차일링거, 앤터니 발렌티니Antony Valentini 등은 드브로이가 확립한 노선을 따라, 즉 보어의 '불가분성'indivisibility을 (인간의) 인식 너머에 있는 객체와 연결시키는 '존재론적 해석'을 따라 나아갔다.[39] 봄이 상정하는 '내포 질서'implicate order[40]에 따르면, 입자란 마치 대양의 파도처럼 더 깊은 과정에 대한 발현이다.[41] 바다의 물결이 잦아들듯, 입자들은 내포 질서 안으로 접힌다. '입자'란 모든 것이 서로에게 포개지는 라이프니츠식 실체의 추상체abstractions[42]다.

존재론적 해석은 원자론뿐 아니라 전체론holism에도 치명적이다. 전체론은 최상위 수준에 있는 객체를 상정하는데, 이 객체를 전체로부터 분리된 것으로, 따라서 대체 가능한 부분들로 구성된다고 여긴다. 전체론자들의 항변에도 불구하고 이는 그저 기계론에 대한

---

38   Anthony Valentini, *Quantum Theory at the Crossroads: Reconsidering the 1927 Solvay Conference* (Cambridge: Cambridge University Press, 2009), vii–xi.

39   Bohm and Hiley, *Undivided Universe*, 28–38.

40   [옮긴이] 국역본 『전체와 접힌 질서』에서는 접힌 질서, 내포 질서가 혼용되어 사용되었는데, 여기서는 내포 질서로 통일하여 표기했다.

41   Bohm, *Wholeness*, 246-277.

42   [옮긴이] 라이프니츠에게 하나의 실체란 하나의 속성을 지닌 모나드다. 모나드monad는 전체를 반영하는, 닫힌 창을 가진 홀로 존재하는 단자들로 설명된다. 추상체란 현상학에서 어떤 전체에 대해 비독립적 부분이 되는 대상을 말한다.

또 다른 변조다.[43] 봄의 관점에 따르면, 우리는 더 큰 전체의 부분이 아니다. "흐르는 듯한 움직임"처럼 모든 것은 모든 것 속에 접힌다.[44] 존재론적 해석은 코펜하겐 해석과 달리 비상관주의적이다. 즉 입자들이 서로에게서 물러나는 이유는 인간이 특정한 방식으로 입자를 관찰하기 때문이 아니라, 내포 질서가 그 스스로에게서 물러나기 때문이다. 전자(10^{-17}cm)의 크기와 플랑크 길이(10^{-33}cm) 사이에 있는 자기 촉발적인 대양, 그것은 틀림없는 하이퍼객체다. 이 전체는 철저히 뜯어서 분석할 수 없다. 즉 내포 질서는 회전 속 회전으로 만들어지기 때문에, 혹은 하먼이 말한 대로 "겹겹의 객체들 속에 둘러싸인 객체들"로 만들어지기 때문에 내포 질서에는 더는 환원될 수 없는 어두운 면이 있다.[45]

접힘implication과 펼쳐짐explication은 우리가 더 심원한 차원에서 접히거나 펼쳐진 '물질'이라고 여기는 실체를 암시한다. 객체 지향 존재론이 물리학 자체적으로 규정한 물리적 과정을 따라야 한다 하더라도, 객체란 특정한 하나의 사물'로' 이루어져 있지 않다. 상위 수준이 존재하지 않는 것과 마찬가지로, 실체적이고 형성된 객체가 아닌 하위 수준 역시 존재하지 않을 것이다. 전자는 오가면서 다른 입자로 변화하고 에너지를 분출한다. 전자는 실재한다. 다만 전자란, 막

---

43   Bohm, *Wholeness*, 21.

44   Bohm, *Wholeness*, 14.

45   Harman, *Guerrilla Metaphysics*, 83.

전자가 되려 할 때나 반대로 비전자화되려 할 때 일어나는 통계적인 실행performance일 뿐이다. 즉 "양자 이론은 전자나 그 밖의 다른 객체에 그 자체로 내재적 성질이 있다는 생각을 폐기해야 한다고 주장한다. 그 대신 각각의 객체에게는 불완전하게 규정된 잠재력만 있으며, 그 잠재력은 객체가 적절한 시스템과 상호 작용할 때 비로소 전개된다고 여겨져야 한다."[46] 이와 같이 주장하는 것은 하먼이 객체의 물러남을 "지하 생물체"로 상상한 것에 가깝다.[47] 따라서 전자가 펼쳐지는 '더 심원한 어떤 것' 역시 물러난다.

객체에 그와 같은 숨겨진 본질이 있지 않다면, 객체들은 기계 부품처럼 서로에게 공간적으로 외재적이어야 한다. 이와 같은 관점은 객체를 다른 객체로 환원하는 도구화를 정당화한다. 객체는 외재적으로 관계하게 될 것이다. 하지만 우리는 실재의 미래 상태를 원칙적으로라도 예측할 수 없으며, 그 이유는 모든 입자의 위치를 예상할 수 없기 때문이다. 이는 예측하는 데 너무 오랜 시간이 걸려서라거나(물론 오래 걸리긴 할 것이다), 광속을 위배해서라거나, 상보성의 원리 때문이 아니며, 더 근본적으로는 인식론이나 상관주의와도 무관하다. 즉 그 이유는 입자라고 할 만한 것도, 물질이라고 할 만한 것도 존재하지 않으며, 오로지 불연속적으로 양자화된 객체만 있기 때

---

46   Bohm, *Quantum Theory*, 139.

47   Graham Harman, *Tool-Being: Heidegger and the Metaphysics of Objects* (Chicago: Open Court, 2002), 129–133.

문이다.[48] 우리가 현재 알 수 있는 가장 미세한 수준에서 만약 이것이 사실이라면 훨씬 더 높은 수준의 규모, 즉 진화론, 생물학, 생태학이 발생하는 규모에서는 훨씬 더 참일 것이다.

진정한 비국소성은 양자 수준에서 작동한다. 즉 두 개의 얽힌 광자, 두 개의 얽힌 전자는 정말 서로에게 원격으로 영향을 미치는 것으로 보인다. 아인슈타인은 바로 이러한 측면을 매우 불편해했다. 그는 이것을 "유령 같은 원격 작용"spooky action at a distance이라고 불렀다.[49] 그 영향은 동시에 일어나는 것으로 보인다. 다시 말해, 빛보다 빠를 수 있다는 의미다. 우리는 심지어 단일 광자라도 광속을 준수한다는 것을 알고 있는 까닭에, [전자 간의] 정보 전달로 추정되는 것은 그야말로 유령 같은 것이다. 텔레파시나 역방향 인과율 같은 것은 우리가 불연속적 입자의 존재론을 계속 고수하는 데 필수적일 수 있다.[50]

비국소성을 뒷받침하는 물리적 근거—두 입자로 보이는 것이 실은 단순히 잔물결의 정점인 아양자 수준이라는—가 진정으로 존재한다면, 그 수준이 바로 하이퍼객체일 것이다.[51] 전자의 크기인 10^{-17}cm 이하에서 10^{-33}cm의 플랑크 길이에 근접해갈 때 크기에서의 차이는

48   Bohm, *Quantum Theory*, 158–161.

49   Einstein, Rosen, and Podolsky, "Can Quantum-Mechanical Description?," 777–780를 보라.

50   역방향 인과는 필 도우가 『물리학적 인과』에서 즐겨 썼다. Phil Dowe in *Physical Causation* (New York: Cambridge University Press, 2000), 176–186.

51   예를 들어, Bohm, *Wholeness*, 246–277을 보라.

사람과 전자 간의 차이만큼이나 크다. 그 이하에는 무엇이 있을까? 그곳에는 정말 아무것도 없고 오로지 순수한 관계만이 있을까? 그러한 하이퍼객체야말로 가장 급진적인 의미로 시간과 공간 '속에' 광범위하게 분포해 있을 것이다. 사실 '속에'라는 말은 그다지 정확하지 않다. 이 관점에서 보자면, 시간과 공간은 최소 크기보다 큰 객체에서 창발한 속성일 뿐이기 때문에 가상의 아양자 하이퍼객체는 '어디에나' 있다.[52] 하지만 진정한 비국소성이 모든 하이퍼객체에서 작동한다고 말할 수는 없다. 하이퍼객체가 발현시키는, 멀리 떨어져서 일어나는 작용이 비국소적인 것은 맞지만, 이것은 양자 수준에서 벌어지는 것은 아니다.

그렇지만 이에 관해 좀 더 조심스럽게 두 가지 방향으로 생각해 볼 수 있다. 첫째, 전자와 같은 전통적인 양자에 비해 전혀 작지 않은 개체들이 비국소성을 띤다는 점을 고려해보는 경우다. 앞에서 보았듯이, 비국소적 효과는 이제 전통적인 양자보다 훨씬 큰 객체들에서도 여럿 관찰되고 있다. 나노 기술을 적용해서 탄소를 특정하게 배열한 버키볼buckyball 모양의 풀러린을 예로 들 수 있다. 또한 30미크론 길이의 아주 작은 금속 포크를 양자 중첩quantum superposition 상태에 놓으면 맨눈으로도 그 포크가 '숨 쉬는 것', 즉 진동하면서 동시에 진

---

52   Petr Hořava, "Quantum Gravity at a Lifshitz Point," March 2, 2009, arXiv: 0901.3775v2 [hep-th].

동하지 않는 것을 볼 수 있다.[53] 엽록체 속에서 광합성을 하는 분자 속에 광자가 들어올 때 광자는 중첩을 하기 시작한다—일반 양자에 비해 이러한 분자는 은하 규모에 달하는 큰 객체다.[54] 또한 새는 눈에 들어 있는 양자 규모의 자석을 도구로 사용해서 전자기파 자체가 아닌 전자기파의 양자 특징을 탐지한다. 새는 전통적인 개념의 물질 덩어리가 아니라 미적 형태를 인지한다.

양자 객체는 관습적인 측면에서(그럼에도 여전히 놀랍다), 또한 매우 비관습적인 측면에서도 광범위하게 분포해 있다. 먼저 관습적인 측면이란 간략히 이러하다. 드브로이는 파동 묶음[55]을 확률적으로 여러 위치에 걸쳐 분포한 입자 같은 것을 담고 있는 일종의 덩어리로 본다. 광대한 시공간에 걸쳐 파동 묶음이 분포한다고 가정할 수 있다. 일군의 물리학자들은 태양계를 기준 삼아 파동 묶음을 설명한다. 즉 포착하기 어려운 전자는 반드시 거기 어딘가에 있다는 식

53   Aaron O'Connell, "Making Sense of a Visible Quantum Object," TED Talk, March 2011, http://www.ted.com/talks/aaron_o_connell_making_sense_of_a_visible_quantum_object.html

54   Science Daily, "Quantum Mechanics at Work in Photosynthesis: Algae Familiar with These Processes for Nearly Two Billion Years," February 3, 2010, http://www.sciencedaily.com/releases/2010/02/100203131356.htm?sms_ss=blogger

55   [옮긴이] 입자는 파동 혹은 파동 묶음이라 할 수 있는데, 파동은 '고정된 한 점'처럼 그 위치를 명확하게 특정할 수 없다. 파장(혹은 파수)과 진동수의 두 파동을 적절하게 주어 파동을 합성하면 공간의 좁은 영역에 밀집된 파동을 만들 수 있는데, 이렇게 여러 중첩된 파동의 공간적인 측면을 파동 묶음(wave packet) 혹은 파동속, 파속이라고 한다. 반면에 여러 중첩된 파동의 시간적인 측면을 맥놀이 또는 비트(beat)라고 한다.

이다. 농담처럼 들리겠지만, 사실 농담이 아니다—데이비드 봄은 이 방법으로 그의 학부학생들에게 입자의 위치를 찾는 방법을 설명했고, 이 내용은 그가 쓴 양자 이론 교재에도 등장한다.

다음은 비관습적인 측면에 대한 설명이다. 양자 비국소성은 물질과 유물론에 대한 우리의 생각을 다시 쓰도록 진지하게 요청한다고 해도 지나치지 않다. 비국소성이란 바로 양자 수준에서 벌어지는 텍스트성textuality에 대한 이론이며, 양자 수준에서 정보는 입자들 사이에 흩어져 서로 다른 시공간 영역을 점유하는 것으로 보인다. 만약 나로서의 실재, 당신으로서의 실재, 이 글로서의 실재가 정말 존재하지 않는다고 말한다면, 나는 그저 허무주의에 빠진 포스트모더니스트이거나 학계의 뉴에이지 사상가쯤으로 치부될 것이다. 하지만 물리학과 건물에서 연구하는 내 동료 학자들이 우주란 블랙홀 내부에 새겨진 표면에 투사된 홀로그램이 틀림없다고 주장하더라도 그들은 전혀 곤란해지지 않는다—다시 말해, 우리가 존재하는 정도는 당신의 신용카드에 부착된 홀로그램 이미지가 존재하는 정도와 크게 다르지 않다는 뜻이다. 봄은 홀로그램이라는 비유를 통해 "우주의 에너지라는 광대한 바다"를 묘사했고, 그 우주의 에너지로부터 외견상 입자로 보이는 것들이 펼쳐진다고 설명했다.[56] 렌즈로 '포착된' 이미지는 마치 마술처럼 단일하고 단단하게 독립적으로 존재하는 듯이 보이는 것들을 만들어낸다. 홀로그램은 객체에 부딪혀 반사된 빛 파동

---

[56] Bohm, *Wholeness*, 183, 187–188, 244.

과 분광기를 통과한 빛 파동이 만들어낸 간섭 패턴의 그물망으로, 직접 볼 수는 없다. 빛이 이 간섭 패턴을 뚫고 가면 객체의 3차원 렌더링이 그 패턴 앞에 나타난다. 홀로그램을 작게 잘라내거나 작은 조각의 홀로그램에 빛을 비추면(둘은 같은 것이다) 전체 객체의 (조금 더 흐릿한) 하나의 버전을 여전히 볼 수 있다. 홀로그램의 모든 조각은 전체에 대한 정보를 담고 있다.

해체 언어가 차이에서 의미가 발생하는 유희이듯, 양자 실재는 차이에서 입자와 같은 현상이 발생하는 유희다. 홀로그램은 쓰기의 한 형태다.[57] 홀로그램 우주는 비국소성을 설명해준다. 중력파 탐지기는 우주배경복사에서 나오는 믿을 수 없을 정도로 규칙적인 패턴을 보여주는데, 마치 어떤 수준에서는 실재가 픽셀화—정보를 담은 규칙적인 작은 '점'들로 만들어진—되어 있기라도 한 것처럼 말이다. 실제로 실재가 홀로그램의 투영이라면 예상할 수 있음직한 규칙성이다.[58] 홀로그램 우주는 하이퍼객체—위치와 시간성을 거스르는 비국소적 효과를 드러내고, 결맞음을 잃지 않고도 많은 부분으로 자를

---

57   Bohm, *Wholeness*, 192, 218–271. [옮긴이] "그 이름[홀로그램]은 '전체'를 뜻하는 그리스어 '홀로'(holo)와 '쓰다'를 뜻하는 '그램'(gram)에서 유래한다. 따라서 홀로그램은 말하자면 전체를 쓰는 기구이다." 데이비드 봄, 『전체와 접힌 질서』, 이정민 옮김(시스테마, 2010), 188.

58   Craig Hogan, "Spacetime Indeterminacy and Holographic Noise," October 22, 2007, arXiv:0706.1999v2 [gr-qc]; Craig Hogan, "Holographic Noise in Interferometers," January 8, 2010, arXiv:0905.4803v8 [gr-qc]; Raphael Bousso et al., "Predicting the Cosmological Constant from the Causal Entropic Principle," September 15, 2007, hep-th/0702115; Raphael Bousso, "The Holographic Principle," *Review of Modern Physics* 74 (2002), 825–874.

수 있으며, 시공간에 광범위하게 분포한—일 것이다

　그렇다면 빅토리아 시대에 성취한 위대한 발견의 목록—진화, 자본, 무의식—에 이제 시공간, 생태적 상호연결성 그리고 비국소성을 추가해야 한다. 이 발견은 모두 인간의 콧대를 납작하게 만들고 큰 그림에서 볼 때 오만한 특권의 공간에서 인간을 단호히 탈중심화한다는 점을 공유한다. 그중에서도 비국소성이 가장 급진적이라고 할 수 있는 이유는 어딘가에 위치한다는 관념을 더 심원하고 비시간적인atemporal 내포 질서에 따른 부차적인 현상쯤으로 격하시키기 때문이다.

　이러한 견지에서 매우 큰 규모의 객체를 생각해보자. 비국소성이 암시하는 객체의 내재적 모순이라는 특성—작은 포크가 진동하는 동시에 진동하지 않을 수 있다—은 하이퍼객체에 대한 논의를 전개하면서 매우 중요해질 것이다. 아직 명확하지 않지만, 이 장이 끝날 때쯤 하이퍼객체가 모순적인 야수임을 보게 될 것이다. 더욱이 하이퍼객체가 작동하는 것으로 보이는 미적-인과적 영역은 어떤 의미에서 비국소적이며 비시간적이다. 거대한 규모가 연관되어 있든—또는 거대한 규모와 미시적인 규모 간의 복잡하게 얽힌 관계가 연관되어 있든 간에—하이퍼객체가 시간 또는 공간 '속'에서 일련의 지금-점들now-points을 차지한다고 볼 수는 없다. 하이퍼객체는 우리가 측정하는 데 사용하는 사회적이면서도 심리적인 도구에 결함이 있음을 증명해준다—심지어 디지털 장비에도 문제가 발견된다. 사실적인 방식으로 지구온난화를 모델링하려면 굉장한 컴퓨터 처리 능력이 필요하다.

비국소성이 의미하는 바는 바로 이것이다—심원한 차원에서 볼 때 국소적이라고 할 만한 것은 없다. 국소성은 하나의 추상이다. 이는 비유적으로 하이퍼객체에도 해당된다. 2011년 초, 북부 캘리포니아에서 내 머리 위에 떨어지고 있던 축축한 물질은 쓰나미가 태평양에서 라니냐를 마구 휘젓고 육지로 몰려와서 쏟아버린 것의 영향일 수 있으며, 어떤 경우든 라니냐는 지구온난화의 발현이다. 2011년, 일본에서 발생한 지진 역시 바다 속 수온 변화가 지구 지각에 가해지는 압력을 변화시켜 일어난 지구온난화의 발현으로 볼 수 있다. 집중 호우란 내가 직접 볼 수는 없는 어떤 거대한 개체가 국소적으로 발현된 것에 불과하다. 따라서 쉴 새 없이 떠들어대는 우익 세력들이 지구온난화를 두려워하는 것은 꽤나 적절하다. 이는 우리 세계에 존재론적으로 공포스러운 것이 있다는 의미다. 모든 것이 상호 연결되어 있다는 것—이것은 도처의 개인주의자들에게 치명적이다—을 의미할 뿐 아니라 보수주의자들에게서 예상되는 **"이렇게, 나는 반박한다"**[59]라며 발로 돌을 걷어차는 행위가 더는 먹히지 않는다는 뜻이기도 하다. "아이다호주 보이시Boise에 눈이 내리는데, 지구온난화는 허풍이지"라는 믿음 존재론적 정령genie을 램프 안에 도로 가두려는 필

---

59 James Boswell, *Boswell's Life of Johnson* (London: Oxford University Press, 1965), 333. [옮긴이] 시인이자 비평가인 새뮤얼 존슨(Samuel Johnson)은 아일랜드 철학자이자 주교인 조지 버클리(George Berkeley)의 관념론적 견해—어떤 물질도 존재하지 않으며 다만 관념적이다—에 반박하기 위해 발로 돌을 걷어차며 **"이렇게 나는 반박한다"**(I refute it *thus*)만 되풀이했다.

사적인 시도다.

　진화의 기록 테이프 어디를 멈추게 하든 거기에서 지구온난화를 볼 수는 없을 것이다. 비구름 아래 선다고 해서 지구온난화를 느끼지는 못할 것이다. 당신이 입고 있는 코트를 아주 작은 조각들로 잘라보라—그렇다 한들 거기서 자본을 찾을 수는 없을 것이다. 이제 손으로 무의식을 가리켜보라. 알아챘는가? 하이퍼객체는 우리가 생태학적으로 사유하기를 강제하지만, 역으로 우리가 생태학적으로 사유한다고 해서 하이퍼객체를 생각할 수 있는 것은 아니다. 어떤 추상적인 환경 시스템 때문에 우리가 생태학적으로 사고하게 된 것이 아니다. 오히려 플루토늄, 지구온난화, 오염 등과 같은 것이 생태학적 사고를 낳았다. 이를 거꾸로 생각하는 것은 지도와 영토를 혼동하는 일이다. 물론 하이퍼객체에 대한 생각은 원자핵과 전자 궤도(핵폭탄)에 대한 양자 이론적 사고와 방대한 날씨 데이터에서 창발한 속성들에 대한 시스템 이론적 접근 과정 덕분에 생겨났다. 하지만 하이퍼객체는 데이터가 아니다. 하이퍼객체는 하이퍼객체다.

　빗방울을 지각할 때 어떤 의미에서 당신은 기후를 경험한다. 특히 지구온난화로 알려진 기후변화를 경험한다. 하지만 결코 지구온난화라고 할 만한 것을 직접 경험할 수는 없다. 기후 재앙 사건의 긴 목록—지구온난화가 급격해지면서 증가하게 될—어디에서도 지구온난화를 찾을 수는 없다. 하지만 지구온난화는 지금 이 문장처럼 실재한다. 뿐만 아니라, 지구온난화는 끈적이기까지 하다. 지구상 어디를 가든 멈추지 않고 우리에게 들러붙는다. 과연 이를 어떻게 설명할 수 있을까. 다른 모든 하이퍼객체처럼 지구온난화가 비국소적이라는 것은, 즉 시공간에 광범위하게 퍼져 있다고 주장하는 것은 무슨 의미일까? 현 상황에서 내가 경험하는 날씨는 가짜 직접성false immediacy이다. 빗방울이 내 머리 위에만 떨어지는 **경우는 없다!** 빗방울은 언제나 지구온난화의 발현이다! 생태적 비상사태의 시대에—하이퍼객체가 공포스러운 기이함으로 우리를 압도하기 시작하는 시대에—우리는 국소성이 언제나 가짜 직접성이라는 사실에 우리 자신을 적응시킬 것이다. 매직아이 그림을 볼 때 개별적이라고 생각했던 그 모든 작은 구불구불한 선들이 실은 눈을 가운데로 모아 볼 때야 비로소 드러나는 고차원 객체의 분산된 조각들임을 깨닫는다. 매직아이 그림에서 컵이나 꽃은 흐릿하고 작은 패치들로 된 그물망mesh 전체에 퍼져 있다. 우리가 그림을 보기도 전에 **객체는 이미 거기 있다.** 지구온난화는 측정 도구가 만들어낸 작용이 아니다. 하지만 지구온난화가 생물권과 그 너머에 걸쳐 넓게 분포한다는 점이 그것을 하나의 특유한 개체로 보기 매우 어렵게 만든다. 하지만 지구온난화는 여기에서 우리에게 비를 내리고, 태울 듯이 강렬한 태양열을 내리쬐고, 지구를 흔들고, 거대한 허리케인을 일으킨다. 지구온난화는 하나의 객체이면서도 객체의 많은 것들이 분포된 조각들이다. 북부 캘리포니아에서 내 머리 위로 떨어지던 빗방울, 일본의 소도시 거리를 덮친 쓰나미, 대양저의 압력 변화로 증가한 지진 활동이 모두 이 조각들이다. 매직아이 그림 속 이미지가 그러하듯이, 지구온난화는 실재하면서도 거대하고 반反직관적인 관점 이동을 통해서야 볼 수 있다.

지구온난화의 존재를 사람들에게 설득하는 것은 2차원 평면 세계 Flatland[60]의 사람들에게 사과가 존재한다는 것을 형태가 변화하는 둥근 도형의 외관에 기반해 설명하는 것과 흡사하다.

『히로시마』는 원자폭탄이 투하되었을 당시 마을에 살던 사람들의 증언을 모은 책이다.[61] 각각의 증언은 그 폭탄에 대한 특유의 설명이 된다. 누구도 그 폭탄을 전체적으로 경험하지 않았다. 어떤 목격자도 그 폭탄에 충분히 가까이 있지 않았다. 그랬더라면 목격자가 증발했거나 순식간에 불에 탔거나 산산조각이 났을 것이다. 목격자들의 증언 주위로 인간의 침묵이 흐르고, 그 침묵에는 핵심적인 것이 있다. (레비 브라이언트의 용어를 빌리자면) 각각의 증언은 그 폭탄의 국소적 발현이다. 어떤 목격자들은 자신들이 강력한 재래식 폭탄에 매우 가까이 있었다고 짐작했지만, 그때 그들은 첫 번째 핵폭탄으로부터 꽤 멀리 떨어져 있었다. 목격자들의 이야기는 폭탄이 떨어지던 과거의 순간과는 필연적으로 달라진 현재의 내러티브로 말해진다. 인간의 물질성과 기억이 가진 제약이 폭탄의 위치를 바꿔놓는다. 같은 이유로, 폭탄은 멀어지면서 동시에 가까워진다. 아마도 폭탄

---

60   [옮긴이] 모든 것이 납작한 기하학적 도형들이 사는 2차원의 세상이다. 1884년에 출간된 에드윈 애벗(Edwin Abbott Abbott)의 수학 소설 『플랫랜드』(Flatland: A Romance of Many Dimensions)는 2차원 세계의 한 정사각형이 3차원을 경험하면서 공간과 차원을 새롭게 인식하는 이야기로, SF 소설의 고전이다. 아인슈타인보다 앞선 시기에 4차원에 대한 정교한 상상을 제시했다.

61   John Hersey, *Hiroshima* (New York: Vintage Books, 1989): [국역본] 존 허시, 『히로시마』, 김영희 옮김(책과함께, 1915).

에 대한 가장 언캐니한 측면은 갑자기 모든 것이 강렬한 빛에 조용히 잠겨 아무것도 볼 수 없었던 것으로 경험한 에너지 섬광에 관한 목격담일 것이다. 빛이 모든 것을 환하게 하는 중립적이고 투명한 매개이기를 멈추자, 빛은 강력한 힘이 되었다.

> 악몽에 시달리고 밤새 뒤척인 것도 모자라서 출근길 내내 산란했던 마음을 병원에서도 떨쳐내지 못한 채 [사사키 데루후미佐木輝文 박사는] 혈액 샘플을 왼손에 들고 복도를 걸어가고 있었다. 계단으로 가는 길에 있는 넓은 복도에 이르렀을 때였다. 열려 있는 창문에서 한 발짝쯤 떨어진 곳에 섰을 때 마치 거대한 사진용 플래시처럼 폭탄의 섬광이 복도에 반사되었다. 그는 한쪽 무릎을 꿇고 몸을 수그렸다. 그리고 혼잣말로 중얼거렸다. "사사키, 힘내!" 그 순간 폭풍이 일더니 병원을 갈기갈기 찢어놓았다(병원 건물은 폭심지에서 약 1.5킬로미터 떨어져 있었다). 그가 낀 안경은 벗겨져 날아가고, 들고 있던 혈액 시험관은 벽에 부딪혀 산산조각 났다. 신고 있던 조리도 벗겨져 날아갔다. 하지만 그는 그것 말고는 멀쩡했다. 모두 그가 서 있던 위치 덕분이었다.[62]

규모에 대한 감각 상실—"혈액 샘플"에서 "병원을 갈기갈기 찢어놓은

62   Hersey, *Hiroshima*, 20.

폭풍"에 이르는—과 물질성에 대한 감각 상실—신고 있던 조리에서 에너지 섬광에 이르는—이 엄청나다. 사사키 박사가 폭탄을 직접 본 것은 아니었다. 그 대신 "복도에 반사된" 것으로 폭탄을 보았다. J. G. 밸러드J. G. Ballard의 소설 『태양의 제국』을 영화화한 스티븐 스필버그 Steven Spielberg의 동명 영화 속 주인공 짐처럼, 사사키 박사는 폭탄을 사진용 플래시의 섬광으로 보았다. 폭탄은 비국소적이며 병원에 불어 닥친 폭풍처럼 어디에나 있다. 짐은 말했다. "나는 오늘 새 단어를 배웠어. 원자폭탄. 하늘 위에 번쩍하는 흰 빛 같아. 사진을 찍는 신같이."[63] 로버트 오펜하이머의 "나는 죽음의 신이 되어, 세계를 산산조각 내었다"라는 문장으로 압축된 근대성의 그 정점이야말로 하이데거가 말한 **마지막 신**the last god[64]의 도래일 것이다. 하이데거가 [인간뿐 아니라] 비인간까지도 그의 논의에서 다루었더라면 말이다.[65] 하이데거는 이 마지막 신이 기술적 틀 만들기technological enframing의 바로 그 핵심에서 어떻게 발현할지 확신하지 못했다.[66] 신이 사진을 찍는 것같이,

63   스티븐 스필버그 감독, 『태양의 제국』(워너 브라더스, 1987).

64   [옮긴이] '마지막 신'은 그의 신성이 최종적으로 존재사건(Ereignis)에 의해 결정되어질 신, 그래서 가장 심오한 의미에서 시원이 되는 신을 의미한다.

65   Heidegger, *Contributions to Philosophy*, 283–93. Stambaugh, Finitude of Being, 139-144를 보라. 로버트 오펜하이머는 이 행을 『바가바드 기타』 11장 32절에서 따왔다. 앞서 언급한 대로, 'shatterer'라는 용어는 'destroyer'보다 먼저 『타임』(Time)지의 「영원한 견습생」(The Eternal Apprentice)에 등장했다.

66   Martin Heidegger, "The Question Concerning Technology," in *Basic Writings: From Being and Time to The Task of Thinking*, ed. David Krell (New York: HarperCollins, 1993), 307–341.

태양보다도 더 뜨거운 불덩어리가 내뿜는 흰 빛 속에서 비인간이 인간을 내려다본다. 신같이, 하지만 너머에 거주하는 스콜라 철학적 자기 원인causa sui으로서의 신과는 다르다. 오히려 [짐의] 그 문장은 우리가 상대하고 있는 것이 물리적인 개체임을 상기시킨다. 그렇지만 이것은, [물리적이라는] 그 단어가 가진 모든 결정론적 힘에도 불구하고, **기이한**weird 물리적 개체다. 우리가 하이퍼객체에 조율한다고 할 때, 그 대상은 정확히 무엇인가? 이 불확실성이야말로 바로 우리가 주의를 기울이지 않는 **것** 아닐까? 비, 기이한 사이클론, 기름막을 통해 우리에게 전달된 영향이란 바로 이 언캐니한 어떤 것이 아닐까?

『히로시마』 이야기의 가장 예리한 측면은 이야기가 내레이션의 현재 시간과 맞물리는 방식이다. 여러 명의 화자가 서서히 현재 시점으로 이야기를 진행해오면서, 폭탄이 그날 이후 자신들의 전 생애에 걸쳐 어떤 영향을 끼쳤는지 점차적으로 보여준다. 폭발 사건에서 멀어질수록 하이퍼객체라는 실재는 흐릿하지만 더 커 보인다. 이는 워즈워스의 자전적인 시 「서곡」에서 소년 워즈워스가 한 척의 배를 훔친 일화와도 유사하다.[67] 그가 노를 저어 산에서 점점 멀어질 때, 한동안 그의 시야에서는 산이 그를 쫓아오기라도 하듯 더 크게 어른거리는데, 이는 거대한 객체에서 멀어짐에 따라 객체가 더 드러나 보

---

67   William Wordsworth, *The Prelude*, in *The Major Works: Including the Prelude*, ed. Stephen Gill (Oxford: Oxford University Press, 2008), lines 330–412: [국역본] 윌리엄 워즈워스, 『서곡』, 김숭희 옮김(문학과지성사, 2009).

이는 이상한 시차 효과parallax effect 때문이다. 이 사건은 이전 장에서 **점성**이라고 부른 것에 대한 꽤 적절한 예다. 마치 산이 워즈워스에게 달라붙어 그를 놓아주지 않을 것 같다. 이후 「서곡」에서 워즈워스는 긴 서사로 이 일화를 자세히 진술하면서 그 산이 어떻게 여전히 그를 따라다니는지 보여준다. 워즈워스가 **"시간의 점"**spot of time이라고 부른 순간은 그의 존재의 연속성에서 일어난 트라우마적 파열이며, 그의 정신이 비밀로 숨긴 기억과 환상, 사유 주위에 난 상처다. 이런 측면에서 자아는 그 상처들의 역사이자 우리 자신을 상처로부터 보호하려고 흘린 분비물에 다름없다. 이를 두고 프로이트는 자아란 "버려진 대상 카섹시스abandoned object cathexes의 침전물"이며, 쓰여진 모든 것이 새겨지는 밀랍을 아래에 둔 신비한 서판書板과 같다고 표현한다.[68] 자아는 낯선 것들에 관한 시詩다. 손의 타격, 버림, 침대의 딱딱함, 테디베어 인형의 온기.

그렇다면 어떤 객체가 알파, 베타, 감마 입자 흔적을 당신 살 속에 남겨, 그 흔적이 수십 년에 걸쳐 당신의 유전자를 변화시키는 경

---

68 Sigmund Freud, *The Ego and the Id*, trans. Joan Riviere, rev. and ed. James Strachey (New York: Norton, 1989), 24; Sigmund Freud, "A Note on the Mystic Writing Pad," in *The Standard Edition of the Complete Psychological Works of Sigmund Freud*, trans. and ed. James Strachey (London: Hogarth Press, 1953), 19: 225–232: [국역본] 지그문트 프로이트, 『정신분석학의 근본 개념』, 윤희기 박찬부 옮김(열린책들, 2017); Jacques Derrida, "Freud and the Scene of Writing," *Writing and Difference*, trans. Alan Bass (London: Routledge and Kegan Paul, 1978), 246–291: [국역본] 자크 데리다, 『글쓰기와 차이』, 남수인 옮김(동문선, 2001).

우에 대해서라면 어떠한가. 이를 단지 정신적 경험으로 치부할 수는 없으며(미학이 객체가 다른 객체에 영향을 주는 방식과 관계가 있다는 엄밀한 의미에서 볼 때 이것이 여전히 미적인 경험이라 하더라도), 마찬가지로 워즈워스의 경험 역시 단순히 정신적인 것으로 축소될 수 없다. 이 책의 5장 「상호객체성」에서 독자는 이러한 경험이 사소한 문제라거나 '하찮은' 감각이기는커녕, 인과율이라고 하는 것과 관계가 있음을 보게 될 것이다. 어린 워즈워스를 겁먹게 한 시차 효과는 그가 짐작했던 것보다도 훨씬 실재에 가깝다. 어떤 의미에서 인간의 자아에는 하이퍼객체의 흔적이 숭숭 나 있을 것으로 생각할 수 있다. 우리 모두는 자외선에 그을렸다. 인간에게는 지구와 동일한 비율의 물, 그리고 바다와 동일한 비율의 소금물이 들어 있다. 우리는 하이퍼객체 지구에 관한 시다.

유전자가 하이퍼객체에 대응하기 위해 때때로 '학습'한다는 점은 분명하다. 데이노코쿠스 라디오두란스Deinococcus radiodurans 박테리아와 같은 극한미생물Extremophiles은 대부분의 동시대 생물체에게는 살기 어려운 조건인 혜성, 과거 화성의 표면, 뜨겁고 깊은 암반, 깊은 빙하 속, 심해 열수 분출공 등에서 생명과 그 구성 요소(아미노산)가 자라날 수 있는 가능성을 보여준다. 데이노코쿠스 라디오두란스 박테리아는 "버려진 대상 카섹시스"에 대한 놀라운 기록으로, 극한의 열과 압력, 방사radiation, 유전자 독성 화학물질, 탈수에 직면한다. 이 박테리아는 하이퍼객체에 대한 시다. 이러한 이유로 박테리아는 이제 수은 유출처럼 인간이 만들어낸 하이퍼객체에 대처하기 위해 공학적으로 조작되고 있다.

여기서 흥미로운 점은 정확히 생명체가 어떻게 발생했는가에 대한 대답보다는 생명체 자체가 비생명체에 대한 시라는 점, 특히 생명을 파괴할 수 있을 정도로 고도로 위험한 개체들에 관한 시라는 사실이다. 프로이트에 따르면, 죽음충동은 정확히 죽음을 내쫓고 흥분을 묶으려는 시도다. 몇몇 정신분석 철학자들의 비유에 그치는 생각과는 다르게, 나는 죽음충동이 생명이라고 할 만한 것에 문자 그대로 선행한다고 주장해왔다. RNA와 그것이 선체험적인preliving 'RNA 세계' 속에 부착된 규산염 복제자silicate replicators는 극도로 균형이 무너진 분자들로서, "이 문장은 거짓이다"라고 말하는 거짓말쟁이의 역설을 닮았다. 복제는 그러한 분자들이 제 안에 새겨진 그 역설을 '해결해' 불균형을 상쇄하려는 시도일 따름이며, 이는 물이 "가만 두어도 수평이 되는" 것과 동일하다.[69] 하지만 해결책을 찾으려는—존재에서 자기라는 얼룩을 지우려는—바로 그 시도는 자신을 복제해 존재를 지속하는 결과를 낳는다. 복제자는 스스로를 상쇄하려는 시도를 통해 환경으로부터 아름답게 지켜진다. 우리의 존재는 균형을 향한 황급한 돌진과도 같은 죽음에 아주 많이 기대고 있다.

생명체는 살이 계승한 충격에 관한 시로서, 치명적인 물질을 자신의 일부로 포함시키면서 거부한다. 혹은 이렇게 말하는 편이 더 낫

---

69   Timothy Morton, "Some Notes towards a Philosophy of Non-Life," *Thinking Nature* 1 (2011): http://thinkingnaturejournal.files.wordpress.com/2011/06/towardsnonlifebytimmorton.pdf

다. 생물체가 죽음을 포함하면서 또한 거부하는 것은 시가 쓰여 있
는 종이에 대해서는 늘 이야기하면서도 종이 [자체에] 대해서는 결
코 말하지 않는 것과 같다. 그리하여 시생대(태곳적)의 지구는 청산
가리로 넘쳐났다. 그렇지만 생명체를 죽음에 이르게 만드는 청산가
리의 그 화학반응은 또한 아미노산의 기본 요소인 복잡한 탄소화합
물을 만들 수 있는 같은 원리였다. 반전은 더 있는데, 지구에 넘쳐나
는 청산가리는 혜성이 지구 대기로 돌진했을 때 일어난 반응의 결과
일 가능성이 있으며, 이는 지구에 우주 단위의 외상, 구체적으로는
지질트라우마geotrauma[70]를 더했다는 점이다.[71] 분명 하이퍼객체를 수
반한 트라우마다. 네가레스타니는 우리 발아래에 있는 기름을 "어디
에나 있는 행성적 개체"로서 상상했고, 이 책에서는 하이퍼객체라고
부르는 것이기도 하다. 즉 광대하게 퍼져 있는 행위자, 그 자체로 어
두운 형상을 띠고, 표면을 사막으로 바꾸는 일에 공동의 책임이 있
으며, 사악하고 비밀스러운 이슬람 버전의 예언자인양 그려진다.[72] 네
가레스타니가 "석유는 자본을 완전한 광기로 오염시킨다"고 쓴 이유

---

70 [옮긴이] 영국의 철학자이자 작가인 닉 랜드(Nick Land)는 픽션 *Barker Speaks*에서 지질트
   라우마(또는 지질트라우마학)란 개념을 처음 제시했다. 지구 탄생 시기에 지구가 겪은 트
   라우마를 지질학적 현상을 통해 표출하는 것으로 보았으며, 생물학적 생명체/조직체들 역시
   지구가 자신의 트라우마를 표출하는 한 가지 방식으로 보았다. 이 개념은 네가레스타니에
   의해 더 정교화되었다.

71 Nick Land, *Fanged Noumena: Collected Writings, 1987–2007* (Falmouth: Urbanomic, 2011),
   335, 448. Negarestani, *Cyclonopedia*, 26, 72를 보라.

72 Negarestani, *Cyclonopedia*, 70, 13–14, 16–21.

는 석유가 인간의 편이라기보다 오히려 "지각 있는 개체로서 … 지구에 속한 자율성이 있는 화학 무기"이기 때문이다.[73] 네가레스타니의 (사악한 강렬함으로 가득 찬 소설이자 논픽션이자 철학서인) 『사이클로노피디아』를 더 깊게 읽어갈수록 그의 발작적인 문장은 "지하 세계의 방울"Nether Blob이라고 상상한 기름처럼 솟구친다. 그것은 무기 화학적으로 합성된 물질로, (토머스 골드Thomas Gold의 '깊고 뜨거운 생물권'Deep Hot Biosphere 이론에서 다루는) 지구 내부에 존재하는 태곳적 성간interstellar 박테리아 군체群體에서 비롯되어 끓어오른다.[74] 네가레스타니의 텍스트는 자연 글쓰기Nature writing에 관한 악마적 패러디로서, 비인간이 대본을 받아쓰고 있다는 아이디어를 축어적으로 차용한다.

『히로시마』와 극한미생물, 그리고 RNA는 우리에게 일반적인 예술의 속성에 관해 말해주며, 그래서 인과율에 관한 것이라고 할 수 있다. 예술은 또 다른 곳에 대한 정보를 우리에게 발신한다. 시 속에서 눈이 내리더라도, 실제로 내리는 것은 아니다.[75] 독자는 시의 뒤편에 혹은 시 속에 있다고 여기는 유령 같은 작가의 의도를 궁금해 한다.[76]

---

[73]   Negarestani, *Cyclonopedia*, 27.

[74]   Negarestani, *Cyclonopedia*, 26

[75]   Martin Heidegger, "The Origin of the Work of Art," in *Poetry, Language, Thought*, trans. Albert Hofstadter (New York: Harper & Row, 1971), 15–86: [국역본] 마르틴 하이데거, 『숲길』(제2판), 신상희 옮김(나남출판, 2020).

[76]   William K. Wimsatt and Monroe C. Beardsley, "The Intentional Fallacy," *Sewanee Review* 54 (1946), 468–488.

그림을 그리는 화가는 사회에 산다. 즉 그림은 아마도 사회가 즐거움을 조직하는 방식—달리 말하면 경제학이라고 알려진 것—에 대한 일그러진 기록일지 모른다. 혹은 우리가 듣는 음악은 어떤 원형의 장소나 말할 수 없는 비밀의 트라우마에서 비롯된 무의식을 이야기하는지도 모른다. 여기 시가 있다. 하지만 시는 여기에 없다.

시를 설명할지도 모를 **너머**가 시의 **여기**보다 더 실재일까? 이를 알아낼 방법은 없다. 모든 낯선 것들이 그러하듯, 시는 세계 사이에서, 즉 세계라고 할 만한 것을 부실하고 구성된 것으로 보이게 만드는 틈새 장소에서 포착된다—물론 세계는 실제로 그러하다. 끈적거리며 녹아내리는 거울은 네오를 매트릭스의 세계와 기계들의 세계 사이에 있는 어떤 장소로 데려간다. 〈트윈 픽스〉의 검은 오두막에서 끈적이는 커피가 커피 잔에서 툭 하고 떨어진다. 이 지대들은 실제로 '세계들 사이'에 있지 않은데, 그 이유는 세계들이 존재하는 그 사이에는 아무것도 없기 때문이다. 모든 실재는 티베트 불교에서 말하는 [죽음과 환생] '사이'between인 바르도bardo, 아니 그보다는 일련의 바르도이다. 업보Karma란 사물들이 조우한 경향이나 습관이 모인 것으로, 바르도를 움직이게 한다. 이러한 바르도는 그저 개체들 간 관계일 뿐이다. 하이퍼객체는 우리가 이 바르도를 경험하도록 강제한다.

어떤 의미에서 우리의 인식은 "곤충의 백일몽"waking dream[77]과 같다. 하이퍼객체 진화의 힘이란 그런 것이다. 어떤 의미에서 근대성

---

77   Ray Brassier, *Nihil Unbound: Enlightenment and Extinction* (New York: Palgrave, 2010), 48.

이란 어떻게 기름이 모든 것에 스며들게 되었는지에 대한 이야기다. 하이퍼객체 기름의 힘이란 그런 것이다. 어떤 의미에서 암은 방사능 물질에 대한 신체의 표현이다. 하이퍼객체 방사선의 힘이란 그런 것이다. 어떤 의미에서 모든 것은 변한다. 하이퍼객체 우주의 힘이란 그런 것이다. 하지만 반대로 해도 참이다. 우주의 끝이라는 관점에서는 모든 것이 공평하게 무의미하며, 최대 엔트로피maximum entropy를 향해 평평해진다. 하지만 우주라는 거대한 객체라고 해서 안전핀이나 달팽이 껍질보다 더 실재하는 것은 아니다. 방사선의 관점에서 볼 때 피부의 연조직은 보이지 않는다. 그렇지만 내 관점에서 연조직이란 몰타에서 일사병에 걸려 회복하는 동안 내 등에 생긴 쓰라린 피부 병변이며, 거기서 흘러나온 림프액이 빌라의 침대 베개에 들러붙는 것이다. 기름의 관점에서 볼 때 내 차는 얇은 인형의 집 모양의 팀블 미니어처다. 하지만 내 관점에서 본다면, 기름은 미국을 지금의 미국으로 보이게 만든 기반이다. 기찻길 선로 위로 삭은 나무판을 뚫고 잡초가 자라나는 동안 기름은 평야를 고속도로로 뒤덮는다. 진화의 관점에서 보자면 나는 그저 한순간의 유전자의 표현이다. 하지만 내 관점에서 볼 때 나는 컴퓨터, 책상, 빛, 거리, 아이들, 저녁식사 접시로 구성된 확장된 표현형 속에 거주한다.

비국소성을 이런 식으로 생각한다고 해서 내가 사물의 구체성을 부정한다거나 일반적인 국소성 또는 더 크거나 더 작은 국소성의 추상적인 안개 속으로 사물의 구체성을 증발시키는 것이 아니다. 비국소성은 훨씬 더 기이하다. 하이퍼객체와 관련해서 비국소성이란, 일반성 자체가 특수성에 의해 약화된다는 것을 의미한다. 하이퍼객체 기름을 찾고자 한다면, 찾을 수 없다. 기름은 그저 방울이자 흐름이며, 강이고 막이다. 나는 영원의 상 아래에서sub specie aeternitatis 바라봄looking으로써 객체를 찾는 것이 아니라, 다수의 상 아래에서, 비인간의 상 아래에서sub specie majoris, sub specie inhumanae 사물을 봄seeing으로써 객체를 찾는다.[78] 이는 시간성을 살펴봄으로써 하이퍼객체에 더 또렷한 초점을 맞추게 될 다음 장으로 우리를 안내한다.

78　[옮긴이] "영원한 상 아래에서"라는 표현은 스피노자에 기인한다. 스피노자에게서 자유인의 조건은 지혜인이었고, 지혜인은 곧 사물을 있는 그대로 인식하는 것, 즉 영원의 관점에서 인식하는 자였다. 이 용어는 스피노자 철학의 핵심을 관통하고 있다.

물결치는 시간성[*]

객체에 접근할수록 더 많은 객체가 창발한다. 마치 제논Zenon이 설계한 꿈속에 들어와 있는 것 같다.[1] 하이퍼객체는 우리를 완전히 에워싸면서도 매우 긴 시간에 걸쳐 있어서 멀리 뻗은 긴 거리처럼 점점 가늘어지는 듯 보인다. 전자기장 파면波面의 앞 가장자리가 짧아지는 것과 동일한 방식으로 하이퍼객체는 시간에 의해 구부려지고 평평해진다. 우리가 하이퍼객체의 끝까지는 볼 수 없기에, 하이퍼객체는 불가피하게 언캐니하다. 조르조 데 키리코Giorgio de Chirico의 그림 속 텅 빈 거리나 열린 출입문처럼, 하이퍼객체는 우리에게 그것들의 훨씬 더 깊숙한 곳으로 손짓해서 우리가 이미 그 안에서 길을 잃

---

[*]　[옮긴이] 본 장의 제목 '물결치는 시간성'(temporal undulation)은 시간이 객체 내부에서 물결 모양으로 위아래로 오르내리며 객체를 통해 퍼져나가는 시간의 양태를 묘사한 표현으로 보인다. 아인슈타인이 딱딱한 시공 그리드와 반대되는 개념으로서 가단성 있는, 변형되는 시공을 은유하고자 '연체동물 참조점'이라는 비유를 들어 표현했던 것과 연결 지어 생각해볼 수 있다. 이러한 좌표계 위로 시간은 물결처럼 오르내린다.

1　[옮긴이] 제논(Zenon)은 운동과 변화의 실재성을 부정했던 그리스의 철학자로서, 쏜 화살은 순간순간 정지해 있기에 결코 도착할 수 없다는 '화살의 역설'로 유명하다. 객체는 비환원적이며 인간은 결코 객체의 실재에 가까워질 수 없다는 관점에서 저자는 이러한 객체의 외양을 제논의 사고에 빗대고 있다.

었다는 것을 깨닫게 하려는 듯 보인다. 하이퍼객체 내부에 갇혀 있다는 인식은 낯선 익숙함이나 익숙하게 낯선 느낌과 매우 흡사하다. 날씨에 대해서라면 우리는 이미 손바닥 보듯 훤히 안다. 그렇지만 이 지구온난화는 이상한 날씨다. 빛에 대해서라면 우리는 이미 잘 알고 있다. 하지만 이 핵 방사선은 이상한 빛이다. 브라이언트는 이렇게 설명한다.

> 따라서 하이퍼객체는 수영을 하면서 수영장을 경험하는 것과 같다. 우리가 물속 어디에서 잠수하든지, 물을 가르며 나아갈 때 찬물이 몸 어디를 쓰다듬든지 간에, 우리는 물로부터 독립적이다. 우리는 굴절 패턴처럼 특정한 방식으로 잔물결을 일으키면서 물에 영향을 끼치고 그 영향은 되돌아와 피부에 소름을 돋게 한다.[2]

공간은 이제 더는 독립적인 용기容器가 아니라 하나의 시공간 다양체로서, 존재론적으로 우주 밖이 아니라 근본적으로 우주 **안**에, 우주 **속**에 존재하는 것으로 생각해야 한다.

독일 만화 〈바퀴〉는 인류의 흥망을 목격해온 두 바위에 대한 이

---

2   Levi Bryant, "Hyperobjects and OOO," *Larval Subjects* (blog), November 11, 2010, https:// larvalsubjects.wordpress.com/2010/11/11/hyperobjects-and-ooo/

야기다.[3] 만화가 진행되는 시간은 훨씬 더 광대한 바위의 시간을 담아내기 위해 빨리 돌아가고, 두 바위는 그들 주위에서 일어나는 일들에 대해 짤막하게 대화한다. 〈바퀴〉는 심원한 시간deep time과 인간이 촉발시킨 위험한 미래에 대한 자각을 기반으로 쓰였다. 때때로 만화의 시간은 시간 원근법temporal perspective에 맞춰 천천히 흐르는데, 한 어린 소년이 요한 슈트라우스 스타일의 [느린 왈츠풍] 배경음악에 맞춰 겉보기에는 바퀴를 발명한 듯 보인다. 그런데 이 발명은 두 바위 중 하나가 이미 예측했던 것으로, 바위가 한가롭게 굴리던 이 바퀴-바위는—애초에 바위 몸의 일부였다—이렇게 해서 소년이 탐구하도록 준비해둔 것이다. 실재에 대한 언캐니한 틀 만들기라고 하이데거에 의해 비판받았던 인간의 기술은 바위와 인간을 그리 다르지 않게 보는 평평한 존재론에서 바위와 바위의 장난감들을 포함하는 더 넓은 용구의 짜임contexture of equipment[4]으로 제자리를 찾는다(그림5).

펠릭스 헤스Felix Hess의 〈기압 변동〉은 시간을 거대하게 가속해서 일상적으로 접근할 수 없는 소리를 우리에게 들려주는 사운드아트 작품이다. 작가는 자신의 뉴욕 아파트 창문에 [진동을 수음受音하는] 콘택트 마이크를 부착해 5일 밤낮으로 소리를 녹음한다. 이후

3   크리스 슈테너(Chris Stenner), 아비드 우이벨(Arvid Uibel), 하이디 비트링거(Heidi Wittlinger) 감독, 〈바퀴〉(Das Rad)(조지 그루버 필름프로덕션, 필름아카데미 바덴-뷔르템베르크, 2001).

4   [옮긴이] 1부 5장 「상호객체성」 각주 3번 및 역주 참조.

그림5. 톰 골드, '두 바위가 대화한다'(2010). 독일 만화 〈바퀴〉는 지질학적 변화가 일어나는 시간적 규모를 유희적으로 그리면서 이 지질학적 시간성이 인간의 시간성이나 인간 행위자와 교차하는 방식을 보여준다. 만화에 등장하는 한 바위는 인간 어린이가 바퀴로 '발견한' 것을 가지고 논다. 저작권: 톰 골드. 허가를 얻어 전재.

에 360배속으로 녹음물을 빠르게 돌린다. 차량들은 작은 곤충들이 낼 법한 가볍고 맑은 울림소리를 내기 시작하고, 이어서 느리고 주기적인 저음이 들리기 시작한다. 내가 〈기압 변동〉 작업을 통해 듣게 되는 것은 대서양 상층부 대기에서 벌어지고 있는 압력 변화가 일으킨 정재파[5]다. 나는 대서양 너머 대기의 소리를 듣고 있다. 거대 개체는 인간이 들을 수 있는 음향 녹음물로 옮겨졌다.[6]

하먼은 객체가 비환원적으로 물러나기 때문에 우리는 끝내 객체에 가까워질 수 없다고 말한다.[7] 생태학적 위기에 진입하게 되면서 이 점은 더욱 명확해진다─"위기는 벌써 시작된 것일까?" "얼마나 진행됐을까?" 이러한 불안은 하이퍼객체가 창발했다는 징후다. 지구 표면에 발붙이고 있다는 사실을 줄곧 잊어버린 채 달에 더 가까워지려고 달을 향해 내달리는 것과 같다. 생명체에 대한 더 많은 데이터를 가질수록, 우리는 생명체를 **결코** 진정으로 알 수 **없다**는 것을 깨닫는다. 이는 시간성에 벌어진 어떤 기묘한 일과 어느 정도 관련이 있다. 떠다니는 시간성과 공간성의 대양은 '사물들 앞에서', 공간적으로 앞이 아니라 존재론적으로 앞에서, 극장의 물결치는 붉은 커튼처

---

5   [옮긴이] 정재파(定在波, standing wave)는 파형(波形)이 매질을 통해 더 진행하지 못하고 일정한 곳에 머물러 진동하는 파동으로, 진행파와 반사 파동이 서로 겹쳐 간섭하게 되는 경우에 일어난다. 따라서 정재파는 진행 방향이 반대인 두 파동이 만드는 제3의 파동이라고 할 수 있다.

6   Felix Hess, *Air Pressure Fluctuations* (Edition RZ, 2001).

7   Harman, *Guerrilla Metaphysics*, 86.

럼 사방으로 퍼져나간다.

미국 플로리다주에 위치한 에버글레이즈는 약 5,000년간 유지되어온 습지다. 어떤 이들은 익숙한 대로 에버글레이즈를 **자연**이라고 부른다. 하지만 그 이상으로 에버글레이즈는 인간의 기대에 벗어나 습지와의 상호작용을 매혹적이면서도 불안하게, 문제적이고도 경이롭게 만든다는 점에서 시간과 공간에 광범위하게 분포해 있는 하이퍼객체라고 할 수 있다. 생태학자 조엘 트렉슬러Joel Trexler는 에버글레이즈를 집처럼 편안하게 여긴다. 그가 느끼는 이 편안함은 무척이나 생생해서 식충식물이나 통발을 경계심 없이 퍼 담거나 살아 있는 화석이라고 불리는 가gar에 대해 열광하는 면면에서 또렷이 보인다. 구경하거나 사진으로 남기기는 어렵지만 흥미로운 생각거리가 되는 것들이 너무나 많다. 트렉슬러는 에버글레이즈를 50년, 100년, 1,000년 전의 상태로 복원시키는 것이 가능하다고 주장한다. '때 묻지 않은 것'도, 대문자로 표기된 물화된 '자연'도 없으며, 오직 역사만이 있다. 아도르노Theodor Adorno가 말한 대로 자연은 단순히 물화된reified 역사일 뿐이다.[8]

나는 승용차의 시동을 켠다. 액화된 공룡의 뼈가 불꽃으로 확 타오른다. 나는 백악질 토양의 언덕을 걸어 올라간다. 고대에 분쇄된

---

[8]   Theodor Adorno, *Aesthetic Theory*, trans. and ed. Robert Hullot-Kentor (Minneapolis: University of Minnesota Press, 1997), 65: [국역본] 아도르노, 『미학이론』, 홍승용 옮김(문학과지성사, 1997); Theodor Adorno, "The Idea of Natural History," *Telos* 60 (1984), 111–124.

수십억 해저 생물체들이 내 신발을 꽉 붙잡는다. 나는 숨을 내쉰다. 시생대 대변동에서 나온 박테리아 오염 물질이 내 폐포를 가득 채운다—우리는 그것을 산소라 부른다. 나는 이 문장을 타이핑한다. 산소 대재앙을 피해 세포 속에 숨은 미토콘드리아와 무산소성 박테리아는 에너지로 나를 촉진한다. 그들은 자기 고유의 유전자를 가지고 있다. 나는 망치로 철못을 박는다. 일정한 광석층에서 박테리아는 지각 속에 철을 매장했다. 나는 텔레비전을 켜고 눈 내리는 것[9]을 본다. 이 눈 조각은 빅뱅 때 남겨진 우주배경복사의 흔적이다. 나는 생명체 위를 걷는다. 우리의 폐 속 산소는 박테리아에서 빠져나온 기체다. 기름은 지난 수백 수천 년 동안 바위와 해조류 그리고 플랑크톤 간에 진행되었던 어둡고 비밀스러운 공모가 빚어낸 결과다. 기름을 보는 것은 과거를 보는 것이다. 하이퍼객체는 시간적으로 너무나 광막하게 펼쳐져서 의식에 잡아두기 불가능해진다.

나는 고다르 공간연구소Godard Institute for Space Studies에서 발표한 온도 도표를 본다(그림1). 도표는 위를 향해 지그재그로 변동한 한 세기 동안의 지구온난화를 보여준다. 지구온난화 효과의 75퍼센트가 앞으로 500년간 지속될 것이라는 문구를 읽는다. 나는 1513년

---

9   [옮긴이] 아날로그 텔레비전은 정보를 전달하기 위해 전파를 사용하는데, 백색 잡음 중 일부는 빅뱅의 마이크로파를 텔레비전이 렌더링한 것이다. NASA는 "텔레비전 채널을 돌릴 때 그 채널 사이에서 여러분이 보게 될 정전기 중 일부는 빅뱅의 잔광"이라고 설명한다. 이 TV 노이즈를 가리켜 TV snow라고 불렀다. 영국의 시청자들은 포지티브 비디오 변조를 사용하는 구식 405라인 텔레비전 시스템 덕분에 순수하게 기술적인 인공물인 검은 바탕의 '눈'을 보곤 했다. 이 시스템은 1985년까지만 유지되었다.

에 삶이 어떠했을지 상상해보려 애쓴다. 지금부터 3만 년 후 해류는 더 많은 탄소화합물을 흡수했을 테지만, 그중 25퍼센트는 여전히 대기 중에 떠다닐 것이다. 플루토늄-239의 반감기는 2만 4,100년이다. 여태까지 가시화된 인류의 역사만큼이나 긴 기간이다. 프랑스 쇼베 동굴벽화는 3만 년 전으로 거슬러 올라간다(그림6). 하지만 지구온난화의 7퍼센트는 지금부터 10만 년 후 화성암이 천천히 마지막 온실가스를 흡수할 때에도 여전히 생겨날 것이다.[10] 나는 이러한 시간 척도timescales를 **소름끼치고 섬뜩하며 겁에 질리게 한다**고 부르기로 정했다. 특히 ["겁에 질리게 한다"는] 마지막 표현은 육체에 남는 인간의 모든 잔여물이 지금부터 10만 년 후에 화석이 될 것이라는 점을 고려하면 매우 적절하다. 인간에 의해 극단적으로 빠르게 생성된 콘크리트와 같은 신생 '무기물'(인간이 지구상에 두 배로 늘린 그러한 무기물)은 (고층건물, 고가도로, 석류석 레이저, 그래핀, 벽돌 등의) 구조물을 형성해 그 지점에 지질학적 지층이 될 것이다. 유리나 세라믹과 같은 '준광물'이나 플라스틱과 같은 물질은 말할 것도 없다. 시간 척도는 우리를 돌로 변하게 만든 메두사다. 우리가 미래의 지구상의 화석을 바꿔놓았다는 것을 알게 된 것처럼, 이제 그것을 알게 되었다. 미래는 현재를 움푹 파낸다.

---

10   David Archer, *The Long Thaw: How Humans Are Changing the Next 100,000 Years of Earth's Climate* (Princeton, N.J.: Princeton University Press, 2008); David Archer, "How Long Will Global Warming Last?," http://www.realclimate.org/index.php/archives/2005/03/how-long-will-global-warming-last/

그림6. 쇼베 동굴벽화 복제본. 인류의 가장 오래된 예술로 알려진 이 벽화의 시간으로 돌아가 인간의 상상을 투사하기 어려운 것은 플루토늄−239의 반감기(2만 4,100년)가 끝나는 시점으로 앞서가 인간의 상상을 투사하는 것만큼이나 까다롭다.

이러한 거대 시간 척도는 인간이 지구에 매우 가까이 있다는 것을 깨닫도록 강제한다는 의미에서 인간에게 진정으로 굴욕적이다. 오히려 무한한 것은 대응하기 수월하다. 무한한 것은 인간의 인지 능력을 상기시키며, 그러한 이유로 칸트는 셀 수 없을 정도로 거대한 크기를 넘어서는 것이 곧 무한한 것임을 깨닫는 것을 수학적 숭고함이라고 생각했다.[11] 하지만 하이퍼객체는 영원하지 않다. 그 대신 **매우 큰 유한성**을 제공한다.[12] 나는 무한한 것을 생각할 수는 있다. 하지만 10만까지 셀 수는 없다. 간헐적으로 10만 개의 단어 수로 된 글을 써보긴 했다. 하지만 10만 년은? 상상할 수 없을 정도로 광대하다. 하지만 그것은 여기에, 나를 빤히 쳐다보는 지구온난화라는 하이퍼객체로 있다. 그리고 나는 하이퍼객체를 초래하는 데 기여했다. 다음 두 가지가 동시에 진실이라면, 나에게는 아주 먼 미래의 존재자들에 대한 직접적인 책임이 있다. 첫째, [미래의] 그때 나는 누구와도 의미적으로 무관하지 않다. 둘째, 지금 나의 가장 작은 행동까지도 심오한 방식으로 [미래의] 그때에 영향을 끼칠 것이다. 스티로폼 컵은 나보다 400년 이상을 더 산다. 라민 바라니Ramin Bahrani 감독이 연출한 영화에 (베르너 헤어조크Werner Herzog의 목소리로) 등장하는 플라스틱 봉지는 마켓에서 식료품을 담는 데 자신을 이용한, 그래서 자신의 창조자라고 믿게 된 한 여인에게 말하고 싶어 한다. "나를

11   Kant, *Critique of Judgment*, 519–525.

12   Morton, *Ecological Thought*, 40, 118.

만든 사람을 만난다면, 한 가지만 말하고 싶다. 내가 죽을 수 있도록 그녀가 나를 만들었기를 바란다고."[13] 플라스틱 봉지의 그러한 소원을 듣는 것은 추상적인 무한성에 대해 생각하는 것과 근원적으로 다르다. 실제로 매우 큰 유한성보다 '영원'을 인지하기가 더 용이하다고 느낀다. 영원은 우리를 중요한 존재로 느끼게 한다. 10만 년이란 시간은 우리가 10만이라는 숫자를 상상이나 할 수 있을지 의아하게 만든다. 한 권의 책이 10만 단어로 되어 있다는 것을 상상하는 일은 오히려 추상적으로 느껴진다.

광대한 공간에 대한 철학을 처음 개시한 가톨릭에서는 신이 무한한 텅 빔을 만들었다고 여기지 않는 것이 곧 죄였다.[14] 데카르트는 물질에 대한 스콜라주의적 관점에 따라 이러한 텅 빔을 계승했고, 파스칼Blaise Pascal은 텅 빔의 침묵이 그를 두렵게 한다고 썼다.[15] 1811년, 메리 애닝Mary Anning이 처음으로 공룡 화석을 발견해 자연사학자들이 지구의 나이를 계산하기 시작한 낭만주의 시대 이후로 비인간의 광대한 시간과 공간의 규모는 물리적으로 줄곧 인간 가까이 있어왔다. 하지만 아인슈타인에 이르러서야 시공간이 그 자체로 객체의 창발적 속성으로 보이기 시작했다. 결국 아인슈타인의 관점

---

13   라민 바라니(Ramin Bahrani) 감독, 〈비닐봉지〉(Plastic Bag) (Noruz Films and Gigantic Pictures, 2009).

14   Casey, *Fate of Place*, 106–112.

15   Blaise Pascal, *Pensées*, trans. A. J. Krailsheimer (New York: Penguin, 1966), 201: 95: [국역본] 블레즈 파스칼, 『팡세』, 이환 옮김(민음사, 2003) 외.

은 매우 큰 유한성의 범위를 개념화하는 개념적 도구를 제공한 셈이다.

아인슈타인이 시공간을 발견한 것은 하이퍼객체를 발견한 것이기도 했다—질량과 같은 것이 공간을 움켜쥐고, 내부로부터 공간을 왜곡시켜, 시공간을 늘려 나선형과 소용돌이로 만든다는 점에서 말이다. 아인슈타인에게 개체란—살아 있는 관측자를 포함하든 포함하지 않든 간에—분리될 수 없는 '세계통'을 구성한다. 상대성 이론은 **세계통**world tube[16]를 통해 개체에 관한 파악 가능한 측면을 개체의 본질적 측면에 포함시키고자 한다. 세계통은 하이퍼객체다. 즉 세계통은 우선 객체가 무엇인가에 대한 우리의 생각을 늘리고 부러뜨린다. 각각의 세계통은 질량과 속도에 따라 근본적으로 다른 우주를 만난다. 세계통은 탈출할 수 없는 비환원적인 방식으로 다른 세계통에서 멀어진다. 여기에는 두 가지 이유가 있다.

---

[16] [옮긴이] '세계통'은 어떤 물체가 4차원 시공간을 이동할 때 매 순간 공간의 0이 아닌 영역을 차지하는 경로다. 공간에서 물체의 시간 진화를 설명한다는 점에서 1차원 세계선(world line)과 유사하지만, 세계선은 점 입자가 시간에 따라 움직이면서 남기는 시공간 속의 궤적인 반면, 세계통은 시간의 모든 순간에 유한한 공간을 차지한다. 세계통은 민코프스키(Hermann Minkowski)가 "세계"라고 부른 4차원 시공간 연속체 개념이 중요하게 다뤄진 특수 상대성 이론과도 관련이 있다. 아인슈타인은 통일장 이론으로 세계통을 일관되게 서술하려고 시도했고 그 과정에서 일반 상대성 이론을 발전시켰다. 상대성 이론에서는 세계를 사건이나 과정의 흐름으로 바라보고, 입자 대신 움직이는 구조의 무한히 복잡한 과정인 세계통의 관점에서 볼 것을 제안한다. world tube는 세계관, 세계 튜브, 세계통 등 번역어가 통일되어 있지 않다. 세계관은 세계관(世界觀)과의 의미적 혼동을 피하기 위해, 세계 튜브는 튜브의 환(環) 모양이 상기시키는 형태적 혼동을 피하기 위해 사용하지 않았다. 저자가 따르고 있는 물리학자 데이비드 봄이 스케치한 세계통은 위아래가 뚫린 휘어진 원통 형태에 가깝다.

(1) 객체에 반사된 광선은 헤르만 민코프스키Hermann Minkow-ski가 말한 **광원뿔** 안에서만 영향력을 행사한다(수학자 헤르만 민코프스키는 상대성 이론을 기하학적으로 입증했다). 다른 모든 기준틀에 비해서 절대과거와 절대미래가 있는데, 이는 데리다의 도래l'avenir에 근접하는 개념이다.[17] 상대성은 예측을 광원뿔로 제한한다. 우주에 있는 모든 객체에는 근본적으로는 알 수 없는 진정한 **미래의 미래**future future가 있다. 철저하게 미지인 진정으로 **다른 어떤 다른 곳**elsewhere elsewhere이 있다. 알 수 없음에도, '미래의 미래'와 '다른 어떤 다른 곳'은 존재한다. 이것들은 내 용어로 쓰자면 기이한 낯선 것들, 또는 알 수 있지만 언캐니한 것들이다. 이 주제에 대해서는 곧 다시 다룰 것이다.

(2) 세계통을 가까이 살펴보면 온갖 이상한 속성들로 가득하다. 시간이 파문을 일으키고 표면을 따라 녹아내리기 때문에 하나의 통과 다른 통 간의 감각적인 상호작용은 단단하거나 단일하지 않고 언제나 녹아내리며 뚝뚝 떨어진다. 따라서 시간과 공간이 물리적으로 실재하지 않는 것이 아니다. 오히려 물리적 사건들은 실재이며 그 사건들 내부에 시간과 공간이 담겨 있다—이는 아인슈타인의 주장을 하면의

---

17   Bohm, *Special Theory of Relativity*, 189–190.

방식으로 표현한 것이다.[18] 오로지 시공간의 극히 작은 구역만이 갈릴레이적—즉 단단하고 용기容器 같은—이라고 여겨질 수 있다.[19]

아인슈타인식 객체는 단일체unity가 아니다. 따라서 상대성 이론에서는 "연장성을 지닌 강체剛體[20]에 대한 일관된 정의를 획득할 수 없다. 왜냐하면 연장성을 지닌 강체는 빛보다 빠른 신호를 암시하기 때문이다"[21] 이는 손가락에 쥐고 있는 연필이 가짜 직접성이라는 이유에서만 단단하고 연장성을 지닌 물체라는 의미다. 우주의 어떤 것도 연필을 정말 단단하고 연장성을 지닌 물체로 파악하지 않는다. **심지어 연필 자체도** 스스로를 그렇게 인지하지 않는다. 물리적인 우주는 (끈적하거나 딱딱한) 연장성을 지닌 물체보다는 오히려 시냇물에 생기는 난류 소용돌이에 더 가까운 객체로 구성되어 있다.[22] 비환원적인 과거와 미래를 가진 '세계통'은 물러난 객체다. 상대성 이론은 실재 객체

---

18   Albert Einstein, *The Meaning of Relativity* (Princeton, N.J.: Princeton University Press, 2005), 30: [국역본] 『상대성이란 무엇인가』, 고중숙 옮김(김영사, 2011).

19   Einstein, *Meaning of Relativity*, 63.

20   [옮긴이] 강체(rigid body)란 물리학에서 대상의 위치를 결정할 때 기준으로 삼을 기준 좌표계로 상상된 것이다. 아인슈타인은 『일반 상대성 이론』에서, "포츠다머 광장의 위치를 분석할 때 지구는 위치를 기술하는 강체가 되고, 광장은 아주 잘 정의된 점이 된다"고 설명한다. 기준이 되는 강체를 수학적으로 설명하는 데 좌표계 개념을 들 수 있다. 카르테시안 좌표계에서 좌표는 강체에 단순히 고정되어 있다.

21   Bohm, *Special Theory of Relativity*, 56, 189–190, 204–218.

22   Bohm, *Wholeness*, 12–13.

가 그것으로 접근을 시도하는 다른 객체로부터, 심지어 자기 스스로부터도 영원히 물러나 있을 것이라고 확신한다. 일반 상대성 이론은 모든 것 중 가장 명백히 물러나는 것으로 보이는 객체를 우리에게 제공한다―그것은 바로 블랙홀이다.

실제로 시간이 녹아내리고, 표면을 따라 잔물결이 퍼지고, 중력장을 통해 시간이 우주 속으로 빠져나가는 행성들과 같은 하이퍼객체를 생각하면, 녹아내린 가우스형 시간성이라는 표현은 단지 비유에 그치지 않는다. 상대성 이론은 연필과 당신의 발 각각에 동일하게 적용되지만 그 효과는 무시할 정도로 작은 규모다. 하지만 하이퍼객체는 매우 오래 지속되고 거대하기 때문에 진정한 상대론적 효과가 드러난다.

아인슈타인식 우주의 총체는 셀 수 없이 많은 에너지의 소용돌이로 가득 찬 흐름이다. 하나의 소용돌이와 다른 소용돌이를 구분하는 것이 상대적으로 말이 될 뿐, 객체들의 중요성은 환경에 따라 바뀐다. 이것은 당신이 원하는 방식으로 객체를 읽을 수 있고, 단일하고 단단해 보이는 객체 주위를 원하는 대로 걸을 수 있으며, 원하는 대로 객체를 볼 수 있다고 말하는 것보다 훨씬 더 기묘하다. 힘은 (인간이든 연필이든 역추력 장치든 간에) 파악하려는 객체에 있는 것이 아니라, 파악된 객체 편에 있다. 이제 우리에게는 관점주의[23]의 정

---

23   [옮긴이] 관점주의(perspectivism)는 니체가 하나의 진리만 주장하는 전통적인 철학적 태도를 비판하며 제시한 개념으로, 보편적, 객관적, 절대적 진리란 존재하지 않으며, 철학이 문제

반대인, 즉 세계통이 우리를 중력 우물로 끌어당기는 강제의 세계가 있다. 시간의 잔물결이 이는 객체는 다른 객체를 건드려 링기스가 "단계"level라고 부른 영향권을 만든다.[24] 인간의 신경체계, 안테나, 테이프 헤드와 같이 파악하려는 객체의 민감성은 객체로부터 모든 종류의 명령을 받는다.

시공간은 격자 모양의 상자에서 아인슈타인이 멋지게 이름 붙인 "연체동물 참조점"reference-mollusk[25]으로 전환한다. 연체동물 참조점은 하이퍼객체가 중력장을 내뿜기 **때문에** 존재한다. 이 중력장에서 기하학은 유클리드적이지 않다.[26] 형태를 변형시키거나 그리드를 늘려 가우스형, 비유클리드형 좌표를 나타낼 수 있는 그래픽 소프트웨어의 도움 없이 아인슈타인이 할 수 있는 최선은 물렁물렁한 조개를 떠올리는 것이었다. 그런데 어떤 의미에서 이 연체동물 비유는 매우 적절하다. 시공간은 성게나 문어의 잔물결 이는 살처럼 사물에서 창발한다. 살은 DNA와 RNA 분자의 선회旋回에서 생겨나서, 내재적

를 삼아야 하는 것은 특정한 관점으로 사물을 보는 것이 아니라 그 관점을 문제 삼아야 한다는 것이다.

24 Alphonso Lingis, *The Imperative* (Bloomington: Indiana University Press, 1998), 25–37.

25 [옮긴이] "연체동물 참조점"은 아인슈타인이 『일반 상대성 이론』 29장 「일반 상대성 원리에 근거한 중력의 문제에 대한 해답」에서 든 비유로, 평평한 카르테시안 좌표계가 아닌 조개, 달팽이 등 연체동물의 껍질이나 피부와 같이 거의 임의적으로 구부러진 좌표계를 생각해야 할 필요가 있음을 전달하기 위해 사용한 표현이다. 따라서 이 좌표계 위로 시간이 변형될 수 있다. 아인슈타인은 딱딱한 시공 그리드와 반대되는 개념으로서 가단성 있는, 변형되는 시공을 은유하고자 했다.

26 Einstein, *Meaning of Relativity*, 61.

모순을 해결하기 위해 투쟁하고 그 과정에서 결국 스스로를 복제하게 된다. 마찬가지로 사물의 외양과 본질 사이, 내가 틈Rift이라고 부르는 것에서 시간은 피어난다.[27]

우리는 시간을 이러한 방식으로 사유함으로써 칸트 이후의 심원한 전환을 이제 겨우 따라잡기 시작했다. 우리가 파악했다고 생각한 상대성의 의미는 가짜 클리셰에 불과하다. 그 의미는 전혀 그렇지 않다. 일상적으로 행하는 사회적, 심리적 실천에서 우리는 여전히 뉴턴적이고, 무한의 공간을 경외하며, 그 뒤에 있는 무한한 신과 그 뒤의 무한한 공간을 경외한다. 기껏해야 우리는 칸트가 그랬던 것처럼 무한한 것과 공간을 초월적 범주로 본다. 아이러니하게도 칸트가 가장 '객체'적인 것으로 허락한 두 가지가 시간과 공간이며, 여기서 객체란 객체 지향 존재론의 관점에서 분리될 수 없는 자율적인 양자를 뜻한다. 메이야수가 지적한 대로, 칸트의 그럴싸한 '코페르니쿠스적' 전환은 오히려 프톨레마이오스적[28] 반혁명에 가까웠다.[29] 아인슈타인이야말로 시간과 공간은 존재를 이러저러한 식으로 전이해preunderstand하는 종합 판단에서 나오는 것이 아니라 객체에서 창발한다는 것을 보여줌으로써 코페르니쿠스의 유산을 잇는다.

시간과 공간의 길고 얇은 잎사귀가 오르내리며 객체 앞에 떠 있

---

27   Timothy Morton, *Realist Magic: Objects, Ontology, Causality* (Ann Arbor, Mich.: Open
      Humanities Press, 2013), 26, 36, 40–41, 56–62.
28   [옮긴이] 고대 그리스의 수학자, 천문학자. 지구가 우주의 중심이라는 천동설을 주장했다.
29   Meillassoux, *After Finitude*, 119–121.

다. 어떤 사변적 실재론에서는 운그룬트Ungrund(unground)라는 심연이 있다고 주장하는데, 그것은 사유보다도 더 깊고, 물질보다 더 깊은, 너울대는 역동성의 소용돌이와 같다.[30] 하지만 하이퍼객체를 이해하는 일은 **사물 앞의 심연**을 생각하는 것이다. 캘리포니아의 태양이 지구온난화라는 확대 렌즈를 통해 더 뜨겁게 내리쬐는 한낮, 이마에 흐르는 땀을 닦으려 손을 뻗을 때 나는 깊이를 헤아릴 수 없는 심연 속으로 내 손을 밀어 넣는다. 내가 덤불에서 블랙베리 한 알을 딸 때, 내가 그 열매에 닿으려고 한 바로 그 행위는 배타적으로 나의 것도, 배타적으로 인간의 것도 아니고, 심지어 배타적으로 생명에만 속하는 것도 아닌 게놈의 표현expression이 됨으로써 나는 표현형phenotypes의 심연으로 떨어진다. 하이퍼객체의 위상 조정을 다루는 다음 장에서는 객체 앞을 떠다니는 심연abyss에 대해 더 자세히 살펴볼 것이다.

하이퍼객체는 가우스형Gaussian이며 이상할 정도로 물렁한 연체동물 같다. 시공간이라는 연체동물의 살은 위아래로 물결치듯 오르내리면서도 결코 영zero으로 떨어지지 않는다.[31] '태초의 시간'에 발생한 중력파는 바로 지금 우주의 가장자리로부터 와 내 몸을 관통한다. 마치 거대한 문어 속에 우리가 존재하는 것과 같다. H. P. 러브크

---

30   Iain Hamilton Grant, *Philosophies of Nature after Schelling* (London: Continuum, 2008), 204.

31   [옮긴이] 양자역학계의 입자가 바닥 상태에서 지니는 영점 에너지는 양자역학계가 가질 수 있는 가장 낮은 에너지 상태에서도 0이 안 된다.

래프트H. P. Lovecraft는 미치광이 신 크툴루Cthulhu를 이런 모습으로 상상한다.[32] 크툴루는 가우스적 시공간과 유사한 비유클리드적인 도시에 거주한다. 하이퍼객체를 이해하게 되면서 인간의 사유는 크툴루적 개체를 사회적, 심리적, 철학적 공간으로 호출했다. 괴이한 것the monstrous에 대한 동시대의 철학적 강박은 인간 척도에 맞춰진 사고로부터 빠져나올 참신한 탈출구를 제공한다. 어딘가에 괴물 같은 존재가 있다는 것을 아는 것뿐 아니라 순전히 생각할 수 없었던 존재자가 있으며, 그 존재자는 어떤 사유와도 직접적으로 상관되지 않는다는 것을 아는 것은 매우 바람직하다. 이것은 메이야수가 "le grand dehors"라고 부른 것이기도 한데, 다만 이 용어를 "거대한 바깥"the great outdoors으로 번역한 것을 보고 내 안의 퀴어한 생태학자는 격렬한 반감을 느낀다.[33] 나의 '내향적'이고 '삐뚤어진' 성향에 대해 가해질 또 다른 공격이 두렵다. 나는 곧 내 사고가 사유하는 객체[34]가 되기를 실패한다는 바로 그 맥락에서, 이 바깥이 이미 내부라는 생각에 더 만족한다.

---

32   P. Lovecraft, "The Call of Cthulhu," in *The Dunwich Horror and Others*, ed. S. T. Joshi (Sauk City, Wisc.: Arkham House, 1984), 139: [국역본] H. P. 러브크래프트, 『러브크래프트 전집 1』, 정진영 옮김(황금가지, 2009).

33   Meillassoux, *After Finitude*, 7. [옮긴이] 국역본에는 "거대한 외계"로 번역되었으나, 여기서는 '바깥'으로 번역했다.

34   [옮긴이] 데카르트는 물질을 연장(延長)된 실체로, 의식을 사유하는 실체로 보았다. 인간 역시 사유하는 실체(정신)이자 연장된 실체(신체)로 보고 이 둘을 서로 구별되고 대조되는 별개의 실체로 생각했다. 저자는 이 문장에서 데카르트의 이원론에 반대함을 표명하면서 사유하는 실체가 되기를 의도적으로 불이행하는 것으로 읽는다.

상대성 이론은 객체가 결코 보이는 그대로가 아니라고 확신하는데, 그 이유는 객체가 우리 머릿속에 있는 관념이어서가 아니다—오히려 머릿속에 있는 관념이 아니기 때문이다. 큰 객체는 빛을 휘게 만드는 중력장을 뿜어내 아인슈타인이 상대성 이론을 발표하기 전까지 미스터리로 남아 있었던, 멀리 떨어진 별에서 오는 빛의 적색 이동red shift[35]을 만들어낸다.[36] 시공간은 빈 상자가 아니라 객체가 방사하는 물결치는 힘의 장이다. 물결치는 시간성은 인간의 관점에서는 거대한 객체인 하이퍼객체에서 실제로 측정 가능할 정도로 명확히 드러난다. 해수면에서부터 대략 12킬로미터 상공을 지나는 비행기 안에서 시계는 조금 더 빠르게 흐른다. 지구의 중력 우물이 지구 표면 가까이에서 시계를 더 느리게 가게 하기 때문이다. 2011년에 있었던 한 실험에서는 매우 정확한 자이로스코프를 여러 대 사용해 지구 주위에 거대한 시공간 소용돌이가 존재한다는 것을 확인했다.[37] 시간은 사물의 표면을 따라 물결치며 사물을 굽힌다. 공간 이동 셔틀을 타고 그 바로 아래에서 나는 비행기 속 시계를 읽을 수 있다면 비행기와

---

[35] [옮긴이] 물체가 내는 빛의 파장을 스펙트럼선을 통해 확인했을 때 기존에 알고 있는 파장보다 긴 파장이 확인되는 현상을 뜻한다. 적색 이동은 발생 원인에 따라 우주의 팽창에 따른 우주론적 적색 이동, 국지적인 특이 운동 때문에 발생하는 도플러 적색 이동, 중력장에서 시간 지연으로 발생하는 중력 적색 이동으로 분류된다. 우주론적 적색 이동은 일반 상대성 이론으로, 도플러 적색 이동과 중력 적색 이동은 특수 상대론 공식으로 설명된다.

[36] Bohm, *Special Theory of Relativity*, 91–96, 129.

[37] NASA Science News, "NASA Announces Results of Epic Space-Time Experiment," https://science.nasa.gov/science-news/science-at-nasa/2011/04may_epic/

셔틀이 상대적으로 다른 움직임으로 인해 시간이 다르게 간다는 것을 눈으로 확인할 수 있을 것이다. 이것은 관념론이나 상관주의와 무관하다. 이러한 상대성은 사물 그 자체에 단단히 감겨 있다. 객체들은 시공간의 요동이 만든 종횡으로 교차하는 메시mesh 안에서 서로 얽힌다.

이것을 알고 나면, 물결치는 시간성은 내 주변 더 작은 객체들의 이른바 고정성을 부식시킨다. 하이퍼객체의 시간적 양상은 내가 손가락 사이에서 돌리고 있는 연필에도 적용된다. 빙글빙글 돌고 있는 연필 끝에 달린 지우개 위에 작은 시계를 둔다면 반대편 정지 상태의 연필심에 둔 작은 시계와는 조금 다른 시간을 보여주고, 한편 내 코끝에 둔 시계는 또 다른 시간을 보여주는 등 이는 끝없이 계속된다. 물론 인간은 그런 작은 것을 눈치 채지 못할 수도 있지만 인간 내부의 전자는 언제나 알아차린다. 데카르트식 존재론의 근간인 공간적 연장extension[38]이라는 바로 그 생각이 문제시된다. 단조롭고 일관된 실체substance라는 개념은 하이퍼객체를 설명하기에는 충분히 깊지 않다. 일관된 실체라는 바로 그 생각은 우연의 한 종류로, 색깔과 모양 등이 표준화된 스프링클 캔디와 별반 다르지 않다. 오히려 녹아내리는 시계를 그린 살바도르 달리Salvador Dali의 뻔한 그림이 있

---

[38] [옮긴이] 고대 철학의 원자론적 유물론이나 데카르트의 사유에서 발견되는 형이상학적 유물론. 모든 물체가 공간의 일정 부분을 점유하며 존재하고 이를 물체의 성질로 간주해 물질을 특징짓는 판단 기준으로 삼았다. 데카르트 이원론의 근간이 된다.

는 그대로를 보여준다.

하이퍼객체는 시간과 공간을 개체들이 담긴 빈 용기로 보는 관념을 끝낸다. 뉴턴과 다른 이들은 이 빈 용기 모델을 아우구스티누스식 신플라톤주의가 남긴 유산의 일부로 근본적으로 그대로 계승했다. 돌이켜보면 매우 이상할 정도다. 이것은 유럽이 중세 시대를 벗어날 때 생겨난, 아리스토텔레스Aristoteles에 대한 총체적인 과잉 반응, 즉 근대성을 그러한 [신플라톤적인] 것으로 상정해버린 과잉 반응의 일부임이 틀림없다. 역설적이게도 근대과학―나는 여기서 **근대성**과 **근대적**이라는 말을 라투르가 택한 의미로 사용한다―은 그리스도교적 신플라톤주의자들의 밈meme으로 계속 실행되고 있다.[39] 1900년이 되어서야 시간과 공간이 절대적 용기가 아니라 객체가 끼친 영향으로 사유할 수 있게 되었다. 따라서 사변적 실재론 운동은 상관주의―사유를 인간-세계의 상관관계로 환원하는 것―를 설명하는 데 그치지 말고 오랫동안 이어져온 반反아리스토텔레스주의의 긴 역사 또한 밝혀야 한다.

이슬람 세계가 특정 플라톤주의라는 절름발이 유산을 피할 수 있었던 이유는 아리스토텔레스에게 빚진 사상 때문이었다. 아리스토텔레스는 최초의 객체 지향 사상가로서, 사물의 본질이란 그 너머가 아닌 사물의 형상morphē에 있다고 주장했다. 이 사고관에서 보자면 우주를 유한하게 보는 것이 타당해진다. [페르시아의 철학자] 아르라

---

39   Casey, *Fate of Place*, 106–116; Latour, *We Have Never Been Modern*.

지ar-Razi의『갈렌에 대한 의심』(즉, 갈렌Galen은 [로마 제국 시대의] 그리스 의사다)을 생각해보라. 아르라지는 [그리스의 플라톤주의라는] 하위 집단subgroup이 무한하고 영원한 공간과 시간을 상정한 것은 오류였다고 주장했는데, 그 하위 집단이 갈렌이나 아리스토텔레스를 비판한 것이 부당했기 때문은 아니었다. 하지만 아르라지는 무한함에 수반되는 문제점에 대해 아리스토텔레스의 관점에서 사유한다. 아르라지는 창조된 모든 개체들은 부패하기 마련이라고 주장한다(즉 모든 개체는 쇠퇴하며, 영구적이지 않다). 따라서 비록 우리가 천국이 영원하다고 듣지만, 단순히 천국이 인간의 눈에 영원해 보이는 매우 오래가는 물질로 만들어져 있을 뿐인지도 모른다. 그렇지 않다면 천국이 창조되지 않았다고 말하는 격이고, 이는 부조리하다(이 아리스토텔레스 세대가 프톨레마이오스의 생각을 그대로 사고했던 점, 다시 말해 유리와 같은 물질로 이루어진 구체球體에 별이 고정되어 있다고 생각했다는 점을 상기해보라. 이 가설의 부당성은 논지와 무관하기에 무시해도 좋다).

정말 놀라운 점은 이런 것이다. 아르라지는 금, 보석, 유리가 분해될 수 있지만 야채, 과일, 향신료보다 훨씬 느린 속도로 분해된다고 썼다. 따라서 천구天球가 무엇으로 만들어졌든지 간에 수천 년이 지나 분해될 것이라고 예상할 수 있다. 천문학적 사건은 민족에게 시대가 발생하는 척도보다 훨씬 광대한 단위로 벌어진다. 아르라지가 이야기했듯이, 홍수나 역병과 같은 질병이나 재앙을 생각해보라. 그러한 사건들은 시대 사이에 파열을 일으켜 한 민족 전체의 시간이 또 다른 민족 전체의 시간으로 넘어가게 만들 수 있다. [그리스 천문학자] 히파르쿠스Hipparchus의 시대에서 [로마제국의 의학자] 갈렌의 시대로 흐르는 동안 루비 광물은 얼마나 분해되는가. 천체가 분해되는 속도와 루비가 분해되는 속도의 비율은 루비가 분해되는 속도와 한 줌의 허브가 분해되는 속도의 비율과 같을 것이다. 이제 공간 척도를 생각해보자. 태양의 질량에 산 하나의 질량을 더한다면, 애초부터 태양의 질량이 너무 크기 때문에 지구에서 그 변화를 감지하지 못할 것이다.[40] 아르라지는 아리스토텔레스를 철저히 고찰해 10세기에 하이퍼객체를 발견한 셈이다. 이제, 아리스토텔레스에게로 돌아갈 때다. 우리가 생각하는 것보다 아리스토텔레스는 훨씬 더 기묘한 철학자였다.[41]

객체가 무한히 빈 공간 속을 떠도는 것이 아니기 때문에 모든 개체는 물리적인 측면에서나 심원한 존재론적 측면에서 각자의 시간을 가진다. 상대성 이론을 입증하는 민코프스키의 기하학적 증거는 이에 대한 심오한 사실을 드러낸다. 빛의 속도는 위반할 수 없는 한계이기 때문에 모든 사건은 광원뿔 안에서 벌어지며, 무엇이 과거로 간주되고 미래로 간주되는지를 그 광원뿔이 특정한다. 광원뿔 내부에

---

40   Ar-Razi, *Doubts against Galen*, in *Classical Arabic Philosophy*, trans. John Mcginnis and David C. Reisman (Indianapolis: Hackett, 2007), 53.

41   Graham Harman, "Aristotle with a Twist," in *Speculative Medievalisms: Discography, ed. Eileen Joy*, Anna Klosowska, and Nicola Masciandaro (New York: Punctum Books, 2012), 227–253.

서 사건들은 논의되는 사건과 비교해서 과거나 현재, 여기 혹은 다른 곳에서 벌어지고 있다고 특정될 수 있다. 하지만 광원뿔 밖에서는 지금과 그때를 구분하거나 여기와 거기를 구별하는 것이 무의미해진다. 광원뿔 밖에서의 사건은 특정 시간과 장소에서 벌어진 것으로 특정될 수 없다. 나는 그것이 '현재'에서 벌어지는지 혹은 '과거'에서 벌어졌는지 구별할 수 없다. 시간을 데카르트식 실체처럼 과거'에서' 미래'로' 연장되는 일련의 점들로 해석하는 것은 그 자체로 미적인 현상이지 사물의 기저에 놓인 근본적인 사실은 아니다.

그리하여 **기이한 낯선 것처럼, 미래의 미래**가 있다. 예측 가능성, 타이밍, 혹은 윤리적이거나 정치적인 계산 너머에 어떤 시간이 있다. **다른 어떤 다른 곳**이 있다. '아무 곳도 아닌'nowhere, 그럼에도 실재하는 어떤 장소가 있다. 즉 신플라톤주의적인 의미의 너머가 아니라, 실재 우주 속에 있는 실재 개체. 그렇다면 하이퍼객체가 객체라고 할 만한 것에 대해 **미래적인** 어떤 것을 우리가 볼 수 있도록 허락한다는 가능성을 품어야 한다. 시간을 객체가 떠다니는 중립적인 용기로 보지 않고 객체 스스로 방출한 것으로 본다면, 객체가 특정한 한 방향으로 미끄러지는 시간 용기 속에 거주한다고 여기기보다는 객체가 거꾸로 된 인과를 다른 개체들에 행사할 수 있다고 보는 것이 최소한 이론적으로 더 타당하다. 이러한 인과의 흔적은 현재 '속으로'into 거꾸로 흐르는 듯 보일 것이다. 사물의 기이한 낯설음strange strangeness은 미래적이다. 셸리가 보았듯이, 미래성의 그림자가 시의 동굴 벽에 흔들리는 현존을 드리우는 것처럼, 사물의 그림자는 미래

에서 현재로 서서히 나타난다.[42]

　다른 모든 객체와 마찬가지로, 하이퍼객체는 우리가 그것을 특정한 방식으로 다룰 것을 강제한다. 하이퍼객체는 링기스가 **정언 명령**imperative이라고 명명한 것을 강력하게 행사한다. 하지만 시간적 단축 탓에 하이퍼객체를 적절히 다루기란 불가능하다. 이러한 난관이 딜레마를 낳는다. 우리가 하이퍼객체를 충분히 숙지할 시간이 없다는 것이다. 하지만 어떻게든 다뤄야만 한다. 이러한 처리 상황은 파문에 파문을 더해 일게 한다. 시간에 광범위하게 분포한 개체들은 수명이 짧은 개체에게 하향 인과적 압력을 가한다. 그래서 지구온난화의 뚜렷한 영향 중 하나는 생물 계절의 비동시성phenological asynchrony이다. 즉 식물과 동물의 생명 사건life event의 동시성이 어긋나는 것이다.[43] 한 개체가 방출하는 시간이 또 다른 개체가 방출하는 시간과 교차할 때 우리는 간섭 패턴interference pattern을 얻게 되는데, 이는 브리짓 라일리Bridget Riley나 유쿨티 나판가티Yukultji Napangati의 회화에서 보이는 물결 같은 선들과 흡사하다. 이 작가들을 다음 장에서 상세히 다시 다룰 것이다. 이러한 간섭 패턴은 **위상 조정**이라는 용어로 알려져 있다. 인류는 교차하는 시간의 위상들에 붙잡혀 있

42　Percy Shelley, *A Defence of Poetry*, in *Shelley's Poetry and Prose*, ed. Donald H. Reiman and Neil Fraistat (New York: Norton, 2002), 509–535: [국역본] 퍼시 비시 셸리, 『셸리 산문집』, 김석희 옮김(이른비, 2020); 『사랑의 철학』, 정정호 옮김(푸른사상, 2022).

43　Camille Parmesan, "Ecological and Evolutionary Responses to Recent Climate Change," *Annual Review of Ecology, Evolution, and Systematics* 37 (2006), 637–669.

다. 지금 우리가 이 교차하는 위상에 주목하는 이유는 하이퍼객체의 거대함이 위상 조정을 더욱 생생하게 만들기 때문이다.

위상 조정[*]

호주 선주민 작가 유쿨티 나판가티의 〈무제〉(2011)를 보고 있으면 나는 즉시 그림이 쏘는 견인 광선tractor beam에 붙들린다. 내가 그림을 보는 만큼 혹은 그 이상으로 그림이 나를 응시하는 듯 보인다(도판1). 이 그림의 단출한 JPEG 복사 이미지로는 그렇게 보이지 않는다. 작가가 직접 손으로 그린 갈색의 얇은 물결선들이 큰 사각형을 이루는 그림이다. 그런데 그 앞에 다가가면 그림은 갑자기 나를 향해 밀려들면서 내 시신경을 추적하고 나를 그림의 역장力場 안에 붙든다. 나는 겹겹의 간섭 패턴 위에서 꼼짝없이 폭격당한다. 나판가티의 작품은 브리짓 라일리의 옵아트를 단순하게 보이게 만들 정도이지만 두 작가의 작품 모두 놀랍기는 마찬가지다.

나는 일련의 선들을 하나의 전체로 환원하는 방식으로 나판가

---

[*] [옮긴이] 이 장의 제목인 '위상 조정'은 phasing을 번역한 것이다. 의미적으로는 월상(月相)처럼 위상 변화를 의미한다. 하지만 '위상 변화'라는 단어는 대상이 그 자체적으로 스스로 변화한다고 읽혀질 소지가 있으며, 특히 본 장에서 저자가 보는 이와 보이는 대상 간의 위상 관계가 강조되고 있는 점을 고려해 '위상 조정'을 번역어로 택하였다. 위상 편이, 위상 변위, 위상 이동 등으로 번역되는 phasing shift와는 다른 개념임을 밝혀둔다.

티의 회화를 경험하지 않는다. 그림 전부가 하나의 유닛으로 내게 달려든다. 그림은 호주 선주민들의 하이퍼객체라고 할 수 있는 꿈의 시대Dreamtime의 한 조각이자, 삼삼오오 모인 여성들이 음식을 모으고 제의를 치르던 사막의 모래언덕을 표시한 지도다. 〈무제〉는 우주적이고 지구적인 더 큰 공간에 대한 작품이면서도, 불완전한 부분이 아닌 그 자체로 온전한 하나의 양자다. 어떤 의미로도 나는 이 그림을 [조각으로 보고] 조립하지 않는다. 그림의 어떤 면도 수동적이거나 무력하지 않으며, 해석되기를 혹은 완성되기를 기다리지 않는다. 그림 앞을 떠나기란 불가능하다. 온몸의 털이 곤두서고 두 뺨 위로 눈물이 흐른다. 천천히 그림에서 멀어졌다가도 한 시간도 되지 않아 다시 그 앞으로 돌아와 그림의 공명 속에 흠뻑 젖는다.

어떤 시간 '속'에 존재한다거나 어떤 '장소'에 거주한다고 느끼는 내 감각은 규칙성의 형태에 따라 바뀐다. 낮과 밤의 주기적인 리듬이나 태양의 '떠오름'—이라고 쓰는 지금에서야 태양이 실제로 뜨는 것은 아님을 상기한다—같은 것에 따라서 달라진다. 달의 '위상'이란 지구와 달이 태양을 일주할 때 지구와 달 사이에 맺게 되는 관계라는 것임이 이제 상식으로 알려져 있다. 하이퍼객체는 인간 세계와 위상이 일치하다가 어긋나는 것으로 보인다. 하이퍼객체는 **위상 조정된다.** 즉 하이퍼객체는 고차원의 **위상 공간**을 점유하기 때문에 보통의 3차원 인간 척도를 기반으로 해서는 하이퍼객체 전체를 보기는 불가능하다.

우리는 한 번에 단지 하이퍼객체의 몇몇 조각만 볼 수 있을 뿐이다. 하이퍼객체가 비국소적으로 보이고 시간적으로 단축되어fore-shortened[1] 보이는 이유는 바로 하이퍼객체의 초차원적 성질 때문이다. 우리는 쓰나미나 방사선증 사례처럼 하이퍼객체의 몇몇 조각만 동시에 볼 수 있다. 사과 한 알이 2차원 세계에 침입한다면, [선으로 그려진] 막대 인간들이 맨 처음 보게 되는 것은 사과의 밑동이 자신들의 우주에 닿을 때 보이는 몇몇 점일 것이고, 그 이후로는 빠르게 연속되는 형태들을 보게 될 것이다. 확장하고 수축하는 원형의 방울이었다가, 작은 원으로 사그라들다가, 이내 하나의 점으로 수축해서 결국 사라지는 식이다. 우리가 라바 램프lava-lamp의 유체성—신유물론에 풍부하게 나오는 흐르고 새어나오는 메타포—으로 느끼게 되는 것은 하이퍼객체가 살고 있는 더 높은 차원의 구조를 우리가 적절히 인식하지 못하고 있다는 어떤 낌새다.

이것이 우리가 지구온난화를 보지 못하는 이유다. 고차원의 어떤 공간을 점유해야 지구온난화가 펼쳐지는 것을 분명히 볼 수 있다. 수선화를 생각해보라. 수선화 꽃은 수선화의 게놈에 있는 DNA와 RNA에 의해 실행된 알고리즘의 3차원 지도다. 잔주름이 채 펴지지 않은 줄기의 끝은 3차원 위상 공간에 펼쳐진 알고리즘의 가장 최근

---

[1] [옮긴이] 일반적으로 회화에서 단축법이란 대상을 실제보다 더 짧게 보이게 그림으로써 화면의 깊이감을 최대화하는 원근법이다. 앞장 「물결치는 시간성」에서 "전자기장 파면(波面)의 앞 가장자리가 짧아지는(shortened) 것과 동일한 방식으로 하이퍼객체는 시간에 의해 구부려지고 평평해진다"라고 묘사한 것과 유사한 맥락이다. 양자 단위에서 시간은 연체동물의 살처럼 물결 모양으로 오르내리기에 휘어져 있고, 따라서 단축되어 보이거나 길게 늘여져 보인다.

상태를 보여준다. 꽃의 밑동은 꽃 알고리즘이 시작되는 초기 플롯이다. 당신의 얼굴은 얼굴에서 벌어진 모든 것에 대한 지도다. 이제 지구온난화를 생각해보자. 우리가 보고 있는 것은 고도로 복잡한 한 세트의 알고리즘이 고차원의 위상 공간에서 스스로 실행되어 만든 실제로 매우 복잡한 플롯의 스냅 사진들이다. 날씨가 우리 머리 위에 떨어질 때 우리는 이 복잡한 플롯의 저해상 복사본을 경험한다. 우리가 한때 실재라고 생각한 것은 감각적 재현이나 이미지의 빈약한 단편, 또는 지구 기후의 한 조각에 대한 캐리커처임이 밝혀진다. 하나의 과정만으로도 실재 객체이지만, 지구온난화 객체는 우리에게 익숙한 객체들보다 더 높은 차원을 차지한다.

위상 공간[2]은 한 시스템의 모든 가능한 상태의 집합이다. 위상 공간에서 객체는 흥미진진하면서도 이상하다. 예를 들어 위상 공간에서 날씨 사건의 합을 좌표에 일련의 점으로 찍어 그래프로 표시한다면 숫자 8을 접은 모양의 끌개를 발견하게 될 것이다(그림7). 에드워드 로렌츠Edward Lorenz는 정확히 이 방법으로 최초의 이상한 끌개(로렌츠 끌개Lorenz attractor)를 발견했다. 충분히 높은 차원의 존재는 지구온난화 그 자체를 하나의 정지한 객체로 볼 수 있을 것이다. 우리가 지구온난화라고 부르는 이 고차원 객체, 그러한 개체 하나가 지닌 촉수들은 얼마나 소름끼치도록 복잡할 것인가.

---

2   [옮긴이] 물리학에서 말하는 위상 공간이란 '계'(系)가 가질 수 있는 모든 상태로 이루어진 공간을 말한다. 달리 말해 어떤 상태의 시간적 변화를 측정할 수 있는 공간이다.

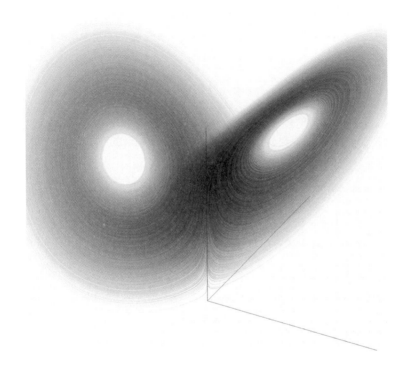

그림7. 로렌츠 끌개. 최초의 이상한 끌개는 날씨 사건을 적절히 높은 차원 공간 속에 점으로 찍어서 만들어낸 패턴이다.

따라서 이 거대한 객체가 내 세계와 교차할 때, 나는 그 객체의 몇몇 작은 조각을 볼 수 있을 뿐이다. 내가 **허리케인**이라고 부르는 조각은 뉴올리언스의 기반 시설을 파괴한다. 내가 **가뭄**이라고 부르는 조각은 러시아와 중서부 미국의 평원을 감자칩처럼 말려버린다. 내 목덜미는 어제의 일광 화상으로 가렵다. 퍼시 셸리는 "보이지 않는 힘이 드리운 경이로운 그림자 / 우리 사이에 보이지 않게 떠다닌다"[3] 라고 썼다. 셸리가 '초감각적인 아름다움'[4]을 염두에 두고 쓴 이 구절이 지금은 "사물들의 끝없는 우주 / 정신을 따라 흐른다 …"로 시작하는 그의 또 다른 시 「몽블랑」[5]과 더불어 사변적 실재론자들의 우주에서 공명하고 있다. 「몽블랑」에서 산은 명멸하는 신호등처럼 나타났다 사라지고 다시 나타난다. "몽블랑은 높은 곳에서 여전히 빛난다"(127행). 산은 위상이 [시적 화자와] 일치했다가 어긋난다.

사물을 자연으로 생각한다는 것은 사물을 다소 정적이고 준안정적인, 시간과 공간에 묶인 연속체로 생각한다는 뜻이다. 자연에 대

---

3   Percy Shelley, "Hymn to Intellectual Beauty," in *Shelley's Poetry and Prose*, ed. Donald H. Reiman and Neil Fraistat (New York: Norton, 2002), 1–2행.

4   [옮긴이] 이 시의 영어 제목은 대개 '지적인 아름다움에 대한 찬가'라고 번역되지만 역자는 아래의 해석에 동의해 '초감각적인 아름다움'이라는 번역어를 실었다. "존재하는 모든 것의 '원인'으로 설정되고 있는 존재가 감각적 경험으로 접근될 수 없는 것이라는 점을 감안해, 'intellectual'을 비감각적인, 초감각적인 의미로 파악한다. 그래서 이 시의 제목을 초감각적인 미에 대한 찬가로 해석한다."(이일제, 「시인의 정체성—「몽블랑」과 「초감각적인 미에 대한 찬가」 연구」, 영어영문학연구 제44권 제3호(2018): 133-155)

5   Percy Shelley, Mont Blanc, Poetry and Prose, 1–2행. Steven Shaviro, "The Universe of Things," *Theory and Event* 14.3 (2011): doi:10.1353/tae.2011.0027을 볼 것.

한 고전적인 이미지는 낭만주의 시대의 회화이거나 픽쳐레스크식 풍경 회화다. 저 너머는, 여기 있다―갤러리 벽 위에. 그리고 저 너머라는 개념은 그림 전체에 코드화되어 있다. 그림을 보는 우리에게 소실점을 향해 난 투시선 따위를 따라오라고 넌지시 말을 건네는 저 멀리 있는 언덕과 나뭇가지를 보라.[6]

이 그림을 움직이게 만들어서 스며 나오고 흘러내리는 라바 램프 버전의 그림으로 만들 수도 있을 것이다. 단순히 정적인 그림을 흐르는 그림으로 바꾸어놓고는 새롭게 개선된 버전인양 하는 자연을 우리는 의심해야 한다. 무언가 변하지 않은 채로 있다. 그것은 시간을 용기로 보는 감각이다. 새로운 버전의 그림은 복잡해 보인다―들뢰즈식으로 보자면, 영화적이다. 들뢰즈가 영화를 아름답게 이론화하는 것은 우연이 아니다. 하지만 이 영화적 흐름은 이미 낭만주의 시대에 예측되었다. 은막의 영화산업 이전 시대에 주체의 흐름을 기술하는 많은 무운시들이 이후 영화가 등장할 수 있는 이데올로기적 공간을 열었다. 워즈워스는 최초의 영화적 작가다. 과정 상관주의 process relationism 이론가들―화이트헤드, 들뢰즈―은 시간을 이미지가 녹아 흐르는 액체로 간주한다. 동시대 사유에서 이 흐르는 미학이 충분히 발현되어 우리는 하이퍼객체의 자취를 뒤쫓을 수 있게 되

---

6   Walter Benjamin, "The Work of Art in the Age of Mechanical Reproduction," in *Illuminations*, ed. Hannah Arendt, trans. Harry Zohn, (London: Harcourt, Brace, and World, 1973), 217–251.

었다. 사진가 에드워드 버틴스키Edward Burtynsky[7]에 대한 영화적 연구인 〈제조된 풍경〉을 예로 들어보자. 영화 속 카메라는 생산 과정과 디지털 쓰레기가 산적하는 과정을 추적한다. 기이할 정도로 거대한 중국의 공장 내부를 수평으로 가로지르는 매우 인상적인 오프닝 숏이 만들어내는 파토스는 바로 시간을 떠도는 시선의 파토스—우리는 이 장면이 언제 끝날지, 동시에 공장이 얼마나 큰지 파악할 수 없다. 단순히 보자면 하나의 과정은 어떤 객체의 차원성보다 1+n 낮은 관점에서 보이는 또 하나의 객체다. 버틴스키가 매 장면에 더욱더 많은 것을 포함하려 할수록 영화가 더 포함하게 되는 것은 산업적 '작동'이라는 것이 훨씬 더 큰 **오-작동**mal-functioning의 공간 중 그저 하나의 작고 정상화된 영역에 지나지 않는다는 점이다. 오작동의 공간이 어둡고 이상한 작동과 관련 있으며 거기서는 모든 움직임, 심지어 '정확한' 작동까지도 왜곡이나 '착오'로 가시화된다는 점을 드러내기 위해 나는 오-작동에 하이픈을 넣었다. 이러한 양상은 전체론적 일체성과는 거리가 먼, 생태학적 시선이 가진 불온한 성질이다.

과정 철학은 고차원적 개체의 실행 방식을 시각화하는 데 도움이 된다. 따라서 **플롯**[8]이나 **그래프**는 하이퍼객체를 조금은 향상된 방

---

7   Edward Burtynsky, *Manufactured Landscapes: The Photographs of Edward Burtynsky* (New Haven, Conn.: Yale University Press, 2003); *Manufactured Landscapes*, directed by Jennifer Baichwal (Foundry Films, National Film Board of Canada, 2006).

8   [옮긴이] 플롯(plot)은 여러 값 사이의 수치적인 관계를 좌표계에 점으로 찍어서 만든 그래프를 말한다.

식으로 볼 수 있게 해준다. 우리는 영화 미학에서 이동해, 위상 공간에서 알고리즘이 실행되는 플롯과 지도로 나아갈 수 있다. 이제 매우 강력한 프로세서는 기후를 맵핑할 때 이러한 시각화를 할 수 있다. 기후 맵핑에서 요구되는 '부동 소수점 연산'flops이라 불리는 산술적 계산은 초당 1,000조(10^{15}) 번인 페타플롭스로 측정된다. 끌개를 그리는 그래픽은 부수적인 시각 보조물이 아니라 그 자체로 과학적인 작업이라고 할 만하다. 우리가 더는 시간과 공간을 용기로 다루지 않고 고차원 위상 공간의 차원으로 포함시키기 때문에, 이제 소프트웨어가 실제로 보는 것은 미적 용기容器와 미적 거리로 이루어진 세계를 빠져나온다. 앞서 이야기한 대로, 시간은 이제 근본적으로 객체 내부에 있으며, 객체를 통해 물결치며 퍼져나간다. 그리고 공간은 객체의 부분들을 서로 구분되도록 만들면서 객체 내부에 존재한다. 우리는 이런 방식으로 그래프에 그려진 고차원적 개체들을 보지 않을 수 없는 난처한 상황에 처한다. 소프트웨어가 인간을 대신해서 고차원적 개체들을 '보고' 난 이후에, 우리는 사용 가능하도록 렌더링된 데이터나 위상 공간의 단면들을 본다.

하이퍼객체를 초차원적 실재 사물로 생각하는 것은 매우 유익하다. 지구온난화란 실제로 이 세상과 특수하게 연관되지 않은 하나의 수학적 추상물이 아니다. 하이퍼객체는 머릿속 개념적인 너머라든가 저 바깥 어딘가에 살지 않는다. 하이퍼객체는 다른 객체에 영향을 끼치는 실재 객체다. 객체와 관계가 별개라는 사고(수학이나 초월을 이야기할 때 우리가 정말로 이야기하는 것)의 배후에 있는 철학적 관점은 비록 그것이 창발이나 과정에 대한 정교한 이론을 제기함에도 우리가 생태학적[9] 시대로 이행하는 것을 분명히 저해한다.

위상 조정이란 가득 참에서 나아갔다 축소하는 것을 의미한다. 지미 헨드릭스Jimi Hendrix 스타일의 기타 페이징guitar phasing은 페이저 페달을 밟았다 놓을 때 소리의 배음倍音 범위를 제한했다가 다시 개방함으로써 기타 소리가 청자의 들음을 향해 다가갔다 멀어지는 것처럼 보인다. 하이퍼객체가 왔다 가는 것처럼 보이지만, 이 오고 감은 인간이 하이퍼객체에 제한적으로 접근하는 데서 비롯된 결과다. 우리는 일식이나 혜성과 같은 천체 사건이 일어나는 느리고 주기적인 반복으로 연속적인 개체를 느끼며, 그 개체가 남긴 자국은 한시적으로 사회적 공간과 인지적 공간에 드러난다. 이런 관점에서 볼 때, **날씨**라고 불리는 것은 고루하다. 상현이나 하현이라는 달의 위상들을 달과 지구 사이의 관계에 기인하는 것으로 보지 않고 달 자체에 있는 것으로 보는 것만큼이나 고리타분한 생각이다. 오히려 날씨는 인간, 그리고 인간과 서로 관계하는 비인간 개체들인 암소, 홍수 방벽, 툰드라, 우산 등에게 모두 발생하는 기후에 대한 감각적 인상이다. 정원에 설치된 강우계는 하이퍼객체의 작은 샘플, 즉 몇 인치쯤의 물을 튜브에 모아 내가 관측할 수 있도록 한다. 이와 유사하게,

---

9   [옮긴이] 책 전반에 걸쳐 등장하는 ecological은 '생태학적', '생태적' 두 단어로 혼용해 번역했다. 다만 생태학에 대한 저자의 고유한 관점이 보다 구체적으로 펼쳐지는 곳에서는 '생태학적'으로, 보다 일반적인 의미에서의 상황을 가리킬 때는 '생태적'이라고 구분해 번역했다.

현관에 설치된 온도계 내부에서 수축 팽창하는 수은은 집안 온도의 변동을 알려주고, 차에 부착된 센서는 내가 운전하는 동안 기후의 작은 조각들을 알려준다. 내 주의력은 매일 몇 초간 지구온난화에 머물다 다른 업무로 이동한다. 일련의 정부 규제는 기후변화의 한 측면(멸종)을 이야기할 뿐, 고갈되고 있는 화석연료의 소비에 대해서는 입을 열지 않는다. 하이퍼객체에 대한 인간의 인지는 건축 드로잉에서 사용되는 단면도 기법과 유사하다. 하이퍼객체는 우리가 직접 경험할 수 없는 고차원의 위상 공간을 점유하기 때문에 한 번에 경험할 수 있는 것은 몇몇 단면으로 제한된다. 지구온난화 하이퍼객체는 휘돌다가 내가 자세히 들여다볼 수 있도록 자신의 유령을 방출한다. 인간이 이 무시무시한 거상巨像을 시각화하기란 불가능하다. 로렌츠 끌개를 대략적으로 그릴 수는 있지만 로렌츠 끌개 자체가 단지 작은 발자국에 불과한 거대한 시스템에 대해서는 최소한을 말하기에도 벅차다.

나판가티의 〈무제〉는 [호주 토착 신화인] 꿈의 시대Dreamtime의 한 위상이자, 지미 헨드릭스의 기타 연주처럼 오르내리는 물결을 가진 위상 조정 회화다. 마치 위상 공간의 층위들이 다른 층위들에 중첩된 것처럼, 그림 그 자체는 우리에게 더 높은 차원을 보도록 강제한다. 이 층위들은 깊어 보여서 마치 그 안으로 내가 팔을 뻗을 수도 있을 것 같다. 층위는 그림 표면 앞을 떠다닌다. 층위는 이동한다. 그림은 나를 붙들고는 넋을 잃게 한다. 그림은 위상 공간에 대한 지도나 도표처럼 보이기도 하는데, 어떤 의미에서는 정말 그러하다. 어떻게 여인들이 모래언덕을 건너갔는지를 보여주는 지도인 것이다. 하지만 지도로 보였던 것이 무기임이 밝혀진다. 그림은 시공간을 분출하고, 미적 장場을 뿜어낸다. 그림은 하나의 유닛이자 기능을 실행하는 하나의 양자다. 그것은 장치로서, 단지 지도가 아니라 도구이기도 하다. 샤먼의 무구舞具인 래틀rattle이나 컴퓨터 알고리즘과 같다. 이 그림은 호주의 미개지, 꿈의 시대, 핀투피족과 마지막 9인Pintupi Nine[10]의 긴 역사, 사라진 부족Lost Tribe, 지구 최후의 신석기 인류라는 하이퍼객체의 밝고 붉은 그림자를 내게 각인시키는 기능을 실행하는 것으로 보인다. 나판가티가 실행한 **지도**와 **도구**의 결합이 갖는 중요성에 대해서는 하이퍼객체 시대의 예술을 논의하는 2부에서 다룰 것이다.

여기서 중요한 것은, 수학화[11]할 수 있는 개체가 다른 개체의 기저를 이룬다underlie는 관점과는 정반대의 관점을 우리가 다루고 있다는 점이다. 이 책이 지지하는 관점에 따르면, 객체는 수학화할 수 있는 형식에 한계를 정한다subtend.[12] 다시 말해, 숫자란 실제 계산 가능한 것이다. 즉 1은 **셀 수 있는** 1이다. 이는 내가 '어려운' 수학을, 때

---

10   [옮긴이] 1984년 키위르쿠라 근처에서 친척들과 접촉할 때까지 호주의 유럽 식민화를 모르고 호주의 깁슨 사막에서 전통적인 사막 거주 생활을 했던 9명의 핀투피 부족 그룹이다. '잃어버린 부족'이라고도 불린다.

11   [옮긴이] 현상을 수학적 본질을 사용해 조직하는 과정을 뜻한다. 갈릴레이는 자연을 추상화하고 수학화하는 근대물리학의 전통을 시작한 인물이다.

12   [옮긴이] 저자의 논의는 수학화가 객체를 구성하는 것이 아니라 객체가 수학화할 수 있는 형식을 한정한다는 것이다.

때로 하이데거 자신이나 그의 옹호자들이 종종 빠지곤 했던 언어와 같이, 따뜻하고 흐릿한 무언가로 보충하려는 것이 아니다. 그런 방어적인 생각은 작동하지 않을 것이다. 방어적인 생각은 지난 두 세기 동안 모든 인류[13]를 인간[중심]적인 의미로 가득한 더욱더 작은 섬에 가두었다. 거대 가속은 우리에게 현 상황에 관해 함께 행동하기를 촉구한다.

수학적 개체는 부연 설명paraphrase**일 뿐이다**—다시 말해, 수학적 개체는 인간적 의미의 이쪽에 있는 '따뜻하고 흐릿한' 개체다. 하이퍼객체는 우리에게 고차원 위상 공간을 보여주는 지도로서 존재한다. 우리의 감각으로 전체를 파악할 수는 없기 때문이다. 하지만 이것이 의미하는 것은 사물이 수학적 관계에 기반한다는 플라톤주의와는 정반대다. 오히려 수학적인 것이라고 하는 것은 단지 그리스어 mathēsis를 의미하며, 이는 심사숙고를 의미하는 티베트어 gom에 근접한 뜻이다. gom과 mathēsis는 모두 '익숙해지기', '길들여지기'를 뜻한다.[14] 이런 의미에서 보자면, 수학이란 수 너머에서 마음이 실재에 스스로 적응하는 방식이다. 로렌츠 끌개는 우리가 기후라는 고차원 존재에서 나오는 희박하고 개념적인 산소를 들이마실 수 있는 한 가

---

13   [옮긴이] 여기서 저자는 모든 인류(all the humanities)를 인간 종에 한정하지 않고 비인간을 포함하는 모든 존재들을 가리키는 단어로 사용한다. 이에 대한 논의는 저자의 *Humankind: Solidarity with Non-human People*에서 상세히 전개하고 있다: [국역본] 『인류: 비인간적 존재들과의 연대』, 김용규 옮김(부산대학교출판문화원, 2021).

14   Martin Heidegger, *What Is a Thing?*, trans. W. B. Barton and Vera Deutsch, analysis by Eugene T. Gendlin (Chicago: Henry Regnery, 1967), 102–103.

지 방법이다. 기후는 '공간'이나 '환경'이라기보다 우리가 직접 볼 수 없는 **고차원 객체**다. 내 머리 위로 비가 내릴 때, 기후는 비를 내리고 있다. 생물권은 비를 내리고 있다. 하지만 이 책의 서론 「존재 속 지진」에서 언급했듯이, 내가 느끼는 것은 빗방울과 빗방울 사이 간격이다. 진정으로 그것[사물] 자체the in-itself의 물러남을 보여주는 칸트식 예시가 이 조그마한 빗방울이다. 빗방울을 감각할 때마다 나는 언제나 이 빗방울을 축축하고, 차가운, 내 우비에 떨어지는 작은 것으로 옮기는 나의 인간적 번역을 느낀다. 빗방울 자체는 근본적으로 물러나 있다.[15]

하이퍼객체를 의식하는 순간과 의식하지 않는 순간 사이에 내가 인지하는 간격은 하이퍼객체 자체에 내재하지 않는다. 단순히 나의 '주관적인' 의식 대 '객관적인' 세계의 문제가 아니다. 여기서 다루고 있는 하이퍼객체보다 더 낮은 차원의 물리적 객체에 대해서도 마찬가지다. 어느 마을이 토네이도에 큰 피해를 입고 나서 또 다른 토네이도를 맞기까지의 [시간적] 간격은 두 개의 토네이도 하이퍼객체 사이에, 심지어 하나의 하이퍼객체 내부에 무의 공백을 표시하지 않는다. 지구온난화는 주말에만 골프를 치러 나오지 않는다. 간격과 파열이야말로 하이퍼객체의 **보이지 않는 현존**으로서 늘 우리 주변에서 어른거린다. 이런 관점에서 볼 때, 하이퍼객체는 표현주의 그림에 등장하는 불길한 광대처럼 그림의 표면이라면 어디든 집요하게 나타나 우리의 세계를

15   Kant, *Critique of Pure Reason*, 84–85.

가차 없이 노려본다. '배경'이나 '전경'이라는 관념은 최소한 인간이나 마을 규모에서는 '변하지 않는' 한 객체가 가진 위상일 뿐이다.

표현주의 회화, 시, 음악이 표출하는 정신질환적 강렬함은 위상 조정 흐름에 대한 차분한 수학적 다이어그램보다 훨씬 효과적으로 하이퍼객체를 표현한다. 다이어그램은 불길하게 노려보는 광대라기보다 [특징을 두드러지게 과장하는] 캐리커처에 가깝다. 밀실 공포증을 앓는 우주는 방사, 태양 표면의 폭발, 성간 먼지, 가로등 기둥, 이 같은 해충으로 잔뜩 채워진 자신의 모습을 우리에게 드러낸다. 표현주의는 배경과 전경 간의 유희를 폐기한다. 객체는 스스로를 우리 쪽으로 밀어서 비좁고 밀실 공포증을 유발하는 [평면] 회화적 공간 속으로 우리를 부단히 우겨넣는다. 이러한 관점에서 보자면 **세계**라는 감각은 사물 간 간격과 사물 뒤편 배경 공간에 대한 가짜 의식이다. 하이퍼객체는 이런 방식으로 **세계의 끝**을 야기하는데, 이에 대해서는 책의 후반부에서 다룰 것이다.

어떤 소리가 단계적으로 두꺼워졌다 얇아지고 있다면, 또 다른 음파가 일련의 음파들과 교차 중인 것이다. 더 낮은 단계에서 하나의 파동이 다른 파동의 일부를 상쇄할 때 비트beat가 발생한다. 비트가 존재하기 위해서는 교차하는 1+n의 파동이 있어야 한다. 위상 조정이 발생하는 이유는 하나의 객체가 다른 객체를 번역하기 때문이다. 이는 일반적으로 객체가 다른 객체에 영향을 끼치는 방식을 보여주는데, 이 특징을 좀 더 들여다본다면 하이퍼객체가 어떻게 위상 조정이 되는지 보다 더 충분히 설명할 수 있다.

MP3 샘플은 음파의 일부를 잘라내는 '손실' 방식으로 파형을 압축한다. 음악 녹음에서 선호되는 샘플링 레이트는 이제 초당 44,100[16] 사이클이며, 이는 1초의 소리 [시작과 끝] 양편과 그 사이에 총 44,101개의 구멍이 있다는 뜻이다. (전문가들은 이제 앨버트 홀을 채우려면 얼마나 많은 구멍이 필요한지 알고 있다.)[17] 이와 같은 방식으로, JPEG는 이미지를 손실 압축한 것으로, JPEG 파일을 복사하면 복사본 파일에는 원본 파일보다 더 많은 구멍이 생겨서 JPEG 각각의 복사본 해상도는 급격히 저하된다. JPEG가 만들어질 때, 칩 위에 있는 광학적으로 예민한 전자에 광자 충격이 가해지는데, 그중 몇몇 전자들은 화면상 픽셀 속 가시 정보로 번역된다. 일련의 도구가 이 기능을 실행하고 나면 그 결과로 출력된 이미지의 배경으로 물러난다. 전체 시스템을 면밀히 검토하다 보면 다수의 장치가 서로 에너지를 변환하거나, 아니면 광자나 음파와 같은 기입 사건inscription events을 전자 신호나 전기화학 신호로 바꾸는 식으로 서로에게 영향을 끼친다는 것을 알게 된다.

---

16 [옮긴이] 원문에는 44,000이지만 음악 녹음에서 이야기되는 샘플 레이트는 441,00으로 표기하는 것이 보다 일반적인 까닭에 본서에서는 44,100으로 정정했다.

17 The Beatles, "A Day in the Life," *Sgt. Pepper's Lonely Hearts Club Band* (Parlophone, 1967). [옮긴이] 비틀즈의 노래 〈A Day in the Life〉에 나오는 가사 "그들은 구멍을 모조리 세어야 했지 / 전문가들은 이제 앨버트 홀을 채우려면 얼마나 많은 구멍이 필요한지 알고 있다"의 일부를 저자가 차용한 것이다. 이 노래의 가사를 쓴 존 레넌은 당시 신문에서 랭커셔 블랙번시에 도로 보수 공사를 하는 데 4천 개의 구멍이 있다는 기사를 접하고 그 많은 구멍을 일일이 세어봤을 상황을 흥미롭게 느꼈다고 한다. 저자는 유한한 큰 수의 구멍이라는 농담에서 이 가사를 차용한 것으로 보인다.

하이퍼객체는 촘촘한 망을 거쳐 메시mesh의 반대편에 번역된 정보로 나타난다. 굵은 빗방울은 폭풍이 몰려오고 있다는 것을 알리고, 그 폭풍이 동반한 비일상적인 번개는 지구온난화를 가리킨다. 위상 조정이란 위상 공간에 광범위하게 분포하는 객체를 알려주는 **지표적**indexical **기호**이며, 그러한 위상 공간은 객체를 감지하는 데 사용되는 도구(우리의 귀, 머리 위쪽 정수리, 풍향계 등)보다 더 높은 차원이다. 하나의 지표는 곧 그것이 가리키는 것의 일부이기도 한 기호다. 하이퍼객체가 통과한 그물망인 상호연결성의 메시 안에서 더 작은 객체들은 자신들이 존재하는 곳인 하이퍼객체의 지표가 된다. 한 무리의 새가 이상할 정도로 오랫동안 호숫가에 머문다. 개구리들은 더 따뜻하고 습한 곳을 찾아 젖은 현관 계단에 옹송그리며 모인다.

우리는 위상 조정 현상을 고찰하면서 지표적 신호가 하이퍼객체의 **환유**라는 것을 다루고 있는 중이다. 환유는 부분과 전체 그리고 그 관계를 다루는 부분전체론적 수사법이다. 하이퍼객체를 연구하면서 우리는 부분이 전체 속으로 사라지지 않는 이상한 부분전체론mereology[18]을 마주하게 된다.[19] 사실은 그 반대다. 실제로 우리가 얻게 되는 것은 라캉의 용어를 빌리자면, **비전체**not-all 집합인 것으로

---

18 [옮긴이] '부분론'으로 불리기도 하는 부분전체론은 부분과 전체의 관계에 대한 논리적 특성을 연구하는 학문으로, 폴란드의 수학자, 철학자, 논리학자인 스타니스와프 레시니에브스키(Stanisław Leśniewski)가 1927년에 주조해낸 용어다. 부분전체론의 가장 중요한 논제는 '부분을 전부 모으면 전체가 다 되는가?'이다.

19 Bryant, *Democracy of Objects*, 208–227: [국역본] 레비 R. 브라이언트, 『객체들의 민주주의』, 김효진 옮김(갈무리, 2021).

보인다. 객체는 그 자신 이상을 담고 있는 것으로 보인다. 호숫가에 머무는 한 무리의 새들은 특유의 개체이면서도 생물권, 진화, 지구 온난화와 같은 일련의 하이퍼객체의 일부분이기도 하다. 하이퍼객체 와 그것의 지표적 기호 사이에 피할 수 없는 어긋남이 있다. 그 어긋 남은 하이퍼객체를 둘러싼 모든 소동을 설명한다. 가이아Gaia는 병 원균을 제거하고 나서 그 자체가 되는 일을 마음껏 계속한다. 하지 만 객체는 그 자체인 동시에 그 자체가 아니기도 하다. 객체에는 객 체 자체로만 오롯이 포함될 수 없는 부분들이 있기 때문이다. 객체 가 그 자체로 전적으로 포함된다면, 위상 조정이나 비트, 그리고 더 일반적으로는 사물들 사이 상호작용의 양상인 지표적 기호들은 발 생하지 않을 것이다. 위상 조정되는 객체는 존재의 심장에 난 파열의 기호다.

이 파열은 갈라짐이나 이음매와 같이 물리적으로 규정할 수 있 는 장소가 아니다. 파열을 공간이나 시간 '속'에 물리적으로 위치시킬 수 없는 이유는 시간과 공간이 바로 파열의 '이'쪽에 있기 때문이다. 하이퍼객체는 인간에 비해 규모가 매우 커서 우리가 파열을 인지하 도록 하는데, 나는 하이데거를 따라 이 파열을 **틈**Rift이라 부르기 시 작했다. 틈은 물리적인 교차점이 아닌 **존재론적** 교차점에 있다. 교차 점은 사물과, 이 사물이 다른 사물(들)에게 보이는 외양 사이에 있다. 따라서 관계의 메시는 틈의 한 측면인 이쪽 편에 놓이고, 반면에 내 가 기이한 낯선 것이라고 부르는 것은 저쪽 편에 있게 된다—이 역시 공간적 측면이 아니라 존재론적 측면에서 그렇다.

앞서 이야기했던 이상한 부분전체론 덕분에 이 '다른 사물들' 중 하나는 매우 문제적인 객체가 될 수 있다! 객체가 그 스스로의 일부일 수 있다는 것은 집합론적 역설을 낳았고 이는 러셀Bertrand Russell의 골칫거리였다. 하나의 집합이 그 자신의 일부일 수 있다면, 자신의 일부가 아닌 일련의 집합 역시 상상할 수 있다. 그러한 역설을 해결하는 두 가지 방법이 있다. 한 가지는 지금까지 하이퍼객체에 대해 알아낸 모든 것을 잊는 것이다. 다른 한 가지는 모순적인 개체가 존재한다는 점을 인정하는 것이다. 이 책은 두 번째 방법을 취하고자 한다. 논리학자 그레이엄 프리스트Graham Priest는 여러 권의 획기적인 저작과 에세이를 통해 이 방법을 정립해 보여주었다.[20]

러셀의 집합 역설은 게오르크 칸토어Georg Cantor가 발견한 초한 집합transfinite set[21]이라는 수학적 하이퍼객체와 매우 닮았지만 덜 주목받은 객체다. 선 하나를 떠올려보자. 이제 그 선 중앙 3분의 1 지점에서 선을 둘로 나누라. 간격을 둔 두 선이 생긴다. 이제 두 선을 가지고 이 과정을 반복하라. 무한히 계속하라. 그러면 무한한 개수의 점과 무한한 개수의 비非점no-points을 가진 개체인 칸토어 집합이 된다. 마치 우리가 갑자기 어떤 무한이 다른 무한보다 크다는 것을 볼

---

20   이 자료들 중 가장 중요한 것은 *In Contradiction: A Study of the Transconsistent* (Oxford: Oxford University Press, 2006)이다.

21   [옮긴이] 초한 집합은 러시아 태생의 독일 수학자로 현대 집합론의 창시자인 게오르크 칸토어가 증명했던 무한 집합 이론으로, 실수의 집합은 셀 수 없는 집합인 까닭에 실수의 개수가 자연수의 개수보다 더 많음을 대각선 논법을 통해 증명했다.

수 있는 것처럼 터무니없는 이중의 무한이다. 무한은 애매한 추상이기를 멈추고 매우 분명해지기 시작한다. 우리는 그것을 계산할 수도 있다. 블레이크가 말했던 것처럼, 손바닥 위에 무한을 쥘 수 있다.[22] **시에르핀스키 카펫**Sierpinski carpet으로 알려진 2차원의 칸토어 집합은 휴대폰 안테나를 만드는 데 쓰인다. 전자기파가 프랙탈적이며 무한소의 자기 복제본을 담고 있기 때문이다. 즉 단순한 안테나보다 프랙탈 안테나가 더 많은 파형을 샘플링한다. 개체가 전체로 포함할 수 있는 것보다 더 많은 부분을 가진다면, 어떤 의미에서 객체는 초한적이며, 겉으로 내놓은 것보다 더 많은 자신을 담고 있는 프랙탈이다.

이런 측면에서 보자면 객체는 [BBC 드라마] 〈닥터 후〉에 나오는 겉보다 안이 더 큰 시간 이동 우주선 타디스와 유사하다. [타임머신] 타디스는 '카멜레온 회로'chameleon circuit[23] 덕분에 인접한 다른 객체와 위상 조정할 수 있다. 닥터에게는 유감스러운 일이지만, 이 카멜레온 회로는 1960년대식 영국의 폴리스 전화박스로 고정되었다. 타디스가 나타나고 사라질 때 시공간의 특정 영역들과 위상이 일치했다가 어긋나는데, 이때 들리는 갈리고 으르렁대는 언캐니한 소리는 하이퍼객체의 위상 조정을 보여주는 적절한 표현이다. 그런데 〈닥터 후〉의 매 에피소드를 액자처럼 두르는 구조인 시간 터널 이미지

---

22 In "Auguries of Innocence," *The Complete Poetry and Prose of William Blake*, ed. David V. Erdman (New York: Doubleday, 1988).

23 [옮긴이] '카멜레온 회로'는 타디스 외부의 플라스마 껍질을 주변 환경과 조화를 이루는 모양으로 변경시켜 착륙할 때 눈에 띄지 않도록 기능한다.

는 사물의 기저를 이루지 않는다. 오히려 그 이미지는 개체와 그것이 다른 무엇인가에게 보이는 외양 사이에 난 틈 이쪽 편에 존재하는 메시다. 다시 말해, 사물 앞을 떠다니는 심연이다. 심연은 사물의 기저를 이루는 것이 아니라 오히려 사물들이 공존할 수 있게 한다. 이것이 사물들의 비공간적 '사이성'betweenness이다. 토스터 오븐 속에 손을 넣을 때마다 나는 신체의 일부를 어떤 심연으로 밀어 넣는다.

심연은 두 개의 객체 혹은 그 이상의 객체 간에 벌어지는 상호작용 속에서 열린다. 객체는 본질적으로 변덕스럽기 때문에(추후에 이 사실로 다시 돌아올 것이다) 심연이 열리는 것은 단지 틈 때문에, 즉 객체가 '자기 자신과 상호 작용할' 수 있다는 사실 때문이며, 그 이유는 객체란 간격 조정spacing이자 시간 맞춤timing이지 소여된 것given이나 대상화된 개체가 아니라는 데 있다. 우리는 이미 양자 단위에서 시스템이 자기 스스로를 반복 실행하면서 자기 촉발한다는 것을 알았다. 위상 조정은 사물들 사이에서, 이 시점에서 지나치게 역설적인 말이 아니라면, **하나의 사물 간에**between a thing 벌어지는 어떤 상호작용의 증거다. (이런 농담이 연상된다. "오리 한 마리 간에between a duck 무슨 차이가 있죠? 다리 하나가 둘 다One leg is both 똑같은데.")[24] 개체들은 반송파[25]의 미풍에 실려 앞뒤로 흔들리며, 흐릿해졌다 또렷

---

24 [옮긴이] 이 농담의 전체 문장은 이러하다. What's difference between a duck? One leg is both the same! between이나 both처럼 복수(plural) 명사를 사용해 두 가지 다른 대상을 비교하는 문장에서 비문법적인 단어를 사용해 언캐니한 반응을 노리는 영어식 농담이다.

25 [옮긴이] 반송파(carrier wave)란 통신에서 정보 전달을 위해 입력 신호를 실어 보내는 높은

해지면서 왔다 간다. 객체는 타동사적 의미에서 다른 객체와 **시간을 맞춘다.** 달은 지구와 시간을 맞춘다. 태양은 다른 방식으로 지구와 시간을 맞춘다. 계절은 지구의 궤도가 태양을 번역하는 방식이다. 낮과 밤은 해 드는 면이나 그늘진 면으로 집에 시간을 맞춘다. 깜빡이는 방향 지시등은 내 차와 도로, 그리고 다른 차들을 서로의 위상에 들어가게 한다. 전자기파는 물을 다른 위상(예를 들어, 액체나 가스)에 둔다. 위상 전이phase transition의 매끄러움은 나에게는 매끄러움이지만 하나의 궤도에서 다른 궤도로 도약하거나 도약하지 않는 H_2O의 전자에게는 매끄러움이 아니다. 위상 조정은 감각적 개체가 다른 개체에게 또는 더 많은 개체에게 보이는 미적 사건이다.

〈닥터 후〉 크레디트에서 기발하게 재현된 초공간hyperspace처럼, 〈스타워즈 에피소드 4〉에 등장하는 [우주선] 밀레니엄 팰컨이 빛보다 빠르게 이동할 때마다 반복되는 것처럼, 심연은 비어 있는 용기가 아니라 밀려드는 존재들의 무리다.[26] 하이퍼객체의 '하이퍼성'hyperness은 호숫가에 머무는 새들의 무리가 실은 지구온난화 때문에 그곳에 쉬고 있었다는 것을 알게 되었을 때 내가 느끼는 심연의 성질이다. 심연은 생생하게 사물의 '이'쪽 편에 놓여 있다. 미국 승용차의 우측 사이드미러에 적힌 "거울 속 사물은 보이는 것보다 더 가까이 있습니

주파수의 파동을 말한다. 신호를 반송파에 싣기 위해 반송파를 변형시키는데, 이 과정을 변조라고 한다.

[26] 조지 루카스 감독, 〈스타워즈 4: 새로운 희망〉(20세기 폭스, 1977).

다"는 문구가 말해주듯, 우리는 이미 그 심연을 보았다.

상호객체성

대만 중심가에 위치한 치라이산Qi Lai의 거대한 대나무 숲에 있으면 마치 공기, 잎사귀, 대나무 줄기로 지은 극장에 둘러싸인 듯하다. 빠르게 숲을 통과하는 바람을 따라 때로는 거칠게 때로는 섬세하게 대나무는 흔들린다. 돌풍이 불 때면 대나무 줄기들이 서로 부딪혀 연쇄적으로 나는 딸깍 소리가 앞에서 좌우로, 뒤로 폭포처럼 쏟아진다. 높은 음정의 주파수들이 믿기 어려울 만치 복잡한 군집을 이루어 떠다니는데, 그 소리는 한 움큼의 자갈이나 작은 유리구슬을 손으로 휘젓는 소리, 그리고 퍼커션 소리 그 사이 어디쯤을 닮았다. 바람은 대나무 **속에서**in 들린다. 대나무 숲은 거대한 바람 풍경風磬이 되어 바람을 대나무처럼bamooese 변형시킨다. 바람의 압력을 대나무의 움직임과 소리로 번역하면서, 대나무 숲은 거침없이 바람을 대나무로 변형한다bamboo-morphize. 대나무와 바람 사이bamboo-wind의 심연이다.

사물 앞에 놓인 심연은 **상호객체성을 띤다.** 심연은 객체들에 둘러싸여 그 '사이'를 떠도는데, 여기서 사이란 시공간 '속'in에 있는 것은 아니다—시공간 그 자체**다.** 이러한 관점에서 볼 때 이른바 **상호주**

체성─인간적 의미가 울려 퍼지는 [인간과 비인간 간에] 공유된 공간─은 더 큰 상호객체적 배위 공간configuration space의 작은 구역이다. 하이퍼객체는 **상호객체성**을 드러낸다. 우리가 상호주체성이라고 부르는 현상은 더 광범위하게 퍼져 있는 상호객체성이라는 현상의 국소적이고 인간중심적인 인스턴스instance[1]일 뿐이다. 내가 다른 무언가를 상호주체성보다 우선한다거나, 또는 상호주체성 아래나 뒤에 둔다고 생각하지는 말아 달라. 상호주체성은 인간에게 익숙한 특정 상호객체성의 한 가지 인스턴스로 보아야 한다. 다른 말로 하자면, '상호주체성'이란 비인간을 제외시키기 위해 인간 주변에 선을 그은 정말로 인간적인 상호객체성이다. 이 점은 특히 상호주체성에 대한 해체주의 비평에서 분명해진다. 즉 해체주의 비평이 흔히 의존하는 방식에서는 교실, 핸드폰, 시장과 같이 인간의 정보를 조직하고 전송하는 매체가 상호주체성이라는 개념에서 배제된다. 종이, 잉크, 글쓰기와 같은 매체도 배제된다. TV 카메라를 [카메라에 연결된] TV 모니터로 향할 때 벌어지는 현상과 유사하게, 여러 대의 장치가 서로에게 피드백을 제공하는 스티브 캘버트Steve Calvert의 작품에 쓰

---

[1]   [옮긴이] 객체 지향 존재론의 사유 방식에 영향을 주었다고 알려진 객체 지향 프로그래밍 (object oriented programming)에서 인스턴스란 어떤 객체가 구체적으로 구현된 실체다. 또한 인스턴스는 객체 사이 관계에 초점을 맞춘 용어이기에 객체는 그것을 만들어낸 틀인 클래스의 인스턴스라고도 표현할 수 있다. 'instance'는 그 자체로 사례라는 뜻의 영어 단어이면서도, 저자가 상호객체성-상호주체성의 관계를 객체-인스턴스의 관계로 보고, 상호주체성을 상호객체성의 인간중심적인 객체, 즉 하나의 인스턴스로 설명하고 있는 점을 고려해 객체 지향 프로그래밍 용어로서의 용어 '인스턴스로 소개했다.

인 두 대의 복사기나 비디오 모니터와 같은 매체도 마찬가지로 배제된다(그림8). 내 집 안 배선은 상호객체적 시스템이다. 전구, 전자레인지 오븐, 전선, 전류 차단 장치, 세 대의 컴퓨터, 태양광 패널, 플러그 등의 객체는 분산되어 있어서 에너지는 그들 사이에 가능한 한 똑같은 양으로 동일하게 흐른다. 만약 객체들이 다르게 배열된다면—예를 들어 병렬이 아닌 직렬식으로—회로는 매우 다르게 동작할 것이다. 어떤 객체는 전혀 작동하지 않거나 어떤 객체는 화재가 날 위험이 높아질 것이다. 이와 유사하게, 내가 사는 곳 길가에 면해 있는 집들은 길 자체, 승용차, 어슬렁대는 개, 튀어 오르는 농구공과 함께 상호객체적 시스템을 구성한다. 우리가 원하는 만큼 이것을 거시 단위로 확대할 수 있을 것이다. 우리는 모든 개체가 상호객체적인 시스템 속에 상호 연결되어 있음을 발견하게 될 것이며, 나는 이전 저작에서 이것을 **메시**mesh[2]라고 불렀다.

메시는 격자로 교차하는 금속 줄 간의 관계와 사이 간격들로 구성된다. 메시는 사물들의 기이한 상호연결성을 드러내는 강력한 메타포이며, 이 상호연결성은 정보를 완벽하게, 손실 없이 전송하는 것을 허락하지 않는 대신, 오히려 많은 간격과 부재로 차 있다. 객체는 생겨나는 즉시 메시 속의 다른 객체들과의 관계 속에 엮이게 된다. 내가 메시라 부른 것을 하이데거는 **용구의 짜임**contexture of equipment이라고 명명하는데, [메시와 짜임] 두 용어는 대략 같은 메

---

2   Morton, *Ecological Thought*, 14–15.

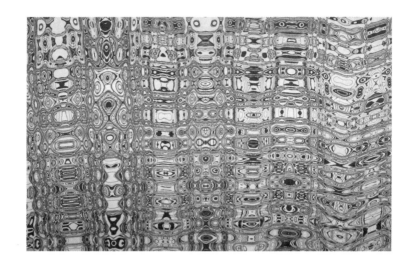

그림8. 스티브 캘버트, 〈전자기장 삶 3〉, 비디오 피드백. 피드백 루프는 한 개체가 충분히 많은 양의 다른 개체와 공명할 때 발생한다. 이 책에서 사용하는 용어로 말하자면, 시스템은 상호객체성을 띤다. 상호주체성은 더 넓은 상호객체적 가능 공간의 작은 구역으로 볼 수 있다. 허가를 얻어 전재.

타포적 출처에서 왔다.[3] 존재론적으로(객체 지향 존재론의 견지에서) 말해서, 메시는 사물의 경계를 이루는 것이 아니라 오히려 사물들 '위'나 '앞'을 떠다닌다.[4]

　메시는 연결links, 그리고 연결 사이사이의 간격으로 이루어진다. 이 연결과 간격으로 인해 인과가 발생하며, 여기서 인과란 확장된 의미에서 내가 **번역**이라고 불러왔던 것을 포함한다. MP3는 소리에 매우 많은 구멍을 낸 버전이고, JPEG은 그림에 많은 구멍을 낸 버전이다. 각각의 객체가 보여주는 메시워크는 구멍이 덜 뚫렸거나 덜 규칙적인 일련의 연결에도 공통적이다. 사물들 사이나 사물들 내부에서, 개체가 스스로를 붙잡을 수 있는 것은 바로 간격 때문이며, 이는 승

3　Heidegger, *Being and Time*, 64, 70, 73, 95, 103, 111, 187, 333, 348. 나는 그레이엄 하먼의 적절한 번역 "짜임"(contexture)을 사용하고 있다. [옮긴이] 'contexture'는 저자가 각주에서 밝힌 바처럼 하이데거의 용어 Zeugzusammenhang를 그레이엄 하먼이 *Towards speculative realism: essays and lectures*에서 차용해 영역한 용어다. 모턴은 여러 존재자들이 서로 간에 행위의 힘과 영향을 발휘하고 있는 상태를 "비밀스런 공모"(1장 「점성」), "준안정 상태의 작은 소용돌이", "주술과 주술 차단의 돌풍"(이상 5장 「상호객체성」) 등의 은유적 표현이나 '메시'라고 하는 용어로 지속적으로 주목하여 설명하고 있으며, 이러한 맥락에서 하먼의 번역어 contexture를 차용한 것으로 보인다. 일반적으로 하이데거의 국역본에서는 '도구 연관'으로 번역되곤 하는데, 도구를 특정한 용도를 갖는 것으로 해석할 때 도구는 특정한 도구 연관 속에서만 존재하며 존재자의 도구 연관 속에서 존재자의 쓰임이 결정된다는 하이데거의 관점에서 채택된 용어로 보인다. 역자는 하먼이 context 대신 contexture라는 단어를 선택한 점에 주목해, 여러 객체들이 함께(con-), 짜는/구성하는/직조(text)하는, 결(-ure)이라는 점을 강조하기 위해 '짜임'으로 번역했다.

4　내가 『생태학적 사상』(The Ecological Thought)을 집필할 당시에는, 당시 내 연구가 밝힌 두 개체—메시와 기이한 낯선 것—중 어느 것이 우위에 있는지 명확해 보이지 않았다. 이제 기이한 낯선 것이 존재론적 우위를 가지는 것이 명확해 보인다. 충분한 논의를 위해서는 다른 저작 *Realist Magic: Objects, Ontology, Causality*, 24, 75, 140을 보라.

용차의 수동 전달 체계의 동기화 작용인 싱크로메시의 원리와도 유사하다. **메시**는 실과, 실 사이의 구멍을 의미한다.[5]

이 사실은 우리가 인과를 이해하는 데 근원적으로 영향을 끼친다. 사물이 생기거나 생기지 않는 것은 인과적 차원에서 벌어진다. 탄생과 죽음, 유지는 메시가 겪어야 하는 일종의 왜곡으로, 도구가 충분히 민감하다면 메시 전체에서 이 왜곡이 감지될 것이다. 미국 일리노이주에 있는 중력파 탐지기[6]는 관측 가능한 우주에 태초에 만들어진 객체가 방출한 파장을 감지할 수 있다.[7] 현재까지 받은 정보는 마치 화소 처리된 것처럼 기이할 정도로 규칙적인데, 산업적으로 생산된 메시에서 보이는 일련의 규칙적인 구멍들과 흡사하다. 흥미롭게도 **메시**는 어원상 **질량**mass과 **가면**mask 둘 모두와 연관이 있다. 다시 말해, 사물의 무게와 그것이 만들어내는 환영에 가까운 성질(간략히 앞서 얘기했던, 인과적 범위가 있는 성질)이다.[8]

켄 윌버Ken Wilber를 잇는 통합 연구 분야의 저자들은 **상호객체성**을 연관된 주체들로 이루어진 시스템에 반대하는 뜻에서 연관된

---

5   *Oxford English Dictionary*, s.v. "mesh", n.1 a, b, http://www.oed.com

6   [옮긴이] 옮긴이가 원 논문을 확인했지만 LIGO 탐지기 이외에 이름을 거론한 특정 탐지
     기는 없고, 일리노이주에 있는 다른 탐지기에 대한 표현 역시 없는 것으로 보아 이 설명은
     LIGO 탐지기를 뜻하는 것으로 보인다. 인터넷으로 확인해보면 LIGO 탐지기는 워싱턴주와
     루이지애나주에 있는 것으로 확인된다.

7   Lawrence M. Krauss, Scott Dodelson, and Stephan Meyer, "Primordial Gravitational Waves
     and Cosmology," *Science* 328.5981 (May 2010), 989–992.

8   *Oxford English Dictionary*, s.v. "mesh", http://www.oed.com

객체들로 이루어진 시스템이라고 언급한다.[9] 이런 방식으로 그 용어를 사용해서는 아무런 변화도 이끌어내지 못한다. 반대로 내가 여기서 자세히 제시하는 관점에서 보자면, 소위 **주체**나 **정신**이라고 하는 것은 단지 상호객체적 효과, 즉 메시에 얽힌 객체들 사이의 관계에서 창발된 속성이다. 뇌 속의 신경세포들은 서로 연결되어 있으며, 뇌는 컴퓨터 앞에 앉아 이 단어를 타이핑하고 있는 생명체의 두개골을 차지하고 있다. 마음은 뇌 '속'에 있는 것이 아니라, 하이데거의 용어를 빌리자면, 상호객체적인 공간에 '던져져 있다.' 이 상호객체적 공간은 뱅커스 램프, 두개골, 컴퓨터, 키보드뿐 아니라 손가락, 신경세포 그리고 아이튠즈에서 재생되고 있는, 샌프란시스코 교향악단이 연주하고 마이클 틸슨 토머스Michael Tilson Thomas가 지휘하는 말러Gustav Mahler의 7번 교향곡, 두 눈, 검은 벨벳으로 덮인 적당한 크기의 덴마크식 거실 의자, 근육 체계 등으로 이루어진다.[10]

마음이 상호객체적이라고 보는 관점은 인공지능을 연구하는 '연결주의자'connectionist들의 생각에서 비롯된 지능에 대한 행화 이론 enactive theories에도 적용된다. 이 관점에서 보면, 우리가 충분히 마음처럼 걷고 마음처럼 꽥꽥거린다면 우리는 바로 마음이다. 우리의 마음은 '관찰자'에게 비친 효과effect-for라는 의미다. 마음은 객체 '속'

---

9   Michael E. Zimmerman and Sean Esbjörn-Hargens, *Integral Ecology: Uniting Multiple Perspectives on the Natural World* (Boston: Shambala, 2009), 216

10   Heidegger, *Being and Time*, 127–128, 252–255.

에 있거나 우선하지 않으며 오히려 객체들이 끼친 여파다. 마음이 상호객체적이라는 주장은 앨런 튜링Alan Turing의 영향력 있는 에세이 「계산 기계와 지성」에 담긴 근본적인 생각에 동의하는 것이다. 인간, 그리고 소프트웨어가 실행되고 있는 컴퓨터는 시야에서 가려진다. 인간과 컴퓨터는 관찰자가 제시한 질문에 대한 대답을 관찰자에게 되먹인다. 관찰자가 생각하기에 그 대답이 인간에게서 나왔다면, 그것은 인간이 내린 대답이 된다.[11] 그러한 인간됨personhood이라는 형태는 상당히 약화된다. 다시 말해서, 기계와 인간이 각각 내놓는 대답 간에 차이가 없다면 사실상 **나는 비인간이 아니다**I am not a nonperson라는 의미다. 그렇다면 인간됨 역시 메시의 효과다. 즉 떨어져서 보면 매우 견고해 보이지만 다가가면 많은 구멍으로 차 있다는 것을 보게 된다. 의식을 특정한 종류의 신경세포 조직에서 창발한 속성이라고 본다면 더미의 역설Sorites paradoxes[12]에 갇히고 만다. 더미를 이루는 것은 무엇인가? 혹은 바꾸어 말해서 의식이 비의식에서 창발하기 시작하는 것은 정확히 언제부터인가?

---

11   Alan M. Turing, "Computing Machinery and Intelligence," in *The Philosophy of Artificial Intelligence*, ed. Margaret A. Boden (Oxford: Oxford University Press, 1990), 40–66: [국역본] 앨런 튜링, 『앨런 튜링, 지능에 관하여』, 노승영 옮김(에이치비프레스, 2019).

12   [옮긴이] sorites는 그리스어로 더미를 뜻하는 '소로스'(soros)에서 파생되었다. 이 역설의 전형적인 제법은 모래 더미에서 모래알들을 개별적으로 제거하는데, 모래 한 알을 제거한다고 해서 모래 더미가 더미가 아니게 되는 것은 아니라는 가정하에, 역설은 이 과정을 반복해 모래 한 알만 남게 될 때 무슨 일이 벌어지는지를 고려한다. 이것은 여전히 더미인가? 그렇지 않다면, 언제 더미에서 더미가 아닌 것으로 변했는가?

의식이라 불리는 것은 미적 효과다. 즉 다른 무엇인가에 비친 의식consciousness-for이다. 하지만 이 때문에 의식이 비현실적인 것이 되지는 않는다. 내가 날카로운 바위 위를 조심스럽게 걷고 있을 때 열기구를 타고 하늘을 날며 망원경으로 나를 내려다보는 이에게 지능처럼 보이는 것이란 단순히 넘어지지 않으려는 나의 애씀일지도 모른다. 이는 흩어진 모래 알갱이 위를 지나는 개미의 경우에도 마찬가지다.[13] 지능은 마음속에 실재에 대한 상像을 가진 것으로 간주될 필요가 없다. 지능은 '보는 사람에 따라' 어느 정도는 다르게 일어나는 모든 종류의 개체 간의 상호작용일 뿐이다. 물론 빙하 위를 비틀거리며 걷는 스스로를 꽤 똑똑하다고 느끼다가, 반사된 내 모습을 보고 모로 넘어져서 극도로 차가운 물속에 빠지는 나 자신을 포함해서 말이다. 내 신체, 빙하, 차가운 물, 나의 두뇌, 나의 부츠는 상호객체적 시스템을 형성해 메시 속에 준안정 상태의 작은 소용돌이를 만든다. 하지만 우리가 상호객체성을 가장 생생하게 일별할 수 있는 것은 하이퍼객체를 통해서다. 볼 수 있는 것은 오직 하이퍼객체의 그림자뿐이기 때문에 우리는 그림자가 떨어지는 '표면'을 쉽게 목격할 수 있으며, 그 표면은 하이퍼객체가 존재로 모아지는 시스템의 일부다. 우리는 다수의 상호 작용하는 지표적 기호를 본다.

이러한 관점에서 볼 때, 마음을 탐구하는 철학자들이 선호하는

---

13   Herbert A. Simon, *The Sciences of the Artificial* (Cambridge, Mass.: MIT Press, 1996), 51–53.

객체인 양동이 속 뇌brain in a bucket는 진정한 마음 시스템이라고 할 수 있다. 양동이에 물, 뇌, 배선이 각각 더해진 시스템인 것이다. 양동이 속 뇌는 젤리로 가득 찬 수영장 속 뇌와도, 살아서 호흡하는 신체 속 두개골의 뇌와도 매우 다를 것이다. 하이퍼객체는 정의상 이제 우리가 아는 가장 크고 가장 오래 지속되는 객체이며, 포스(《스타워즈》)의 사악한 버전처럼 시시때때로 물리적 신체를 공격하고 관통한다는 점에서, 하이퍼객체는 우리의 마음이 존재하는 방식에 어느 정도는, 어쩌면 상당히 크게 영향을 끼친다고 볼 수 있지 않을까? 그렇다면 하이퍼객체를 생각할 때, 우리는 한편으로 인간의 마음을 가능하게 하는 조건을 생각하고 있는 것은 아닐까? 따라서 하이퍼객체를 생각하는 것은, 마르크스의 용어를 빌려 설명하자면, 단순히 이데올로기적이고 문화적인 상부구조를 생각하는 것이 아니라 마음의 토대를 생각하는 것이지 않을까? 이는 특히 하이퍼객체를 설명하는 것이 곧 인간의 마음이 어떻게 직조되는가를 설명하는 일이라는 의미다. 따라서 나의 사고는 단지 묘사적으로가 아니라 문자 그대로 하이퍼객체를—기후, 생물권, 진화와 같은 것을—정신적으로 번역한 것이다. 몇몇 사변적 실재론 철학자들은 사유의 물리적 뿌리를 인지하는 쪽으로 다소 불온하게 밀고 나가고 있으며, 이언 해밀턴 그랜트의 작업은 이러한 측면에서 꽤 알려져 있다.[14]

상호객체성은 객체의 존재론적 '앞에' 공간을 제공하고 여기서

---

14   Grant, *Philosophies of Nature*, 27–30.

마음이라 불리는 것과 같은 현상이 발생한다. 하이퍼객체의 거대함과 분포성은 우리가 이 사실에 주목하도록 강제한다. 하이퍼객체는 상호객체성을 보여주는 탁월한 예시다. 즉 어떤 것도 직접적으로 경험할 수 없으며 오로지 공유된 감각 공간sensual space에서 다른 개체의 매개를 통해서만 경험된다. 하이데거는 우리가 바람 그 자체를 들을 수는 없고 문가에서만, 나무 사이에서만 들을 수 있다고 주장한다.[15] 이것은 모든 상호객체적인 시스템에서 적어도 하나의 개체가 물러난다는 의미다. 한때 진흙 웅덩이였던 어느 고대 바위에 남겨진 공룡의 발자국을 본다(그림9). 공룡의 실재는 상호객체적으로 존재한다. 즉 공룡이 직접적으로 그곳에 있지 않더라도 바위, 우리 자신, 공룡 간에 어떤 형태의 공유된 공간이 존재한다. 진흙 속 공룡의 발자국은 6,500만 년이 지난 후 인간에게는 발 모양의 구멍처럼 보인다. 거대하게 다른 시간 척도에도 불구하고 공룡과 바위, 인간 사이에는 모종의 감각적 연결이 존재한다.

이제 우리가 마음의 눈에서 공룡의 시간으로 돌아온다면 매우 이상한 것을 발견하게 된다. 우리가 거기서 발견하게 되는 것은 공룡의 인상이 전송되는 상호객체적 공간 속의 또 다른 영역이다. 즉 가없은 먹이에 남겨진 이빨자국, 다음 먹이를 보았을 때의 얼어붙은 응시, 매끈한 비늘로 뒤덮인 피부에 대한 감각 같은 것들 말이다. 공룡은 진흙에 발자국을 남긴다. 발자국은 공룡이 아니다. 파리 한 마리

---

15   Heidegger, "Origin,", 15–86.

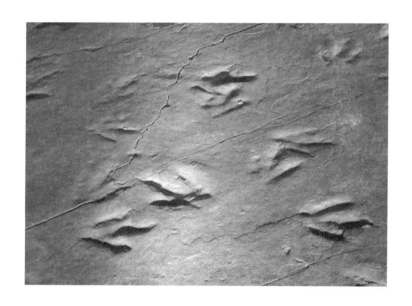

그림9. 코네티컷주 로키 힐에 있는 주립 공룡공원과 수목원Dinosaur State Park and Arboretum의 공룡 발자국. (최소한) 공룡, 진흙, 사진가, 전자기장 파동으로 구성된 상호객체적 시스템. 사진: 다데롯Daderot.

가 날아와 공룡의 왼쪽 눈꺼풀에 앉는다. 파리가 파악하는 공룡의 눈꺼풀은 공룡이 아니다. 공룡은 눈을 끔뻑인다. 공룡의 끔뻑임은 공룡이 아니다. 공룡의 콩알 만한 두뇌는 파리의 발을 알아본다. 그 알아봄은 공룡이 아니다. 심지어 공룡이 살아 있을 때 더 많은 공룡의 자국이 [상호객체적으로] 만들어진다. 공룡 스스로도 자신을 온전히 알지 못하며, 그 자신을 샘플링되고 편집된 간략한 번역으로서만 알 뿐이다. 모기 한 마리나 한 개의 소행성이 각기 공룡다움dinosaur-ness의 고유한 샘플을 가지고 있더라도 이 샘플들은 공룡이 아니다. 왜일까?

공룡 스스로에게서조차 물러난 실재 공룡이 있기 때문이다. 실재 공룡은 **미스터리**이지만 흐릿하지는 않다—오직 이 공룡만이, 이 실재 공룡만이, 진흙 속으로 걸어 들어간 공룡이다. **미스터리**는 [입이나 눈을] 닫음을 뜻하는 그리스어 muein에서 왔다. 공룡은 심지어 자기 자신에게조차 차단되고, 비밀이며, 말해질 수 없다. 공룡과 관련해 무슨 일이 벌어지든—공룡의 작은 두뇌의 회전, 발자국, 파리의 섬세한 흔적, 공룡에 대한 나의 생각 등—그것은 존재론적으로 이 미스터리의 영역 앞에 놓인 상호객체적 공간에서 벌어진다. 진화와 지질학적 시간은 이러한 상호객체적 공간을 가시화할 만큼 아주 커다란 존재다.

치라이산에 있는 오래된 대나무 숲은 하이퍼객체다. 숲을 찍은 영상을 보고 있으면, 대나무 사이에 부는 바람이 대나무 줄기를 서로 부딪게 하는 것을 듣고 볼 수 있다. 또한 당신이 보고 있는 것은 퀵타

임무비라는 영상 재생 프로그램이기도 한데, 이것은 이미지와 소리를 구멍 뚫린 버전으로 번역해 이미지와 소리를 특정 속도로 샘플링한다. 당신이 보고 있는 것은 촬영하던 오른팔 근육이 가만히 있지 못해 조금씩 흔들린 내 손이다. 당신이 보는 것은 대나무를 더 푸르게 보이게 하는 엽록체 속 양자에 반사된 태양 광자다. 당신이 보고 있는 것은 25억 년 전에 산소라 불린 환경적 대재앙을 피해 숨은 박테리아인 엽록체다. 객체가 다른 객체에 스스로를 새긴 모든 샘플링된 사건의 총합을 역사라고 볼 수 있다면, 그 이유는 '역사'를 뜻하는 그리스어가 가진, 탁월할 정도로 양가적인 두 가지 의미에서 그렇다—'역사'는 사건과 기록, 둘 다를 의미할 수 있다. 하이퍼객체는 단순히 인간과 상호 작용하는 한에서가 아니라 스스로 역사를 가진다.

이 역사는 단연코 **하이퍼객체의 시간**이다. 캘리포니아 서부 지상에 빗방울이 후드둑 떨어진다. 그 빗방울은 태평양의 거대한 날씨 시스템인 라니냐의 역사를 기록한다. 특히 빗방울은 일본의 쓰나미가 라니냐의 일부를 퍼 올려 미국이라는 객체 속 나무와 언덕, 다른 객체들에 어떻게 쏟아 부었는지를 기록한다. 라니냐 자체는 **지구온난화**라고 불리는 하이퍼객체의 발자국이다. 또 다른 발자국은 일본의 지진 그 자체일 수 있는데, 해양 수온의 변화가 지구 지각에 가해지는 압력을 변화시켜 지진을 일으켰을 수 있기 때문이다. 이 지진은 네 개의 원자로를 파괴했다. 알파, 베타, 감마 입자로 알려진 이 원자로 양자는 전 지구적으로 [신체의] 연조직에 스스로를 기입한다. 우리는 지구온난화와 핵물질에 관한 살아 있는 교과서이며, 그 교과서의 글씨 서체는 상호객체적으로 교차한다.

화석이 된 진흙 속 공룡 발자국은 공룡 그 자체가 아니다. 오히려 공룡 발자국은 하이퍼객체 진화가 나와 공룡, 진흙, 그리고 그것들을 의식에 붙잡으려는 나의 의도에 합류한 흔적이다. 일부 천체물리학자들이 보기에 우주배경복사에 있는 거대한 얼룩은 우주와 충돌했던 거품 우주에 대해 말하고 있다.[16] 하이퍼객체는 영원히 "이 세계를 떠나는,"[17] 보이지 않는 정의의 여신 아스트라이아Astraea처럼 모든 곳에 발자국을 남긴다. 하지만 이 관점이 내포한 불안하고 조금 언캐니한 측면이 많은 철학자들로 하여금 (1) 엄격하게 인과적 수준과 미적 영역을 구분하게 하고 (2) 미적 영역을 악의 영역으로 간주하도록 강제한다는 점을 아는 것은 유용하다.

하이퍼객체 발자국에 관해 더 놀라운 점이 있다. 이 발자국은 **인과의 기호**signs of causality이며, 여기서 '의'of는 주격 속격인 동시에 목적어 속격[18]이다. 인과와 미적인 것, 즉 기호와 의미와 감각의 영역

---

16   Stephen M. Feeney et al., "First Observational Tests of Eternal Inflation: Analysis Methods and WMAP 7-year Results," *Physical Review D* 84.4 (2011): doi:10.1103/PhysRevD.84.043507.

17   Shelley, *Defence of Poetry*, 509–535(522). [옮긴이] 옮긴이가 확인한 셸리 산문 원문에는 'departing from the world'로 되어 있어서, '영원히'라는 말은 저자가 붙인 것으로 간주하여 인용 부호의 위치를 조정하였다.

18   [옮긴이] 속격(屬格, Genitive case)은 언어의 격 중 하나로, 한 명사가 다른 명사를 수식하도록 하는 기능이 있다. 일반적으로 소유, 소속의 의미를 나타내는 데 쓰이는 격이나, 소속이 아닌 명사 사이의 특수한 관계—구성, 행위에의 참여, 기원, 서술, 연립(동격), 합성의 의미—를 나타낸다. 쓰임에 따라 속격은 의미상의 주어, 목적어 역할을 하거나, 부사나 형용사의 기

은 하나이며 동일하다. 하이퍼객체는 너무 거대한 나머지 이처럼 반

反직관적인 관점을 강제한다. 상호객체성은 **원인**과 **기호** 간의 차이를 지운다. 잠시 멈추고 이것이 얼마나 충격적인지 생각해보자.

이해를 돕기 위해서 잠시 인식cognition과 의식이라는 서로 무관해 보이는 영역을 둘러 가보도록 하겠다. 이렇게 우회함으로써 상호객체성이라는 관점이 왜 그토록 놀라운지 알아차리는 데 도움이 될 것이다. 상호객체성의 놀라운 점은 상관주의—사고의 범위를 인간-세계 상관관계로만 제한하는 것—의 오랜 역사와 관련이 있는데, 상관주의는 언어학과 인류학(등등의 학문들), 그리고 스펜서브라운 George Spencer-Brown의 인공두뇌학에 대한 구조주의적 설명에서 드러나는 순수한 관계주의와 같은 현상을 낳았다.

신경이 발화發火되어 마음이 발생하는 원리에 관심을 두는 신경과학이 기호와 인과를 통합할 때 신비로운 특성이 생겨나는 것을 알아차리게 된 데에는 루만Niklas Luhmann의 시스템 이론systems theory과 그 배경이 된 스펜서브라운의 『형식의 법칙들』에 소개된 유표mark 개념에 대한 고려가 있었다.[19] 하이퍼객체적 관점이 이러한 시

능을 부여하기도 한다. 영어에서는 's나 of로 속격을 나타내며 소유격으로 더 많이 불린다. 본문에서는 'signs of causality'를 인과가 기호를 남긴 것(주격 속격subjective genitive)으로, (하이퍼객체의 발자국이라는) 기호에 대한 인과(목적격 속격objective genitive)로 동시에 해석하는 것이 가능하다는 논지다.

19 George Spencer-Brown, *Laws of Form* (New York: E. P. Dutton, 1979); Niklas Luhmann, *Social Systems*, trans. John Bednarz and Dirk Baecker (Stanford, Calif.: Stanford University Press, 1996), 65–66, 275.

스템 이론에 기여하는 바는 해체가 관계적 의미를 다루는 구조주의 이론에 기여한 바와 매우 동일하다. 또는 해체가 [구조주의 이론에서] **제거한** 어떤 것이라고 할 수 있다. 모든 의미의 시스템에는 시스템이 설명할 수 없는 어떤 불투명함이 있을 수밖에 없으며, 시스템은 그 자체가 되기 위해 그 불투명함을 포함하거나 배제해야만 한다. 스펜서브라운의 유표 개념과 그 동시대적 개념인 자크 데리다의 **재표지**re-mark 개념 사이에는 상당한 차이가 있는데, 재표지란 기호이면서 또한 기호가 아닌, 단지 얼룩이나 자국, 또는 표지標識가 쓰이고 새겨질 수 있는 표면을 가리킨다.[20] 이 경우 해체를 관찰하는 것이 외견상 기이하더라도 그것이 해체하는 관계주의보다 더 이해하기 쉽다.

모든 상호객체적 공간 주변에는 적어도 한 개 이상의 객체가 있다. 이를 1+n이라 부르자. 쓰기는 종이, 잉크, 글자, 관습 등의 1+n 개체에 따라 달라진다. 인간은 컵을 의인화하고anthropomorphizes, 컵은 컵 중심으로 인간을 변형하며cup-omorphizes, 기타 등등도 마찬가지다. 이 과정에서 배제되는 1+n 객체가 항상 존재한다. 의식의 문제로 돌아오면, 해체가 재표지를 발견한 것과 유사하게 상호객체성이 작동한다는 것을 알 수 있다. 해체는 훨씬 더 거대한 빙산 전체를 합친 것의 일각일지 모른다. '마음'이 신경세포와 다른 객체들 간 상호작용에서 창발하는 이유는 바로 상호작용 그 자체가 항상-이미always-

20   Jacques Derrida, *Dissemination*, trans. Barbara Johnson (Chicago: University of Chicago Press, 1981), 54, 104, 205, 208, 222, 253.

already 미적-인과적이기 때문이다. 시스템 사고가 지닌 마법은 더 심원한 마법, 즉 시간, 공간, 인과를 방사하는 객체인 실재 객체가 객체 시스템의 경계를 이룬다는 마법 앞에서 사라진다. 하이퍼객체는 우리로 하여금 일반적으로 다음의 사례들을 볼 수 있게 한다.

(1) 프로타고라스Protagoras의 [인간이 만물의 척도라는] 주장에도 불구하고, 객체는 인간에게 맞추어 만들어지지 않았다.

(2) 객체는 시간과 공간 '속'에서 발생하는 것이 아니라 시공간을 방사한다.

(3) 인과는 지하실에서 돌아가는 기계처럼 객체 아래에서 휘돌지 않고 객체 앞을 떠다닌다.

(4) 폭발이 일어나는 것과 같은 인과적 차원은 또한 [마르셀 뒤샹Marcel Duchamp의] 〈계단을 내려가는 누드〉가 발생하는 것과 같은 미적 차원이기도 하다.

따라서 인과를 지하실에 있는 기계로, 심미를 케이크의 맨 위에 뿌린 사탕가루쯤으로 여기는 관념은—지구온난화, 공룡, 간장 한 방울과 같은 중간 크기의 객체들에 맞선 인과와 심미 간의 진퇴양난의 딜레마가 제거적 유물론에 의해 완전히 마멸됨에 따라—이제 진부해졌다. 우리는 하이퍼객체 덕분에 진부한 것들을 폐기할 수 있게 되었다.

이제 우리는 하이퍼객체를 사고할 때 시간성의 본질에 관한 놀라운 결론에 도달한다. 앞서 언급했듯이, 하이퍼객체가 남긴 뚜렷한 흔적은 모래 위를 걸어간 투명인간의 발자국처럼, 끊임없이 "세계를 떠나는"[21] 아스트라이아처럼, 지표적 기호로 보인다. 여기서 우리는 현존의 형이상학(시간은 지금이라고 불리는 점들의 연속이며 **현존함**이란 실재함이라는 등의 생각)을 반박하는 놀라운 결론을 도출할 수 있다. 우리는 '현재 순간'이 마치 조수에 의해 씻겨나간 해변이나 아스트라이아가 그곳에 새긴 발자국처럼, 바뀌기 쉽고 불확실한 무대 장치라는 것을 발견한다. 사물의 외양은 곧 해변에 새긴 지표적 기호이며 이는 하이퍼객체의 **과거**다. 우리가 보통 현재의 사물 기저에 두는 것, 즉 그 사물의 과거 상태는, 현재의 사물이 다른 어떤 개체(강우량 측정기, 센서, 철학자)에 비친 외양이다. 인과적 흔적은 현재의 사물 앞에서, 다시 말해 미적 차원인 외양의 영역에서 떠다닌다.

도시를 생각해보자. 도시는 그날그날의 시선으로는 파악하기 어려운 온갖 종류의 골목길과 거리로 넘쳐난다. 런던과 같은 도시에서 50년 동안 산다고 해도 이 도시의 생기 넘치고 압도적인, 즐거움이 넘치는 런던다움을 온전히 파악할 수는 없다. 런던의 거리와 공원, 그곳에 사는 사람들, 도로를 통과하는 트럭들이 런던을 구성하지만 그렇다고 런던으로 환원되는 것은 아니다. 그렇다고 해서 런던이 부

---

21   Shelley, *Defence of Poetry*, 522. [옮긴이] 각주 17번에서 옮긴이주로 밝힌 것처럼, 셸리 원문
      에는 'constantly'가 없이 "departing from the world"로 되어 있어서 인용 부호의 위치를 조
      정하였다.

분들의 합보다 더 큰 전체도 아니다. 런던은 부분들로도 축소될 수 없다. 런던은 위로도 아래로도 '환원될'undermined 수 없다. 이처럼 런던은 그저 내 마음이 만든 효과가 아니라 인간이 만든 하나의 구조물이다—트라팔가 광장에 있는 [내 마음과 상관없이 실재하는] 비둘기들을 떠올려보라. 내가 걸어서 빅토리아 라인 터널을 지나 핌리코 지하철역 부근 테이트 갤러리로 향할 때만 런던이 존재하는 것도 아니며, 내가 런던에 대해 생각하거나 런던에 대한 이 문장을 쓸 때만 존재하는 것도 아니다. 런던은 사고하고 운전하고 글을 쓰는 (인간적) 행위 여파로 '상향 환원될'overmined 수 없다. 이런 의미로, 음악에 대해 글을 쓴다는 것은 실은 건축에 대해 춤추는 것이다—게다가 이는 좋은 일이다. 모든 것이 그렇게 존재한다.

거리 아래 거리, 로마식 성벽, 판자로 창문과 입구를 막은 빈집들, 미폭발 폭탄 등은 런던에서 벌어진 모든 것의 기록이다. 런던의 역사는 이 모든 것의 형태다. 형태는 기억이다. 우리는 사물의 형상이 곧 본질이고 사물의 물질('질료적 원인')은 원근법 눈속임 perspective trick[22]이라고 명시했던 아리스토텔레스에게로 묘하게 되돌아가고, 이 회귀는 논의되고 있는 객체를 형성하는 데 전유된 대상들—채석장, 모래, 부서진 공룡 뼈—을 뒤돌아보는 것이기도 하다. 런

---

22   [옮긴이] 아리스토텔레스는 『시학』에서 풍경화(스케노그래피아scenographia)가 그리스 연극 공연의 구성 요소였으며, 현실과 환상 사이를 다양한 방식으로 교묘하게 조절하도록 설계된 고도로 정교한 원근법으로 설명했다.

던은 과거의 사진이다. 런던의 거리를 걸을 때 (표현이 진부할지는 몰라도, 실제로는 진부하지 않은데) 우리는 런던의 역사를 걷는다. 건물에 쌓인 먼지는 건물 형태의 부분으로, 존 러스킨은 이를 **시간의 얼룩**이라고 불렀다.[23] 하드 드라이브를 데이터가 새겨지는 표면으로 생각할 수 있듯, 런던은 인과가 새겨지는 일련의 표면이다. 인과와 미적 외양aisthēsis은 다르지 않다.

외양은 과거다. **본질은 미래다.** 하이퍼객체의 기이한 낯섦과 비가시성—하이퍼객체는 왜 그런지 모르겠지만 '현재'로 쏟아진 미래다. 이 미래성futurality이란, 고차원의 위상 공간을 차지하면서 날씨 패턴을 그리는 개체를 가리키는 로렌츠 끌개라는 용어에서처럼, **끌개**가 의미하는 것이다. 끌개를 목적, 운명, 종착지 혹은 끝 등과 정반대의 것으로 생각하기는 쉽지 않다. 하지만 정확히 끌개는 그 반대편에 있다. 끌개는 시간을 꿰뚫어 사물을 잡아당기지 않는다. 이런 의미에서 **끌개**는 오해의 소지가 있는 용어다. 끌개는 오히려 미래에서 현재로 시간성을 방사한다. 끌개는 물결치는 시간성에 대한 장에서 약술했던 것처럼 하이퍼객체의 **미래의 미래**future future다. 미래의 미래는 존재론적으로 과거 '아래에'underneath 있다! 끌개의 국소적 발현은 단순히 오래된 사진, 즉 상호객체적 공간에 존재하는 것에 비친 외양일 뿐이다. 외양이 과거라는 사실보다 본질essence이 미래라는 것이 더

---

23   John Ruskin, *The Seven Lamps of Architecture* (London: Smith, Elder, 1849), 125: [국역본]
      존 러스킨, 『건축의 일곱 등불』, 현미정 옮김(마로니에북스, 2012).

충격적이다.

이제 우리에게 필요한 것은 그간 내가 논의해온 **자연 없는 생태학**만이 아니다. 이 책의 후반부에서 다뤄질 **물질 없는 생태학**ecology without matter 또한 필요하다. 이를 모두 포괄하자면 우리에게는 **현재 없는 생태학**ecology without the present이 필요하다. 동시대 환경주의가 내포한 **현재주의**presentism[24]가 역사의 잘못된 편에 생태를 위치시키고 있음을 누군가는 진실로, 성공적으로 논할 수 있을 것이다. 현재주의는 다양한 방식으로 발현된다. 내가 **생태미메시스**라고 부르는 것에 흔하게 나타나는 직접성의 수사를 생각해보라. 생각을 멈추고 자연으로 들어가 아이러니를 지우라고 한다. 현재주의는 또한 생각을 **멈추고 무엇이든 하라**는 명령에서 발현되는데, 이 명령은 18세기 후반 이래 우리와 함께해온 근대성의 규정적이고 지배적인 주체 위치인 동시대의 아름다운 영혼이 택한 역설적 형태다.[25] 오늘날 이 아름

24   [옮긴이] 철학과 역사학에서 현재주의는 과거란 더는 존재하지 않고 미래는 아직 존재하지 않는 것이기 때문에 오직 현재만 존재한다고 주장한다. 따라서 이것은 모든 역사를 현재의 역사로만 바라보는 반실재론적 역사 인식론이라고 할 수 있다. 심리학자 대니얼 길버트(Daniel Gilbert)는 현재를 통해 과거와 미래를 바라보는 인간의 경향성을 현재주의라고 칭했고, 과거 회상과 미래 예측에 현재의 말과 생각이 투사되어 정확한 과거의 기억이나 미래의 상상 모두 가능하지 않다고 보았다.

25   *Ecology without Nature*, 138에 언급한 것을 참고하라. [옮긴이] 헤겔의 『정신현상학』에서 언급된 '아름다운 영혼'(beautiful soul)은 당대 괴테 등의 문학 작품에 등장하는 인물처럼 투명한 순수함을 안고 살아가며, 그 핵심에는 양심이 있으나 양심을 도덕적으로 지키기 위해 아예 행동하지 않는 자기관조에 머무르는 영혼을 일컫는다. 저자는 *Ecology without Nature*에서 이러한 동시대의 '아름다운 영혼'이 취하게 되는 생태학적 주체의 위치가 소비주의적 주체의 위치와 동일하다는 점을 간파한다. "우리는 야생을 미적으로 소유한다―즉 칸트

다운 영혼이 부르는 세이렌 노래는 너무나 자주 행동하라, **지금!**이라는 호출 형식으로 들려온다. 이런 맥락에서 현재 없는 생태학은 정반대에 위치한다. 최근 내가 나누었던 트위터 대화를 간략한 예로 들면, 그 대화는 다음과 같은 트윗에서 시작되었다. "마이클 무어Michael Moore는 자신의 영화를 통해 실제적이고 실체적인 사회 변화를 만들어내지 못하기 때문에 자기 잇속만 차린다. 요점은 지금 당장 변화시켜야 한다는 것이다." 이 말은 끔찍한 자연 명령Nature injunction처럼 들린다. "요점은 생각을 멈추고, 숙고를 멈추고, **나가서 행동하라**는 것이다." 이러한 이유로 퀑텡 메이야수가 사변적 실재론의 전투적 호소cri de guerre라고 표현한 것을 브라시에가 "위대한 바깥"the great outdoors[26]으로 번역한 것을 볼 때마다 나는 옅은 구역질이 인다.

이렇듯 [지금 당장] 행동하라는 명령 덕택에 근대성의 전형인 냉소적이고 이데올로기적인 거리가 유지되고, 이는 진정한 행동—물론 숙고와 예술을 포함해—을 불구로 만드는 죄책감을 유도한다. 하지만 우리의 논점에서 이보다 더 중요한 것은, 하이퍼객체는 우리가 현재주의자가 되는 것을 방해한다는 것이다. 미래와 과거 사이에, 본

의 미학을 따르는 것이다. 상점 윈도우에 진열된 값비싼 물체를 소비자가 바라보듯, 우리는 야생을 의도적으로 비의도적이게 소비한다." 또한 워즈워스의 시 「역전된 형세」(The Tables Turned)의 첫 문장, "일어나! 일어나! 나의 친구여, 책을 버려라"(Up! Up! my friend, and quit your books)가 매우 역설적인 메시지로서 불가능한 초자아 명령의 형태를 취하고 있는 것이 코카콜라병에 보이는 "즐겨라"(Enjoy!)라는 문구가 현재의 소비주의 이데올로기의 형태인 것과 유사하다는 점을 지적한다.

26　　Meillassoux, *After Finitude*, 7.

질과 외양 사이에 열린, 크게 벌어진 틈Rift 어디에도 현재는 없다. 그럼에도 우리는 현재를 단순히 원하는 만큼 크게 만드는데, 우리의 상상이 만들어낸 이 산물은 페티시이자 픽션이다. 1초, 한 시간, 하루, 한 세기—심지어 밀레니엄이나 지질학적 시간도 마찬가지다. 시간을 재는 모든 장치(특히 디지털 장치)에 새겨진 현존에 대한 오만불손한 형이상학은 근대 인간에게 정신적 고통을 겪게 한 얼마간의 책임이 있다고 (비록 증거가 충분치는 않더라도) 나는 생각한다. 다음 문장들은 이 고통을 간단히 이렇게 설명한다. 현재는 없다. 그럼에도 시계는 당신이 오로지 지금에 집중하고 미팅을 하고, 토크쇼를 보다가 얼굴을 찌푸리고, 이혼 합의서에 서명하고, 물건을 사야 한다고 외친다.

이러한 관점을 러다이트 원시주의Luddite primitivism와 혼동하지 않길 바란다. 다른 종류의 시간성에 대한 생생한 경험에 기반한 관찰일 뿐이다. 물론 인간에 관한 모든 장치에 각인되어 있는 현재주의적 형이상학이라는 거대한 바다에 인간이 매몰되어 있다면, 이러한 관점을 믿기 어려운 것은 당연하다. 자연 신비주의Nature mysticism 형태로 각광받는 '지금을 사는' 유사-불교는 현재주의에 대한 나의 해결책이 아니다. 지각력이 있는 비인간 존재자들은 '지금'에 살고 있다는 이유로 존중받는다(또는 연민의 대상이 된다). 이처럼 비인간들을 존중하면서 (또는 가여워 하면서) 우리는 그들을 기술 시대의 도구로, 즉 형이상학적 현존이라는 째깍대는 시계의 확장으로만 본다. 이것은 진보적인 생태학적 전략이 아니다. 자연이나 물질이 그랬듯이, 현재 역시 생태학에 적절한 기여를 하지 못했다.

나는 현재주의에 맞서기 위해 현재주의를 주장하지 않을 것이다. 오히려 나는 합기도를 제안한다―진짜 지금은 없다는 의미에서 일종의 **과장법**이다. 불교의 명상 이론에서 **현재성**nowness이라 불리는 것은 크든 작든 하나의 점 혹은 거품이 아니라, 해류나 저류처럼 기이하게 앞뒤로 밀려오고 쓸려나가는 유동체다. 본질과 외양 사이에 틈이 있고, 미래와 과거 사이에 미끄러짐이 있다.[27] 하이퍼객체는 우리에게 현재 없는 틈을 과장해서 보여준다.

진실로 현재란 존재하지 않는다. 우리가 경험하는 현재는 다수의 객체들이 내뿜는 미적-인과적 힘의 장들이 교차하는 집합이다. 상대성 이론에 익숙한 독자라면 이 관점을 상당히 직관적이라고 생각할 것이다. **현재**라고 불리는 것은 그저 물화reification이며, 특정 개체―국가, 철학적 관점, 정부, 가족, 전자, 블랙홀―가 사물 주위에 그린 임의의 경계선일 뿐이다. 시간이란 (아리스토텔레스가 반박했듯이) 일련의 지금-점들now-points이 아니라 오히려 도시를 가로지르는 차들의 행렬, 수많은 해류로 이루어진 대양, 또는 마르크 샤갈Marc Chagall의 그림 제목처럼 '둑 없는 강'[28]과 같다.[29] 시간은 객체가 스스

---

27   Morton, *Realist Magic*, 212–13.

28   [옮긴이] 샤갈의 회화 〈시간은 둑 없는 강〉(Time is a River without Banks, 1930)에는 강과 강둑, 그 위로 날아가는 시계가 등장한다. 날개 단 물고기와 함께 날아가는 시계의 진자추는 움직이고(흐르고) 있고 그 아래 강둑에는 한 쌍의 연인이 사랑을 나눈다. 물의 흐름을 막는 둑이 없는 강물은 막힘없이 밀려드는 모습으로 상상할 수 있다.

29   Aristotle, *Physics*, trans. Robin Waterfield (Oxford: Oxford University Press, 2008), Book 4 (especially 105–8); 또한 26, 34–35를 보라.

로 던진 주술과 주술 차단의 돌풍이다. 과거와 미래는 (말하자면) 스크린에 깜빡이는 커서의 왼편과 오른편처럼 일반적으로 시각화되는 방식으로 만나지 않는다. 그 대신, 외양과 본질 사이의 틈에 상응하는 과거와 미래 사이의 비공간적 틈이 우리에게 놓여 있다. [외양과 본질이라는] 두 가지 근본적 힘 사이 **어디에도** 현재는 **없다**. 객체는 **결코 현존하지 않는다**. 현재는 지금-점을 가리키는 커서와 같은 것이 전혀 아니다. 현재는 먼 쪽이 과거이고 가까운 쪽이 미래인 거품 같은 것도 아니다(하지만 인간은 그렇게 상상하고 싶어 한다). 최근 들어서는 하이퍼객체가 인간에 비해 너무 커서 우리가 콩이나 수컷 고양이를 생각할 때보다, 본질은 미래이고 외양은 과거라는 점이 훨씬 선명해졌다. 간략히 예를 들어보자.

영화 〈태양의 제국〉에서 소년 짐은 핵폭탄에서 뿜어진 에너지 섬광을 보며, "신이 사진을 찍는 것 같다"[30]고 말한다. 처음 이 구절을 듣고 이것을 심판으로, 중세 종말신학의 사악한 반복으로 생각할지도 모른다. 하지만 사진은 사물의 본질이 아니다. 세계는 남아 있고, 이제 미래는 하이퍼객체의 에너지 섬광이 밝힌 충격적인 외양에 의해 이쪽 편에, 사물의 이쪽 편에 있음이 드러난다. 미래는 핵폭탄 이후의 세계이자, 이 세계 이후의 세계, 거대 가속 이후의 세계다. 신이 찍은 사진은 사물의 완전한 용해를 뜻하는 아포칼립스apocalypse

---

30   스티븐 스필버그 감독, 〈태양의 제국〉; J. G. Ballard, *Empire of the Sun* (Cutchogue, N.Y.: Buccaneer Books, 1984).

를 야기하는 것이 아니라, 오히려 '저 너머over there'에 존재하는 지평 또는 한계로서의 세계의 끝, 자연Nature이나 또는 신과 같은 저쪽over yonder 세계의 끝을 야기한다.

이상한 존재성beingness이 지구상 사물들의 공존에 다시 투여된다. 여기에 사용된 주사 바늘은 폭발하는 핵폭탄에서 방사된 감마, 베타, 알파 입자다. 대재앙은 '한낱' 지구와는 단절된 채, 의미의 장소 혹은 무의미의 텅 빔으로서의 너머를 폐기한다. 하이퍼객체는 말 그대로 우리를 사진 찍고, 언캐니한 그림자를 히로시마 벽에 드리우고, 빛으로 우리의 살을 새긴다. 지나치게 단순화된 현존과 지나치게 단순화된 부재는 생명체와 더불어 사라진다. 사물이 가진 미지의 영혼, 즉 본질은 섬광의 이쪽 편에 남아 있으며, 이는 '그날 이후'The Day After 의 관점에서 하이퍼객체에 관해 이야기하는 영화가 최소한 두 편 존재하는 이유다.[31] 그날 인간이 핵폭탄을 터뜨린 것은 결코 다행스러운 일이 아니다. 대재앙이 우리로 하여금 직시하도록 강제했다고 말하는 편이 낫다. 하이퍼객체는 근대성의 종말을 야기한다.

미래성은 현존의 형이상학을 종식시키고 현재에 다시 새겨진다. 이는 깔끔한 철학적 대응 때문이 아니라, 하이퍼객체의 매우 큰 유한성이 인간으로 하여금 '우리 없는' 이상한 미래와 공존하도록 강제

---

31 니콜라스 마이어(Nicholas Meyer) 감독, 〈그날 이후〉(The Day After)(ABC, 1983); 롤랜드 에머리히(Roland Emmerich) 감독, 〈투모로우〉(The Day After Tomorrow)(센트로폴리스 엔 터테인먼트, 2004). [옮긴이] 두 편은 각각 핵폭발과 기후 재앙이 인간 삶에 끼치는 영향을 극화했다.

하기 때문이다(플루토늄과 지구온난화가 각각 2만 4,100년, 10만 년에 걸쳐 생각된다는 점을 상기하라). 결정적으로 하이퍼객체 덕분에, 사건이 불가피한 어떤 목적$_{telos}$에 이끌려 미래로 향하는 경향이 있다는 관념은 다른 무엇인가에 비친 미적-인과적 외양을 인간이 물화한 것임이 밝혀졌다. 이렇게 생각할 때 '-다른 무엇인가에 비치는'$_{-for}$이라는 말[32]은 우리가 이미 상호객체적 공간에 있음을 암시하며, 이 공간은 상호객체적 공간의 한계를 정하는 개체들에 의해 그 경계가 이루어진다.

하이퍼객체는 매우 거대해서 우리를 이러한 결론에 이르게 한다. 비인간 존재자는 목적론$_{teleology}$에 맞서 파괴적인 일격을 날렸으며, 이는 다윈이 감지했던 것이자, 다윈에게 팬레터를 보내 목적론에 반대한다는 뜻을 내비친 마르크스가 환호했던 것이기도 하다.[33] 목적론의 끝은 **세계의 끝**이다. 이 끝은 즉각적인 기화$_{氣化}$가 아니라 기이한 낯선 것과의 오랜 공존이다. 세계의 끝은 끝의 끝, 목적의 끝이면

32　[옮긴이] appearance는 대개 현상, 현시, 출현 등으로 번역되는데, 저자가 책 전체에 걸쳐 개체가 다른 개체에게 미적 영향을 끼치며, 이 미적 영향은 인과 작용과 엄격히 분리되지 않는다는 점을 일관되게 주장하고 있는 것을 고려해 '외양'으로 번역했다. 또한 appearance-for는 '다른 무엇인가에 비치는 외양'으로 번역했는데, 여기서 for가 연상시키는 것은 하이데거의 um-zu("세계는 현존재의 '무엇을 위하여'(um-zu)의 지시 연관들로 구성되며, 이 연관은 현존재의 궁극 목적에 근거한다")나, 후설의 지향성("의식의 본질 구조로서 의식은 항상 무엇에 관한 의식으로서 대상을 향해 있다")일 텐데, 'for'에 대한 번역으로 이것들과 혼동되지 않도록 하기 위해 목적성이나 내재적 방향성의 뉘앙스는 피하고자 했다.

33　Gillian Beer, introduction to *The Origin of Species*, by Charles Darwin (Oxford: Oxford University Press, 1998), vii–xxviii (xxvii–xviii).

서도 불확실하고 주저하는 미래성의 시작이기 때문이다. 이제 책의 전반부를 마무리하면서 책의 후반부를 여는 세계의 끝에 대해 간략히 언급해도 적절할 것이다. 책의 전반부가 독자에게 충격을 가하는 기능을 충분히 해냈다면, 이제 '반응 숏reaction shot'으로 전환해 하이퍼객체의 가공할 만한 힘을 반향하는 희미한 메아리를 다룰 것이다. 인간이 지금 거주하는 실재란 무엇인가? 인간이 발견한 개체들을 향해서 인간은 스스로를 어떻게 드러낼 것인가?

그림10. 주디 나탈, 〈미래 완료: 증기 초상화 #28〉. 구름이 자아내는 언캐니한 무nothingness 는 관객을 사진 속 옷 입은 인물과의 불안한 친밀함으로 몰아넣는다. 이 이미지는 〈미래 완료〉 Future Perfect 연작의 일부로, 환경이 인간의 사회적, 정신적, 철학적 공간을 잠식해가는 방식 을 극적으로 보여준다. 저작권: 주디 나탈 2012. www.judynatal.com

2부
하이퍼객체의 시대

경이롭고 공포스러운 많은 존재 가운데 인간을 능가하는 것은 없다.

Polla ta deina k'ouden anthrōpou deinoteron pelei

— 소포클레스

세계의 끝

당신이 대형마트에서 걸어 나오고 있을 때였다. 주차한 차로 가던 길에 한 낯선 사람이 들으란 듯이 큰 소리로 말한다. "이봐요! 오늘 정말로 웃긴 날씨죠!" 당신은 경계심을 적절하게 내보이며—그가 지구온난화 부인론자일까 아닐까?—그렇다고 대답한다. 그러자 그는 잠깐 동안 망설인다. 지구온난화에 관해 무슨 할 말이 있기 때문일까? 여하간 그가 망설이는 까닭에 당신은 그 망설임의 의미를 생각하게 된다. 축하한다. 이로써 당신은 이제 막 하이퍼객체의 시대에 진입했음을 증거하는 산증인이 되었다. 근거는? 낯선 사람과 일상적인 날씨 대화를 나누는 것이 더는 가능하지 않기 때문이다. 지구온난화의 현존은 그림자처럼 어른거리며 대화에 이상한 간격을 끼워 넣는다. 혹은 지구온난화는 그저 소문일지도 모른다—어느 쪽이든 현실은 기이하다.

하이퍼객체는 인간의 드라마가 전경前景에서 펼쳐질 수 있도록 중립적인 막의 일부로 기능해온 날씨에 관한 대화를 망쳐놓았다. 지구온난화 시대에 배경이란 없으며 따라서 전경도 없다. 세계는 배경과 전경에 그 존립이 달려 있기에, 이것은 세계의 끝을 의미한다. 세계란 오래 못 가는 미적 효과로, 우리는 그 효과가 일어나는 구석진 곳을 이제 막 인식하기 시작한다. 진정한 행성적 각성은 '우리가 세계'We Are the World임을 깨닫는 것이 아니라 오히려 우리가 세계가 아님을 서서히 깨닫는 것이다.

왜 그럴까? **세계**, 그리고 세계와 관련 있는 것들—**환경, 자연**—이 아이러니하게도 이 책에서 다루고 있는 '객체'보다도 훨씬 더 대상화objectified[1]되어 있기 때문이다. 이때 **세계**란 대상화된 사물이 떠다니거나 멈춰 있는 용기容器와 같다. **세계**를 우연으로 장식된 실체로 보는 구식의 아리스토텔레스식 영화든, 흐름과 강밀도intensities로 이루어진 더 전위적인 들뢰즈식 영화든, 둘 다 **세계**라는 맥락에 있는 영화라는 점에서 큰 차이가 없다.[2] 사건의 배경으로서의 **세계**란 생물권, 기후, 진화, 자본주의와 같은 하이퍼객체를 대상화한 것이다(그렇다. 아마도 [자본주의적] 경제 관계도 하이퍼객체를 구성할 것이다). 따라서 기후가 우리 머리 위로 비를 내리기 시작할 때, 우리는 무슨 일이 벌어지고 있는지 전혀 알지 못한다. 그러한 인지 공간에서 부인

---

1   [옮긴이] 이 책에서 objectify는 '객체화'와 '대상화' 두 가지 상반된 의미로 쓰이고 있기에 맥락에 따라 구분해서 이해하는 것이 필요하다. 저자의 의미망 안에서 객체화는 실체화와, 대상화는 물화와 관련이 있다. 먼저, '객체화'의 경우 어떤 개체가 주체의 파악에 의해 좌우되는 존재가 아닌 그 자체로 존재하는 '객체'로 객관화한다는 의미다. 그래서 그 파생어인 objective는 '객관적인', objectification은 '객체화된 것'으로 맥락을 고려하여 옮겼다. 저자가 비판적인 입장을 취하는 '대상화'의 맥락으로 쓰이는 경우 그 파생어인 objectification은 '대상화' 또는 '대상화된 것'으로 옮겼다.

2   [옮긴이] 아리스토텔레스식 세계관 대해서는 1부 3장 「물결치는 시간성」에서, 들뢰즈식 영화에 대해서는 1부 4장 「위상 조정」에서 구체적으로 논의했다.

否認하기란 쉽다. 이를테면 지구온난화에 대한 다른 '편'을 제시해서 '논쟁거리'로 만드는 식 말이다. 이런 식의 '편'들기 덕택에 지구온난화의 모든 의미와 행위력agency이 인간 영역과 연관되지만, 현실에서 중요한 것은 편들기가 아니라 실재 개체와 이에 대한 인간의 반응이다. 환경주의는 보이지 않거나 만질 수 없는 것에 대해 말하고 있는 듯 보인다. 그래서 결국은 더 큰 목표치를 달성하기 위해 더 높은 위험을 감수하면서 다가올 대재앙을 설교하는 것으로 이어진다. 이러한 충격 주기와 낙담시키기라는 일관된 시도는 '논쟁'의 반대편에 대한 저항을 더욱 부추긴다.

[지구온난화 찬성론과 부인론] 양편 모두 **세계**에 고정되어 있다. 이는 최근 무신론 논쟁의 양편 모두가 '눈앞에 있는'vorhanden, 객관적으로 현존하는 신에 집착하는 것과 마찬가지다. 리처드 도킨스Richard Dawkins와 같은 신무신론자들은 무신론 역시 신념에 대한 또 다른 형태의 신념이라는 말에 불편해하지만, 그럼에도 이것은 사실이다—어찌됐든 무신론은 근본주의와 똑같이 **신념에 대한 신념**을 취한다. 신념이란 하나의 징표token로서, 지갑이나 승용차 열쇠와 같이 우리가 가능한 한 세게 움켜쥐는 정신적 객체다. 환경론자들은 신무신론자들의 반응과 매우 유사하게 자연 없는 생태학에 대해 이야기하기를 불편해한다. 그들은 자연 없는 생태학에 대한 논의를 허무주의나 포스트모더니즘 정도로 치부한다. 하지만 근본주의가 취하는 신념에 대한 신념이 신무신론을 존재신학적 허무주의의 한 형태임을 드러내는 것과 마찬가지로, 실제로 환경주의야말로 허무주의

적이고 포스트모더니즘적이다. 환경론자들의 논의는 궁극적으로 **자연과 세계**라는 관념에 대한 집착을 버리고 자신들을 자연이나 세계와 동일시하는 것을 멈추어서, 세계라든가 허무주의적인 노아의 방주 없이 비인간 존재들과 공존할 것임을 충성을 다해 맹세하는 일일 것이다.

날씨에 대해 어떤 대화를 하든지 우리 중 누군가는 어느 순간 지구온난화를 언급하게 된다. 날씨를 이야기하지 않기로 결정하더라도 지구온난화는 마치 말줄임표의 끄트머리를 품은 먹구름처럼 대화에 어른거린다.[3] 평범한 수사적 습관의 실패, 부러진 망치처럼 놓여 있는 (어디서든 꼭 일어나고야 마는) 산산조각 난 대화의 잔해들은 인간의 의식에서 훨씬 더 크고 깊은 존재론적 변화가 일어나고 있음을 보여주는 징후다. 이는 결과적으로 우리의 존재론적 도구에 엄청난 갱신이 일어나고 있음을 암시한다. 맥 컴퓨터의 운영체제가 업그레이드되는 동안 한없이 돌아가는 무지개 색 작은 원을 지켜볼 때처럼, 이러한 갱신이 늘 유쾌하지만은 않다. 우리 인류를 이 갱신 과정에 조율시키고 이해를 위한 설명을 돕는 것은 바로 철학자들과 인문학자들의 임무다.

---

3   Morton, *Ecological Thought*, 28, 54. [옮긴이] 모턴의 『생태학적 사상』의 28쪽에는 다음과 같은 내용이 있다. "우리는 길에서 만난 누군가와 어색함을 무마하거나 시간을 때우기 위해 날씨에 대한 사소한 대화를 더는 나눌 수 없게 되었다. 이 대화는 불편할 정도의 의미심장한 침묵으로 사라지거나 누군가의 지구온난화에 대한 언급으로 이어진다. 더는 날씨가 사건이 일어나는 것 뒤에서 중립적으로 보이는 배경으로 존재하지 않는다. 날씨가 기후가 될 때—과학과 역사의 영역으로 진입할 때—그것은 더는 무대세트가 될 수 없다."

갱신 과정에서 무슨 일이 벌어지는가? 요컨대 우리가 세계―자연Nature이라고 불러도 무방한―'안'에 살고 있다는 관념은 노스탤지어나 청원, 탄원에 일시적으로 유용하게 쓰이는 지엽적 언어를 쓸 때를 제외하고는 이제 무의미하다. 어떤 특정 종도 멸종되어 양식되기를 바라지는 않기 때문에, 우리는 입법부를 설득하기 위해 자연이라는 표현을 사용하는 것이다. 우리는 권태와 불안이라는 일반적인 감정을 느끼면서 호빗 같은 세계에 거주하는 향수 어린 비전을 만들어낸다. 이 증후군은 산업혁명이 영향을 끼치기 시작한 이래로 계속되고 있다.

그런데 이 산업혁명이 낳은 훨씬 더 크고 위협적인 것이 이제 우리의 지평선에서 어른댄다―그것은 우리의 지평선을, 아니 그 어떤 지평선이라도 폐기하려 든다. 지구온난화는 날씨의 지위에 급격한 변화를 가져왔다. 왜일까? **세계**라고 할 만한 것―세계에 대한 특정한 관념만이 아니라 **세계** 전체―이 증발해버렸기 때문이다. 아니 더 정확히 말하면, 애초에 세계를 가져본 적이 없었다는 것을 이제야 깨닫는 중이다.

이것은 실체와 우연에 관해 구식이지만 여전히 유효한 아리스토텔레스의 관점으로 설명할 수 있다. 실재론자인 아리스토텔레스가 보기에 **실체**는 그 실체성substantiality에 본질적이지 않은 다양한 속성과 **우연**을 갖는다. 아리스토텔레스는 『형이상학』의 「엡실론편 2」에서 실체와 우연의 차이를 약술했다. 기후변화 탓에 날씨는 우연적인 것에서 실체적인 것[기후]으로 바뀌었다. 아리스토텔레스는 이렇게 말한다. "예를 들어 삼복더위에 북극의 추위가 널리 퍼진다면 우리는 이것을 우연으로 간주할 테지만 숨 막히는 폭염은 우연으로 보지 않을 것이다. 전자와 달리 후자는 항상, 거의 대부분의 경우 그렇기 때문이다."[4] 하지만 이러한 극심한 변화야말로 바로 지구온난화가 예측한 것이다. 따라서 날씨와 관련한 모든 우연은 지구온난화라는 실체를 암시하는 잠재적 징후가 된다. 머리 위로 떨어지는 이 축축한 물질은 돌연히 훨씬 더 불길한 현상의 한낱 작은 특징이 된다. 인간의 맨눈으로는 이 현상을 볼 수 없고 테라바이트급 메모리로는 실시간으로 모델링할 수 있다(이것은 약 10년 전쯤부터 가능해졌다).

북극 같은 여름이라는 아리스토텔레스의 아이디어가 촉발시킨 더 유령 같은[5] 문제가 있다. 만약 북극 같은 여름이 계속되어 그것을 지구온난화의 징후로 모델링할 수 있다면, (우리 인간에게) 유의미한 진짜 숨 막히는 여름은 **결코 없었고**, 단지 실재라고 여겼던 숨 막히는 긴 기간이 있었을 뿐이게 된다. 그 이유는 말하자면 2-3천 년을 주기로 그러한 더위가 반복되었기 때문이다. 지구온난화는 아주

---

4   Aristotle, *Metaphysics*, trans. Hugh Lawson-Tancred (London: Penguin, 1999), 158–159: [국역본] 아리스토텔레스, 『형이상학』, 조대호 옮김(길, 2017); 『아리스토텔레스의 형이상학』, 김진성 옮김(서광사, 2022).

5   [옮긴이] 1부 「비국소성」 챕터에서 언급된 아인슈타인의 "spooky action at distance"(유령 같은 원격 작용)를 연상시키는 spooky라는 단어는 2부 전반에 걸쳐 빈번히 등장한다. '으스스한', '섬뜩한'이라는 뜻이기도 하지만, 여기서는 저자의 유령에 대한 관심을 고려해 '유령 같은', '유령적인', '유령의' 등으로 옮겼다. 본 저서 이후 저자의 유령에 대한 확장된 논의는 『인류: 인간과 비인간의 연대』의 「유령들」을 참고.

고약한 속임수를 쓴다. 우리가 믿을 수 있는 세계라고 생각했던 것이 실제로는 단지 습관적인 어떤 패턴—규칙적인 시간을 두고 햇빛과 습기 같은 것을 예측해 삼복더위 등의 이름을 붙인, 햇빛과 습기와 인간 사이의 공모—일 뿐이었음이 밝혀진다. 우리는 날씨를 실재하는 것으로 생각했다. 하지만 지구온난화 시대에는 날씨를 어떤 우연으로, 또는 더 알 수 없고, 물러나 있는 기후의 시뮬레이션으로 인식한다. 하면이 주장하듯, **세계**란 항상 우리 눈앞에 있는 것presence-at-hand—어떤 실재 객체의 캐리커처에 불과한 것—이다.[6]

이제 **전경**과 **배경**의 관점에서 **세계**의 증발을 생각해보자. 날씨에 관한 대화는 특별한 관심을 기울이지 않아도 될 정도로 일상에 쾌적한 배경을 제공한다. 그것이 정확히 배경이 되려면, 우리 주변시周邊視에서 작동해야 한다. 그래야만 날씨에 관한 타인과의 대화가 사회적 공간에서 우리가 공존하고 있음을 승인하는 안전한 방법이 된다. 로만 야콥슨의 여섯 단계 커뮤니케이션 모델에 따르면, 날씨에 관한 대화는 '의례적인'phatic 것이다. 다시 말해, 날씨에 관한 대화는 사람들의 주의를 커뮤니케이션이 발생하는 물질적 매개체로 돌리게 한다.[7] 이처럼 날씨라는 것은 배경이 되는 현상이다. 토네이도나 가뭄처럼 불안스럽게 전경에 불쑥 나타나기도 하지만 대부분 일시적인 일

---

6   Harman, *Tool-Being*, 127.

7   Roman Jakobson, "Closing Statement: Linguistics and Poetics," in *Style in Language*, ed. Thomas A. Sebeok (Cambridge, Mass.: MIT Press, 1960), 350–377.

에 그친다—고립되어 발생하는 것처럼 보이는 사건들 뒤에는 더 큰 시간적 배경막이 존재한다.

지구온난화가 이 장면에 등장한다면 어떤 일이 벌어질까? 배경은 배경이 되기를 멈춘다. 우리가 관찰을 시작했기 때문이다. 이상한 기후 패턴과 탄소 방출 때문에 모니터링을 시작한 과학자들은 처음에는 국소적으로 중요해 보이는 것들만 관찰했다. 이것이 기후의 옛 정의다. [그래서] 페루의 기후, 롱아일랜드의 기후 등이 있는 것이다. 하지만 기후 일반, 다시 말해 날씨 사건의 파생물의 총합으로서의 기후—관성을 속도의 파생물로 보는 것과 매우 흡사한—는 날씨, 과학자, 인공위성, 정부 기관, 기타 개체들 간의 협력을 통해 최근에서야 인지하게 된 한 마리의 야수다. 이 야수에는 태양도 포함되는데, 태양에서 나오는 적외선 열이 이산화탄소와 같은 가스에 의한 온실 효과 때문에 [대기 속에] 갇히기 때문이다. 따라서 지구온난화는 지구 대기 훨씬 너머의 개체들을 포함하는 거대한 존재이면서도 바로 지금 이곳에서 우리에게 밀접하게 영향을 끼친다. 지구온난화는 지구 표면 전체를 뒤덮고 있으며, 이 중 총 75퍼센트에 이르는 지역에 향후 500년간 영향을 끼칠 것이다. 1500년대 초에 삶이 어떠했는지 기억하는가?

지구온난화는 정말 이곳에 와 있다—뿐만 아니라 이미 이곳에서, 이미 예전부터 내 머리 위에 떨어지는 축축한 물질이나 해변에서 내 얼굴의 살갗을 태우는 따뜻한 금빛 물질처럼 실재하는 것에 영향을 끼쳐왔다는 것이 간담을 더욱 서늘하게 한다. 우리가 날씨라고 불러온 그 축축한 물질과 금빛 물질은 가짜 직접성, 존재와 관련된 유사 실재ontic pseudo-reality였음이 밝혀졌으며, 그것은 비가시적이지만 훨씬 더 실재적인 전 지구적 기후의 무시무시한 현존에 맞설 수 없다. 인간 생활세계의 손쉬운 배경막이었던 날씨가 존재하기를 멈추자, **생활세계**라는 안락한 개념도 함께 멈추었다. **생활세계**는 기후라고 불리는 거대하고 광범위하게 분포한 하이퍼객체의 안쪽에서 우리 스스로 지어낸 하나의 이야기, 각기 다른 그룹들이 저마다의 [인식] 지평— 존재론의 영역으로 몰래 들어와서는 이제야 존재와 관련된 편견임이 밝혀진 개념들—에 따라 어떻게 분할되었는지에 대한 이야기에 불과했다. 지구온난화는 빙하를 녹아내리게 할 뿐 아니라 **세계와 세계형성**worlding에 대한 우리의 관념도 녹아내리게 했다는 점에서 중대한 문제다. 따라서 인본주의자들이 생태 위기를 논할 때 그들 마음대로 사용하는 도구들은 속담에 나오는 초콜릿으로 만든 찻주전자처럼 전혀 쓸모없다는 것이 이제 지구온난화 때문에 밝혀졌다. 그것은 크리스마스 장식 골동품(좋게 말해 고풍스러운 것)을 무기로 들고 싸우는 식이다.

지구온난화는 이미 이곳에 오고 나서야 발견된다는 점에서 유령 같은 것이다. 얼마간 당신이 이런저런 활동을 수행해오던 곳이 아주 느리게 팽창하는 핵폭탄 구체 내부였음을 알게 된 격이다. 당신이 깔끔하고 솔기 없는 작은 세계에 거주했었다는 판타지가 녹아 없어짐에 따라 당신은 단 몇 초 동안 깜짝 놀란다. 이런 관점에서 본다면 '세계의 끝'이라는 모든 묵시론적 파멸의 서사는 문제의 일부이지 문제 해결이 될 수 없다. 그 서사는 파멸을 가정적 미래[8]로 연기延期시킴에 따라 우리는 생태적, 사회적, 심령적 공간으로 밀고 들어온 바로 그 실재 객체에 대해서 무감각해진다. 하이퍼객체가 미래의 어느 날이 아니라 바로 지금 파멸을 초래한다는 것을 우리 모두는 보게 될 것이다(2장 「위선」에서 **파멸**doom이라는 단어는 특별한 구체적 의미를 띨 것이다).

배경이 없다면—중립적이고 주변적인 무대 세트로서의 날씨가 아니라 매우 가시적이고 집중적으로 관찰되며 공개적으로 논쟁거리가 되는 기후라면—전경도 없다. 전경은 전경으로 존재하기 위해 배경을 필요로 한다. 그래서 날씨 현상을 지구온난화에 대한 각성의 일환으로 끌어온 것은 배경은 없다는 것을 점진적으로 깨닫게 하는 기이한 효과를 낳았다! 우리가 현상학적 생활세계에 뿌리내리고 있으며 땅속 굴이 보장하는 안온함 속에 파묻힌 작은 호빗들이라는 관념은 허구임이 드러났다. 인간이 우주적 의미의 실타래를 푸는 존재라고 우리 스스로에게 부여했던 특별함은 하이데거적 현존재의 고유성이라는 개념으로 제시된 바이지만, 전경-배경 간 구분이 없는 세계에서 가능한 유의미함이 없기에 그 특별함은 퇴색하고 만다. 세계는 지평선을 필요로 하고 지평선은 배경을, 배경은 전경을 필요로 한다. 인간이 모든 곳을 볼 수 있게 될 때(구글 어스Google Earth로 런

---

8   [옮긴이] 언어학에서 가정법 미래(hypothetical future)는 조건이 충족될 가능성이 낮아서 일어날 확률이 희박한 상황을 미래 시제로 가정하는 언어적 수사를 일컫는다.

던에 있는 내 어머니 집 정원 연못 속 물고기를 들여다볼 수 있게 될 때), 세계—유의미하고, 경계 지어진, 지평선을 가진 개체—는 사라진다. 보이지 않는 풍경으로 기능해온 객체가 사라졌기에 우리에게 세계란 없다.[9]

세계는 흐릿함과 미적 거리에 근거한 심미적 현상이다. 흐릿함은 객체에 관한 무지에서 비롯한다. 객체에 대해 무지해야만 객체는 [인간적] 의미의 투사를 위한 빈 스크린처럼 작동할 수 있다. "붉은 밤하늘, 목동의 기쁨"이라는 고운 옛말은 지평선에 붉은 석양이 지고 그 지평선이 경계를 이룬 세계 속에 목동이 살아가던 시절을 떠올리게 한다. 태양은 지고 뜬다—물론 우리는 지고 떠오르는 것이 태양이 아니라는 것을 알고 있다. 갈릴레이Galileo Galilei와 코페르니쿠스가 세계라는 관념에 구멍을 낸 덕분이다. 이와 유사하게, 인간이 기후에 대해 알게 되자 날씨는 철저히 비가시적이고 훨씬 더 큰 어떤 현상의 국소적 표상에 지나지 않는 엉성하고 피상적인 외양을 띤다. 기후는 보거나 그 냄새를 맡을 수 없다. 인간 뇌의 처리 능력으로는 그 모든 것을 명확하게 사고할 수조차 없다. 적어도 **세계**는 이전보다 훨씬 덜 중요해졌다—세계는 '인간에게 중요하지 않을' 뿐 아니라 '의식을 가진 다른 개체들에게도 중요하지 않다.'

한 가지 단순한 실험으로 **세계**가 미적 현상이라는 점을 분명히 입증할 수 있다. 나는 그것을 〈반지의 제왕〉 대 공 쏘기 장난감Ball

9 Harman, *Tool-Being*, 21–22.

Popper Test의 대결이라 명명하겠다. 이 실험을 위해서는 피터 잭슨 Peter Jackson의 〈반지의 제왕〉 3부작의 두 번째 편 〈두 개의 탑〉[10] 카피본이 필요하며, 또한 해즈브로Hasbro사가 제작한 교육용 완구 '플레이스쿨 분주한 공 쏘기'Playskool Busy Ball Popper 장난감도 필요하다. 자, 이제 〈두 개의 탑〉에서 내가 명백히 공포스러운 최악의 순간으로 꼽는 장면인, 파라미르에게 붙잡힌 프로도가 폭격 맞은 도시 오스길리아스를 비틀거리며 돌아다니고, 나즈굴(반지 악령)이 날개 달린 용을 닮은 공포스러운 생물체인 날개 돋친 야수 '펠 비스트'fell beast를 공격하는 장면을 재생해보자.

그리고 이때 공 쏘기 장난감을 켜라. 얼빠진 멜로디가 흘러나오면서 피터 잭슨 특유의 서사 세계를 뒷받침하는 일관성이 즉각 약화됨을 알 수 있다.

세계라는 관념은 온갖 종류의 무드 조명과 무드 음악, 그리고 정의상 순전히 우스꽝스럽고 무의미한 핵심을 담고 있는 미적 효과에 좌우된다. 이 무의미함의 흔적을 지우는 일이 진지한 바그너식 세계 형성이 맡은 책무다. 피터 잭슨의 3부작은 분명히 바그너식 총체예술이며, 그 속에서 요정과 난쟁이들과 사람들은 각자의 언어, 도구, 건축물을 가지고 마치 스포츠팀을 이룬 것처럼 파시스트적 과잉을 부린다. 하지만 이 솔기 없는 세계가 지운 무의미함의 흔적을 복원하기란 쉽다―장난감 실험이 입증하듯, 터무니없이 쉽다. 멍청한 듯 보

---

10   피터 잭슨(Peter Jackson) 감독, 〈두 개의 탑〉(The Two Towers)(뉴 라인 시네마, 2002).

이는 이 유아용 장난감은 사실상 자신만의 제한적이고 고유한 방식으로 세계와 충돌하고 세계를 개조해 그 영화를 '번역'했다.

풍력발전 단지나 태양전지판에 대한 거부는 종종 '경관을 해친다'는 주장에 근거한다.[11] 자연에 대한 미학은 진정으로 생태학을 방해하기 때문에 내가 자연 없는 생태학을 주장하는 타당한 논거가 된다. 풍력발전용 터빈이 석유 파이프보다 덜 아름답다고 보는 근거는 무엇인가? 과연 풍력발전용 터빈이 파이프나 도로보다 더 심하게 '경관을 해친다'고 할 수 있는가? 풍력발전용 터빈을 환경예술로 볼 수도 있다. 풍경風磬은 바람이 불면 소리를 낸다. 몇몇 환경조각은 미풍에도 흔들거린다. 풍력발전 단지는 다소 위협적으로 느낄 만큼 크고 웅장하다. 우리는 풍력발전 단지가 (아름다움보다는) 숭고함의 미학을 구현하고 있음을 쉽게 읽어낼 수 있을 것이다. 그렇지만 그것은 "우리 인간은 탄소를 사용하지 않기로 선택했다"—거대한 터빈에서 볼 수 있는 선택—고 말하는 윤리적 숭고함이다. 어쩌면 이러한 선택의 가시성이야말로 풍력발전 단지가 사람들의 심기를 건드리는 이유일 것이다. 다시 말해 명백히 아무 방해도 받지 않은 '풍경'(실제 나무나 물이 아닌 회화를 위한 단어) 아래서 가동 중인 숨겨진 파이프보다는, 눈에 보이는 선택 말이다. TV 시리즈 〈X 파일〉 속 멀더의 사무실 벽에 걸린 포스터의 문구처럼, "진실은 저기 어딘가에 있

---

11   Anon, "Residents Upset about Park Proposal," *Lakewood Sentinel*, July 31, 2008, 1; "Solar Foes Focus in the Dark," *Lakewood Sentinel*, August 7, 2008, 4.

다.^{The Truth is Out There} 이데올로기는 단지 우리 머릿속에만 있지 않다. 그것은 코카콜라 병의 형태에도 들어 있다. 마치 산업혁명이 일어나지 않았던 것처럼, 마치 농업이 자연인 것처럼, 어떤 것을 '자연스러워' 보이게 만드는 방식—구불구불한 언덕이나 녹색 지대—에 이데올로기는 존재한다. 농업의 '경관'적 외관은 독창적인 '위장환경주의greenwashing'다. 풍력발전 단지를 반대하는 이들은 '환경을 살리자!'고 말하는 것이 아니라 '우리 꿈을 방해하지 말라!'고 한다. **세계**는 땅속 기름과 가스 파이프 같은 것들에 의존하는 미적 구성체다. 깊이 숙고하는 정치적 행위라면 전혀 다른 미적 구성체를 선택하게 될 것이며, 거기에 매끈함과 거리 둠, 쿨함은 필요하지 않다. **세계**는 생태학적 비평을 돕기 위해서 해야 할 바를 전혀 하지 않는다. 정말이지, 우리가 더 많은 데이터를 가질수록 데이터는 일관되지 않은 **세계**를 나타낸다.

세계란 매우 오랫동안 지속된 복잡한 일련의 사회적 양식으로, 개략적으로 농업 물류학이라고 부를 만한 것이 만들어낸 작용이다. 뉴질랜드는 영국의 레이크 디스트릭트를 과장되게 부풀린 곳으로, 인구 1인당 평균 양 15마리를 기르는 놀라운 곳이다. 뉴질랜드는 의도적으로 그렇게 제조되었다manufactured. **세계**는 단지 우리 머릿속에 있는 관념이 아니다. 세계는 들판이 지평선을 향해 펼쳐지고 그 지평선 위를 물들인 붉은 석양이 평화와 자족의 징조가 되는 모습 속에 존재한다. 세계는 양들이 조금씩 뜯어먹는 초원의 풀, 그 부드럽고 잔디 같은 질감 속에 존재한다. "처음으로 노동자들이 땅에서

쫓겨난 다음에 양이 도착했다."[12] 풍력발전 단지는 이 심미화된 경관에 흉물스러운 것이다. 이러한 관점에서 농업은, 하이데거의 용어를 빌리자면, 고대의 기술적 **세계상**technological world-picture이다. 다시 말해 실재를 준비된 물건들(부품Bestand)로 바꾸는 틀 짓기framing의 한 형태다.[13] 농업은 지구온난화를 일으킨 주요 원인이며, 그 이유는 그저 소의 되새김질에서 생긴 방귀 때문이 아니라, 세계가 되어버린 농업 무대 세트를 만드는 데 쓰인 엄청난 기술적 기계류 때문이다. 밭 대신 화분에 농사짓는 농부들이 개발한 '삐딱한' 기술이 어쩌면 이에 대한 해결책으로 제시될지 모른다. 즉 작은 공간에서 집중적으로 생장을 촉진하는 방식이다. 포르노 산업이 인터넷의 발달을 가속시켰듯이, 어쩌면 제약 산업이 인류의 생태적 구원자일지 모른다. 더 기이한 일이 벌어졌다. 농업적 세계상을 지금처럼 유지하는 것은 이미 어마어마한 비용을 치르는 값비싼 재앙이 되었다.

뉴질랜드의 핵심이라고 할 수 있는 예시로 돌아가자면, 〈반지의 제왕〉이 제시하는 것은 결코 스스로 설명하는 법이 없는 농업 경관에 대한 것이다. 물론 아라곤과 같은 특공대들이 이 경관을 수호한다. 하지만 어떻게 그것이 가능할까? 누구를 위해, 그리고 누구와 함께 재배와 수확과 판매가 이루어지는가? 호빗 마을은 스스로를 농

12   Marx, *Capital*, 1: 556.

13   Martin Heidegger, "The Question Concerning Technology," in *The Question Concerning Technology and Other Essays*, trans. William Lovitt (New York: Harper & Row, 1977), 17.

경가적 전원Georgic idyll[14]으로 여기도록 하는 도시 근교 미래에 대한 향수를 불러일으키게 계획되었다. 이를 위해서는 온갖 조명, 렌더링, 무드 음악 등이 필요하다—모르도르와 오크족의 위협 역시 단조로운 교외생활에 주의를 놓지 않는 데 필요하다. 바그너풍의 음악을 바꾸기만 해도 호빗 마을이 가진 섬세한 '균형'이 틀어질 것이다.

캘리포니아주 데이비스 북서부 지역에 위치한 빌리지 홈스Village Homes는 세계 같은 진짜 환영이다. 그 마을 거리마다 〈반지의 제왕〉에 등장하는 장소나 등장인물에서 따온 이름들이 붙여졌다. 이븐스타 레인Evenstar Lane, 밤바딜 레인Bombadil Lane 같은 식이다. 거리는 동심원 형태이지만 위상학적으로 동등하지 않아, 실제로 그곳에 있으면 길을 잃어버린 듯한 착각이 든다. 포도밭이 있고 석류나무들이 심겨져 있다. 풀로 짜인 원형극장을 갖춘 친환경 마을 같은 공간이 있다. 리븐델[15]이라고 이름 붙인 주간 아동보호센터가 있다. 모두 아름답기 그지없다. 매우 잘 조성되어 있는 것이다. 그곳에는 이미 현재에 대한 향수[16]가 존재하는데, 단순히 톨킨J. R. R. Tolkien에 대한 향수라기보다는 빌리지 홈스가 구상되었던 1970년대의 생태적 비전에 대한 향수

---

14   [옮긴이] 〈농경가〉(Georgics)는 기원전 29세기에 출간된 고대 로마 시인 베르길리우스(Vergilius)가 쓴 4권으로 된 농경시다. 이후 바깥 노동과 단순한 시골 삶을 영화롭게 그리는 농업이나 시골을 주제로 한 시나 책을 일컫는 용어로 쓰인다.

15   [옮긴이] 리븐델(Rivendell)은 J. R. R. 톨킨(J. R. R. Tolkien)이 창조한 가상세계로, 요정이 사는 깊게 갈라진 계곡이다.

16   [옮긴이] 이러한 현재주의에 대한 비판은 1부 5장 「상호객체성」을 참고할 것.

다. 다만 한 가지 사소한 문제가 있는데, 그곳에 거주하려면 막대한 돈이 든다는 점이다. 집단 시민농장에서 일하는 규칙도 지켜야 한다. 한 지인은 "한 입주자 협회가 전 마을을 지배한다"며 비꼰다.

세계가 전적으로 타당한 개념이라 하더라도 그것을 윤리를 위한 근거로 사용해서는 안 되는 여러 이유가 있다. 망치가 세계를 구성하는 만큼 마녀 물고문 징벌 의자도 세계를 구성한다는 이 한 가지만 생각해보자. 중세 시대에는 마녀라 불렸던 이들을 징벌 장치에 끈으로 결박해서 마을 개천에 잠수시킨 다음, 익사한 마녀를 '발견'하는 마녀 물고문이라는 기괴한 세계가 있었다. 마녀로 지목되고도 이 과정에서 익사하지 않으면 그녀는 명백한 마녀가 되는 식이었다—따라서 화형에 처해져야 했다. 추론 가능한 모든 맥락을 동원해보자면, 물고문 의자는 당시 이 장치 사용자를 위한 세계를 구성했다. 나치 휘장으로 된 하나의 세계가 있다. 나치가 하나의 세계를 가졌었다는 것이 그 세계가 보존되어야 한다는 근거가 되지 않는다. 따라서 '어떤 것이 세계를 구성하기 때문에 좋다'는 주장은 기껏해야 허술한 발언이다. 환경에 개입하지 말아야 할 이유가 누군가의 혹은 무엇인가의 세계를 손대서는 안 되기 때문이라는 주장은 결코 타당하지 않다. 그러한 주장에는 치명적인 결과가 따를 수 있다. **세계**와 **세계형성**은 일련의 후기 하이데거의 개념에서 위험할 정도로 약한 고리다.[17] 그것은 마치 인간이 자신들의 세계와 세계라는 관념(하나의

---

17 예를 들어 하이데거의 「예술작품의 근원」을 보라. Heidegger, "Origin," 15–86.

세계를 가진 적이 있다는 관념을 포함해서) 둘 다를 동시에 잃어버리고 방향감각을 상실하는 것과 같다. 이 역사적 순간에 **세계**에 대한 우리의 관념을 초월하려는 시도는 중요하다. 고전주의 회화에서 통용되던 법칙을 변칙하거나 어겨서 한계점까지 밀어붙인 매너리즘 회화처럼, 지구온난화는 우리의 **세계**를 한계점까지 잡아 늘린다. 인간에게 세계란 없다는 주장에는 매우 타당한 근거가 있다. **어떠한 개체도** 세계를 **가지고 있지 않기** 때문이며, 이를 하먼의 표현을 빌자면, "'지평선' 따위는 존재하지 않"기 때문이다.[18] 지평선이 없다면 의미 있는 전체성으로서의 '세계'는 절대적으로 상상 불가능한데, 그 주장에는 또한 타당한 근거가 있다. 세계란 존재하지 않는다는 것이다.

우리가 세계가 아니라면 우리에게는 무엇이 남을까? 그것은 친밀함이다. 우리는 세계를 잃어버렸지만 영혼을 얻었다—우리와 공존하는 개체들이 더욱더 긴박하게 우리의 의식에 끼어든다. [인간, 공존하는 개체 그리고 친밀함이라는] 삼인조는 이른바 **세계의 끝**을 환호하는데, 그 이유는 이 순간이야말로 역사의 시작이며, 오로지 인간에게만 실재가 중요하다고 보는 인간적 꿈의 종말이기 때문이다. 우리는 인간과 비인간 사이에 구축될 모두에게 똑같이 새로운 연대를 전망하면서 이제 **세계**라는 고치 밖으로 나왔다.

피에르 불레즈Pierre Boulez[19]의 [대규모 실내 오케스트라 작품인]

---

18   Harman, *Tool-Being*, 155.
19   [옮긴이] 피에르 불레즈는 프랑스의 작곡가, 지휘자, 음악이론가다.

〈응답〉에는 6분경 타악기가 등장한다. 타악기는 콘서트 홀 중앙에서 사각형 형태로 배치되어 연주되고 있는 더 부드러운 음색의 악기(금관악기, 현악기)들을 감싼다. 타현악기들(피아노, 덜시머,[20] 하프 등)의 소리는 다양한 딜레이 효과[21]와 필터를 거친다. 이 소리들의 등장은 사변적 실재론을 떠올리게 한다. 광대한 세계가 인간에게 난입하는 소리, 혹은 역으로 아예 비행기의 덧문이 열리는 소리, 또는 비행기 자체가 사라져 우리가 드넓은 창공에 남겨진 것을 알게 되는 소리. 내적 자유에 대한 칸트식 숭고미가 불편한 친밀함이라는 사변적 숭고미에 자리를 내어주는 섬뜩하고 놀라운 소리. 파멸이라거나 뻔한 결론이 아닌 **세계의 끝**을 알리는 소리. 무언가 시작되는 소리, 당신이 **무언가의 내부**에 있다는 것을 발견할 때의 소리. 불레즈는 아마도 이 작품을 근대 인류 기술의 소리로, 이익사회Gesellschaft('근대 '사회')가 공동사회Gemeinschaft('유기적 공동체')를 침해하는 것 등등에 관한 것으로 구상했을지 모른다. 또는 동등한 협력자 간의 대화, 유기적인 것과 전자공학적인 것 간의 변증법적 연주와 같은 개념이었을 수도 있다. 작품은 이러한 개념보다 훨씬 더 크다. 인간에게 출현한 실재 개체의 소리다. 하지만 내가 주장해왔듯이, 실재하는 비인간 개체는 처음에는 인간에게 모니터 위에서 깜빡이는 신호로 등장한다.

---

20 [옮긴이] 덜시머(dulcimer)는 현을 뜯지 않고 작은 망치로 두들겨 소리를 내는 악기다.

21 [옮긴이] 딜레이는 오디오 신호 처리 기술의 하나로, 입력 신호를 저장했다가 지연시켜서 재생하는데, 라이브 신호와 지연된 신호의 재생이 합쳐진다면 에코와 같이 본래 오디오 신호 이후에 지연된 오디오가 따라서 들리게 된다.

그렇지만 비인간 개체가 곧 깜빡이는 신호는 아니다. 고차원의 배위 공간configuration space이 극단의 서구 음악(총렬주의)[22]을 침해하는 소리. 하이퍼객체의 소리. 비음악의 소리. 곡의 종결부를 들어보자. 소리는 메아리치면서 반향하고 글리산도[23]를 반복한다. 그리고는 갑자기 끝난다. 페이드아웃이 아니다. 로베르 카엔Robert Cahen[24]은 믿을 수 없이 단순해 보이는 [동명의] 영화 〈응답〉에서 이를 잘 포착했는데, '인간의 소리'를 전통적인 오케스트라 앙상블 장면에 나무를 회전하고 패닝해서 찍은 숏을 배치하는 방식으로 시각화했고, 타현악기 소리를 **빛나는 대양**에 의해 매개된 인간으로 표현했다.[25] 타현악기가 들어오면 오케스트라를 비추던 카메라는 패닝을 해 타현악기 연주자들이 금관악기와 현악기 연주자들을 둘러싼 모습을 비추고, 이어서 스튜디오 조명 장치가 화면에 드러나는데, 이는 마치 **세계**라는 깨지기 쉬운 허구를 지탱해왔던 구조가 모두 증발한 듯 보인다. 지구

---

22 [옮긴이] 총렬주의(total serialism)는 2차 세계대전 이후 등장한 작곡 기법으로, 작곡가 쇤베르크(Arnold Schonberg)의 12음 기법을 확대해 음고, 음가, 강약, 다이내믹, 음색 등 모든 음악적 요소를 어떤 음렬에 따라 음렬이 반복될 때까지 한 번씩 순서대로 쓰는 음악 기법을 일컫는다. 총렬주의는 메시앙, 슈톡하우젠, 피에르 불레즈 등의 작곡가들에 의해 발전되었다.

23 [옮긴이] 글리산도(glissando)는 높이가 다른 두 음을 계속해서 연주할 때 첫 음에서 다음 음으로 진행할 경우 두 음 간에 잠재하는 모든 음을 거쳐서 끝의 음에 이르는 주법을 말한다.

24 [옮긴이] 로베르 카엔은 프랑스의 작가다. 비디오, 사진, 영화, 음악 등을 새로운 기술과 접목한 비디오아트의 선구자로 평가받는다.

25 Pierre Boulez, *Répons* (Deutsche Grammophon, 1999); *Boulez: Répons*, directed by Robert Cahen (Colimason, INA, IRCAM, 1989), http://www.heure-exquise.org/video.php?id=1188. [옮긴이] 다음 링크에서 시청 가능하다. http://robertcahen.com/boulez-repons-1985

표면 대부분이 물로 덮여 있듯, 음향 공간은 피아노, 하프, 글로켄슈 필[26]의 으스스하고 반짝이는 소리로 에워싸인다.

사상, 예술, 정치적 실천은 환영을 끊임없이 수정하려고 하기보다는 비인간과 직접 관계되어야 한다. 우리는 그것을 결코 완벽하게 '제대로' 할 수 없을 것이다. 그렇지만 세계는 최고의 방법을 고안해내서 생태학적 진전을 방해하고 있다. 하이퍼객체 시대의 예술과 건축은 (자동적으로) 하이퍼객체를 직접 포함해야 하며, 심지어 하이퍼객체를 모르는 체하려고 들 때에도 포함해야 한다. 처리량을 최대화하려는 동시대의 충동을 생각해보라. 에어컨을 갖추고 더러운 공기를 흐르게 놔두려는 욕망 같은 것 말이다. 에어컨으로 실내 공기를 조절하는 것은 이제 편안함의 기준이다. 현대 건축물이 제공하는, 일정하게 유지되는 온열 쾌적감에 길들여진 싱가포르의 젊은이들은 이제 실외에 있으면 땀을 흘리기 시작한다.[27] 그러한 현대 건축과 디자인은 '저 너머로'away라는 개념에 기초한다. 하지만 세계의 끝 이후에 '저 너머로'란 없다. 그보다는 우리가 생산하고 착취했던 독성 물질과의 공존을 인정하면서 어두운 생태학적 방식[28]으로 디자인하는 편

---

26 [옮긴이] 글로켄슈필(glockenspiel)은 금속제의 반음계적으로 조율된 음판을 나무, 고무, 실꾸리 뭉치, 금속 등의 채로 두들겨 연주하는 타악기다.

27 Stephen Healey, "Air Conditioning," paper presented at the Materials: Objects: Environments workshop, National Institute for Experimental Arts (NIEA), Sydney, May 19, 2011.

28 [옮긴이] 'dark ecology'는 본 저서 다음으로 2016년 저자가 출간한 책의 제목이기도 하지만, 그 개념은 이미 『자연 없는 생태학』(Ecology without Nature, 2007)에서 자세히 개진된 바 있다. 어두운 생태학의 중요한 정조는 멜랑콜리다. "어두운 생태학은 긍정적인 충족보다는

이 더 이치에 맞을 것이다. 2002년, 건축회사 R&Sie는 〈먼지 경감〉이라는 설계 작품을 디자인했는데, 방콕에 지어질 이 정전기 건물은 먼지를 어딘가에서 교묘히 뒤섞는 대신 건물 주위로 모으게 될 것이다[29](그림11, 그림12). 결국 건물은 먼지로 된 거대한 털 코트로 둘러싸이게 될 것이다.[30]

이러한 새로운 생각은 1970년대 이후 일반적인 환경주의 관점에서 보자면 반직관적이다. 과정 상관주의process relationism는 흐르는 것이 굳어진 것보다 낫다고 생각하는 한에서 주재하는 신처럼 군림해왔다. 하지만 행성 규모에서 볼 때 이런 식의 생각은 부조리하다. 용변을 보고 나서 물을 내려 배설물을 더 빨리 휘젓는 것이 거기 가만두는 것보다 더 낫다는 근거란 대체 무엇인가? 흐름을 감시하고, 규제하고, 통제하는 것. 과연 그것이 생태 윤리와 생태 정치의 전부일까? 흐르는 것을 규제하고 보내져야 한다고 믿는 그곳으로 보내는 것은 비인간과 관련이 없다. 흐름을 규제하는 것은 그저 존재신학적 허무주의라는 실체를 눈속임하는 동시대의 겉치레 양식에 불과하

부정적인 욕망에 기초한다. 그것은 일방적인 동경으로 포화된 상태이다. … 어두운 생태학은 멜랑콜리한 윤리학이다. 타자에 대한 개념을 완전히 받아들이지도 소화할 수도 없는 상태로 행동하지 못하고 단지 행동할 수 있는 가능성에 유예된 채 얼어붙는다(*Ecology without Nature*, 186).

29   David Gissen, *Subnature: Architecture's Other Environments* (New York: Princeton Architectural Press, 2009), 79; "Reflux: From Environmental Flows to Environmental Objects," paper presented at the Materials: Objects: Environments workshop, NIEA, Sydney, May 19, 2011.

30   R&Sie, *Dusty Relief*, http://www.new-territories.com/roche2002bis.htm

그림11. New Territories/R&Sie, 〈먼지 경감〉(2002). 프랑수와 로셰, 스테파니 라보, 장 나바로. 동시대의 건축과 디자인은 벡터와 흐름에 기반한 모델 너머를 사유한다. 지구나 생물권을 전체로 생각하면 오염 물질을 '다른 곳'으로 밀어 넣는 행위는 카펫 아래에 쓸어 넣기처럼 그저 오염 물질을 재분배하는 것에 불과하다. 허가를 얻어 전재.

그림12. New Territories/R&Sie, 〈먼지 경감〉(2002). 프랑수와 로셰, 스테파니 라보, 장 나바로. 정전기 건물은 오염 물질을 재분배하기보다 도리어 끌어당긴다. 아트 갤러리로 제안된 이 건물은 하이퍼객체를 돌보는 것이 이제 미학을 재정의하는 것일 수 있는 방식에 대해 말한다. 허가를 얻어 전재.

며, 니체가 철학을 약화시키기undermine 위해 사용했던 생성과 과정에 대한 이야기도 그 선상에 있다.[31]

흐름을 관리하고 규제하는 것을 두고 흔히 **지속 가능성**이라고 말한다. 하지만 지속하는 것은 정확히 무엇인가? '지속 가능한 자본주의'는 '군사 정보'military intelligence와 비슷하게 모순적인 용어다.[32] 자본은 스스로 지속하기 위해 반드시 그 이상의 자본을 끊임없이 생산해야 한다. 이 이상한 역설은 근본적으로, 또 구조적으로 불균형적이다. 자본주의를 형성하는 가장 기본적인 과정을 생각해보자. 그것은 원재료를 상품으로 바꾸는 과정이다. 이때 자본가들에게 원재료는 엄격히 보자면 자연적이지 않다. 그것은 자본가들이 이후에 부여하게 될 노동 과정에 앞서 그저 원자재로 존재할 뿐이다. 여기엔 확실히 문제가 있다. 구체적인 노동 과정에 앞서 무엇이 존재하든, 그것은 하나의 덩어리에 불과하며, 노동이 가해져야만 비로소 값어치 있는 물건이라는 정의가 내려진다는 점이다.

자본주의는 자본이라 불리는 것을 만든다. 경제 이론에서 정의

---

31   [옮긴이] 니체의 철학은 대개 생성의 철학으로 규정된다. 니체 철학의 중심 개념은 생성이고, 이에 대한 철학적 정당화가 니체 철학의 과제였다. 철학자 알랭 바디우(Alain Badiou)는 니체, 파스칼, 키르케고르, 비트겐슈타인, 라캉 등을 반철학자로 논하는데, 바디우에 따르면 반철학이란 철학이 안고 있는 문제를 단번에 해결하고자 하는 것이다.

32   Neil A. Manson, "The Concept of Irreversibility: Its Use in the Sustainable Development and Precautionary Principle Literatures," *Electronic Journal of Sustainable Development* 1.1 (2007), 3–15, https://sustainability.water.ca.gov/documents/18/3407876/The+concept+of +irreversibility+its+use+in+the+sustainable.pdf

상 '원자재'는 단순히 '공장 문을 통해 들어온 것'이다. 다시 말하지만, 공장으로 무엇이 들어오는지는 중요하지 않다. 상어일 수도, 금속 나사일 수도 있다. 과정의 양 끝에는 특색 없는 물체 덩어리가 있다—그리고 그 특색 없는 덩어리 중 하나가 인간 노동이다. 핵심은 이 덩어리를 돈이 되는 물건으로 변형시키는 것이다. 산업자본주의는 주식, 철재 빔, 인간의 땀에 육화肉化된 철학이다. 어떤 철학일까? '재고품의 실재론'realism of the remainder을 원한다면, 주위를 둘러보라. 그렇다. 분명 당신이 본 것처럼, '재고품의 실재론'이란 우리가 접근할 수 있는 영역 바깥에 무엇인가 실재한다는 뜻이다—하지만 우리는 그 실재하는 것을 우리의 탐색에 대한 타성적인 저항으로 분류할 수 있을 뿐이며, 나노기술—실재가 형체 없는 찐득한 물질goo이 될 때까지 모든 것을 먹어치우는 소형의 기계장치—에 대한 사유가 제시하는 용어로 말하자면 그것은 **그레이 구**grey goo다.

산업자본주의가 지구를 위험한 사막으로 바꾸어놓았다는 것은 놀랍지 않다. 더 많은 자본을 만들어내기만 한다면, 공장 문으로 무엇이 들어오든 신경 쓰지 않는다. 우리는 정녕 그레이 구 철학에 기초한 세계를 지속하기 원하는가? (다시 말하지만 그레이 구라는 용어는 몇몇 미래학자들이 나노 규모의 로봇이 모든 것을 으깨서 잿빛 수렁으로 만드는 악몽을 묘사한다.) 자연은 생산 과정 양 끝에 놓인 특색 없는 재고품이다. 자연은 착취의 대상이거나 가치가 더해진 물건이다. 무엇이든 간에 근본적으로 특색 없고 추상적이며 잿빛이다. 선충이나 오랑우탄, 혜성이나 암석층에 있는 유기 화학물질과는 아무

상관이 없다. 당신이 자연을 찾아 산꼭대기부터 대양 속 가장 깊은 마리아나 해구까지 지구를 샅샅이 뒤져볼 수는 있을 것이다. 하지만 결코 거기서 자연을 찾을 수는 없을 것이다. 자연은 무언가로 채워지길 기다리는 텅 빈 범주다.

자본주의는 모든 것을 숭고한 에테르로 증발시킬 뿐 아니라(마르크스는 『맥베스』를 경유해 "견고한 모든 것은 공기 속에 녹아버린다"고 썼다),[33] 페르낭 브로델Fernand Braudel의 연구가 보여주듯, 가족 제도처럼 견고하고 오래 존속하는 관성적 구조물을 필요로 하고 또 유지시킨다.[34] 코크 형제[35]와 제너럴 일렉트릭은 이를 보여주는 동시대적 사례다. 그 자체로 하이퍼객체인 자본을 구성하는 한 가지 요소는 생산 양식의 끊임없는 혁신이다. 반면에 [자본의] 또 다른 요소로 지독한 타성이 있다. 그리고 이 지독한 타성은 근대의 편에서 일어난다. 즉 '저 너머로'가 존재하는 정치적 존재론이다. 하지만 하이퍼객체의 시대에 '저 너머로'란 없다.

---

33   [옮긴이] 이 유명한 문장은 「공산당선언」(Communist Manifesto)의 1장 「부르주아와 프로테스탄트」에 쓰인 문장이다. 마르크스는 매일 셰익스피어를 읽었다고 전해진다. 『맥베스』에서 극의 문을 여는 마녀들의 대사 "공정은 더럽고, 반칙은 공정하다. 안개와 탁한 공기를 날아라"(Fair is foul and foul is fair; hover through the fog and filthy air)(1.1.12–13)는 연극에서 벌어질 기만과 불확실성, 보이는 겉모습과 실재의 차이를 암시한다.

34   Fernand Braudel, *Civilization and Capitalism, 15th–18th Century*, trans. S. Reynolds, 3 vols. (Berkeley: University of California Press, 1982–1984): [국역본] 페르낭 브로델, 『물질문명과 자본주의』(전 6권), 주경철 옮김(까치, 1995–7).

35   [옮긴이] 석유회사 코크 인더스트리를 소유하고 있는 미국의 갑부인 두 형제 찰스 코크와 데이비드 코크를 말한다.

자본주의는 계급으로 이루어진 신성한 계층 제도와 같은 봉건적, 전前봉건적 신화를 소멸시켰다. 하지만 그렇게 해서 자본주의는 그 자체의 거대한 신화, 즉 자연Nature을 대신했다. 자연은 바로 자본가의 노동 과정에 선행하는 덩어리다. 하이데거는 부품Bestand(예비력 standing reserve)이라는 용어를 고안해 이를 정확히 표현했다. 부품이란 1990년대의 '펩시를 마셔라: 그것을 가져라'Drink Pepsi: Get Stuff와 같은 광고처럼 '물건, 그것'stuff을 의미한다. 자본주의적 생산에는 어떤 존재론이 내포되어 있다. 아리스토텔레스가 물질론이라고 정의한 그것이다. 이 특정한 형태의 물질론은 다양한 특정성을 띤 물질적 객체에 크게 관심을 두지 않는다. 물질적 객체도 그저 물건stuff으로 볼 뿐이다. 이러한 관점이 아리스토텔레스의 물질론 문제의 근간을 이룬다. 물질을 보거나 다루어본 적이 있는가? 그 '물건'의 한 조각이라도 손에 쥐어본 적이 있는가? 누구나 수많은 사물을 본 적이 있다는 점에는 의심의 여지가 없다. 백화점에 놓인 산타클로스 조형물, 눈송이, 원자폭탄 사진 같은 것들을 보았을 것이다. 하지만 정말 물질이나 물건이라고 할 만한 것을 본 적이 있는가? 아리스토텔레스는 이것을 두고 동물원에서 원숭이나 구관조와 같은 각양각색의 종이 아닌 '동물'을 찾는 것과 다소 흡사하다고 말한다.[36] 마르크스도 자본에 관해 정확히 같은 내용을 언급한다.[37] 자연이 사라지면, 물질도 소멸

36   Aristotle, *Metaphysics*, 213, 217.
37   Marx, *Capital*, 1: 620.

한다. 우리 시대에 가장 진보적인 물질 이론인 생태학과 양자 이론은 물질과 연관될 필요가 없다.

부품이란 무엇인가? 부품이란 비축이다. 줄지어 분양되기를 기다리는 거대한 상자 같은 집들. 채워지기를 기다리는 수십 테라바이트의 메모리. 비축은 겸용법兼用法[38]의 기술—'물결 위에 물결'wave upon wave이나 '꼬리에 꼬리를 문'bumper to bumper과 같은 구절들에서 듣게 되는 사물들의 얽어맴—과 같다. 비축은 사회적 실존이 드러나는 지배적인 양식이다. 거대한 텅 빈 주차장, 너무 커서 건너편 사람의 손이 닿지 않는 레스토랑의 테이블, 끝없이 펼쳐진 인적 없는 잔디밭. 자연은 비축이다. 멀리 희미해지는 첩첩이range upon range 이어진 산맥. 로키 플랫 핵폭탄 기폭 공장은 이런 곳에 위치해 곧바로 산더미 같은 비축을 상기시킨다. 이러한 사실이 불러일으키는 기이한 낯섦 때문에 우리는 여전히 자연이 '저기 너머'over there에 있다고 믿는 방식과 직면하게 된다. 자연은 결코 '저기 너머'에 있지 않다. 자연은 비축된 것들의 비축이다.

지속 가능성을 이야기할 때 우리가 지속하는 것은 정확히 무엇인가? 그것은 한쪽 끝에서는 그레이 구[라는 지구 종말 시나리오]를

---

[38]　[옮긴이] 겸용법(zeugma, 액어법)은 하나의 단어가 두 개 또는 그 이상의 단어를 동일한 문법 관계로 구속하면서 각기 다른 의미로 이해되도록 쓰는 표현법이다. 예를 들어, "They covered themselves with dust and glory(그들은 먼지와 영광으로 자신을 뒤덮었다)"라는 문장에서, 'cover'라는 동사는 'dust'와 'glory'에 적용되어 각각 다른 의미를 갖는다. 결속시키다는 뜻의 그리스어 zeûgma에서 유래되었다. 겸용법에 대한 상세한 설명과 예시로 『사고의 본질: 유추, 지성의 연료와 불길』(더글러스 호프스태터·에마뉘엘 상데)(아르테, 2017) 참조.

빨아들이고, 다른 쪽 끝에서는 잿빛의 가치grey value를 밀어내는, 본질적으로 통제를 잃은 시스템이다. 그것은 자연의 구Natural goo, 자연의 가치Natural value다. 결과는? 인간이 불확실성으로 인한 괴로움에 타들어가는 동안, 매년 더욱더 높은 타성inertia의 산이 쌓인다. 중국 어딘가에 끝이 안 보일 정도로 많은 전화 다이얼들이 대양을 이룬 〈제조된 풍경〉을 보라.[39] 혹은 타라 도너번Tara Donovan[40]이 〈무제(플라스틱 컵)〉(2006)에서 보여준 거대하게 부풀어 오르는 플라스틱 컵 파도를 생각해보라(그림13). 한 번에 한 개의 컵만 사용하는 사람의 시야에서는 가려졌던 컵의 속성, 즉 (나의 용어로는) 끈적이는 가단성可鍛性[41]이 엄청나게 거대한 더미 속에서 드러난다. 이 작품의 제목에서 "컵"은 괄호 안에, "무제"는 괄호 밖에 있는데, 마치 컵이 인간적 용도 너머의 무언가를 '말하는' 방식을 강조하려는 듯하다. 그 무언가는 인간이 말로 형언할 수 없는 것이다. 이 제목 없는 제목은 거대한 더미가 확연히 환기시키는 인상인 쓰레기 처리장처럼, 인간의 사회적이고 철학적인 공간 안팎에 작품을 배치한다.

사회는 철학을 구현한다. 우리가 근대성을 통해 갖게 된 것은

---

39   Burtynsky, *Manufactured Landscapes; Manufactured Landscapes*, directed by Jennifer Baichwal (Foundry Films, National Film Board of Canada, 2006).

40   [옮긴이] 타라 도너번은 미국의 설치미술가다. 종이컵, 빨대, 연필 등 일상용품을 활용한 장소 특정적 미술로 알려져 있다.

41   [옮긴이] 가단성(malleability)은 금속 등의 물질이 망치질 등에 의해 부러지거나 쪼개지지 않고 눌러서 넓게 펴지는 성질을 말한다.

그림13. 타라 도노반, 〈무제(플라스틱 컵)〉(2006), 플라스틱 컵, 가변 크기. 일상에서 사용하는 일회용 컵으로 된 부풀어 오른 플라스틱 구름. 도노반은 규모를 계산할 수 있는 인간의 능력이 낯선 존재를 불러내는 혼란스러운 방식을 갖고 유희하는데, 그 낯선 존재는 한 개의 플라스틱 컵만큼 존재하지만 일상적 인간의 인지로는 덜 가능한(또는 온전히 불가능한) 어떤 차원을 점유한다. 사진 제공: 앨런 라벤스키. 저작권: 타라 도노반. 페이스 갤러리. 허가를 얻어 전재.

그저 도구성instrumentality이라고 부르는 것보다 훨씬 더 나쁘다. 이 지점에서 우리는 하이데거와 결별해야 한다. 도구성보다 더 나쁜 것은 본질의 위치를 구체적인 존재에서부터 멀리 떨어뜨려서 **너머** 어딘가에 두는 것이다. 자본주의 자체는 이토록 하이데거적이다! 과학주의, 해체주의, 상관주의 또는 구식이지만 여전히 유효한 플라톤식의 형상 등 무엇으로 불리든 간에, 존재하는 것에 본질은 없다고 본다. 너머란 그 자체로 (해체주의나 허무주의에서처럼) 비존재적이거나, 혹은 '여기'로부터 실제로 떨어져 있는 어떤 것이다. 그렇다면 문제는 본질주의가 아니라 **너머라는 관념 그 자체**다. 타라 도너번의 작품은 이 너머라는 관념을 부순다.

토니 헤이워드Tony Hayward는 딥워터 호라이즌 기름 파이프 폭발 사고가 있던 시기에 브리티시 페트롤리엄BP의 최고경영자였고, 그의 냉혈한적 면모는 전 세계 언론의 일면을 장식했다. 헤이워드는 멕시코만이 거대한 수역인 것에 비해 기름 유출은 매우 사소하다고 말했다. 자연은 이 산업 재해를 감당해낼 것이다. 헤이워드의 우둔한 머리로는 심지어 더 큰 유출이 생기더라도 그저 나쁜 소식쯤으로 치부될 것이기에, 나는 멕시코만의 크기와 유출의 크기 차이에 대해 다투고 싶지 않다. 여기서 나는 그의 주장에 개입된 형이상학이 이른바 자본주의적 본질주의capitalist essentialism라는 점을 지적하고 싶다. 실재의 본질은 자본이자 자연이다. 둘 다 에테르적 너머에 존재한다. 이쪽에서는, 즉 우리가 사는 곳에는 기름이 샌다. 하지만 걱정할 필요는 없다. 너머가 알아서 처리할 것이다.

그러는 동안, 자연에도 불구하고, 그레이 구에도 불구하고, 실재 사물들은 뒤틀리면서 서로를 향해 세게 부딪힌다. 산업이 오작동해서 혹은 너무 잘 작동해서 어떤 것들이 불쑥 밖으로 튀어나온다. 고대 싱크홀에서 기름이 터져 나와 멕시코만에 밀려든다. 플루토늄에서 감마선이 2만 4,000년 동안 뿜어져 나온다. 화석연료가 연소되어 나오는 열을 공급받은 거대한 폭풍 시스템에서 허리케인으로 발달하게 될 수증기가 응결된다. 대양을 이룬 전화 다이얼들은 어느 때보다 높이 쌓인다. 자본주의는 역설적이게도 각양각색의 공포와 반짝이는 화려함 속에 무수히 많은 객체를 우리에게 풀어놓았다. 200년 동안 유지된 관념론, 즉 200년 동안 인간을 존재의 중심으로 보았던 시간을 지나, 이제 객체들은 우리 몸의 모든 세포에 침투해 무섭도록 거대하고, 아주 오래되며, 영속하고, 위협적일 만치 정밀한 복수를 꾀한다. [변기에 물을 내릴 때] U자형 굽은 관이 그 오물을 어디론가 존재론적으로 낯선 영역으로 보낼 것이라 상상한다.[42] 이제 생태학은 이와는 전혀 다른 것을, 즉 존재론적인 U자형 굽은 관이 없는 평평한 세계를 이야기한다. '저 너머로'가 없는 세계. 그렇다면 『공산당 선언』에서 마르크스가 말했던, 자본주의에서 단단한 것은 녹아 공기 속으로 흩어진다는 주장은 부분적으로 틀렸다. 마르크스는 하이퍼

42   Slavoj Žižek, *Enjoy Your Symptom! Jacques Lacan in Hollywood and Out* (New York: Routledge, 2001), 209: [국역본] 슬라보예 지젝, 『당신의 징후를 즐겨라: 할리우드의 정신분석』, 주은우 옮김(한나래, 1997).

고체성[43]이 어떻게 자본주의의 비워진 공간으로 흘러나오는지 보지 못했다. 이 흘러나오는 실재는 더는 간과될 수 없으며, 유출이 "지나가고 잊힌" 때에도 수면 아래 수십 킬로미터의 기름 층이, 해저에는 수 제곱킬로미터에 이르는 기름 층이 떠돈다.[44] 그것은 지나가거나 잊힐 수 없다―ABC 뉴스조차도 이제 이 사실을 안다.

'지속 가능성'이라는 단어를 들으면 나는 선크림을 찾게 된다.

지속 가능성이 하나의 개념으로 성립하지 않는 근본적인 이유는 우리가 세계 속에 살고 있지 않은 이유와 관련 있다. 이리하여 생태학이라는 용어의 의미를 질문할 때가 되었는데, 생태학은 집에 대한 사유이고, 따라서 세계에 대한 사유이기 때문이다(집oikos 더하기 학문logos). 집도 세계도 없는 실재에서, 생태학이 객체라 부르는 것이 실재를 구성한다. 객체는 고유하다. 객체는 더 작은 객체로 환원될 수 없으며, 더 큰 객체로 사라질 수도 없다. 객체는 서로에게서, 그리고 자신에게서도 물러난다. [〈닥터 후〉에 나오는] 타디스같이 객체의 안쪽 면은 바깥 면보다 더 크다. 객체는 언캐니하다. 객체는 합산할 수 없는 비전체nonwhole 집합을 구성하면서, 전체론holism이나 환원주의를 거부한다. 따라서 모든 객체들에게 가치와 의미를 부여하는 최상위 객체란 없으며, 또한 객체들이 환원될 수 있는 최하위 객체도

---

43   [옮긴이] 하이퍼고체성(hypersolidity)은 고체 상태보다 더 오래 존속한다는 측면에서 고체성에 대해 하이퍼하다는 의미다.

44   ABCnews, "Oil From the BP Spill Found at Bottom of Gulf," September 12, 2010, http://abcnews.go.com/WN/oil-bp-spill-found-bottom-gulf/story?id=11618039

없다. 최상위, 최하위 객체가 없다면, 전체보다 더 많은 부분들이 존재하는 매우 이상한 상황이 된다.[45] 이 때문에 어떤 종류의 전체론도 철저히 불가능하다.

방대한 양의 실재를 고려하지 않는다 하더라도, **경계를 그은 작은 부분 안에서도 상위 객체**top object**나 하위 객체**bottom object**가 없다**는 것을 알 수 있다. 생태과학에서 수행하는 방법(**메조코즘**mesocosm)처럼 중간쯤을 연구하기 위해 실재의 한 구역만 골라낸다 하더라도, 골라낸 것은 그 구역에만 관계될 뿐 거기에 상위 객체나 하위 객체란 없다. 이는 자석과도 같다. 반으로 쪼개더라도 두 반쪽에는 여전히 N극과 S극이 있다. '반쪽' 자석 대 '온전한' 자석 같은 것은 없다.

왜 전체론은 형편없는 관념일까? 물론 부분이나 전체—전체가 무엇을 의미하든 간에—그 어느 쪽도 다른 쪽보다 더 크지 않다고 생각해서 둘 다both-and라는 관점을 취하는 다른 전체론이 가능할 수는 있다. 아마도 부분은 반드시 전체보다 작지 않으며 둘 다both-and 공동 작용하는 방식으로 존재한다. 당신은 '물러난' 객체들과 다른 것을—동시에—가질 수 있을 것이다(다만 고정되지 않은 것을 원하는 우리의 근대적 욕구를 충족하고자 언제나 다른 무언가로 확장 가능한 일종의 열린 결말이라고 해두자).

먼저 이 일련의 문제 제기 간에 어느 정도 연결된 점들을 점검해봐야 한다. '둘 중 하나'either-or보다 '둘 다'both-and를 갖는 것이 다

45   Bryant, *Democracy of Objects*, 208–227.

소 소비자적인 사고에서는 더 값어치가 있게 들린다('한 개 사면 하나 더'). 하지만 애석하게도 여기서는 둘 중 하나의 문제다. 즉 전체론이냐 아니냐 하는 것이다. 부분은 대체 가능한 전체의 요소가 **아니다.** 객체는 러시아 인형 같아서 더 많이 열수록 내부에서 더 많은 객체들을 보게 된다. **객체들과 객체들 내부 사이의 모든 관계도 객체로 간주**되기 때문에 그 시리즈의 첫 번째 객체보다 훨씬 더 많은 객체가 발견된다. 이것은 라캉이 말한 비전체 집합not-all set이다. 이 관점에서 보자면 객체는 근본적으로 남근 이성 중심적 규칙을 따르지 않는다. (광고 시간: 여기서 '객체'라는 용어를 사용하는 데 문제가 있다면, '개체entity'와 같은 다른 용어를 쓰는 건 어떨까요?) 지금까지 여러 장에 걸쳐 자세히 설명하고 있는 객체 지향 존재론에서 우리는 객체 사이에 얼마든지 여러 제휴가 맺어지는 바디우식 집합 이론을 만난다. 이러한 종류의 집합에 포함된 내용은 그것을 담은 용기보다 훨씬 더 크다.

때로는 어린이를 위한 그림책이 심오한 존재론적 쟁점을 다루기도 한다. 『집은 나에게 집이다』는 생태학에 관한 책으로 더할 나위 없이 좋은 제목이다(앞서 집oikos과 학문logos에 대해 언급한 것을 참조). 다음 문장들은 객체가 마구 뒤섞인 과잉을 놀랍도록 잘 보여준다.

상자는 크래커에게 집이다.
성은 왕에게 집이다.
집에 대해 더 생각할수록

더 많은 사물들이 사물들을 위한 집이 된다.[46]

집oikos은 불안정하다. 그것이 어디서 멈추고 어디서 시작하는지 과연 누가 알 수 있겠는가? 이 한 편의 시는 놀랍도록 어지러운 객체들의 행렬을 보여준다. 객체는 다른 객체에게 집으로 작용할 수 있다. 물론 결과적으로 이 집들은 다른 '집들'의 안쪽에서 스스로를 발견하게 될 것이다.

'집'은 전적으로 '감각적'sensual이다. 이는 하나의 객체가 필연적으로 다른 객체의 안쪽에서 발견되는 것과 관련이 있다. 따라서 오이코스의 불안정성은 생태학 그 자체의 불안정성이기도 하며, 이는 객체의 [감각적] 특성과 관련이 있다. 하나의 '집'house은 객체가 개체를 경험하는 방식으로서, 객체는 스스로를 개체의 실내에서 발견하게 된다. 그렇다면 다음에 언급된 종류의 사물들 역시 집이 된다.

거울은 반사에게 집 …
목은 흥얼거림에게 집 …
…
책은 이야기에게 집.
장미는 냄새에게 집.

---

46   Mary Ann Hoberman, *A House Is a House for Me* (New York: Puffin Books, 2007), 27: [국역본] 마리 앤 호버만, 『이 집은 나를 위한 집』, 엄혜숙 옮김(우리학교, 2022).

내 머리는 비밀에게 집,

결코 말하지 않을 비밀 하나

꽃은 정원 안에 있는 집에 있다.

당나귀는 마구간 안에 있는 집에 있다.

알려진 각각의 창조물마다 제 집이 있다.

그리고 지구는 우리 모두에게 집이다.[47]

하이퍼객체의 시대는 우리가 큰(즉, 인간보다 더 큰) 지구, 지구온난화, 진화와 같은 객체 내부에 있다는 것을 깨닫는 시대다. 다시 말하지만, 그 큰 객체는 어원적으로 **생태학**ecology에서 **에코**eco가 의미하는바, 즉 집oikos이다. 『집은 나에게 집이다』의 마지막 두 행은 이 점을 매우 분명히 한다.

시가 가진 꾸밈없는 활력을 내보이기 위해 우스꽝스럽고도 재미난 다양한 '집들'이 끝에서 두 번째 부분에서 제시되면서 독자는 결말을 향해 서두르게 되는데, 그러고 나면 결론에서는 '실재' 집, 즉 지구에 대해 말하면서 앞선 기록을 바로잡는다. 하지만 이것은 사실이 아니다. 객체 지향 존재론은 어떤 객체가 다른 객체에 비해 '더 실재'라고 주장하지 않는다. 그렇지만 '감각 객체'라 부르는 어떤 객체의 실재는 [실재 객체의 실재보다] 무시된다. 감각 객체란 무엇인가? **감각 객체란 다른 객체에게 비친 외양**appearance-for**이다.** 내 연필에게–

---

47   Hoberman, *House*, 34, 42–48.

책상the table-for my pencil은 감각 객체다. 내 눈에-테이블the table-for my eyes은 감각 객체다. 내 저녁식사에게-테이블the table-for my dinner은 감각 객체다. 감각 객체는 아주 놀랍도록 불온하게 서로에게 얽혀 있다. **인과가 벌어지는 곳**은 기계 지하실 같은 곳이 아니라 **바로 이곳이다.** 여기서 외양이라는 마술적 환영이 일어난다. **거울은 반사에게 집이다.** 그렇다. **메시**mesh(모든 것의 상호연관성)는 감각 객체다! 기이한 낯선 것strange strangers이야 말로 실재 객체다! 환경주의가 실재라고 여기는 **자연**과 같은 매우 중대한 개체 또한 감각 객체다. 그것은 **경험자나 사용자, 파악하려는 자에게** 어떤 것'으로' 보인다. 감각 객체는 하먼이 **로서-구조**as-structure[48]라고 부른 것의 발현이다. 감각 객체들이 (인간적) 사건의 심오한 배경으로 보인다 하더라도 그것은 로서-조직된as-structured 것들이다.

감각적인 것과 실재적인 것 간의 이러한 혼동은, 『집은 나에게 집이다』의 관점에서 보자면, 빵이 **정말** 잼에게 집이며, 잼에게만 집이라고 생각하는 것과 유사하다. 그런 생각은 그저 나에게 일어난 생각이거나, 어쩌면 빵 위에 듬뿍 발린 잼에게 드는 생각일 뿐이다. 마

---

48   Harman, *Tool-Being*, 68–80. [옮긴이] '로서-구조'(as-structure)는 하이데거의 『존재와 시간』에 나온 'Als-Struktur'을 하먼이 번역한 것이다. "모든 현상은 필연적으로 그것이 빈 환영이든 확고한 사실이든 무엇가로 간주되는 하나의 외양이다. 하지만 어떤 것으로서의 사물은 사물 그 자체와 같지 않으며, 그 사물 자체는 결코 공개적으로 대면할 수 없다. 부러진 망치는 결코 그 자신의 존재에 대한 직접적인 계시를 제공하지 않으며, 다만 '로서'의 극장에서 그 존재를 전시한다. 즉 하이데거의 '로서-구조'는 시뮬레이션의 사건을 표시한다." Harman, *Tool-Being*, 69.

멀레이드도 빵에 발리길 바란다고? 애석하게도 마멀레이드는 인공적이고 부자연스러운 기생균이다! 땅콩버터는 어떤가? 불법 체류자! 오직 잼만이 '자연적'이며 그래서 빵은 오직 잼 전용이라는 식이다. **자연**에 어떤 문제가 있는지 보이는가? 객체 지향 존재론식 용어로 말하자면, **물화**reification란 바로 **실재 객체를 또 다른 객체에 비친 감각 외양으로 환원하는 것이다.** 물화란 하나의 개체를 그것에 대해 또 다른 개체가 가진 **환상**fantasy으로 환원하는 것이다.

　　자연은 이러한 맥락에서 물화된 것이다. 이것이 **자연 없는 생태학**이 필요한 이유다. 자연을 좀 더 유동적인 것으로 바꾼다면 어쩌면 효과가 있을지도 모른다. **창발**emergence도 감각 객체다. 따라서 창발에도 물화 작용이 일어날 위험이 있다―이것은 창발이 자연과 같은 단어를 대체할 만큼 대중적으로 선호됨에도 물화되지 않고 흐르는 것이라는 평판을 얻고 있다는 점을 감안하면 매우 이상하다. 창발은 항상 **무언가에게 창발**emergence-for이다. 하지만 이에 대해 좀 더 깊게 사유해볼 수 있다. **자연**physis, **창발, 흔들림, 꽃잎이 펼쳐지는 방식, 외관**seeming, **존재자의 고조**upsurge 등은 하이데거가 고대 그리스 철학자들의 주된 관념이라고 여겼던 것을 특징짓는 용어들이다. 무언가에게 나타나는 것an appearing-to, 무언가에게서 창발하는 것an emerging-for 등등이 있다는 식이다. 하이데거 설명의 가장 근본 단계에서 존재자Being는 외관seeming과 분리되지 않는다. 따라서 시는 얼마든지 풍부한 의미에서 물리적 객체로 해석될 수 있다. 개체에 두 층이 딸려 있다고 생각하는 것은 직관에 반할 뿐이다. 하층부에 기계실, 상층부에 멋진 거실 같은 식으로 말이다. 하지만 존재자에 해당하는 하이데거의 용어들은 객체 지향 존재론이 보았을 때는 **로서-구조**를 단순히 상술한 것이다. 그것을 **창발**이라고 부르든 **외양**이라고 부르든 우리가 이야기하는 것은 **감각 객체**다.

행성적 규모로 생각한다는 것은 하나의 객체 안에서, 더 정확히 말하자면, 지구, 생물권, 기후, 지구온난화 등의 일련의 "객체 안에 싸인 객체"의 내부에서 깨어남을 뜻한다.[49] 생태학적 더불어-있음being-with은 객체의 구석진 곳에 쌓인 먼지를 털어내 청결한 느낌을 낸다는 뜻이 아니다. 생태학적 더불어-있음은 사물의 근본적인 고유성과 물러남을 인정하는 것과 관련이 있을 뿐, ('무한'에 대응하는 아낙시만드로스의 용어를 사용하자면) 아페이론apeiron의 애매한 [개념적] 찌꺼기와는 관련이 없다. 끝없는 선lines이 아닌 원circle은 사물들이 지닌 구속성과 개방성의 표상이다.[50] 애매한 [개념적] 찌꺼기는 실제로 오염을 일으키는 문제다. 과정 상관주의는 근대가 만들어낸 [개념적] 찌꺼기를 반영한 최후의 철학이다. 우리에게는 반짝이는 단일성[51]의 철학이 필요하다. 부분이나 더 큰 전체로 환원될 수 없는 양자화된

---

49   이 문장은 그레이엄 하먼의 『게릴라 형이상학』의 문장이다. Graham Harman, *Guerrilla Metaphysics*, 23, 85, 158, 161.

50   Stambaugh, *Finitude of Being*, 28, 53, 55.

51   [옮긴이] 단일성(unicities)은 '부분이 없고 분할이 불가능한 것'을 말한다. 단일성과 유일성은 인격의 중요한 특징으로, 하이데거에게서 존재자의 중요한 특징이다. 저자는 이것을 '인격/인간만의 것이 아닌' 특징으로 확장해서 보려고 한다.

유닛, 관찰자에 의해 그 실재함이 좌우되지 않는 선명하고 특유한 유닛이 필요하다.

이러한 생각은 각기 다른 존재론들의 규범적 가치를 고려한 것이다. 하지만 하이퍼객체를 과정이 아니라 실재 개체 그 자체로 보아야 가장 잘 볼 수 있는 더 심원한 이유가 있다. 적절히 높은 차원에서 본다면, 과정은 정확히 고정된 객체다. 4차원적 존재자의 눈에는 내가 한쪽은 요람에, 다른 쪽은 무덤에 걸쳐진 이상한 벌레처럼 보일 것이다. 이것은 사물을 영원한 상 아래에서sub specie aeternitatis 보는 것이 아니라, 이전에도 언급했듯이 다수의 상 아래에서sub specie majoris 보는 것, 즉 아주 약간 더 높은 차원에서 보는 관점이다. 과정은 그보다 더 낮은 차원의 관점에서 볼 때 복잡해 보인다. 진정으로 인간중심주의를 초월하기 원한다면, 이런 식이어서는 안 될 것이다. 어떤 것을 과정으로 여기면 아이러니하게도 과정 철학자의 적들이 사물을 고정된 덩어리로 추측하는 것만큼이나 사물을 물화하게 된다. 덩어리가 고정될수록, 로렌츠 끌개는 꽤 들어맞는다. 과정이란 실재 객체를 물화한 것과 동일하다. 하나의 과정은 감각적 번역이자 저차원 존재자가 고차원 객체를 조악하게 모방parody[52]한 것이다. 하이퍼객체는 도시와 같다—실제로 런던과 같은 도시는 하이퍼객체를

---

52   [옮긴이] 여기서 parody는 의도된 희화화의 뜻보다는 원본을 흐릿하게 보여주는 것에 가깝기에 '모방'으로 옮겼다. 1부에서 빗방울을 끊임없이 인간적으로 번역하는 것, 플롯의 저해상 복사본, 캐리커처, 3차원 세계를 2차원 도형으로 설득하기 등에 빗대어 설명한 것과 같은 것을 가리킨다.

보여주는 적절한 예시를 제공한다. 도시와 하이퍼객체는 둘 다 낯선 길, 버려진 출입구, 막다른 골목, 숨겨진 틈새 지대로 가득 차 있다.

핵 후견 운동Nuclear Guardianship이 지지하는 핵물질 처리에 관한 접근 방식은 정전기 건물이 카펫 밑으로 먼지를 치워버리지 않고 눈에 보이게 모으는 것과 놀랍도록 유사하다.[53] 방사능 낙진을 쓸어 **저 너머로**away 보내버릴 유효한 방법이란 없다. 어디에도 없는 곳은 너무 멀리 있거나 너무 오래 지속된다. 대신에 우리는 반드시 핵물질을 의식적으로 돌봐야 하며, 그 돌봄은 방사능 낙진이 더는 검출되지 않을 때까지 감찰할 수 있는 복구 가능한 지상 저장 창고 속에 핵물질을 보관하는 것을 의미한다. 플루토늄-239의 반감기가 2만 4,100년임을 기억하라. 쇼베 동굴벽화가 과거에서부터 있어온 시간만큼이나 먼 미래의 시간이다. 플루토늄의 미래는 시간을 거슬러 현재에 그림자를 드리워 인과적 영향력을 행사한다. 방사능 객체의 실재를 신중히 감추지 않고서는 그 어떤 종류의 선택지도 더는 생각해낼 수 없다. 문제의 이 하이퍼객체에 대한 무지를 강요하는 토머스 세벅Thomas Sebeok의 '원자 사제단'atomic priesthood이라는 충격적인 개념보다는 복구 가능한 [핵물질] 저장 창고를 감찰하는 데 훨씬 더 많은 노력을 들여야 한다.[54] 다큐멘터리 〈영원한 봉인〉은 사유와 민

---

53 모범이 될 만한 예시는 록키평야 핵 후견 운동(Rocky Flats Nuclear Guardianship) http://www.rockyflatsnuclearguardianship.org/

54 Thomas A. Sebeok, *Communication Measures to Bridge Ten Millennia* (Columbus, Ohio: Battelle Memorial Institute, Office of Nuclear Waste Isolation, 1984). [옮긴이] 토머스 세벅

주주의에 큰 도전인 지구상의 거대한 핵물질 더미를 탐구한다.[55] 영화는 습관적으로 한 지점, 또는 하나의 작고 견고한 거품이라고 여기는 가짜 지금을 몰아내면서[56] 먼 미래의 수신인들에게 이야기를 들려준다.

후견과 보살핌—**큐레이트하기**to curate[57]란 보살피기to care for를 의미한다. 우리는 비예술로 채워진 거대한 박물관에서 스스로를 발견한 큐레이터들이며, 그곳은 하이퍼객체로 채워진 자연발생적 박물관이다. 민주주의와 사회—그것은 누구를 포함하는가? 오직 인간만을? 배제되는 자는 누구인가?—의 본질에 의문이 제기된다. 원자 사제단은 진실이 알려지는 것을 막으려 들 것이다.[58] 인간이 하이퍼객체와 먼 미래의 수호자들을 보살피고자 노력함으로써 인간 자신에 대한 생각, 그리고 비인간과의 관계에 대한 생각은 급격히 바뀔 것이

은 헝가리 출신의 미국 기호학자다. 1980년대 초에 세벅은 「1만 년을 잇는 커뮤니케이션 방법」이라는 제목으로 미국 핵 쓰레기 관리국에 보고서를 제출했다. 이것은 미래 인류가 핵 쓰레기로 오염된 지역에 들어가지 못하도록 경고하는 핵 기호학의 문제에 대한 해결책을 논한 것이었다. 이 글에서 세벅은 "민간전승 중계 체계"와 위험 지역의 진정한 자연을 보존하기 위한 물리학자, 인류학자, 기호학자의 '원자 사제단' 모임을 제안한다.

55   마이클 마센(Michael Madsen) 감독, 〈영원한 봉인(Into Eternity)〉(Magic Hour Films and Atmo Media, 2010).

56   [옮긴이] 현재주의에 대한 비판을 일컫는다.

57   [옮긴이] 중세에 curate는 영적 인도, 영혼의 돌봄 등을 의미했다. 라틴어 curatus는 curare의 과거형으로, 돌보다to take care of를 뜻한다.

58   Susan Garfield, "Atomic Priesthood' Is Not Nuclear Guardianship: A Critique of Thomas Sebeok's Vision of the Future," *Nuclear Guardianship Forum* 3 (1994): http://www.ratical.org/radiation/NGP/AtomPriesthd.txt

다. 이 변화는 사회 정책, 윤리학, 영성, 예술 그리고 과학을 포함하는 생태 이론과 실천들이 점진적으로 출현할 것임을 암시하는 징후가 될 것이다. 하이데거의 표현을 빌리자면, 인간은 "마지막 신이 지나가는 고요함"이라는 미래성을 지키는 수호자가 된다.[59] 핵 후견 운동은 플루토늄을 시야 바깥으로 밀어내기보다는, 전 지구적 숭배와 갈망의 값비싼 대상인 금으로 감쌀 것을 제안했다. 감마선을 흡수하는 이점이 있는 금으로 플루토늄을 감싼다면, 플루토늄은 묵상의 객체object of contemplation가 될 수 있다. 플루토늄은 [인간적] 쓸모에서 해방되면서, 인간 너머로 확장된 민주주의의 일원이 된다. 자연이라 부르는 것은 [생산] 자동화의 부산물이다. 우리는 사회적 공간 속에 어른거리는 하이퍼객체를 받아들이고 자연이나 **세계**와 같은 것을 포기함으로써 인간들 간의 공존, 그리고 인간과 비인간 사이의 공존에 대한 더 민주적인 방식을 만들 기회를 얻는다. 하지만 전통적인 서구 세계의 한계 안에서 이러한 방식을 식별하기란 불가능한데, 그 이유는 미래 세대—그리고 더 먼 미래 세대도 '이쪽'의 윤리적, 정치적 결정에 속하기 때문이다.[60]

핵 후견 운동은 핵물질을 하나의 유닛, 즉 하이퍼객체로 본다. 이러한 비전은 인간의 사유와 행동의 장에 이미 존재해온 어떤 것

---

59 Heidegger, *Contributions to Philosophy*, 13.

60 Timothy Clark, "Towards a Deconstructive Environmental Criticism," *Oxford Literary Review* 30.1 (2008), 45–68.

을 호출한다. 핵물질을 사회 공간 바깥에 남겨두기보다 사회 공간 안에서 인류에 합류시키는 소환이다. 아니 그보다, 핵물질이 이미 사회 공간을 점유하고 있다는 사실을 인간이 시인한다고 말하는 편이 더 적절하다. 이는 본질적으로 매우 공포스러운 생각이다. 하지만 생각하지 않기를 바라는 것은 피할 수 없는 것을 미루는 일에 불과하다. 이러한 생각을 치워버리길 바라는 것은 오염된 분진이나 쓰레기, 장비를 정치적으로 덜 영향력 있는 선거구로 보내버리는 정화 작업과 같다. 핵물질은 사회의 일원으로서 하나의 유닛이며, 부분이나 더 큰 전체로 환원될 수 없는 하나의 양자다. 핵물질은 단일성을 구축한다. **유한성**이 의미하는 것이 바로 이것이다. 핵물질은 무한성이 아닌 매우 큰 유한성을 우리에게 선물한다. 핵물질은 우리가 단순히 유한성으로 의미해온 바를 그야말로 무너뜨린다. 핵물질은 시간과 공간의 제약 속에 있는 대상화된 덩어리가 아니라 고유한 존재자다.[61] 핵물질은 하이데거가 현존재 고유의 특징이라고 주장한 모든 것들을 가지고 있다.

「상호객체성」에서 제시했듯이, 하이퍼객체는 **미래적**이다. 하이퍼객체는 현재 순간을 대상화시킨 지금이라는 것을 퍼내어 변화하기 쉬운 불확실성으로 변화시킨다. 저무는 오후의 밝은 햇살 속에 정원 잔디밭을 가로질러 긴 그림자를 늘어뜨린 나무처럼, 하이퍼객체는 인간의 시간 속에 어른거린다. 세계의 끝은 갑작스럽게 마침표가 찍힌

---

61   Stambaugh, *Finitude of Being*, 93.

점이 아니라 심원한 시간deep time의 결과다. [플로토늄 반감기인] 2만 4,000년 후 미래에 누구도 나와 의미 있게 연결되어 있지는 않을 것이다. 하지만 그 미래의 모든 것이 지금 내가 내리는 가장 사소한 결정에 영향을 받을 것이다.[62] 나는 핵방사라는 하이퍼객체 내부에서 수감자나 다름없으며, 미래의 누군가 역시 또 다른 수감자와 같다. 우리는 철저히 분리되어 있지만, 나는 그의 존재를 느낀다. 감옥에서는 소문이 돈다. 경찰과 협잡해서 내 죄를 그에게 덧씌우고 그가 아무 말 하지 않는다면, 나는 자유의 몸이 될 수 있고, 그는 더 긴 수감 선고를 받게 된다. 하지만 나도 그도 아무 말 하지 않는다면, 우리는 둘 다 적은 형량을 받는다. 서로를 배신하면 모두 더 긴 형량을 선고받는다. 그가 어떻게 행동할지는 결코 알 수 없다. 다른 어떤 고려 사항보다도 내가 내 사익私益을 강조한다면 최적일 것이다. 하지만 내가 다른 수감자의 안위를 고려해서 행동한다면 최선일 것이다.

이것이 수감자의 딜레마[63]다. 데릭 파핏Derek Parfit[64]은 1984년에 『이성과 인격』을 출간했는데, 이 책은 공리주의 자체에서 유래한 유

---

62 Derek Parfit, *Reasons and Persons* (Oxford: Oxford University Press, 1984), 355–357, 361.

63 [옮긴이] 수감자의 딜레마(Prisoner's Dilemma)는 게임 이론의 대표적인 예시 중 하나다. 이 것은 논 제로섬 게임(non zero-sum game)의 일종으로, 협력적인 선택이 최선의 선택임에도 자신의 이익에 치중한 이기적인 선택을 하여 결국 서로에게 나쁜 결과를 야기하는 현상을 말한다.

64 [옮긴이] 데릭 A. 파핏은 개인의 정체성, 합리성 및 윤리를 전문으로 한 영국 철학자다. 그는 생전에 『이성과 인격』(1984)과 『중요한 것에 관하여』(2011) 단 두 권의 저서만을 발표했지만 20세기 후반과 21세기 초의 가장 중요하고 영향력 있는 도덕 철학자로 널리 알려져 있다.

용성과 윤리에 관한 오랜 편견을 부순 획기적인 저작이었다. 파핏은 사익 윤리 이론을 아무리 변형해도 수감자의 딜레마를 이길 수 없다는 것을 보여주었다.[65] 파핏은 나와 유의미하게 연관된 사람들 사후에도 오랫동안 남게 될 오염이나 핵 방사능 같은 하이퍼객체를 구체적으로 고려한다. 아주 사소한 내 행위가 결과적으로 그러한 범위에서 미래에 영향을 미치기 때문에, 마치 거대하고 고도로 반복적인 수감자의 딜레마 게임에서 내가 하는 동작 하나하나가 유의미한 행위를 만들어내는 것 같다. 이 상황을 요나의 딜레마[66]나 하이퍼객체 내부의 딜레마로 재명명할 수도 있다. 자본주의 경제학의 디폴트default[67]는 이성적인 선택 이론rational choice theory으로서 뿌리 깊은 사익 이론self-interest theory이다. 하지만 수감자의 딜레마는 인간이 대단히 사회적인 존재임을 보여준다. 사익조차 어떤 식으로든 타인을 설명한다.

파핏은 놀랄 만큼 많은 일련의 사익 이론(친척, 친구, 이웃, 후손 등에 따라 다양하게 개조된)을 수감자의 딜레마에 기반한 다수의 실

---

65   Parfit, *Reasons and Persons*, 309–313.

66   [옮긴이] 성서의 예언서 중 하나인 요나서의 주요 인물인 예언자 요나는 뛰어난 지식을 가진 인물이었다. 그는 하느님의 명을 받았으나 순종하지 않고 달아나다 바다에서 풍랑을 만나 큰 물고기 배 속에 들어가게 된다.

67   [옮긴이] 책 전반에 걸쳐 빈번히 등장하는 용어인 디폴트(default), 디폴트 모드(default mode)는 어떤 값이나 설정치 등이 프로그램 사용자에 의해 지정되지 않았을 때 기계나 프로그램이 사용하게 되는 미리 정해져 있는 초기값이나 설정치를 의미하는 컴퓨터 기술 분야의 용어다. 저자는 이 용어를 자본주의, 낭만주의 등 특정 시대에 가장 만연한 상태를 빗대어 표현하는 단어로 사용하고 있다.

험에 적용했다. 수감자의 딜레마는 변화란 어떻게 시작되는가에 대한 사유를 자극한다. 한 사람이 다른 사람을 생각한다. 한 사람이 이른바 사익에 관한 결정에 타인을 끌어들인다. 이렇게 수감자의 딜레마는 긍정적인 집산주의나 사회주의 내용이 없더라도 형식적으로 집산주의적collectivist이다. 수감자의 딜레마 때문에 부득이하게 필요해진 이러한 종류의 타협이 이념적 순수주의자에게는 약한 타협이라는 인상을 줄지 모른다. 그러나 바로 이 **약함**이 소위 타협을 작동 가능한 것으로, 또 공정한 것으로 만든다. 지금의 당신과는 다른 자기를 구성할 정도로 다른 사익을 가진 미래의 자신을 상상해보라. 환생한 당신이라든가 환생한 다른 누군가가 아니라—[미래의] 당신, 당신 자신을 상상하라. 미래에 이 사람은 다른 방에서 심문받고 있는 수감자와 같다. 이렇듯 미래의 자신은 한편으로 상상할 수 없을 만큼 멀리 떨어져 있으면서도, 다른 한편으로는 하이퍼객체에 의해 옆 감방에 이웃하게 된다. 그는 [당신에게] 낯설고 친밀하다. 가장 최선의 행동 방침은 그 수감자를 고려해 행동하는 것이다. 하이퍼객체 탓에 자신을 구성하는 것을 급진적으로 버려야 하는 일이 불가피해졌다. 이러한 윤리적 지위의 **약함**은 미래 존재의 급진적인 물러남에 의해 결정된다. 다시 말해, 나는 결코 그녀, 그, 그것을 온전히 경험할 수도, 설명할 수도, 고려할 수도 없다. 세계의 끝은 약함의 시대다.

하이퍼객체를 다룰 수 있는 윤리학은 자크 데리다가 도래l'avenir

라고 부른 미래, 즉 미지의 미래, 불가지의 미래 쪽으로 향해 있다.[68] 우리가 예측하거나 관리할 수 있는 미래가 아닌, 진정한 **미래의 미래**인 알 수 없는 미래다. 현재 순간에 우리는 전혀 예기치 못했던, 예측 불가능한 도착인, 데리다가 도래자l'arrivant라 부른 것, 혹은 길들여지거나 논리화될 수 없기에 낯선 것의 낯섦이 영원히 낯선, 내가 **기이한 낯선 것**이라고 부르는 것을 다룰 윤리학을 개발해야 한다. 하지만 이 낯선 것은 어딘가 낯익다. 언캐니한 **익숙함**은 기이한 낯선 것이 지닌 특징 중 하나이기 때문이다. 오랜 시간 교제한 파트너가 있는 사람을 생각해보라. 매일 아침 그들이 함께 잠에서 깰 때 그들에게 서로는 가장 낯선 사람이다. 정직하게 생태학적 사고를 한다면, 우리는 미래의 미래와 기이한 낯선 것이라는 이상하고 예측 불가능한 개체를 생각하게 된다. 우리가 그 개체를 더 먼 미래에서, 지구 저편에서 볼 수 있을 때 우리는 진기한 눈멂을 겪게 되며, 우리가 눈멀기 전보다 눈먼 이후에 훨씬 더 정확히 볼 수 있게 된다는 점에서 단순한 시각의 결여보다도 훨씬 더 신비롭다. 이 눈멂은 모든 생물체와의 이미-존재하는 친밀함의 징후이며, 좋든 싫든 이제 우리에게 던져진 지식의 징후다.

우리는 파핏이 공리주의적 사익을 무너뜨린 덕분에 우리가 세계와 분리되어 있지 않음을 깨닫는다. 인간은 사익이 제한하는 어떤

68 Jacques Derrida, "Hostipitality," trans. Barry Stocker with Forbes Matlock, *Angelaki* 5.3 (December 2000), 3–18(11).

중요한 한계들을 넘어서 자신과 후손보다 더 오랫동안 지속할 치명적인 실체를 돌보는 법을 배워야 한다. 낯선 것과의 가까움에 기반한 윤리인 타자의 윤리학이 필요하다. 플루토늄을 칼과 포크, 여타 가정용품 속에 감추려고 했던 1990년대의 결정은 빠르게 번복되긴 했지만 여전히 소름끼치며, 따라서 플루토늄을 손쉬운 것으로 '가공하려는' 어떠한 계획도 마찬가지로 끔찍할 것이다. 하이퍼객체는 플루토늄을 눈에 보이게 다루도록 우리에게 요구한다. '눈에서 멀어지면, 마음에서도 멀어진다'는 생각은 엄밀히 말해 지지할 수 없다. 플루토늄을 던져 넣을 '저 멀리'란 없다. 우리가 우리의 생물학적 몸에 얽매여 있는 것만큼이나 우리는 플루토늄에 얽매여 있다. 플루토늄은 아브라함 계통의 종교[69]에서 '이웃'과 같은 입장에 처해 있다—생경하면서 동시에 친밀한 존재자가 처한 난감한 상황이다.

엄청나게 큰 유한성은 나의 결정들을 내부에서부터 파낸다. 이제는 전구 하나를 갈아 끼울 때조차 매번 지구온난화를 생각해야 할 지경이다. 여기가 세계의 끝인 이유는 내가 인간의 세계형성의 지평선 끝 너머를 볼 수 있기 때문이다. 지구온난화는 '나의 세계'에 도착해서 필라멘트 백열전구 대신 LED 전구를 쓸 것을 강제한다. 하이데거식 유산이 남긴 [나의 세계라는] 이 양상은 하이퍼객체의 무

---

69   [옮긴이] 아브라함 계통의 종교(Abrahamic religions)는 아브라함에 그 기원을 두고 공통된 철학을 가진 종교로서, 유대교, 사마리아교, 기독교, 이슬람교, 드루즈교, 바하이 신앙 등이 이에 해당된다. 세계 종교 인구의 절반을 차지한다.

게에 눌려 휘청거린다. 세계를 규범적으로 방어하려는 것은 잘못된 생각으로 보인다.[70] 오염, 지구온난화, 핵 방사능 등을 인간이 관리할 수 있는 흐름이나 과정이 아니라 하이퍼객체의 영향으로 보기 시작한다면, 윤리적이고 정치적인 선택은 더 명확해지고 덜 분열된다. 결과적으로 이러한 흐름은 종종 세력이 약한 집단의 뒷마당으로 흘러간다. [그럴 경우] 미국의 선주민이 방사능 쓰레기를 처리해야 한다. 아프리카계 미국인 가족이 독성 화학물질의 유출과 상대해야 한다. 나이지리아의 마을이 기름띠와 싸워야 한다. 롭 닉슨Rob Nixon은 이를 생태적 억압이 가져오는 **느린 폭력**이라고 불렀다.[71] 지구온난화를 초저속으로 터지는 핵폭탄이라고 상상하면 그 말의 의미를 이해하는 데 도움이 된다. 하나의 섬이 수면 아래로 완전히 사라지기 전까지는 해수면 상승에 따른 영향이 거의 눈에 보이지 않는다. 곤경에 처한 이들—현시점에 지구 인류의 대부분을 포함해서—은 생태학적 비상사태를 **세계**와 같은 미적 그림에 대한 손상으로 인식하기보다 자신들의 삶을 직접적으로 서서히 잠식하는 폭력의 축적으로 받아들인다.

세계 없이도 고유한 존재자들(농부, 개, 붓꽃, 연필, LED 전구 등

70　Donna Haraway, *When Species Meet* (Minneapolis: University of Minnesota Press, 2007), 19, 27, 92, 301: [국역본] 도나 해러웨이, 『종과 종이 만날 때』, 최유미 옮김(갈무리, 2022).

71　Rob Nixon, *Slow Violence and the Environmentalism of the Poor* (Cambridge, Mass.: Harvard University Press, 2011), 2: [국역본] 롭 닉슨, 『느린 폭력과 빈자의 환경주의』, 김홍옥 옮김(에코리브르, 2020).

등)이 수없이 많이 있으며, 나는 존재existence가 곧 공존co-existence이라는 단순한 사실에서 그들에게 어떤 의무를 빚진다. 특정 비인간이 내가 돌볼 만한 것으로 인정되는지 확인하기 위해 [다음과 같은 식으로] 내 세계형성 점검표를 서둘러 조사할 필요는 없다. "그가 대체로 (A)로 대답한다면, 그에게 세계란 존재한다. 주로 (B)로 대답한다면, 그에게 세계는 빈곤하다weltarm. 주로 (C)로 대답한다면, 그에게 결코 세계라 할 만한 것은 없다."[72] 세계가 사라지고 남은 것은 친밀함이다. 레비나스는 타자성otherness을 빈 존재의 "서걱거림", "그저 있음"il y a처럼 모호하게 만드는 부정확함을 보이기는 했지만 타자성에 대한 윤리학에서 이 친밀함을 다루었다.[73] 레비나스가 언급했듯이, 타자는 온전히 이곳에, 내가 있기 전에, 있다. 하지만 타자는 발톱 달린 앞발과 날카로운 외피를 지녔거나, 잎사귀로 치장했거나, 별빛을 받아 빛난다. 카프카Franz Kafka는 이렇게 쓴다.

언뜻 보기에 그것은 납작한 별 모양의 실패처럼 보인다. 실제로 그 주위에 감겨진 실이 보이는 것 같다. 확실히 그것은 낡

---

72   [옮긴이] 저자는 하이데거가 돌, 동물, 인간의 세계를 비교하며 세계형성에 관해 말했던 세 가지 유명한 논제를 비꼬고 있다.

73   Emmanuel Levinas, *Totality and Infinity: An Essay on Exteriority*, trans. Alphonso Lingis (Pittsburgh: Duquesne University Press, 1969), 160, 258: [국역본: 에마누엘 레비나스, 『전체성과 무한』, 김도형 옮김, 그린비, 2018]; *Otherwise than Being: Or Beyond Essence*, trans. Alphonso Lingis (Pittsburgh: Duquesne University Press, 1998), 3: [국역본: 에마누엘 레비나스, 『존재와 다르게: 본질의 저편』, 김연숙 옮김, 인간사랑, 2010]

아서 끊어진 실 쪼가리를 매듭져 묶어놓은 여러 종류와 색상의 실 뭉치에 불과하다. 하지만 별 모양 중앙에 튀어나온 작은 목각 십자 모양 막대에 또 다른 작은 나무막대가 정확한 각도로 결합되어 있는 것으로 보아 이것은 단순한 실패가 아니다. 한쪽은 이 나무막대로, 다른 쪽은 별의 뾰족한 지점 중 하나로, 전체는 마치 두 다리로 선 것처럼 바로 설 수 있다.[74]

"그가 나보다 더 오랫동안 생존할 거라는 생각은 흡사 고통에 가까웠다."[75] 이런 면에서 카프카의 오드라덱[76]은 하이퍼객체를 닮았다. 실제로 우리는 온도계의 수은이나 오븐의 마이크로파, 태양의 자외선처럼 그를 집 안으로 들였다. 오드라덱은 외침이 아닌 "낙엽의 서걱거림"[77]처럼 숨죽인 목소리로 세계의 끝에서 우리가 정면으로 맞닥뜨리는 존재다. 사물들은 그것이 가진 불안한 **약함**과 **절뚝거림**에서 출현하는데, 여기서 약함과 절뚝거림이란 내가 자세히 밝히기 시작한 것으로, 인간이 하이퍼객체에 조율하는 양상을 묘사하는 구체적인 용어다.

---

74   Franz Kafka, "The Cares of a Family Man," in *Metamorphosis, In the Penal Colony, and Other Short Stories* (New York: Schoken Books, 1995), 160: [국역본: 프란츠 카프카, 「가장(家長)의 근심」, 『변신.시골의사』, 전영애 옮김(민음사, 1998)

75   Kafka, "Cares," 16.

76   [옮긴이] 오드라덱(Odradek)은 카프카의 단편 「가장(家長)의 근심」에 나오는 미지의 생물이다. 인용문이 오드라덱에 대한 묘사다.

77   Kafka, "Cares," 160.

세계가 없다면 자연Nature도 없다. 세계가 없다면 생명도 없다. 자연과 생명이라는 특권 서클charmed circle[78] 바깥에 **납골당**charnel ground이 존재한다. 그곳은 삶과 죽음, 삶-속-죽음, 죽음-속-삶의 장소이자 좀비, [바이러스보다 작은] 바이로이드viroids, 정크 DNA,[79] 유령, 규산염, 청산가리, 방사선, 사악한 힘, 오염 물질이 있는 완전히 죽지 않은 장소다. 내가 생태학적 각성에 저항하는 것은 납골당에 저항하는 것과 같다. 납골당 안으로 들어가 머물고자 애쓰고, 천막을 치고, 그곳에서 가능한 한 오래 사는 것이 샤먼의 소명이다. 서양에서는 납골당이라고 할 만한 것이 없기 때문에 일부 티베트 불교도(납골당 이미지는 그들에게서 비롯되었다)가 사용하는 가장 적절한 비유는 분주한 병원 응급실이다. 응급실 어디서든 사람들이 죽어간다. 피와 소음, 급히 옮겨지는 장비들, 비명 소리. **세계**라는 마법에서 풀려나자, 생태학적 공존의 응급실에서 깨어난 우리는 우리 자신을 발견한다.

　　세계는 납골당에서 결코 뿌리내릴 수 없다. 그런 것이 일어나기

78　[옮긴이] 인공이나 죽음을 배척하는 배타적인 서클이자 마법으로 보호되는 순환이라는 이중적 의미가 있다.

79　[옮긴이] 분화진화학자 스스무 오노(大野晋)가 1972년 발표한 논문에서 처음 사용한 용어다. 포유류의 게놈에서 특별한 기능을 하지 않고 해롭지는 않으나 쓸 데 없는 기생충 같은 DNA를 정크 DNA라고 표현했다. 하지만 최근 연구에서는 포유류의 생존 능력에 매우 중요한 역할을 한다는 연구 결과가 발표되고 있다. 인간 게놈 중 단백질을 암호화하는 유전자는 약 2%에 불과하며 나머지 98%가 이처럼 인간이란 유기체나 진화와 관련 없는 쓰레기 유전자로, 정크 DNA다.

에는 납골당이 너무나 생시처럼 생생하다. 아무리 초점을 부드럽게 맞춰도 폭력적으로 보이기 시작한다. 세계에 거주한다기보다 납골당을 떠돈다는 것이 생태학적 공존에 대한 더 적절한 비유다. 납골당에는 지극히 마음을 진정시키는 측면이 있다. 이는 불교의 첫 번째 고귀한 진리The First Noble Truth, 즉 고苦의 진리가 가진 측면과도 같다.[80] 전통적으로 불교는 세 가지 괴로움을 인정한다. 첫째, 고통의 고통[고고苦苦]으로서, 망치로 손을 내리쳐서 다친 엄지손가락을 치료하러 의사에게 가기 위해 서두르다 손 전체가 차 문에 끼일 때의 고통과 같다. 둘째, 변화의 고통[괴고壞苦]은 쾌락을 경험하고 나서 그 쾌락이 증발할 때의 고통이다. 셋째, '만연한 고통'[행고行苦]은 초감 트룽파Chögyam Trungpa[81]가 "근본적으로 소름끼치는 속성"이라고 멋지게 묘사한 고통으로서, 불안Angst에 대한 하이데거의 묘사와 유사하다.[82] **세계**라는 관념에 근접한 것이 이 불안이라는 속성이다. 만연한 고통은 존재의 여섯 세계인 육도六道(전통적으로 동물, 인간, 신, 질투하는 신, 허기진 유령, 지옥)를 구성하는 집착, 그리고 혼돈과 관련이 있다. 윤회를 그린 그림에서 이 육도는 죽음의 신 야마Yama의 턱

---

80 [옮긴이] 불교는 근본적으로는 네 가지 성스러운 진리인 사성제(四聖諦)로부터 시작한다. 사성제란 고(苦) 집(集) 멸(滅) 도(道)의 네 가지의 근본 진리다. 불교에서 말하는 고는 다양하다. 고에는 삼고(三苦)와 사고(四苦), 그리고 팔고(八苦)가 있다. 삼고는 다시 고고(苦苦), 괴고(壞苦), 행고(行苦)로 나뉜다.

81 [옮긴이] 초감 트룽파는 티베트에서 태어난 불교 명상 지도자이자 작가다.

82 Chögyam Trungpa, *Glimpses of Abidharma* (Boston: Shambhala, 2001), p.74; Heidegger, *Being and Time*, 171–178.

안에 있다.

죽음의 턱을 가장 먼 바깥에서 보는 이 관점이 납골당으로 들어가는 입구를 열어준다.[83] 생태현상학[84]에서 윤리의 근거를 우리가 생활세계에 뿌리내린 것에 두는 주장은 불교도들에게는 왜곡된 심미화이자 혼돈과 고통 그 자체를 위한 찬양으로 보인다. 그 주장에 따르면, 텔레비전에 무엇이 나오든(살인, 중독, 공포, 욕망) 중요하지 않다. 존재의 각 영역은 실재의 납골당, 즉 "실재의 사막"이라는 더 넓은 공간 속에 한 '자리'를 차지하는 텔레비전 쇼일 뿐이다.[85] 트레베 존슨Trebbe Johnson과 다른 몇몇 이들은 오염 물질 더미나 핵연료 시설과 같은 "상처 입은 장소"를 찾아가 아름다운 것을 찾아 돌려주는 행동인 전 지구적 교환Global Earth Exchange이라는 실천을 조직했다.[86]

---

83   [옮긴이] 이 관점은 바로 앞서 이야기했던 문장과도 공명한다. "우리가 그 개체를 더 먼 미래에서, 지구 더 먼 곳에서 볼 수 있을 때 우리는 진기한 눈멂을 겪게 되며 우리가 눈멀기 전보다 눈먼 이후에 훨씬 더 정확히 볼 수 있게 된다는 점에서 단순한 시각의 결여보다 훨씬 더 신비롭다."

84   [옮긴이] 생태현상학(ecophenomenology)은 현상학적으로 배태된 경험의 측면에서 환경과 지구를 다루는 현상학의 한 갈래다. 생태계의 중요성이 부각된 시대적인 흐름을 반영한 학문이라 할 수 있으며, 학문의 중심 과제는 자연과학적 사고로 인해 왜곡된 자연관이나 환경 이론을 재정립하는 데 있다. 본 저서에서는 생태현상학이 후설의 후기 개념인 '생활세계'에 근거하고 있다는 점을 비판적으로 보고 있다.

85   워쇼스키 형제(Wachowski Brothers) 감독, 〈매트릭스〉(빌리지 로드쇼 픽처스와 실버 픽처스, 1999). [옮긴이] 〈매트릭스〉에 등장하는 인물인 모르페우스는 보드리야르가 "진짜 사막에 오신 것을 환영합니다"라고 말한 것을 인용한다.

86   Radical Joy for Hard Times, "What Is an Earth Exchange?," http://www.radicaljoyforhardtimes.org/index.php?option=com_content&view=article&id=79&temid=29 2010 전 세계 지구 교환의 슬라이드쇼는 다음에서 볼 수 있다. http://www.

혹은 티베트 불교 수행자들이 하는 '주고받음'의 통렌tonglen 수행법을 생각해보라. 통렌 수행법은 타인의 고통을 들이마시고 연민을 내뱉는 명상법이다. 이제 통렌은 오염된 장소의 맥락에서 사용된다. 혹은 악령을 위한 축제를 벌이며 자신을 다치게 하는 것을 마음속에 그리는 비밀 의식인 죄Chöd를 생각해보라. 이 수행 역시 생태적 재앙과 관련한 또 다른 실천이다. 혹은 선승들이 로키 플랫 핵폭탄 기폭 공장에서 행한 걷기 명상과 같은 활동을 생각해보라.

우리의 행동은 물화된 거리를 두고 보면 지옥이나 천국과 같은 세계로 보이는 업보의 패턴을 구축한다. 하지만 우리가 저지르게 되는 폭력 이상으로, 패턴을 **세계상**world picture으로 물화시키는 거리 그 자체를 부숴야 할 필요가 있다. 그 세계상이 스크린의 이쪽 편에 있는 저 너머 호빗 마을, 아바타의 정글, 국립공원, 환경보존지구든(아마도 SUV 차량의 바람막이 뒤편일 가능성이 크지만), 또는 야생의 이쪽 편에 있는 들판이나 관개 수로든, 이 모든 것은 세계상일 뿐이다. 나무를 뿌리째 뽑아야 한다는 말이 아니다—심미화를 산산이 부숴야 할 필요가 있다는 뜻이다. 생태학적 비상사태에서는 유리를 깨야 한다.

지구온난화에 관한 증가하는 지식은 온갖 종류의 사상을 폐기시키면서도 또 다른 사유를 만들어낸다. 이 새로운 생각의 핵심에는

radicaljoyforhardtimes.org/index.php?option=com_content&view=article&id=55&Itemid=5 (현재 링크는 작동하지 않음.)

공존이라는 관념이 있다—공존은 결국 생태학이 의미하는 바다. 우리는 인간 생명체, 비인간 생명체, 비생명체와 공존하면서도 또한 우리와 공존하는 일련의 거대 개체들의 내부에 있다. 생태계, 생물권, 기후, 행성, 태양계. 여러 겹으로 된 러시아 인형. 고래 속 고래 속 고래.

명왕성 너머 오르트 구름 멀리 있는 가상의 행성 티케Tyche를 생각해보자. 직접 관찰되지는 않지만 여러 증거들이 그 행성의 존재 가능성을 시사한다. 행성들은 여러 측면에서 하이퍼객체다. 행성들은 매우 무겁기 때문에 가우스형 기하학이 요구되며, 거기에서는 측정 가능한 시공간 왜곡이 생긴다. 행성은 행성 위와 그 안에 존재하는 모든 것들에 영향을 끼친다. 행성은 가까이 '어디에나 있고 어디에도 없다'(**점성**). (지금 당장 지구를 가리켜보라—어디를 가리킬지 여러 선택지가 있을 것이다.) 행성은 인간에 비해 아주 오래되었고 정말로 거대하다. 그래서 저 멀리 있는, 본래 '우리' 태양계도 아닌 곳에 있는 행성의 존재에는 우리를 불안하게 하는 언캐니에 가까운 측면(매우 큰 유한성)이 있다. 더욱이 혜성 같은 객체에 끼치는 가설적 영향 외에 행성은 눈에 보이지 않는다. 셸리의 표현대로 그것은 "보이지 않는 힘이 드리운 경이로운 그림자"다. 티케는 적절한 이름이다. 그 이름이 그리스어로 **우발성**contingency을 의미한다는 점에서 티케는 탁월한 사변론적인 실재론적 행성이다('행운'이나 '우연'은 오히려 길들여진 대체 번역어. 만약 당신의 이름이 오이디푸스라면 비극에서 당신에게 일어나게 될 것, 그것이 바로 **티케**다). 그렇다면 이제 더 명확하게 물러나는 것은 무엇일까?

인간에 의해 하이퍼객체가 가시화되는 역사적 순간이 도래했다. 이 가시성이 모든 것을 바꾼다. 인간은 표리 없음sincerity의 새로운 시기에 진입하는데, 이 시기가 갖는 본질적인 아이러니는 포스트모던 시대의 심미화되고 다소 성형成形된 아이러니를 넘어선다. 이는 대체 무슨 의미일까?

지금은 매우 중요한 시기로서, 종종 **생태학적 각성**이라고 불리는 것을 우리가 획득하는 때다. 생태학적 각성이란 생명체들 간에, 그리고 생명과 비생명 사이의 수많은 상호관계성에 대해 과학 안팎에서 일어나고 있는 상세하고 점증하는 감각이다. 이제 생태학적 각성은 매우 생소한 속성을 띠기 시작한다. 첫째로, 우리가 환경 속에 살고 있다는 관념을 끝낸다! 이것은 매우 이상한 생각이기에 잠시 머물러 생각해봐야 한다. 상호연결성을 더 많이 알게 될수록 상호 연결된 존재자 너머에 또는 그 뒤에 존재하는 어떤 개체를 상정할 수 없다는 점이 더 분명해진다. 우리가 환경을 찾으려 할 때, 우리가 발견하게 되는 것은 개별적 생명체, 비생명체, 그리고 그 둘의 관계다. 아무리 열심히 찾아본다 한들 그것들이 모두 들어가는 용기를 찾을 수는 없다. 특히 그 모두를 통합하는 우산 같은 **세계**, 환경, 생태 시스템, 놀랍게도 지구조차 찾을 수 없다.

그 대신 우리는 풀, 철광석, 막대 아이스바, 햇빛, 궁수자리 은하, 버섯 포자로 구성된 끝없이 열린 메시를 발견한다. 의심의 여지없이 지구는 존재하지만, 지구가 모든 '생태학적' 객체를 담은 특별하고 거대한 용기로 존재하지는 않는다. 지구는 쥐, 설탕, 코끼리, [이탈리아

북서부의 도시] 토리노가 공존하는 객체다. 물론 지구가 존재하기를 멈춘다면, 토리노나 쥐도 곤경에 빠지리라는 시나리오들은 수없이 많다. 하지만 외계 화물선으로 쥐를 친절하게 바깥 공간으로 옮긴다면, 지구는 쥐의 죽음을 초래하는 이유가 되지는 않을 것이다. 다른 세계에서 벽돌을 쌓아올려 토리노조차 다시 세울 수 있을 것이다.

불현듯 두 번째 [생태학적 각성의] 놀라운 점을 알게 된다. 쥐를 무엇이라고 부르든 쥐임이 분명하다. 하지만 쥐가 쥐로 유지되는 것은 쥐가 살아남아 자신들의 게놈을 물려주는 한에서다—신다윈주의에서는 이를 **만족화**satisficing라고 한다. 만족화는 존재하기 위한 수행적 기준이다. 더욱이 쥐다운 유전자라는 것은 존재하지 않는다. 유전자다운 유전자라는 것도 없다—유전자란 변이의 복기지複記紙[87]이자 바이러스성 코드 삽입물 등과 같다. 생명다운 생명이란 없다. 유전자는 리보솜[88]을, 리보솜은 유전자를 필요로 하며, 이 순환논법[89]을 깨기 위해서 규산염의 결정체처럼 비자연 복제자에 부착된 RNA의 RNA 세계가 분명 존재해왔음이 틀림없다. 그래서 쥐는 존재할 수 있게 된다—이것은 유명론자[90]의 주장도, 관념론자의 주장도 아니다.

---

87   [옮긴이] 복기지(palimpsest)는 썼던 글자를 지우고 그 위에 다시 글을 쓸 수 있도록 만든 양피지를 일컫는다. 저자는 유전자를 쓰여진 것으로 간주한다.

88   [옮긴이] 세포 안의 RNA와 단백질의 복합체.

89   [옮긴이] 전제(前提)의 진리와 본론의 진리가 서로 의존하는 것과 같은 하나의 의론(議論)이 그대로 되풀이되는 허위의 논증 방법.

90   [옮긴이] 유명론(nominalism)은 중세의 스콜라 철학에서 보편의 실재를 인정하는 실재론과 대립하여, 진실로 존재하는 것은 개개의 사물이며 보편이란 단지 '개개 사물의 배후'에 그것

하지만 쥐는 쥐가 아닌 것이며, 내가 **기이한 낯선 것**이라 부르는 것이다.[91] 더욱 이상한 것은 쥐 아닌 것이 쥐를 실재하게 만든다는 점이다. 어디에서도 쥐를 찾을 수 없다는 것이 쥐가 존재하는 바로 그 이유다! 이제 우리는 우주 만물에 대해서도 이렇게 말할 수 있다. 가장 명확히 말할 수 있는 것 중의 하나가 하이퍼객체다. 하이퍼객체는 인간에 비해 매우 거대하고 오랫동안 지속하기 때문에 **정확히 같은 이유로** 선명하고도 다소 비현실적으로 보인다.

지구온난화, 핵 방사능과 같이 우리를 둘러싸고 있는 하이퍼객체는 자연이나 환경, 세계와 같은 추상적 개체가 아니다. 더 선명해지고 더 강렬해진다는 점에서 우리의 현실은 좀 더 실재적으로 되었지만, 정확히 같은 이유로 다소 한쪽으로 치우치고 손쉬운 것처럼 좀 더 인식할 수 없는 것이 되었다. 2011년 초, 캘리포니아주 버클리에서는 센다이 원자로가 용해되면서 물속 방사능 수치가 평소보다 181배 급등했다. 우리는 이 사실을 알고 있다. 이제는 전 지구를 돌고 있는 핵 분진에서 나온 알파, 베타, 감마선에 우리가 잠겨 있다는 사실을 알고 있다. 이 분진은 우리와 공존한다. 분진은 자연이라 불리는 거대한 그릇의 일부가 아니다. 그것은 우리와 같은 존재자이며, 기이한 낯선 것이다.

들에 공통되는 명사로서 붙여진 일반적인 기호나 이름(라틴어 nomina)에 불과한 것이며, 따라서 실재하지 않는 추상물이라고 하는 입장을 취한다.

91 Morton, *Ecological Thought*, 38–50.

물 마시기를 멈춰야 할까? 암소는 풀을 먹고, 풀은 빗물을 빨아들이므로 우리는 우유 마시기를 멈춰야 할까? 더 많이 알수록 한쪽만을 고려해서는 어떤 것도 결정 내리기가 더 어려워진다. 하이퍼객체의 시대에 진입하자 자연이 사라지고, 자연에 수반하는 것으로 보였던 모든 근대적 확실성도 사라진다. 기이하면서도 동시에 친밀한, 훨씬 더 복잡해진 상황이 남는다.

이 상황을 빠져나갈 출구는 없다. 따라서 하이퍼객체의 시대는 표리 없음의 시대다. 즉 세계와 최후의 거리를 확보하는 것이 불가능해진 시대다. 그렇지만 바로 그 이유 때문에 아이러니의 시대이기도 하다. 비인간 개체가 우리와 비교할 수 없을 만큼 훨씬 더 크고 강력한 존재이기에, 우리의 현실이 비인간 개체에게 붙잡혀 있음을 깨닫는다. 사물의 존재와 외양, 그리고 사물에 대한 우리의 앎 사이에는 많은 간격이 존재함에도, 그것은 생생하고 실재적이다. 실재 개체real entities는 시간과 공간을 담고 있으며 비국소적 영향과 여타 상호객체적 현상을 드러내 보이면서 우리를 그 존재들의 역사 속에 기록한다. 이때, 놀랍게도 상호연결성의 메시는 기이한 낯선 것에 비하면 부차적이다. 메시는 공존하는 사물들의 창발적 속성이지 그 반대가 아니다. 이는 시스템과 구조에 익숙해진 근대적 사고로는 믿기 어려운 충격적인 발견이다. 더 많은 지도를 그릴수록, 더 많은 실재 사물들이 지도를 찢고 나온다. 비인간 개체는 우리가 그린 지도에서 창발하고 난 후, 그 지도를 허물어뜨린다.

공존은 우리 얼굴에 있다. 다시 말해, 공존은 우리 얼굴**이다**. 우리는 비인간, 지각이 없는 무정한 개체, 비생명 개체로 이루어져 있다. 안락한 상황이 아니다. 유령 같은, 기이한 상황이다. 로봇공학 디자이너나 컴퓨터 생성 이미지CGI 디자이너가 **언캐니 밸리**[92]라고 부르는 곳에 우리 스스로가 처해 있음을 깨닫는다(그림14). CGI 디자인에서 잘 알려진 언캐니 밸리는 디자이너가 만든 가상의 캐릭터가 인간과 너무 유사하면 특정 임계점을 넘어 언캐니 밸리로 떨어질 위험에 처하게 되는 현상이다(도판2). 언캐니 밸리에서는 존재자가 낯설게 친숙하며 친숙하게 낯설다. 언캐니 밸리는 인종주의를 꽤 잘 설명하는 것처럼 보이는데, 그 이유는 인종주의의 희생자들이 겪은 인간성 말살이 그들을, 이를테면 개나 얼굴 없는 로봇보다도 인종차별주의자들에게 더 언캐니하게 보이게 만들기 때문이다. 히틀러는 블론디라는 이름의 개에게 매우 다정했으나 유대인과 다른 인종들의 인간성을 빼앗았다. 이는 환경주의 언어가 가진 문제와도 연결된다. 다시 말해 환경주의 언어는 언캐니 밸리를 태평하게 건너뛰고는 다른 편 존재자들과 악수한다. 그렇지만 내가 주장하고자 하는 것처럼, 실제로 생태학적 각성이 반박하는 인간다움에 관한 관념이 허구

---

92   [옮긴이] 언캐니 밸리(uncanny valley, 불쾌한 골짜기)는 1970년 일본의 로봇공학자 모리 마사히로(森政弘)가 소개한 이론이다. 인간은 로봇이나 인간이 아닌 것들을 볼 때 그것이 사람의 모습과 흡사해질수록 호감도가 증가하다가 어느 수준에 이르면 갑자기 강한 거부감으로 바뀌게 된다. 그러나 로봇의 외모와 행동이 인간과 거의 구별이 불가능할 정도가 되면 호감도는 다시 증가해 인간이 인간에 대해 느끼는 감정의 수준까지 접근하게 된다. 이때 '인간과 흡사한' 로봇과 '인간과 거의 똑같은' 로봇 사이에 존재하는 로봇의 모습과 행동에 의해 느껴지는 거부감이 존재하는 영역을 불쾌한 골짜기라고 한다.

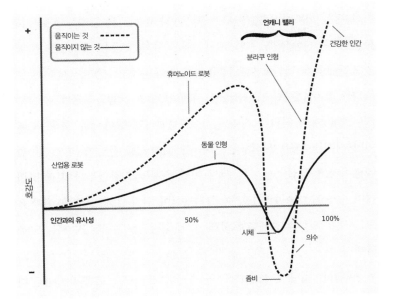

그림14. 언캐니 밸리에 관한 모리 마사히로森政弘의 다이어그램. 친밀성은 그로테스크함을 암시한다. 생태학적 각성은 근대성이 사유할 수 있었던 것 보다 훨씬 더 많은 존재들과의 더 큰 친밀성에 그 핵심이 있기 때문에, 인간은 이 존재자들과 관계 맺기 시작하면서 언캐니 밸리를 통과해야 한다. 이 책에서 제시된 근거들로 인해 이 골짜기의 크기는 무한하다.

로 밝혀지고 있음에도 환경주의가 이 허구적 관념을 고수한다면, 오직 이쪽 편만 존재하게 된다. 다시 말해 생명체에 대해 인종차별주의적 가정을 전제한다면, 언캐니 밸리는 그저 하나의 골짜기에 불과할 뿐이다.

생태학적 각성에 따르면 골짜기 반대편에는 '건강한 사람'이 없다. 당신의 세계 속 모든 것들이 무한하고 미끄러운 측면을 가진 언캐니 밸리에 빠지기 시작한다. 언캐니 밸리는 살아 있는 사람과 죽어가는 사람, 죽은 사람, 새로 태어난 사람들로 가득한 언캐니한 납골당이자 응급실로서, 그곳에서 어떤 존재는 인간이거나 인간이 아니며, 누군가는 살아 있고 누군가는 살아 있지 않다. 당신의 세계 속 모든 것은 **당신의 세계를 포함해** 이 납골당으로 미끄러져 빠지기 시작한다.

우리가 혜성, 블랙홀, 태양—지구와 고작 몇 킬로미터 이내로 가까워지면 우리를 파괴해버릴 개체들—에 대해서는 감탄하면서도 지구온난화를 이해하지 못한다는 것이 이상하지 않은가? 이제 지구 기후는 언캐니 밸리에 빠졌는가? 예술과 어떤 관련이 있지는 않을까? 별을 보면서 다른 행성의 생명체를 상상할 때, 우리는 대기라는 구체의 유리막을 통해, 유리막 뒤에 있는 것으로 보이는 객체를 보고 있는 것이다—요컨대 프톨레마이오스 이후에 온갖 발전이 있었음에도, 여전히 우리가 아주 깨끗한 유리구 안쪽에 존재한다고 상상한다. 우주적 경이를 경험하는 것은 심미적 경험이자 갤러리에 있는 픽처레스크 양식의 그림을 3차원 입체 형태로 보는 것이다. 낭만주의 시기에 제인 테일러Jane Taylor가 쓴 시 「별」[93]은 대기를 통해 별을 바라보는 것을 이야기하는데, 작품 속에서 별은 "반짝반짝 빛나" 보인다.

우주론에 대한 일련의 강연에 참석하기 위해 미국 투손에 위치한 애리조나대학교에 2,500여 명이 모였다.[94] 분명히 그 자리에는 우주를 하나의 전체로 사유하고자 하는 갈증이 있었다. 왜 그곳에는 지구온난화에 대한 동일한 매혹이 없는가? 실제로 지구온난화 안에 있게 된다면 숨 막힐 듯한 밀실 공포증을 겪기 때문이다. 우리가 '우주'를 모조된 미적 사물로 구경할 수 있는 이유는 생물권 자체가 제공한 거리가 구체의 영화 스크린으로 기능하기 때문이다. 익숙해진 습관 탓에 우리는 그 스크린에 투사된 것을 (천체 투영관 상영처럼) 무한히 멀리 떨어져 있는 것으로 받아들인다—이는 온전한 칸트적 숭고함이다. 하지만 지구온난화가 있는 고래의 뱃속은 숨 막힐 듯 답답하고 뜨겁고, 더는 '저 멀리'가 존재하지 않는 곳이다. 더욱이 근본적으로 퇴행적이다. 유독성 자궁 내의 경험에 더해서 책임까지 짊어져야 한다. 도대체 어떤 신생아나 태아기의 아기가 엄마의 생존에 책임을 져야 하는가? 하이퍼객체에 관한 한 지구온난화는 언캐니 밸리에 있다. 아마도 블랙홀은 섬뜩할 정도로 공포스럽지만, 아주 멀리

93 [옮긴이] 이 시는 1806년에 출판된 제인 테일러와 앤 테일러(Ann Taylor) 자매의 시 모음집인 『아기 방을 위한 라임』(Rhymes for the Nursery)에 실린 시로서, 이후에 프랑스에서 전해져 오는 멜로디 "Ah! vous dirai-je, maman"에 노랫말로 붙여져 영국의 대중적인 자장가로 불리어졌다.

94 "Cosmic Origins: A Series of Six Lectures Exploring Our World and Ourselves," *University of Arizona College of Science*, http://cos.arizona.edu/cosmic/

떨어져 있고 경이로우며 매우 치명적이어서(우리는 그 근처에 있기만 해도 존재할 수조차 없을 것이다), 블랙홀에 대한 생각이나 슬픈 느낌을 회피하지 않고 그저 감탄한다. 우리가 있는 훨씬 더 작고 즉각적으로 위험한 (지구온난화라는 하이퍼객체 내부의) 구멍은 근본적으로 불안한데, 특히 우리가 그 구멍을 만들어냈기 때문이다.

지금 문제는 지구온난화가 이곳에 와 있다는 것이다. 지구온난화는 유리 스크린 뒤가 아니다. 지구온난화가 유리 스크린이다. 그런데 마치 그 유리 스크린이 우리가 칸트와 같은 철학자에게서 배운 규범적인 미적 속성을 위반하는 매우 기이하고 섬뜩한 방식으로 우리를 향해 스크린을 밀어내기 시작하는 것과 똑같다—그 미적 속성에서는 인간과 작품 사이에 너무 가깝지도, 너무 멀지도 않은 골디락스 거리가 존재해야 한다. 지구온난화는 매우 고약한 속임수를 쓴다. 그것은 우리가 있는 곳으로 아주 가까이 다가와서 해변에 부딪히고는 우리가 처한 곤경에 이목을 끌도록 우리가 수중 회담을 열게 강제하지만, 똑같은 몸짓으로 우리 손에서 물러나는 까닭에 우리는 엄청난 처리 속도를 낼 수 있는 컴퓨터를 사용해야만 지구온난화를 그릴 수 있다.[95] 요나가 뱃속에 들어가 있는 고래는 우리보다 고차원의 존재자로, 2차원 막대기 인간에 비하면 3차원 사과와 같다. 엄

---

95 여기에서는 존 셴크(Jon Shenk)가 감독한 영화 〈섬 대통령〉(The Island President)(Samuel Goldwyn Films, 2011)을 참조하고 있다. 몰디브의 대통령 모하메드 나시드(Mohamed Nasheed)에 대한 영화로, 몰디브의 섬들은 지구온난화의 영향으로 범람했다.

밀히 보았을 때, 사물과 관련한 우리의 담론, 지도, 계획은 그 사물이 아니라는 점에서 우리는 우리가 **약하다**weak는 사실을 안다. 환원될 수 없는 간격이 있다.

섬뜩하게도 그림 액자가 녹아내리기 시작하더니 우리를 향해 밀려나와 우리가 입고 있는 옷을 불태우기 시작한다. 이것이 우리가 입장료를 지불하고 미술관에 들어올 때 보고자 한 광경은 아니다. 이 녹아내리는 유리막 앞에서 인간이 만든 예술은 결코 홍보 활동일 수 없다. 인간의 예술은 실제로 과학**이거나** 과학의 일부**이거나**, 이 사물을 인지적으로 그리는 지도의 일부**이**be어야 한다. 생물권 안에 있는 모든 것들이 지구온난화에 영향을 받기 때문에 예술은 [녹아내리는] 유리 그 자체의 일부여야 한다.

위선

돌진하는 트럭 앞으로 한 소년이 달려든다. 트럭이 제때 속도를 줄일 수 없음을 직감한 당신은 공포에 휩싸여 바라본다. 아이를 구해야 한다고 생각하지만 확신이 없다. 그럼에도 그 순간 당신은 행동하도록 강제된다.[1] 도로로 뛰어들어 아이를 붙잡고는 제때 잡아챈다. 트럭이 당신과 소년 둘 다를 향해 돌진해오는 그때, 당신은 반쯤 휘청거리다 가까스로 트럭을 피한다. 아이는 무사하다.

당신이 왜 이런 행동을 했는지 스스로도 명확히 알지 못한다. 그냥 했을 뿐이다. 옳은 일이었던 것 같다. 어떤 즉각성immediacy[2]이

---

1   [옮긴이] 원문은 "Still, the moment compels you to act"이다. "The power of christ compels you"는 구마를 다룬 〈엑소시스트〉(The Exorcist) 이래로 영미권 문화에서 자주 패러디되는 문장이다. 어떤 힘에 강제되어 행동한다는 맥락이 있지만 완전히 수동적이지도 능동적이지도 않은 사건의 양태를 보여준다.

2   [옮긴이] 철학에서 immediacy는 우리가 세상을 어떻게 경험하고 현실이 무엇인지를 반영하는 개념이며, 특히 사물과 시간에 대한 주관적 인식과도 관련이 있기에 현상학과 유관하다. 이 책 전체에서 immediacy는 '즉각성'과 '직접성' 두 가지로 번역하였다. 현재의 순간을 강조하는 맥락에서는 '즉각성'으로, 매개되지 않은 인지적 경험을 의미할 때는 '직접성'으로 옮겼다. 또한 실존주의 철학자인 키르케고르는 직접성을 심미적 실존이 삶의 감각적-감성적 차원에 밀착되어 있음을 뜻하는 차원에서 immediacy를 이야기했다.

개입했지만 낯선 기분이 든다. 당신에게 그 소년을 구해야 할 타당한 근거라고 할 만한 것은 없었다.

2주 후, 나는 같은 거리를 걷고 있다. 얼마 전 일어났던 사고에서 교훈을 얻지 못했는지 동일한 소년이 돌진하는 트럭 앞으로 달려든다. 소년을 구해야 한다고 생각하면서도 확신이 서지 않는다. 망설인다. 나는 신속하게 도덕적 계산을 한다. 나는 윤리적 행동이 공리성에 기반한다는 것과 존재하는 것이 선한 것임을 믿고 있으므로, 따라서 나는 소년을 구해야 한다. 혹은 그와 나는 어떤 관계가 있을지도 모른다. 그는 나의 사촌이거나 내 주치의 조카의 학교 친구일지 모른다. 어쨌든 나는 그 소년을 구하기로 결심한다. 하지만 너무 늦었다. 그 소년은 차에 치여 죽는다.

그로부터 2주 후, 정확히 같은 지점에서(사람들은 왜 여러 해 동안 그곳에서 사고가 벌어지는지 의아해한다) 다른 어린아이 한 소녀가 돌진하는 트럭 앞으로 달려든다. 그때 한 낯선 사람이 길을 걷고 있었다. 그는 소녀를 구해야 한다고 생각하면서도 확신이 서지 않는다. 빠르게 일련의 예측을 한다. 트럭이 너무 빨리 돌진해서 제때 속도를 줄일 수 없지 않을까? 어쩌면 속도를 늦출 수도 있을 것이다. 속도를 늦춘다 하더라도 트럭에 가속도가 붙는다면 여전히 소녀를 치게 되지 않을까? 다른 조건은 모두 그대로이고 운전사가 브레이크를 세게 밟아서 트럭이 소녀를 향해 계속 미끄러지더라도 도로 표면 마찰이 트럭의 관성을 약화시킬 정도로 충분할까? 그는 트럭이 불가피하게 소녀와 부딪힐 수밖에 없다는 결론을 내렸고, 그는 옳았다.

트럭은 정확히 소녀를 치었고, 소녀는 즉사했다.[3]

당신의 행동—논리 정연한 이유 없이도 당신은 그저 소년을 구했다—은 비이성주의자의 '그냥 하라'just do it와 같은 태도인 반지성주의, 또는 숙고보다는 직관, 생각하기보다는 행동하기에 가치를 두는 유사 선불교로 쉽게 혼동될 것이다. 하지만 당신은 매우 총명하다. 세상의 어떤 근거도 사랑의 이유로는 충분하지 않다는 것을 알기 때문이다. 당신은 그저 소년을 구하고, 그 과정에서 놀랍도록 기이한 감정을 경험한다. 토킹 헤즈Talking Heads의 〈일생에 단 한 번〉에 나오는 노랫말이 변주되어 떠오른다. "이 아이가 내 아름다운 소년은 아니에요, / 이 거리가 내 아름다운 거리는 아니에요, / 이 행위가 내 아름다운 행위는 아니에요."[4]

우리가 하이퍼객체와 대면할 때 처하게 되는 상황과 매우 유사해 보이지 않는가? 지구온난화라는 하이퍼객체에 대해서라면, 지구온난화를 막아야 하는 타당한 이유 찾기는 실제로 지구온난화에 대해 아무것도 하지 못하도록 방해하는 가장 큰 요인일지 모른다. 충분한 이유 같은 것은 없다. 몇몇 철학자들은 지구온난화를 **난제**wicked problem로 부른다. 모두가 완벽히 이해하는 문제이면서도 합리적인 해결책이 없다는 의미에서다.[5] 이제 사람들은 지구온난화에

---

3   [옮긴이] 2부 2장 「위선」은 데릭 파핏의 윤리학적 사고 실험이나 아인슈타인의 이론물리학적 실험과 같은 사고 실험으로 시작한다.

4   Talking Heads, "Once in a Lifetime," *Remain in Light* (Sire Records, 1980).

5   Horst Rittel and Melvin Webber, "Dilemmas in a General Theory of Planning," in

최고의 난제라는 꼬리표를 붙인다. 문제를 풀 시간도 촉박하고 중앙 정부도 없기 때문인데, 도리어 당국에서는 해결책을 찾겠다는 이들이 또 다른 난제를 만들고, 정책은 비합리적으로 미래를 헐값 취급한다.[6]

공리주의에는 하이퍼객체를 대응하는 데 큰 결함이 있다. 하이퍼객체가 대단히 미래적이기 때문이다. 윤리적 행동에 관한 어떠한 사익 이론이든 간에, 그 이론이 아무리 확장되거나 변형되든지 간에, 10만 년 동안 지속되는 객체에는 적용 가능하지 않다. 지구에서의 삶을 근본적으로 바꾸어버릴 수도 있는 하이퍼객체를 맞닥뜨릴 때 우리가 느끼는 위급함, 열정, 공포와 같은 감각과, 정확히 같은 이유로 느끼는 인지적 기이함과 아이러니의 감각 사이에는 급진적인 비대칭성이 있다. 정말로 이 비대칭성은 매우 신선하기까지 하다. 하이퍼객체는 환경보존주의conservatism(무엇을 보존한다conserve는 걸까?)[7]를 막연한 추상, 즉 가짜 직접성의 빙산의 일각으로 축소시킨다. 하이퍼객체는 그 누구라도 위선자로 만든다.

Developments in Design Methodology, ed. N. Cross (Chichester: J. Wiley & Sons, 1984), 135–144.

6   Kelly Levin et al., "Playing It Forward: Path Dependency, Progressive Incrementalism, and the 'Super Wicked' Problem of Global Climate Change," http:// environment.research.yale. edu/documents/downloads/0-9/2010_super_wicked_levin_cashore_bernstein_auld.pdf

7   [옮긴이] 여기서 환경보존주의는 녹색보수주의를 가리키는 것으로 보인다. 미국의 녹색보수주의는 환경적 이슈와 관련해 미국을보존하라(ConservAmerica)나 미국보존연합(American Conservation Coalition) 등 공화당의 입장을 강화하는 것을 추구한다. 녹색보수주의의 특징은 중앙 집중식 계획보다는 환경 문제를 해결하기 위한 시장 기반 정책을 고수하는 것이다.

쇠렌 키르케고르Søren Kierkegaard의 설득력 있는 사상을 각색하건데, "하이퍼객체 내부에서 우리는 항상 틀리"고, 그 사실에서 기이함과 아이러니가 생긴다.[8] 아무것도 하지 않는 것은 명백히 아무것도 안 할 뿐이다. 전기차 프리우스를 타는 건 어떤가? 안 탈 이유가 있을까(내 차도 프리우스다)? 그럼에도 장기적으로 봤을 때 전기차가 문제를 해결하지는 못할 것이다. 하릴없이 앉아서 프리우스 운전자를 평가하는 건 어떤가? 아무 도움이 안 된다. 민중의 군대를 조직해서 주 통제권을 잡는 것은 어떤가? 과연 새로운 사회에 지구온난화를 막기 위한 시간과 자원이 있을까? 태양열 전지판은 어떤가? 전지판을 만드는 데 아주 많은 에너지가 투입된다. 핵 발전은? 후쿠시마와 체르노빌은? 당장 화석 연료 연소를 멈추는 것은 어떤가? 우리는 그 거대한 전환에 준비되었는가? 모든 입장은 '틀리다wrong.' 특히 그 누구보다 더 잘 알고 있다고 생각하는, 다-알아the know-it-all 냉소주의를 포함해서, 모든 입장은 틀리다.

'내부성'은 (단순히) 물리적 위치가 아니다. 화성에 가더라도 같은 문제에 봉착한다. 실제로 화성이라면 생물권을 무에서부터 만들어야 함으로 문제는 더 커진다. 하이퍼객체의 이 '내부'는 그런 문제가 아니라, 하이퍼객체가 시간에 대한 생각을 왜곡시키는 것과 관련

8   Søren Kierkegaard, "The Edifying in the Thought That Against God We Are Always in the Wrong," in *Either/Or: A Fragment of Life*, ed. Victor Eremita, trans. and intro. Alastair Hannay (London: Penguin, 1992), 595–609 (597, 602, 604): [국역본] 쇠얀 키르케고르, 『이것이냐 저것이냐 1』, 『이것이냐 저것이냐 2』, 임춘갑 옮김(치우, 2012).

이 있다. 지구온난화의 세 가지 시간 척도를 떠올려보라.[9] 소름끼치고, 끔찍하며, 겁에 질리게 만드는 척도—각각 500년, 3만 년, 100만 년이다. 이 **매우 큰 유한성**은 시간에 관한 나의 상투적인 생각을 내부에서부터 붕괴시킨다. 하이퍼객체는 실재에 대한 나의 대상화를 부수기 위해 나를 내던져 초월적 너머에 닿게 하는 파견된 천사나 악마 혹은 신과 같은 특별한 존재가 아니다. 결코 그렇지 않다. 하이퍼객체는 물리적 영역에 존재하는 실재하는 사물이다. 하이퍼객체가 수행하는 것은 천사나 신보다, 또는 인간만이 존재들의 유일한 목동이자 언캐니한 것 중 가장 언캐니한 존재자[10]라고 여기는 전통적인 하이데거주의자보다 훨씬 더 미묘하고 더 많은 영향을 끼친다. 500년이라는 시간은 과학적 도구를 사용해 어느 정도 정확하게 측정할 수 있다는 의미에서 '진짜' 시간 척도다. 100만분의 350이 '진짜' 숫자인 까닭은 이 숫자가 객관적인 시공간 속 점들을 차지하는 입자들에 관한 실체화된 관점에 들어맞기 때문이다. 350ppm은 공기에 포함된 탄소화합물 입자의 상한선에 해당하며, 이 상한선은 예측 가능한 미래에 비교적 지구로서 식별 가능한 지구를 허용하는 수치다. (지구는 현재 400ppm을 초과하고 있다.)

---

9   [옮긴이] 지구온난화 효과의 75퍼센트가 앞으로 500년간 지속될 것이고, 지금으로부터 3만 년 후 25퍼센트는 여전히 대기 중에 떠다닐 것이며, 지금으로부터 10만 년 후 지구온난화의 7퍼센트는 여전히 생겨날 것이라고 언급한 2부 1장 「세계의 끝」 참조.

10   [옮긴이] 소포클레스(Sophocles)의 『안티고네』(Antigone)에 등장하는 문장을 하이데거가 독일어로 번역한 표현이다.

이 숫자들, 이 실체화된 시간 척도reified timescale는 내가 물화한 것my reification을 내부에서부터 침식시킨다.[11] 합기도 사부들처럼 이 실체화된 시간 척도는 그에 맞서는 내 에너지를 사용한다. 나는 어떤 종교적 개종이 아닌 실체화 그 자체를 통해 비인간의 언캐니한 미래성을 확신하게 된다. 언캐니한 미래성은 이런 방식에 훨씬 더 잘 '들러붙는다.' 나는 비객체화된 너머nonobjectified beyond에 대한 신념으로 전향하지 않았고, 오히려 나의 편견은 그 시간 척도의 객체화objectification 때문에 내부에서부터 붕괴되었다. 하이데거어語로 말하자면, 하이퍼객체가 진실로 우리를 기술적 조작으로부터 구원하기 위해 우리 세계에 나타난 '마지막 신'이 되는 것이 가능할까? 하이데거가 주장한 바와 똑같이, 허무주의의 치료법은 허무주의 그 자체 내부에서, 실체화된 하이퍼객체 내부에서 나오는 것인가?—측정은 우리가 부분적으로 하이퍼객체를 실체화한 바로 그 기술의 가장 최신의 빠르고 복잡한 성능의 산물이다(예를 들어 복잡계 이론, 슈퍼컴퓨터를 이용한 기후 매핑, 입자 가속). 이것은 진정 당신을 공격한 바로 그 창에 당신이 치유되는 식일 것이다(바그너Richard Wagner의 오

---

11   [옮긴이] 2장에서 reify는 '물화시키다'와 '실체화하다'라는 두 가지 상반된 의미로 교차되어 쓰이고 있다. 먼저 '물화시키다'는 주체가 객체를 대상으로 물화시켜 파악하는 것이다. '실체화하다'는 본 저서에서 숫자를 실체화하여 실체로서, 실제로 존재하는 것으로 인식한다는 뜻이다. 이러한 reify에 담은 이중성과 유사하게 쓰이는 단어가 objectify로, '객체화'와 '대상화'라는 두 가지 상반된 의미로 쓰이고 있다.

페라 〈파르지팔〉에서처럼).[12]

지구온난화가 우리에게 떠미는 어마어마한 숫자의 무게를 생각해보라. 마치 세계 기록 책에 등재된 것처럼, 지구온난화는 최대, 최고 기록을 갈아치우는 거대한 구경거리가 된다. 지구온난화에 대한 이 '수치 분석'[13] 태도는 단순히 '과학적'이라거나 '정보적'인 것과는 거리가 멀다. 그렇다고 그저 '문화'나 '세계관'의 문제라는 뜻은 아니다. 실제로 '수치 분석' 입장은 애초에 지구온난화를 존재로 드러낸 철학적 입장을 직접적으로 구현한다. 지구, 그리고 실제로 이곳에 사는 존재자들은 거대한 수의 바다에 잠겨 있다. 그렇지만 이 현상의 허무주의 내부에서, 즉 하이데거가 **거대한 것**the gigantic이라고 부른 것—어마어마한 양量의 출현—에서 역사의 끝이 아닌 "다른 시작"이 창발한다.[14] 이 숫자 배열에 깃든 초자연적, 사회적, 경제적 측면은 물론이거니와 존재론적 함축은 실로 놀랍다. 나는 어떤 특별 소품도, 데우스 엑스 마키나deus ex machina도 필요하지 않다. 종말도 필요하지 않다—오히려 이런 생각들은 이전 장에서 보았듯이 비인간의 기이한

---

12   이 역설은 지젝(Slavoj Žižek)의 사유에서 풍부한 역사를 가진다. 예를 들어, *Carrying with the Negative: Kant, Hegel, and the Critique of Ideology* (Durham, N.C.: Duke University Press, 1998), 193–196을 보라. [국역본] 슬라보예 지젝, 『부정적인 것과 함께 머물기』, 이성민 옮김(도서출판b, 2007).

13   [옮긴이] '수치 분석'(number crunching) 내지는 '넘버 크런칭'으로 불리는 이 개념은 아주 많은 양의 데이터를 계산하는 것을 뜻하며, 나아가 컴퓨터 기술과 숫자를 통해 세상을 이해하는 태도로 정의된다.

14   Heidegger, *Contributions to Philosophy*, 29, 67–68, 94–96.

낯설음과의 친밀함을 방해한다. 하이퍼객체의 장수長壽를 평범하게 수식화한 사실이 필요한 전부다. 단순히 수학적 사실에 익숙해지는가의 문제다—그런 점에서 그리스어 mathēsis를 익숙해지기[15]로 번역하는 것은 온당하다.

앞서 얘기했던 것처럼, 데릭 파핏이 『이성과 인격』을 쓰게 된 주된 이유는 핵 방사선이나 오염 물질, 즉 하이퍼객체의 존재 때문이었다. 그것들을 어떻게 할 것인가? 지금으로부터 2만 4,100년(플루토늄 반감기)이 지나면 나와 의미 있게 관계된 그 누구도 살아 있지 않을 것이기에 플루토늄에 대한 나의 인지적, 윤리적, 정치적 태도는 그 의미가 아무리 광범위하게 정의된다 하더라도 내 사익을 초월해야 한다. 더욱이 하이퍼객체는 매우 오래 지속되어서 현재 행위로 미래 사람들의 가치를 조정하는 차등제인 사회적 할인율social discount rate과 같은 공리주의적 개념은 윤리학적으로나 어떤 유효한 의미로도 적용될 수 없다.[16] 후기 소비자 자본주의 시대에 인간이 적절한 준비가 되어 있지 않은 것에 대해 하이퍼객체는 우리에게 입장을 취할 것을 강요한다.

지구온난화와 관련한 시간 척도에는 한층 더 깊은 문제가 있다—시간 척도가 많다는 점이다. 우리가 다루는 객체는 광범위하게 분포할 뿐 아니라 객체의 부분마다 각기 다른 상환율이 적용된다.

---

15   [옮긴이] 이에 대해서는 1부 4장 「위상 조정」 챕터에서 자세히 언급하였다.

16   Parfit, *Reasons and Persons*, 355-357.

하이퍼객체는 미래에서 온 병에 담긴 메시지다. 다시 말해 하이퍼객체는 현재 시간이라는 개념에서 기준 참조점을 파냈기 때문에 사실상 현재 존재하지 않는다. 하이퍼객체에 대응하기 위해서는 규범적인 사익 이론을 크게 초월하는 척도와 범위에 토대를 둔 윤리 이론이 필요하며, 우리의 사익을 몇 세대에 걸친 후손과 지구상의 모든 생명체를 포함하는 큰 규모로 변경할 때조차 그러한 윤리 이론이 필요하다.

하지만 사익 이론을 초월할 때 자기를 버리려다 친밀함마저 없앨 필요는 없다. 실제로 사익 이론을 포기하면 우리는 파핏 스스로가 언급했던 것, 즉 다른 생명체나 미래의 자기와의 더 친밀한 접촉에 참여하게 된다. 『이성과 인격』 중반에 나오는 한 감동적인 단락은 파핏의 작업이 예시로 든 옥스브리지Oxbridge 공리주의의 극단적인 합리성 모델과 비교하면 놀랍도록 사적인데, 그 단락에서 파핏은 다음과 같이 쓴다.

> [비-자기no-self라는] 진실이 우리를 우울하게 만드는가? 어떤 이들에게는 그럴 수도 있다. 하지만 나에게 비-자기란 해방이자 위로다. 내 존재 자체가 ["심오한 진실, 육체적이고 심리적인 연속성과는 구별되는 것, 전부가 아니면 아무것도 아닌 사실"]이라고 믿었을 때, 나는 나 자신 안에 갇혀 있는 것 같았다. 내 삶은 유리 터널과 같아서 매년 더 빨리 그 유리를 통과해 이동했지만 터널의 끝에는 어둠만이 있었다. 나의 관점을 바꾸자 그 유리

터널의 벽은 사라졌다. 이제 나는 야외에 산다. 내 삶과 다른 이들의 삶 간에는 여전히 차이가 있다. 하지만 그 차이는 작아졌다. 타인은 내게 더 가까워졌다. 내 남은 인생에 대해서는 덜 염려하게 되었고, 타인의 삶에 더 관심을 두게 되었다.[17]

파핏의 말 자체가 비-자기적 관점이 주는 선물, 즉 미래에 대한 친밀함과 개방성의 전형을 보여준다. 이 관점에서 '자기'란 단지 육체적이고 심리적인 연속성으로 환원된 것에 불과하다.

비-자기적 관점이란 아무런 특징 없이 인간성이 말살된 추상이 아니라 오히려 친밀함과의 근본적인 만남이다. 생태학적 각성을 가장 잘 설명하는 것은 더 큰 것에 속해 있다는 감각이 아니라 친밀함의 감각이다. 즉 다른 생명체와 가까이 있다는 감각, 심지어 지나치게 가까이 있다는 감각, 우리 피부 아래 다른 생명체가 있다는 감각. 하이퍼객체는 우리 자신의 죽음과 친밀해지도록(하이퍼객체는 독성을 띠기 때문에), 타인과 친밀해지도록(하이퍼객체는 우리 모두에게 영향을 끼치기 때문에), 미래와 친밀해지도록(하이퍼객체는 광범위한 시간에 분포해 있기 때문에) 강제한다. 하이퍼객체가 요구하는 친밀함에 우리 자신을 맞추기란 쉽지 않다. 그렇지만 친밀함과 비-자기적 관점은 생태학적으로 각성하는 데서 합쳐진다. 우리의 가장 내밀한 본질이기도 한 낯선 존재와의 가까움은 바로 본질이 가진 감정의 구조다.

---

17   Parfit, *Reasons and Persons*, 281.

린 마굴리스Lynn Margulis[18]를 비롯한 여타 학자들이 연구한 공생을 생각해보자. 공생의 한 가지 특징은 세포내공생endosymbiosis, 즉 생명체들이 단순히 우리와 함께 살기만 하는 것이 아니라는 사실이다. 다시 말해 그들은 우리 안에 있으며, 다양한 수준에서 숙주-기생체 구별은 무너진다. 우리의 미토콘드리아는 그들에게 대재앙인, 산소라 불리는 환경적 참사로부터 피해 숨은 공생자다. 많은 세포벽이 이중으로 되어 있다는 것은 공생적 결합이 아주 오랫동안 존재해왔음을 암시한다. 넓게 보면, 타인은 우리다. 또는 시인 랭보Arthur Rimbaud의 표현대로, "우리는 타인이다"Je est un autre.[19] 비현상학적 nonphenomenological 수준(즉, 경험에 의존하지 않은 수준)으로, 외계 존재가 현미경으로 확인할 수 있는 수준으로, 우리는 스스로에게 타인이다. 그만큼 타인은 우리에게 가깝다. 생태학은 친밀함에 대한 학문이다.

하이퍼객체는 환각적인 시공간 척도에 대한 것일 뿐 아니라 우리가 참조하는 개념적 틀을 한층 더 뒤흔드는 무언가를 한다. 우선 하이퍼객체는 '객체'에 대한 규범적인 생각을 약화시킨다. 이 갑작스러운 전환은 언캐니한 결과를 낳는다. 방사선에 대한 지식은 태양의 유용성과 유익함에 대한 상식적인 생각을 의심하게 한다. 햇빛과 달

---

18 [옮긴이] 린 마굴리스는 미국의 진화 이론가이자 생물학자다.

19 아르튀르 랭보가 폴 데메니(Paul Demeny)에게, 1871년 5월 15일. *Rimbaud: Complete Works, Selected Letters: A Bilingual Edition*, ed. Seth Whidden, trans. Wallace Fowlie (Chicago: University of Chicago Press, 2005), 374.

리 방사선은 우리 눈에 직접 보이지 않는다. 그렇지만 가시광선보다 훨씬 더 강력한 영향을 끼친다. 오존 고갈, 지구온난화, 방사선에 대한 지식 탓에 평범한 현실은 울리히 벡Ulrich Beck이 "위험사회"라고 부른 위험한 공간으로 바뀌었으며, 이제 '위험사회'의 정부 정책에는 전 인구에 걸친 불균등한 분배가 자주 포함된다.[20] 장기적으로 보면 위험에서 면제된 자는 아무도 없다. 하이퍼객체의 장기적 영향을 깨닫게 된 이상, 우리는 이 각성을 폐기할 수 없으며, 그 결과 현재 확고한 결정을 내리는 우리의 능력도 점차 부식된다.[21]

우리의 미래를 규정지을 객체인 하이퍼객체를 보려면 컴퓨터와 가이거 계측기[22]와 같은 장비가 필요하다는 사실은 코페르니쿠스와 갈릴레이가 우주는 지구 주위를 돌지 않는다고 주장해 인간이 땅에 두 발을 붙이게 만들었던 겸손하게 하기와 유사하다.[23] 그 시대의 '상식'은 사람들에게 태양이 지구 주위를 하루에 한 번 돈다고 말했다. 상식은 또한 약초 치료를 권하고 물속에 빠뜨려도 익사하지 않는 이상한 노파들이 마녀이기 때문에 불태워 죽여야 한다고 사람들을 확신시켰다. 상식은 장담하는 것들이 아주 많다.[24]

---

20   Beck, *Risk Society*, 19–22.

21   Parfit, *Reasons and Persons*, 371–377.

22   [옮긴이] 한스 가이거(Hans Geiger)가 개발한 방사능 측정 장비로, 이온화 방사선을 측정할 수 있다.

23   Jacques Derrida, *The Animal That Therefore I Am*, ed. Marie-Louise Mallet, trans. David Wills (New York: Fordham University Press, 2008), 136.

24   [옮긴이] 상식에 책임을 물어야(answer for) 할 것들이 아주 많다는 중의적인 뜻으로 읽히기

자크 라캉은 인간 사회의 문제가 자신들의 쓰레기를 어떻게 처리할 것인지의 문제라고 썼다. 이렇게 말하는 것은 도리어 인간중심적이다. 많은 비인간 존재들도 그들의 쓰레기를 어떻게 해결해야 할지 우려하고 있는 것으로 보이기 때문이다.[25] 하이퍼객체는 동일한 문제를 거대하게 확대해서 우리에게 보여준다. 스티로폼 컵은 자연 분해되는 데 500년이 걸린다. 기하급수적으로 증가하는 거대한 인간 개체군의 밀도는 그 자체로 18세기 농업혁명 이래로 진행된 농업 기술 및 물류 분야의 도약이 빚은 하이퍼객체로 볼 수 있으며, 이는 1945년 이래로 더욱더 급격해졌다. 인류 문화가 급진적으로 변화하거나 완전히 사라진 후에도 수세기 동안 지속될 물질들을 어떻게 해야 할까? 이 문제는 변기에 흘려보내는 배설물과 같은 인간적 규모를 넘어선다. 우리 자신을 그 내부에서 발견하게 되는 실체에 대해 우리는 무엇을 해야 할까?

그렇다면 우리가 늘 틀리다고 느끼는 하이퍼객체의 내부는 정말 어떤 모습일까? 알폰소 링기스가 칸트식 윤리를 재작업한 것을 생각해보자. 링기스는 초월적 선험을 그가 **단계**level라고 부른 것에 위치시키는 방식으로 재작업했는데, 단계란 하나의 객체에 의해 발생하고, 그 단계는 나를 물리적으로 장악grip하며, 그 장악은 나에게

도 한다.

25   자크 라캉의 MIT 연설. Sherry Turkle, *Psychoanalytic Politics: Freud's French Revolution* (New York: Basic Books, 1978), 238에서 인용.

지시directives를 내린다. 다음에 나오는, 링기스 자신이 겪은 일화는 생태학적인 방식으로 마음을 끈다. 당신은[26] 북부 캘리포니아의 세쿼이아 숲 속을 걷고 있다. 거대한 나무들은 그들의 태곳적 형태로 당신을 둘러싸고 있다. 광대한 지의류 망은 나뭇가지들 주위에 퍼져 있다. 당신은 타는 냄새를 맡고는 그 냄새가 나는 쪽을 살펴보다가 양치식물이 무성한 덤불 아래에서 오렌지 빛 구슬처럼 밝게 타고 있는 담배꽁초의 끝을 발견한다. 당신은 양치식물 쪽으로 뛰어가 꽁초를 발로 비벼서 끄고는 물통에 담긴 물을 그 위로 부어 다시 불이 붙지 않도록 확실히 한다.

링기스가 불붙은 꽁초를 선택했다는 것이 유의미하다.[27] 이러한 상황뿐 아니라 셀 수 없이 많은 순간에 우리는 생태학적 위급함과 맞닥뜨린다—외출하고 나서야 집에 소등을 하지 않았다는 것을 깨닫고, 세차장에 정차하는 동안 엔진을 끄고 차 밖으로 나가 에어컨 없이 더위를 견딜지 고민한다. 생태학적 문제는 링기스의 **단계**와 **지시**를 단순하지만 더 강렬하게 제시한다. 링기스의 주장에 따르면, 비인간은 우리가 그들을 어떻게 대해야 할지 말해준다.[28] 망치는 특정

---

26   [옮긴이] 링기스의 원문에서 주어는 I이지만 저자는 이를 You로 바꾸어 쓴다. 본 저서의 2부 「세계의 끝」의 도입부처럼 독자들을 해당 장면 안에 불러들여와 그 상황을 실제로 느끼도록 하는 효과를 의도한 것으로 보인다. 이 때문에 이 장면은 링기스의 사적인 일화이지만 독자의 경험으로 공유된다.

27   Lingis, *Imperative*, 173, 221–222.

28   Lingis, *Imperative*, 26–38.

한 방식으로 잡히기를 "원한다." 숲길은 우리 몸에게 특정 속도로 걸으며 귀 기울여 동물을 듣고 장애물을 피하도록 지시를 내린다. 타들어가는 꽁초는 나에게 불을 끌 것을 요구한다. **이러한 지시**는 옳은 행동 조치course of action[29](이성적으로든 아니든)가 무엇인지를 내가 숙고하기 전부터 나를 장악한다. 종합 판단에 관한 칸트식 관념은 단계들을 상정한다. 지시는 내가 사로잡혀 있다는 것을 알게 되는 미적 인과의 지대들zones(단계들)을 설정하는 개체로부터 내려진다. 이 지시는 정언 명령을 땅 위에 놓음으로써 허공에서 내리는 결정이 아니게끔 만든다. 우리는 사물들을 어떻게 대해야 할지 뒤늦게 생각하고 있는 자신을 발견한다.

왜 나는 불붙은 꽁초를 밟아 *끄*기 위해 일어서는가? 이 관점에서 보자면 자유의지는 과대평가되었다.[30] 우리는 낙엽, 테니스 라켓, 가속 페달, 행인들에 의해 유혹되고 유도된다. 나는 (단일하고 단단한) **세계** 안에서가 아니라, 구체적인 객체가 방출하고 있는 변화하는 일련의 지대에서 나 자신을 발견한다. 틀림없이 하이퍼객체는 〈스타워즈〉의 밀레니엄 팰컨을 추적하는 트랙터 빔처럼 우리를 그 안으로 모으는 지대를 내뿜고 있다. 내 귀에 **지대**zone는 단계가 불러일으키는 평평함과 구조에 대한 감각을 제거하는 것으로 들리기 때문에 이제부터 나는 **단계**보다는 **지대**라는 용어를 사용하려고 한다. [구조

---

29   [옮긴이] 어떤 목적을 달성하기 위해 취해야 할 필요가 있는 일련의 행동 과정을 의미한다.

30   Harman, *Guerrilla Metaphysics*, 36–37.

도판1. 유쿨티 나판가티, 〈무제〉(2011), 리넨 위에 아크릴. 보는 이를 일련의 교차하는 간섭 패턴 속에 붙드는 행위적 존재로서의 회화. ⓒ 유쿨티 나판가티. 호주 선주민 작가 에이전시 Aboriginal Artist Agency를 통해 허가를 얻어 전재. 사진 ⓒ Art Gallery of New South Wales.

도판2. 주디 나탈. 〈언캐니 밸리, 곡예사〉. MIT 로봇공학 연구소에서 찍은 이 사진은 인간과 안드로이드 간의 차이에 대해 질문한다. 어떤 존재가 인간이 아니라는 것을 언제 어떻게 알게 되는가? 튜링 테스트는 인간 되기의 최소한의 조건을 내세운다. 단순히 특정 부정 실행negative performance의 문제인 것이다. 나는 당신이 나를 비인간으로 치부할 수 없는 방식으로 수행한다. ⓒ주디 나탈 2012. www.judynatal.com. 허가를 얻어 전재.

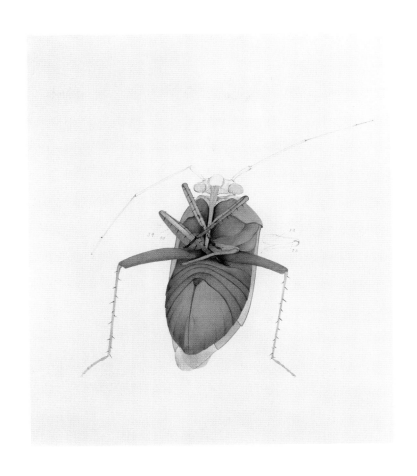

도판3. 코르넬리아 헤세 오네게르, 〈우크라이나 프리피야트의 부드러운 곤충〉 (1990), 수채물 감. "우측 중간다리는 짧고 발이 없이 두 개의 발톱뿐이다"(오네게르의 노트). 방사선 물질에 의한 돌연변이 효과를 세세히 그린 이 그림은 자연사 예술의 전통을 재발명한다. 오네게르의 작품은 문제시되고 있는 생물 형태에 대한 보살핌, 그리고 인간이 다른 종에 끼친 영향 안에서 인간 규모로 가시화된 사유 가능한 개체(고주파 전자 양자)가 있음에 대한 인정을 보여주는 예시다. ⓒ코르넬리아 헤세 오네게르. 허가를 얻어 전재.

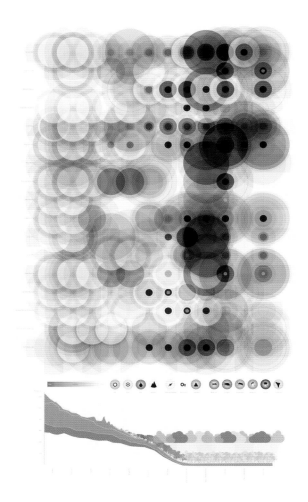

도판4. 마리예 드하스, 〈시간에 따른 건강, 페어웰 곶 안데스 탐험에 대한 시각 일기〉(2009), 종이에 잉크젯 프린트. 드하스는 (북극에서 시작했던) 페어웰 곶 투어의 일원이었다. 작품은 이 투어에 대한 정동적이고 신체적인 응답의 다이어그램으로, 19세기 초 고도에 따른 생태 시스템의 변화를 자세히 기록했던 훔볼트의 독창적인 등온선 그림을 본떠서 만들었다. ⓒ 마리예 드하스. 허가를 얻어 전재.

도판5. 크리스 웨인라이트, 〈붉은 얼음 3〉(2009), 알루미늄에 C 프린트. 방사능에 침수된, 기이한 낯선 것으로서의 빙산. 하이퍼객체는 사유될 수 있지만 (인간의) 추정에 의해 밖으로 꺼내지지 않는다. 그러므로 하이퍼객체를 환기시키는 예술은 기이한 친밀함과 낯설음을 필연적으로 다루어야 한다. ©크리스 웨인라이트. 허가를 얻어 전재.

도판6. 코모라 톨리버, 〈단지〉(2007), 외부 환경 세부. 마일러, 아크릴 페인트, 기타 매체. 환경을 시각화하려고 노력할 때, 우리는 왜곡되고(일그러져 보이는), 유령적인(신체적이면서도 무 nothingness로 뒤덮인) 개체들과 조우한다. 환경을 자연으로 보는 것은 공포와 두려움을 마주하는 이 필수적인 단계를 생략해버리는 것이다. ©코모라 톨리버. 허가를 얻어 전재.

도판7. 마리나 주르코우, 〈메조코즘(윙크, TX)〉(2012)의 발췌 프레임. 이 애니메이션은 2012년 3월 16일부터 4월 21일까지 미국 휴스턴의 다이버스웍스에서 열렸던 주르코우의 〈네크로크래시〉라는 설치 작품의 일부를 구성했다. 메조코즘은 생태학적 과학 측정의 유산이다. 훨씬 더 큰 시간성 안에서 휘경이 인간의 척도를 넘어서듯, 실행되는 알고리즘(소프트웨어 예술)은 인간적 관심을 초과한다. 주르코우의 애니메이션에는, 플라스틱 가방, 기차, 유령적인 기름 떼 등이 나비, 돌과 공존한다. ©마리나 주르코우. 작가와 비트폼스 갤러리bitforms gallery의 허가를 얻어 전재.

도판8. 마리나 주르코우, 〈묘아〉(2009)의 발췌 프레임. 인간의 인지는 추상화되고 고도로 개선되고 현실뿐 아니라 현상학적으로 풍부하고 불안한 현실도 가능하게 했다. 대규모의 개체들은 마치 인간이 무無의 바다를 떠다니는 것처럼 (인간이) 현재를 파내는데, 이것이 인간의 (사회적, 심령적, 청학적) 공간 (애니메이션속 디캔티 유리병 내부 "안에서" 벌어지는 일에 영향을 가한다. ©마리나 주르코우. 작가와 비트폼스 갤러리bitforms gallery의 허가를 얻어 전재.

가 아닌] 객체로부터 시간과 공간이 창발한다는 생각에서 우리는 **지 대**라는 용어를 이해하기 시작할 수 있다. **지대**는 **띠**belt, 즉 다른 무언가를 감는 어떤 것을 의미할 수 있다. 온대temperate zone나 고전 지대 war zones을 [예로] 들 수 있다. 하나의 지대는 사건들이 발생하는 하나의 장소다. 지대는 바람을 일으키고 열을 방사하며, 또한 그곳에서는 탄환이 날아다니고 군대가 패배한다.

어떤 작용이 일어나고 있는가? "지금 이곳에, 신비 없이, 그저 보이는 그대로의 무언가가 아니라, 탐색과 같은 어떤 것 … 메아리와 응답을 불러일으키는 음조tone … 정원 뒤편, 사이프러스 나무를 가로질러 일렁이는 햇빛 속에서 물은 자신의 유동성을 탐색한다."[31] 앞서 언급했듯이, 만약 실체와 우연 간에 기능적 차이가 없다면, 인지하기와 행동하기 간에 아무런 차이가 없다면, 지각적인 것과 비지각적인 것 간에 실제 차이가 없다면, 그렇다면 인과 그 자체는 기이하고, 궁극적으로 비국소적인 심미적 현상이다. 더욱이 객체 그 자체에서 방사된 어떤 현상은 객체 앞에서 놀랄 만큼 아름다운 실제 환영처럼 물결치면서 이 인용구 안에 마술로 불러내진다. 문장은 강제적이고 불가사의한 주문, 즉 악마적 역장力場과 같은 인과성의 주문을 걸면서 그것이 말하는 바를 행한다. 하지만 우리가 그것을 단순히 환영으로 알았다면, 그 물결침은 멈췄을 것이다. 그것은 결코 환영이 아닐 것이다. 우리는 모순이 없는 실제 속에 있을 것이다. 그렇지만

31　Lingis, *Imperative*, 29.

그것은 환영과 **같기** 때문에 우리는 결코 확신할 수 없다. "가식을 구성하는 것이 결국 가식인지 아닌지 당신은 알지 못한다."[32]

지대란 전적으로 '자유의지'의 문제가 아니다. 객체는 칸트식 자율성보다 훨씬 더 위협적으로, 또 감각적으로 자율적이다. 어떤 의미에서 객체는 하킴 베이Hakim Bey가 기린 바 있는 **일시적 자율 지대**temporary autonomous zone와 같다.[33] 갓 태어난 객체의 발생은 '정치적' 개입이자, 아무리 미세할지라도 다른 모든 객체를 바꿀 혁명이다.[34] 위원회의 신중한 결정이 내려진 이후에서야 지대가 작동하기 시작하는 것이 아니다. 지대는 이미 비환원적으로 벌어지고 있다. 늦은 오후의 그림자가 도시의 광장 주위로 길어지면서 이곳에 와본 적이 있었다는 언캐니한 감각을 일으킬 때, 불현듯 우리는 이곳 내부에서 우리 자신을 발견한다,

체르노빌 원자로 지하실에는 '코끼리의 발'이라고 불리는, 핵 노심에서 녹아내린 금속과 유리로 이루어진 방사선 혼합물인 노심 용융물(코리엄corium)이 있다. 빨리 죽으려고 안달난 사람이 아닌 이상

---

32   Jacques Lacan, *Le seminaire, Livre III: Les psychoses* (Paris: Editions de Seuil, 1981), 48.

33   Hakim Bey, *The Temporary Autonomous Zone* (Brooklyn, N.Y.: Autonomedia, 1991), http://hermetic.com/bey/taz_cont.html [옮긴이] 하킴 베이는 미국의 아나키스트 작가다. 본명은 피터 램본 윌슨(Peter Lamborn Wilson)이다. "일시적 자율 지대"(the temporary autonomous zone)는 하킴 베이의 책 제목이기도 하다.

34   Graham Harman, "The Theory of Objects in Heidegger and Whitehead," in *Towards Speculative Realism: Essays and Lectures* (Ropley: Zero Books, 2010), 22–43; Graham Harman, "Object-Oriented Philosophy," in *Towards Speculative Realism*, 93–104.

에야 직접 그것을 볼 수는 없다. 카메라에 바퀴를 달아 촬영하려고 했던 첫 시도는 이 객체에서 나온 방사물로 인해 카메라가 망가지는 바람에 실패로 돌아갔다. 결국 모퉁이에서 카메라에 달린 거울에 비춰서 촬영해야 했다. 객체는 지대를 내뿜는다. 내가 나 자신을 어디에서 발견하든지 지대는 이미 벌어지고 있는 자율 지대이며, 이는 마치 세심하게 조율된 한 쌍의 사인파가 이룬 간섭 패턴이 십자로 교차하는 장을 만들어 집을 가득 채운 것과 같다(라몬테 영La Monte Young과 매리언 자질라Marian Zazeela가 만든 뉴욕의 드림 하우스[35]에 대한 간략한 묘사). 엘리안 라디그Eliane Radigue[36]의 놀랍도록 겹겹이 쌓은 ARP사의 신디사이저 소리는 교회를 공진으로 가득 채우는데, 이 공진共振의 최저 주파수는 귀로 들리는 만큼 신체로도 느껴진다. 음향 심도에서의 부조화는 어떻게 예술이 주체를 흔들고 산산이 부서뜨리는가에 대해 아도르노가 말했던 바를 축어적으로 표현하면서 신체적으로 흔들리는 몸을 낳는다.[37] 음악은 환경에 '관한' 것이 아니다. 즉 음악이 환경이다. 〈생물 발생〉은 라디그 자신의 심장박동과 함

---

35 [옮긴이] 라몬테 영은 미국의 아방가르드 작곡가이자 뮤지션이다. 매리언 자질라는 미국의 미술가이자 음악가다. 〈드림 하우스 78' 17"(Dream House 78' 17")〉은 1974년에 두 사람이 공동으로 작업해 발매한 앨범이다.

36 [옮긴이] 엘리안 라디그는 프랑스의 전자음악 작곡가다. 1950-60년대에는 구체음악과 테이프 피드백 테크닉을, 70년대 이후 약 25년간 아날로그 신디사이저 ARP 2500 synthesizer를 사용해 느리고, 의도적인 소리의 펼쳐짐에 집중해 작업했다. 2001년부터 현재까지는 초기 피드백 작업과 어쿠스틱 사운드 제작에 주력해오고 있다. 대표적인 음반으로는 1973년-1980년 사이에 작업한 Adnos 3부작 〈Adnos I–III〉(2002)과 〈Triptych〉(2009) 등이 있다.

37 Adorno, *Aesthetic Theory*, 331.

께 그녀의 자궁 안에서 들리기 시작한 태아의 심장박동 소리를 단순히 기록한 것이다.[38] 이 소리가 2003년에 샌프란시스코 현대미술관에서 있었던 전시 《33과 1/3》에 사용된 스피커처럼 저주파수를 전달할 수 있는 스피커로 재생되면 작품은 청자의 신체에 가닿는다. 우리의 호불호와 무관하게 공존이 강요된다. 라일리와 나판가티의 회화는 진동하는 선을 통해 내 시신경에 힘을 방출하면서 그 자취 속에 나를 장악하는 지대를 내뿜는다. 인간의 윤리적, 정치적 결정은 상호 맞물리는 지대에서 나오는 역장 안에서 내려진다. 이미 그 지대에 대한 초월적 입장을 차지한 자기 자신을 발견할 방법은 없다. 내가 객체란 무엇이며, 객체성이란 무엇인지 결론을 내렸던 칸트식 선험적 종합 판단이 가능한 것은 (정말 그렇다 한다 해도) 오로지 내 자신이 객체가 내뿜는 지대에 의해 이미 공격받았다는 것을 알았기 때문이다. 담배꽁초나 거리로 달려드는 아이와 같은 가장 단순한 일례는 모든 윤리적, 정치적 입장을 위선 상태로 환원한다. 우리에게 이 위선을 가장 정교하게 감지하도록 강제하는 것이 하이퍼객체다. 하이퍼객체는 매우 크고 아주 오랫동안 지속되기 때문에 거기서 폭포처럼 쏟아지는 지대들 역시 우리가 하이퍼객체의 존재를 인식할 수 있을 만큼 충분히 풍부하고 강렬하며, 이와 더불어 지대와 객체 사이의 환원될 수 없는 간격, 즉 칸트가 현상과 사물 사이 간격이라고 부른 것 또한 인식할 수 있다.

---

[38]   Eliane Radigue, *Biogenesis* (Metamkine, 1996).

이러한 간격 때문에 마치 모든 것이 기계적으로 자동화된 것처럼 우리가 무엇을 해야 할지 즉각적으로 정확히 알게 되는 상황을 맞게 될 것이라는 의미는 결코 아니다. 오히려 나 자신이 그 지대에 달라붙어 있다는 것을 알게 될 때 거리, 아이러니, 망설임에 대한 나의 감각은 더 뚜렷이 드러난다. 지대를 내뿜는 객체에 관한 내 결정에 깃든 기이함과 뒤늦음의 느낌을 충분히 설명해주는 것은 그 지대의 존재론적 선험성priority이다. 내가 왜 세쿼이아 숲에서 담뱃불을 껐는지 설명해줄 적절한 이유를 떠올리기란 도저히 불가능하다. 실제로 내가 이유를 만들어내려 애쓴다면 나는 담뱃불이 덤불을 태우고 있는 것을 보고 있는 나 자신을 보게 될 것이다―나는 이미 담뱃불을 끄지 않기로 결정한 것이다. 그 지대는 이미 나를 그것이 쏘는 광선 속에 붙잡았다. 이는 내가 지대를 어떻게 대해야 할지 정확히 안다는 의미가 아니다. 결코 그렇지 않다. 그것은 내가 결코 알지 못한다는 것, 또는 내 생각과 지대 사이에 환원할 수 없는 불일치를 내가 느끼고 있다는 것을 의미한다.

나는 이 지대에 어떤 규모로 개입하고 있는가? 왜 나는 타는 꽁초를 끄려 할까? 환경에 대한 일반적인 염려 때문일까? 아니면 이 특정 나무에 대한 관심 때문에? 혹은 이 숲에 대한 관심 때문에? 내가 지구온난화를 이해하고 있기 때문에, 그래서 이 담배꽁초가 인간의 무지를 보여주는 지시적 기호, 즉 거대한 퍼즐을 이루는 한 개의 조각으로 보이기 때문일까? 다시 말하지만, 지대란 직접적으로 경험되는 지역이 아니라 변하기 쉽고 환영을 일으키는 아이러니와 기이함의 장이다. 지대는 자연이 아니다. 지대는 하이데거가 이야기한 **던져짐**thrownness이 전도된 것이다.[39] 나는 나 자신을 오래된 곳에서, 즉 내 현존재Dasein가 지닌 고유한 언캐니함의 기투projection에서 발견하지 않는다. **모든 객체는 기투한다.** 불확실성과 망설임은 단지 내 현존재에게만 있는 것이 아니라 나무에도, 바위에도, 양치식물 사이에서 타들어가는 담배꽁초에도 있다. 지대 안에 내가 현상학적으로 얽혀 있다는 것에 대해 내가 느끼는 표리 없음과 민감함이 바로 지대를 믿을 수 있는 것으로, 예견할 수 있는 것으로 파악하지 못하도록 방해한다.

하지만 이것이 내가 편견으로 가득 찬 세계 속에 돌이킬 수 없이 갇혀 있다거나 그것이 좋다는 의미가 아니다—그것은 생태현상학에서 발견되는 공통적 관점이다. 이것이 의미하는 것은 내가 혼동과 오류, 괴로움에 처해 있다는 뜻이며, 그러함이 마땅하다는 의미다. 앞서 말했듯이, 세계 속 뿌리내림은 생태학적 실천이나 사유의 토대가 아니다. 지대가 의미하는 것은 정반대다. 나의 편견이 어떠하든, 내가 뿌리내리고 있다고 느끼는 '세계'가 무엇이든, 지대는 그것들을 불살라버린다는 뜻이다. 어떤 종류의 비개념성nonconceptuality이 나의 편견을 불태우는데, 그것은 바로 하이퍼객체의 명백한 미래성으로 인해 하이퍼객체가 틀림없이 행위하는 것이다. 하이퍼객체는 편견의 **막을 걷는다**는 의미에서 진정으로 종말론적(그리스어 apocaluptō에서

---

39   Heidegger, *Being and Time*, 127.

유래한)이라고 할 수 있다―그렇다고 해서 하이퍼객체가 우리를 너머로 내던지지는 않는다. 오히려 더는 세계 속에 뿌리내리지 않는 어떤 장소spot에 우리를 더욱 단단히 고정시킨다.

객체에서 방출된 지대의 존재는 칸트식 미를 설명하는 물리적 근거다. 칸트식 미는 나와 객체 '사이'를 떠다니는 것처럼 보이는 비개념적 객체 같은 개체다. 칸트는 이 개체를 나의 선험적 종합 판단의 반영물로 본다. 하지만 이 미적 경험이 유발되려면 반드시 지대가 있어야 한다. 지대는 객체에서부터 진동하기 시작해서 나의 개념적 투명지overlay를 불태우고 낯선 기이함으로 내게 들러붙는다. 지대는 나의 신념과 물화를 재로 만든다. 하이퍼객체의 경우, 심지어 내가 미욱해서 그 객체가 방출한 지대에 잘 맞출 수 없을 때조차 이러한 변화는 발생한다. 하이퍼객체는 너무나 광대해서 간과할 수 없다.

따라서 우리는 선험적 종합 판단 행위에 근거해서 사실을 상정할 자유를 보장하는 초월적 미학(칸트가 제시하듯이)과 멋진 권위의 무게로 나를 강렬하게 사로잡는 실체론적substantialist 미학(에드먼드 버크Edmund Burke가 주창한) 중 하나를 선택해야 한다. 각각의 미적 철학이 지닌 정치적 함의는 꽤 분명하다―우리는 의심 없이 칸트식 옵션을 선택해야 한다. 버크의 이론은 부시 행정부의 미학과, 제2차 이라크 전쟁 시 바그다드에 맞서 펼친 '충격과 공포'Shock and Awe의 전술을 표상한다. 이제야 우리는 칸트식 미학 이론을 수용할 타당하고 실재론적인 근거를 어떤 초월적 너머에서가 아니라 바로 여기, 내가 생각하기 이전부터 있었던 곳인 지대에서 찾게 된다. 지대는 비개념적이지만 **텅 빈 무**blank nothingness라거나 직접성에 관한 헤겔식 A=A가 아니다. 지대가 말해질 수 없는 이유는 그것이 바로 '내 얼굴 안에' 있기 때문이다. 나는 그것에 닿으려고 손을 뻗지 않는다—오히려 객체가 내게 지대를 보낸다.

지대가 실재하지만 객관적으로 '저기'에 있는 것이 아닌 까닭은 만약 지대가 저기에 있다면 형이상학적으로 존재하는 것이 되며,[40] 더욱이 하이퍼객체는 현존의 형이상학에 대한 진지하고 물리적인 도전을 던지기 때문이다. 이러한 비대상화nonobjectification를 사유하기란 까다롭다. 완고하게 '거기'에 남아 있기보다 깜빡이고 일렁이는 개체들을 상상하는 것은 어떻게 가능할까?—후기 흄식, 후기 칸트식 사고와 과학이 필요로 하는 깜빡임과 일렁임일까? 그런데도 하이퍼객체는 우리를 도와 이 일렁임을 꽤 효과적으로 시각화하는 것으로 보인다. 존재신학은 사물이 객관적으로 현존하며 '거기'에 있다(하이데거의 용어로는 **눈앞에 있음**vorhanden)고 믿음으로써 사물을 **실재**로 해석해야 한다고 나를 설득하고 싶어 한다.[41] 하지만 하이퍼객체는 다음과 같은 식으로 사물을 '실재'로 대상화하는 것을 막는다—물론 의심의 여지없이 사물은 실재이지만, 악몽이나 위협적인 서커스 광대처럼 나를 습격해올 듯하다. 그것은 언제나 비구름 뒤로, 일광 화상日光 火傷 뒤로, 쓰레기 더미 뒤로 사라지기 때문에 **결코 눈앞에 있음이**

---

40   [옮긴이] 같은 이유로 저자는 본 장의 후반부에 자본의 형이상학을 비판한다.

41   Heidegger, *Being and Time*, 5, 22–23, 62–71.

아니다. 하이퍼객체의 내부에 존재하는 느낌은 **비현실성**을 필수적 요소로 포함한다─그럼에도 비현실성은 하이퍼객체의 실재성에 대한 징후다!

"당신이 무엇을 할 수 있든, 나는 그것의 메타meta를 할 수 있다." 이것은 근대의 격언이 아닐까? 지난 200년 동안 지성을 수행한다는 것은 "나는 한낱 사물에 불과한 것들 주변을 볼 수 있고 당신의 '순진한' 태도를 꿰뚫어볼 수 있을 정도로 당신보다 더 똑똑하다"는 식으로 말하는 것과 같았다. 철학에서 **옳다는 것**은 종종 **메타적인 것**이 되느냐의 문제다. 〈몬티 파이선〉에 나오는 '논쟁' 촌극은 거의 완벽하게 이것을 구현한다.[42] 한 남자가 여러 종류의 정부 보조금을 나누어주려고 설계된 것으로 보이는 특색 없는 관청 건물로 들어간다. 먼저 그는 누군가 욕설을 퍼붓고 있는 방으로 들어간다. 그가 "나는 여기 논쟁을 하러 왔소"라고 말하자 욕하던 사내는 사과하며, "아, 미안합니다. 이곳은 욕설의 방입니다. 옆방이 논쟁의 방입니다"라고 말한다. 옆방에서 그 남자는 또 다른 관료를 만나는데, 그 관료는 말 섞기를 거부한다. 그 남자가 논쟁을 하러 왔다고 하자 관료는 그가 여기에 논쟁하러 왔는지 아닌지에 대해 이러쿵저러쿵 논쟁한다. 다시 말해, 즉시 **그는 메타적이 된다.**

이런 종류의 논쟁을 해본 적이 있다면 얼마나 격해질 수 있는지

---

42   John Cleese and Graham Chapman, "The Argument Sketch," *Monty Python's Flying Circus*, "The Money Programme," series 3, episode 3 (November 2, 1972).

알 것이다. 메타적이 되는 것은 누군가를 비웃는 가장 효과적인 방법이다. 누군가의 뒤통수를 치는 방법이기 때문이다. 누군가의 보잘것없는 직접성은 늘 거짓이다. 메타는 심오한 구조이자 신령한 배후, 사건의 지평선의 가능성의 가능성이며 다른 어떤 것보다도 더 실재적이며, 더 낮고, 수사적으로 더 효과적이다. 이 메타 방식에서는 가능성의 달걀이 실재 닭보다 앞선다. 이 방식은 〈몬티 파이선〉에서, 특히 '논쟁' 촌극에서 활용되었다. 〈몬티 파이선〉의 유머 대부분은 이 메타 증후군에 기초하고 있으며, 영국 제국주의 시대의 전성기와 흥망기 때 모두 메타가 매우 지배적이었음을 보여준다.

메타 증후군은 무수히 많은 철학적 양식에서 반복된다. 메타적 생각이 먼저인지 메타적 행동화가 먼저인지 확신할 수 없지만, 이 메타 증후군은 근대적 삶의 기본 존재론과 기묘하게 유사해 보인다. 그러한 특성 탓에 메타 증후군은 실제로 무언가를 감행하려는 사람들을 조롱하는 아름다운 영혼 상태의 큰 원인이 된다[43]—아름다운 영혼 상태는 라캉이 "Les non-dupes errent"("속지 않는[다고 생각한] 사람들이 실수를 한다." 이 문장은 또한 "아버지의 이름"Les nom du pere, "아버지의 거부"Les non du pere에 대한 말장난이다)을 주장할 때 그가 주목했던 상태다.[44] 산 위에 높이 올라 앉아 그 아래 불쌍한 우리를

---

43   [옮긴이] 아름다운 영혼에 대한 상세한 역주는 1부 「상호객체성」 참조.

44   이것은 라캉 세미나의 제목이다. "Le séminaire de Jacques Lacan, Livre XXI: Les non-dupes errent"(미간행)

내려다보는 사람들은 자신들이 모든 것을 통찰할 수 있다고 믿기 때문에 가장 착각에 빠지기 쉽다. 앞에서 논의한 바와 같이, 아름다운 영혼은 소비주의의 양식—1800년 이래로 디폴트default가 된 주체의 틀—이기 때문에 우리는 메타 증후군이 문화에 만연하리라 예측할 수 있다.[45]

하이퍼객체는 세계를 소멸시키고, 나아가 세계의 실재성을 결정하려고 세계 밖으로 뛰쳐나온 초월적 선험마저 소멸시킨다. 이 소멸은 하이퍼객체가 벌인 영리한 논쟁 덕분이 아니며, 그렇다고 하이퍼객체가 묵묵부답의 철옹성처럼 남아 있는 덕분에 가능했던 것도 아니다. 우리가 보게 될 것처럼, 모든 객체는 연기술delivery의 한 형태이기 때문에 하이퍼객체에도 수사법이 있다. 하이퍼객체는 우리 뒤통수를 휘갈기거나 닥터 존슨[46]의 장화처럼 우리를 걷어차지 않으면서도 [관념론을 주장한] 버클리에게 공격적인 한 방을 먹이는 비논쟁의 방식으로 이를 반박한다. 우리가 전前반성적[47]이라는 말을 진실에 연결된 직접적인 핫라인을 제공한다는 뜻으로 의미한다면, 하이퍼객체는 전반성적이지 않다. 실제로 하이퍼객체의 수사적 연기술에 어

---

45   Morton, *Ecology without Nature*, 109–123.

46   [옮긴이] 〈몬티 파이슨〉에 등장하는 인물.

47   [옮긴이] 사르트르는 어떤 경험을 주관한다고 여겨지는 자아를 반성에 의해 대상적으로 정립된 결과라고 했다. 그러한 자아가 정립되기 위해서는 반성 이전에 반성하는 의식이 있어야 한다. 사르트르는 이와 같은 의식을 전반성적(prereflective) 의식이라고 하였다. 사르트르는 전반성적 의식을 간과하고 '사유하는 나'를 실체로 규정한 데카르트를 비판했다.

떤 이름이 있다면, 반성reflection으로의 유도와 같은 것을 포함해야 할 것이다. 아리스토텔레스의 『수사학』은 인간의 정동에 관한 매우 독창적인 명상meditation이다—수사학은 말하기의 기술인 만큼 듣기의 기술이다. 그런데 우리가 하이퍼객체에 맞출 때attune to 우리가 듣는 것은 무엇일까? 이 불확실성이야말로 바로 우리가 듣고 있는 **것** 아닐까? 빗속에서, 또는 언캐니한 사이클론이나 기름띠를 통해서 우리에게 전달된 정동은 언캐니한 무언가를 계시하지 않는가? 그것에 이름이 있다면, 기이함일 것이다. 어쩌면 가장 설득력 있는 용어는 파멸일 것이다.

파멸doom이란 무엇인가? 관습적으로 파멸은 법령 또는 조례, 즉 지시다.[48] 파멸은 또한 심판, 법, 판단 능력, 세계의 끝 이후에 벌어지는 최종 심판을 의미한다.[49] 그렇지만 파멸은 또한 우리가 **생각하는** deem 것, 즉 의견이나 분별이다.[50] 파멸은 숙명, 운명, 더 강력한 의미로는 죽음을 뜻할 수 있다.[51] 최종적으로 파멸은 정의, 심지어 정의를 시행하는 재판관을 의미한다.[52] 정의란 데리다가 해체의 유의어로 부른 비유이며, 그 수사 안에서 정의는 비환원적으로 미래적이다. 다시 말해, 완벽한 정의는 지금 결코 성취될 수 없다—항상 잔여가 생긴

---

48   *Oxford English Dictionary*, s.v."doom," n.1, http://www.oed.com

49   *Oxford English Dictionary*, s.v."doom," n.2, 3b, 5, 6, 7, http://www.oed.com

50   *Oxford English Dictionary*, s.v."doom," n.2, 3a, http://www.oed.com

51   *Oxford English Dictionary*, s.v."doom," n.2, 4a, b, http://www.oed.com

52   *Oxford English Dictionary*, s.v."doom," n.8, 10, http://www.oed.com

다.[53] 훌륭한 재판관은 기계적으로 판결을 배분하는 것이 아니라 역설적으로 법을 집행하면서 동시에 유예한다.

[파멸의] 이 풍부한 의미 폭이 하이퍼객체에 관한 무언가를 암시하고 있지는 않은가? 하이퍼객체는 진실로 숙명, 운명, 죽음의 사자使者다. 이 운명은 (인간) 세계 너머에서 와서 세계의 끝을 선언하고 명한다. 이 판결은 인간이 비인간을 인식해 지구의 숙명을 더 정의롭게 여기는 결정적인 중심축을 지구 역사 속에 표시한다. 혹은 격앙된 하이데거 스타일로 말하자면, 파멸은 파멸에서 오고 파멸은 파멸한다. 이 파멸은 인간이 비인간을 파멸시켜 지구의 파멸을 더 큰 파멸로 파멸시키는 결정적인 순간을 표시한다.

각각의 정치적이고 윤리적인 결정은 하이퍼객체 내부에서 내려지고, 그 결정은 파멸을 초래하는 지대의 공진resonance 속에 붙들린다. 하이퍼객체가 내는 분쇄의 굉음 속에서는 냉소주의마저 위선의 한 종류가 된다. 냉소주의는 최악의 위선이다. 냉소주의는 위선에 대해 위선적이기에, 위선의 제곱이다. 위선자는 자신이 실패 속에 갇혀 있다고 생각한다. 냉소주의자는 충분히 역겹도록 구토하면 무언가 바뀔 것이라고 여전히 희망한다. 냉소주의자는 희망한다, 그가 희망 너머에 있지 않기를—따라서 그는 위선자다. 그는 파멸에서 도망치

53   '자크 데리다'(Jacques Derrida) 항목에 이에 대한 매우 좋은 요약이 있다. *The Stanford Encyclopedia of Philosophy*, ed. Edward N. Zalta, fall 2011 ed. http://plato.stanford.edu/archives/fall2011/entries/derrida/

려고 애쓴다.

인간은 **위선**의 시대에 진입했다. 이제 나는 하이퍼객체의 시간이 **위선과 약함, 절뚝거림**의 시간임을 논증할 것이다. 나는 이 용어들을 매우 정확한 의미로 말한다. 먼저, 위선의 의미를 이해해보자. 그리스어로 hypo는 **아래에, 숨겨진** 또는 **비밀스러운**을 뜻하는 반면, krisis는 **판단, 결정** 또는 **분별**을 의미하기 때문에, 위선을 생각할 때 우리는 여전히 **파멸**의 윤곽을 더듬는다. 위선은 '비밀스러운 파멸'이다. 관습적으로 위선은 무언가를 숨기고 가식적으로 행동하는 것을 말한다. 위선은 허위이자 연기다. 하지만 그것은 또한 알려지지 않은 곳에서 보내온 메시지인, 단순히 숨겨진 파멸이기도 하다. 또는 어떤 의미에서는 비밀인 메시지, 즉 암호화된 것이다.

위선은 **연기술**을 뜻하는 그리스어 hypokrisis에서 왔다. 배우는 위선자다. **파멸**의 한 가지 의미가 법령이나 조례라는 것, 즉 전달된 것, 조각상이나 진술, 서면에 존재하는 구절 등임을 기억하라. 연기술은 전통 수사학(아리스토텔레스, 퀸틸리아누스Marcus Fabius Quintilianus)의 다섯 번째 양상이다. 발견(착상), 배치(논리), 스타일, 기억 그리고 연기술이 있다. 연기술은 연설이 어떻게 구현되고, 말해지고, 타인에게 존재하게 되는지에 관한 것이다. 데모스테네스 Demosthenes[54]는 수사학에서 무엇을 가장 중요하게 여기는지 질문받은 적이 있다. 그는 "연기술"이라고 대답했다. 두 번째로 중요한 것이

---

54   [옮긴이] 데모스테네스는 고대 그리스의 웅변가이자 정치가다.

무엇인지 질문받자, 그는 또 "연기술"이라고 답했다고 하는, 계속 이어지는 그런 이야기다.[55] 데모스테네스는 연설을 암송하는 동안 입속에 자갈을 넣고 가파른 언덕을 오르면서 연기술을 연습했다. 연기술은 물질적이다.

이를 뒤집어 생각해본다면 **물질적인 것이 연기술의 한 형태**라는 것을 이해할 수 있지 않을까? 생각해보자. CD는 연기술이다. MP3는 연기술이다. 레코드판은 연기술이다. 카세트테이프는 연기술이다. 각각에는 저마다의 물질성이 있다. 각각은 객체다. 다시 말해, 그저 중립적인 매체가 아니라 그 자체로 하나의 개체다. 만약 지금 내 테이블 위에 놓인 녹색 뱅커스 램프가 연기술의 한 형태라면? 램프는 내 눈에게 초록 유리가 확산시키는 빛에 대해 말한다. 램프의 놋쇠받침은 체리나무로 제작된 책상에게 램프의 지지대를 연기한다. 타이핑하는 내 손이 사진 액자의 유리에 비친 모습을 내가 볼 수 있는 방식으로, 램프 속 형광등은 내게 먼지 앉은 사진을 연기한다. 우리는 결코 [별개의] 바람이라고 할 만한 것을 들을 수 없으며 단지 굴뚝 속에 이는 바람이나 문가를 지나는 바람만을 들을 수 있을 뿐이다.[56] 한 객체의 지대와 다른 객체의 지대가 상호객체적인 배위 공

55 Quintilian, *Institutio Oratorica* 11.3, http://penelope.uchicago.edu/Thayer/E/Roman/Texts/Quintilian/Institutio_Oratoria/11C*.html#3

56 Heidegger, "Origin," 15–86.

간에서 교차한다. 사물들은 에올리언적이고[57] 어쿠스마틱적이다.[58] 사물들의 음색timbre(목재timber, 물질, 질료)은 비밀스러운 낯선 것들에 대해 말한다.[59] 한 사물은 다른 사물을 연기한다. 비, 일광 화상, 플라스틱 봉지, 자동차 엔진은 모두 하이퍼객체의 파멸을 연기한다. 그들은 모두 하이퍼객체의 위선자들이다. 그들은 하이퍼객체에 대해 거짓말을 한다. 그렇게 비밀을 말한다.

객체 지향 존재론은 이러한 객체의 에올리언적 속성에 관해 잘 설명하고 있다. 객체 지향 존재론은 실재 사물들이 있다고 간주하고, 또한 그 사물들 각각을 객체로 본다. 우리 인간도 객체다. '주체'라고 불리는 것도 객체다. 지각이 있는 존재들도 객체다. 여기서 '객체'란 주체에 의해 자동적으로 파악되는 어떤 것이 아니라는 점에 주목하라. 소위 주체가 이해하지 못하는 온갖 종류의 객체가 있다. 인간이라는 매개체human instrument[60]가 지구온난화를 감지하기 시작하기 전부터 지구온난화는 오랜 시간 존재해왔다. 수백만 년 동안 대양 아래

---

57 [옮긴이] 에올리언(Aeolian)은 바람의 신을 가리키는 그리스어 Aeolus에서 온 단어로, '바람의', '풍화작용에 의한'이라는 의미다. 바람에 의해 현이 저절로 울리는 에올리언 하프(aeolian lyre)와 같은 악기는 고대 때부터 존재했으며 서양뿐 아니라 중국, 인도, 말레이시아 등 아시아 지역에서도 발견된다. 앞서 언급된 하이데거의 인용에 더해 저자가 중요하게 언급했던 셸리의 시 〈Hymn to Intellectual Beauty〉에도 "music by the night-wind sent / Through strings of some still instrument"라는 표현이 있으며, 「시의 옹호」에도 등장한다.

58 [옮긴이] 어쿠스마틱(acousmatic)은 시각적으로 보이지 않고 들리는 것을 뜻한다.

59 Morton, *Ecology without Nature*, 34–37.

60 [옮긴이] 인간이 만든 탐측용 기구라는 뜻과 감지하는 객체로서의 인간, 그리고 앞서 에올리언적 사물이 가진 악기적 속성 등의 의미를 포괄하는 표현으로 읽을 수 있다.

심해에서 기름이 흘러나왔다. 모든 객체는 이것을 당연히 알고 있었다. 우리가 지구온난화를 의식하기 시작하면 우리는 기름을 자기 고유의 방식으로 파악해온 바위층, 플랑크톤과 연속체가 된다.

객체 지향 존재론에 따르면, 객체들은 어떤 의미에서는 아리스토텔레스적이다. 객체 지향 존재론의 한 가지 유쾌한 점은 아리스토텔레스, 알가잘리Al-Ghazali,[61] 후설, 주비리Xavier Zubiri[62] 등 그간 간과되었던 철학자들의 사상을 다시 개조한다는 점이다. 아리스토텔레스적 객체란 무엇일까? 일단, 유물론자의 객체는 아니다. 생태학에 관한 내 작업의 첫 단계를 자연 없는 생태학이라고 한다면, 아리스토텔레스의 작업은 물질 없는 생태학이다. 더욱이 같은 이유 때문이다. 나는 나무를 보았고, 원자의 사진을 보았고, [확산] 안개상자diffusion chambers[63] 속 구름과 파동 다발을 묘사한 그림을 보았다. 물론이다. 물론 보았다. 하지만 과연 내가 물질을 본 적이 있었던가? 나는 '물질'이라 불리는 이것을 자연Nature이나 산타클로스라고 불리는 것과 같다고 생각하기 시작한다—아이들을 실망시키지 않으려면 그것을

---

61 [옮긴이] 알가잘리는 이슬람 신학자이자 철학자다. 니샤푸르의 마물 하라마인에게서 신학을 배우고 그가 죽은 후(1085년)에 아리스토텔레스파의 철학을 연구했다.

62 [옮긴이] 자비에르 주비리는 스페인의 철학자다. 현상학을 연구하며 후설, 하이데거 등과 교류했다.

63 [옮긴이] 확산 안개상자는 알렉산더 랭돌프(Alexander Langsdorf)가 1936년에 개발한 입자 검출기로 알파선(헬륨-He의 핵 입자선), 감마선, 우주선(우주로부터 들어오는 입자선) 등을 상자 안에서 생긴 응결된 알코올 증기의 자취를 통해 검출하는 장치다. 이 장치는 1911년 윌슨(C.T.R Wilson)이 개발한 안개상자를 개량한 형태다. 확산 증기를 사용하는 안개상자와 달리 알코올 증기를 사용한다.

믿는다고 말해야 한다. 그래서 [〈스타트랙〉의] 미스터 스폭이 "형태 없는 물질"을 발견했다고 주장했을 때, 애석하게도 그는 오해를 한 것이다.[64]

여기서 물질 없는 생태학이라는 입장이 어떤 식으로든 과학에 대한 적개심을 불러일으킬 거라고 추측해 내 말을 오해하지 않기를 바란다. 전혀 그렇지 않다—퍼시 셸리가 간결하게 말한 대로, "우리가 아는 것을 상상하기 위해" 물질 없는 생태학은 현대 과학을 다시 철학에 통합하려고 노력하고 있다.[65] 객체 지향 존재론은 우리 시대의 가장 진보적인 세 가지 과학적 관점인 상대성 이론, 생태학, 양자 이론에 대응할 수 있다. 존재론을 과학주의에만 맡겨두어서는 안 된다는 점은 자명하다. 그렇지 않으면 우리는 결국 환원주의적 원자주의가 디폴트인 뉴에이지 마약 상점이나 라바 램프 존재론에 이르게 될 것이다 .

이러한 의미에서 우리가 [자본주의라는] 그 경제적 과정을 통해 의미하는 것이 가치를 어떤 신비롭고 에테르적인 너머, 즉 자본의 그림자 세계에 두는 것이라면, 객체 지향 존재론은 자본주의 너머를 보기 시작한다. 문제는 본질이 아니라 자본을 저 너머에, 저 멀리 있는 차원에 두는 것, 즉 자본의 형이상학적 차원이다. 마르크스주의

---

64 '내일로의 귀환'(Return to Tomorrow), 〈스타 트렉〉 시즌 2, 에피소드 20, 1968년 2월 9일 첫 방송.

65 Shelley, *Defence of Poetry*, 509–535(530, 533).

자들의 이데올로기 이론 또한 외양을 불신함으로써 그렇게 한다. 우리 불쌍한 인간들이 할 수 있는 것이라고는 황폐해진 세계에서 둘러앉아 우리의 불운을 애통해하는 것이며, 심지어 그 세계는 우리를 진정으로 결정짓는 보이지 않는 세계처럼 실재하지도 않는다. 이러한 사유 방식은 결이 고운 체가 아니라, 모든 것을 말도 안 되는 가루로 환원시키는 무딘 도구다.

객체 지향 존재론에 따르면, 객체에는 매우 흥미로운 속성이 있다. 객체가 상호작용과 동시에 새로운 객체를 낳는 과정에서 우리는 객체의 감각적 속성만을 볼 수 있다는 점이다. 기름 유출 냄새를 맡는 나는 우주상에서는 완전히 새로운 객체다. 기름과 내 코뿐 아니라 새로운 객체, 즉 기름 냄새 맡는 코에 대해서도 자세히 살펴보는 게 가능하다. 이 새로운 객체에는 또한 특별한 속성이 있다. 그것은 무엇일까? 모든 객체가 그러하듯 하이퍼객체도 **물러난다**. 모든 객체는 어떤 의미에서는 접근으로부터 숨어 있다. 손가락, 광자, 슈퍼컴퓨터 등 어떤 다른 객체일지라도 그 객체의 모든 측면을 경험할 수 없다. 동전을 생각해보라. 동전의 한쪽을 결코 다른 **쪽만큼** 볼 수 없다. 동전을 뒤집으면 다른 쪽이 **이쪽**이 된다. 모든 객체가 그러하다.

그럼에도 하이퍼객체는 이 물러남의 속성을 명백하게 한다. 그렇다면 우리는 어떻게 이 속성들을 경험하는가? 사람들은 "음악에 대해about 쓰는 것은 건축에 대해 춤추는 것과 같다"라는 진부한 문구를 대량으로 찍어내길 좋아한다. 나는 건축에 대해 춤춘다는 것이 꽤 괜찮은 발상이라고 늘 생각했다. 더욱이 객체 지향 존재론의 관점에서 보자면, 이것은 모든 객체들이 서로에게 하고 있는 것이다. 결국 어떤 객체도 다른 객체와 엄밀하게 접촉하지 않는다. 객체들은 정말로 하먼이 "주석"notes이라고 부른 것을 공유할 뿐이다. 그래서 건축은 인간관계에 대해 '기둥한다'columns(건축이 무엇을 하든 간에). 그리고 개들은 나무 주변을 냄새 맡는다(정확히, '냄새 맡다'sniff about 의 대해about가 주변에around를 의미하기도 한다). 연필은 연필 깎기에 대해 연필한다pencil.

우리가 음악에 '대해 말하고'talk about[66] 싶을 때 오직 음악을 연주하는 것만 허용되는 세계를 상상해보자. 그것은 영화 〈존 말코비치 되기〉에서 말코비치를 음악으로 대체한, 음악의 악몽 같은 세계일 것이다.[67] 음악은 음악에 대해 음악한다. 혹은 제임스 조이스James Joyce가 어딘가에 썼듯이, "사랑은 사랑을 사랑하기를 사랑한다."[68] 아니, 그렇지 않다. 우리는 음악에 대해 박수를 치고, 음악에 대해 춤을 추고, 음악에 대해 음악을 연주하고, 음악에 대해 쓴다―이 모든 것들은 우리가 수행하는 것에 대한 비음악not the music이다. 앨빈 루시어Alvin Lucier[69]의 길고 가는 줄은 그 설치물을 따라 걸어 다니는

---

66   [옮긴이] '대해'(about)가 '주변에'(around)라는 의미를 갖는다고 했던 저자의 앞선 논의를 상기하자.

67   스파이크 존스(Spike Jonze) 감독, 〈존 말코비치 되기〉 (USA 필름, 1999년).

68   James Joyce, *Ulysses* (Harmondsworth: Penguin, 1983), 331: [국역본] 제임스 조이스, 『율리시스』, 김종건 옮김(어문학사, 2016) 외.

69   [옮긴이] 앨빈 루시어는 미국의 작곡가다. 음향 현상과 청중의 지각과 관련한 실험음악을 연구했다.

관객들에 대해 진동한다.[70] 폭풍은 폭풍이 통과하는 굴뚝에 대해 폭풍한다(하이데거의 적절한 예시). 계산기는 내가 걱정하는 은행 잔고에 대해 계산한다. 객체 지향 존재론이 어떻게 상대성 이론과 호환되는지 생각해보라. 아인슈타인의 기차는 번개 섬광에 대해 기차한다. 기차 선로 옆쪽 카메라는 그것에 대해 카메라한다.[71] 이제 양자 이론을 생각해보자. 광자는 전자에 대해 광자한다. 새들은 브리티시 페트롤리엄사BP의 기름 유출에 대해 우리에게 새bird 메타포로 말하면서 BP의 기름 유출에 대해 새한다. 날씨는 지구온난화에 대해 날씨한다. 그리고 쓰기는 음악에 대해 쓴다. 건축에 대해 춤추는 것처럼.

왜 비는 하이퍼객체에 대한 비밀을 말하면서 동시에 거짓말을 하는가? 우리가 단일한 객체에 대해 생각할 때 사물들은 훨씬 더 이상해진다—이것이 하이퍼객체를 객관적으로 현존(눈앞에 있음 vorhandan)한다고 여기는 것이 그야말로 불가능한 이유다. 논의를 위해 단 한 가지, 혼자 있는 사물을 상상해보자—국제 석유회사 셰브런마저 "모든 것은 연결되어 있다"고 매일같이 떠들어대는 시대에 혼자 있는 것을 상상하기란 얼마나 어려운 일인지 알고 있다. 한 개의 녹색 뱅커스 램프를 생각해보자. 램프는 그 자신을 연기한다. 연기술은 연기자deliverer와 다르다. 이 글을 쓰고 있는 **나**와 내가 쓰고 있는

70   Alvin Lucier, *Music on a Long Thin Wire* (Lovely Music, 1979).

71   [옮긴이] 아인슈타인이 이론물리학자로서 그가 사물의 실체나 개념을 이해하기 위해 사용한 연구 방법은 사고실험(思考實驗)이었다. 그는 기차가 지나갈 때 번개가 치고 그것을 카메라로 찍는 가상의 시나리오를 상상해 상대성 이론을 발견했다.

나 사이에 차이가 있는 것과 같다. 그래서 나는 다음과 같이 말할 수 있다. "나는 누워 있다", "이 문장은 거짓이다." 그러한 문장들은 거짓말쟁이이며 그중 가장 유명한 역설이 거짓말쟁이의 역설이다. 한 크레타 섬 사람이 "모든 크레타인은 거짓말쟁이다"라고 말한다. 크레타인은 진실을 말하면서 동시에 거짓을 말하는데, 그 근거는 동일하다. 그 문장은 하나의 위선자다. 하나를 말하고 다른 것을 행한다. 객체는 스스로를 연기하는 배우인 위선자다. 객체는 정확하게 재현될 수 없다. 객체는 그 스스로와 미세하게 다를 뿐인 블루 노트[72]를 내뿜는다. 객체는 거짓말을 한다—또다시. 즉 "가식을 구성하는 것이 결국 가식인지 아닌지 당신은 알지 못한다."[73] 하이퍼객체 때문에 우리는 위선이 지닌 이 같은 본질적이고 존재론적인 단계를 볼 수 있다. 하이퍼객체가 시간적으로나 공간적으로 우리보다 훨씬 더 큰 규모이기 때문이다. 우리는 모든 곳에서 신호를 보지만, 하이퍼객체라고 할 만한 것은 아니다. 우리는 파멸의 신호를 보지만, 파멸은 객관적으로 어디에도 없다. [기후변화] 부인론은 너무나도 불안하고 너무나도 허무적인 미국인들에게 아주 쉽게 마술을 부린다.

제라드 맨리 홉킨스Gerard Manley Hopkins[74]는 연기술에 대해 다

---

72   [옮긴이] 블루 노트(blue note)는 재즈와 블루스에서 장음계 중 제3음과 7음을 반음 내지 4분의 1음을 낮춰 연주하는 음으로, 흔히 재즈에서 쓰이는 까닭에 때로는 블루 노트라는 말이 재즈의 대명사로 사용되기도 한다.

73   Lacan, *Le seminaire, Livre III*, 48.

74   [옮긴이] 제라드 맨리 홉킨스는 19세기 영국의 시인이자 예수회 성직자다.

음과 같이 썼다.

> 모든 사멸하는 사물은 한 가지 같은 것을 한다.
> 각자 내부에 사는 존재를 드러낸다.
> 자신들—그 자체가 된다, 내 자신이 말하고 쓴다.
> **내가 행하는 것이 나이고, 그것을 위해 내가 왔다고 외치면서.**[75]

풍성하게 얽힌 어휘들은 진실을 감추는 동시에 드러낸다. "드러내
고", 연기한다. "각자 내부에 사는 존재"에서 **살다**dwells는 거의 타동
사로 보인다—사물은 심원한 "내부의 존재"[의 삶]을 "살고", 그것을
드러낸다—자신의 파멸을 선언하고, 연기하고, 비밀(위선)을 말하면
서. '친환경적이 되'거나 '광포해지는' 것처럼, "자신들—그 자체가 된
다." 객체가 위선자임을 떠올리지 않는 이상 이 스콜라 철학적 **이것임**
haecceitas(thisness)[76]은 그저 ('실재성'과 특색 없는 물질로 된) 표준적인

---

75 Gerard Manley Hopkins, "As Kingfishers Catch Fire, Dragonflies Draw Flame," in *The Major Works*, ed. Catherine Phillips (Oxford: Oxford University Press, 2009): [국역본] 제라드 맨리 홉킨스, 『홉킨스 시선』, 김영남 옮김(지만지, 2014). [옮긴이] 옮긴이는 저자가 인용하는 시 부분이 원문과 달라 아래 원문을 기준으로 번역했다. https://www.poetryfoundation.org/poems/44389/as-kingfishers-catch-fire

76 [옮긴이] 차시성(此是性)으로 번역되는 haecceitas는 라틴어 quidditas(무엇이라는 것)와 haec(이것)이라는 대명사에서 추상화한 철학 용어로서, 둔스 스코투스(Johannes Duns Scotus)가 이 용어를 썼다. 스코투스는 토마스 아퀴나스와 같이 보편성의 실재적 존재성을 인정했지만 각 사물의 개별화의 원리는 질료(materia)가 아니고 개체적 본질(individua natura)이라고 했다. 그렇기 때문에 비질료적인 존재, 예를 들면 천사에게도 개체성이 있다고 보았다.

존재론의 생생한 표현 정도쯤으로 보인다. 어떻게 당신이 **당신 자신이 될** 수 있는가? 당신은 이미 당신 자신이다. 당신이 "당신 자신이 될" 수 있는 것은 오직 당신이 당신 자신이 아니라야 가능하다. 당신은 결코 비非자기이면서 동시에 자기 자신일 수 없다. 사물이 "내가 하는 것은 나"라고 외칠 때, 그 사물은 "이 문장은 거짓"이며 "나는 거짓말을 하고 있다"고 말하고 있다. 객체가 내보내는 귀청을 찢는 블루 노트는 장조이자 단조이며, 완벽한 사진이자 비치지 않는 가면, 그리고 신비 또는 텅 빈 허공, 심지어 무無조차 아닌 깊이의 눈을 뒤에 단 팜므 파탈이다. 파멸이다.

하이퍼객체는 거짓말쟁이다. 우리는 결코 하이퍼객체를 직접 볼 수 없다. 우리는 그래프, 도구, 확산 안개상자의 자취, 일광 화상, 방사선 통증, 변이된 유전자 효과, 출산을 통해 하이퍼객체를 추론한다(도판3). 우리는 하이퍼객체의 그림자를, 순식간에 경관을 가로질러 미끄러지는 거대한 어둠의 조각들을 본다. 우리는 일본식 벽에 방사선으로 각인된 인간의 그림자를 본다. 우리는 비구름, 버섯구름을 보고, 태양계 끄트머리의 오르트 구름을 본다. "보이지 않는 힘의 경이로운 그림자."[77] 우리는 파멸이 꾸며낸 환상figments과 파멸의 조각들fragments을 본다.

하이퍼객체의 보이지 않는 힘의 그림자 속에서 깨어나는 것은 꿈을 꾸고 있는지 아니면 깨어 있는지 점점 더 불확실해지는 데이비

---

77   Shelley, *Hymn to Intellectual Beauty*, line 1.

드 린치의 영화 속에서 당신 자신을 발견하는 것과 같다. 인간은 현상학적 표리 없음, 즉 "메타언어란 없다"의 진실을 강제로 대면하게 된다.[78] 그 진실은 쿨한 티셔츠 슬로건이 되기는커녕 우리를 극도로 취약하게 만든다. 우리는 환영의 장막을 넘어 확실성의 세계로 들어가지 않았으며, 설령 그 세계가 빛나는 과정 상관적process-relational 업그레이드이자, 유체와 흐름, 리좀으로 이루어진 사건이라 해도 말이다. 그 거짓말쟁이는 구석에 앉아 알 듯 말 듯한 미소를 반쯤 걸치고서 멍한 표정으로, 또는 깊은 우울, 그도 아니라면 그저 권태의 표정을 지어보이며 담배를 피우고 있다—과연 살아 있기는 한 걸까? 그에게 마음이라는 게 있을까? 우리에 관해 무엇을 알고 있을까? 그가 모르는 것은? 로리 앤더슨Laurie Anderson이 그녀의 노래 「청한 적 없이 태어난」에서 표현한 대로, "커튼 뒤에 무엇이 있을까?"[79] 환영과 숨김의 유희는 현실에 대한 징후다. 따라서 몇몇 환경론자들의 수사—명상에 대한 경멸이나 반지성주의—는 문제의 일부지 해결이 아니다. 우리가 거대 가속으로 더 깊이 들어갈수록 우리는 비현실 감각을 더 많이 대면해야 할 것이다.

여기에서 우리는, 왜 항상 하이퍼객체 내부에서 우리는 틀린가에 대한 근원적인 이유와 만난다. 인간은 하이퍼객체를 결코 직접 대면할 수 없기 때문에, 인간은 하이퍼객체보다 더 낮은 차원에 있으

78   Lacan, *Écrits*, 311.
79   Laurie Anderson, "Born Never Asked," *Big Science* (Warner Bros., 1982).

면서 1+n (물러난) 개체들을 포함하는 상호객체적인 미적-인과적 공간에서 하이퍼객체와 공존하기 때문에, 우리는 하이퍼객체를 단단히 붙들 수가 없다. 하이퍼객체는 녹아내리는 유리처럼 우리에게 들러붙는다. 그것은 어디에서나 샌다. 그것은 앞뒤로 물결치듯 움직여 그 주위로 시공간이 새어나온다. 그것은 우리 보통의 존재와 위상이 맞다가 어긋난다. 그것은 조금 사악해 보이는 미적 차원에서 우리와 상호 작용한다.

위에서 언급했듯이, 키르케고르는 "신에 맞서서 우리는 언제나 틀리다"고 주장한다.[80] 우리가 신을 향한 완벽한 입장을 성취하기란 불가능하다. 진실로 그러한 시도는 끔찍한 폭력이나 악을 양산할 수 있다. 신에 맞서서 우리는 언제나 틀리다는 생각은 우리를 묘하게 편안하게 하며 자신감을 고취시킨다. 우리에게는 잃을 것이 없기 때문이다. 키르케고르는 이 감정을 "건덕建德"[81]이라고 부르는데, 이 용어에는 프로테스탄트적 덕목이라는 특징적인 맛이 감돈다.

또한 키르케고르의 통찰은 인간이 하이퍼객체와 맺은 관계에서도 참이다. 앞서 내가 썼듯이, **하이퍼객체 내부에서 우리는 항상 틀리다.** 하이퍼객체에 대하여 우리는 위선 상태에 놓여 있다─누군가의 차 짐칸에서 다윈 물고기가 예수 물고기를 잡아먹듯, 위선 물고기는

---

80   Kierkegaard, "The Edifying in the Truth", 595–609.

81   [옮긴이] 키르케고르는 프로테스탄트 신자이자 20세기 현대철학에 큰 영향을 끼친 실존주의 철학자로 이야기된다. 건덕(edifying)은 진리란 덕이나 종교적 앎을 세우는 과정이라는 의미다.

허무주의 물고기를 잡아먹는다.

키르케고르가 무자비하게 공격한 아름다운 영혼 증후군은 근대성의 이데올로기적 디폴트 모드defualt mode다. 아름다운 영혼은 현실을 '저 너머'에 있는 것으로, 아름다워 보이게 하는 얇은 유리판을 사이에 두고 마치 자신과 분리된 것으로 여긴다. 이곳에 아름다운 내가 있고, 저곳에 부패한 세계가 있다는 식이다. 아름다운 영혼은 헤겔의 분류 체계이며 낭만주의 작가를 특징짓는 세계를 향한 입장이다─아름다운 영혼은 세계가 무너져 내리는 것에 대한 공식적인 책임이 자신에게 있음은 눈치 채지 못한다. 악을 '저 너머'의 것으로 보는 시선이 바로 악이다. 따라서 당신이 위선자임을 깨닫는 것이 곧 아름다운 영혼 증후군을 극복하는 것이다.

마르크스주의자들은 생태적 훼손에 대한 책임이 거대 기업에게 있다고 논증하면서 우리 모두에게 그 책임이 있다는 입장은 자기 파괴적이라고 주장할 것이다. 마르크스주의는 생태적 비상사태에 대한 '윤리적' 응답을 위선으로 본다. 하지만 많은 환경론자들과 일부 무정부주의자들이 보기에 미국의 주유회사 엑손모빌이 수십억 배럴의 기름을 퍼 올리는 이유를 두고 개인과는 아무런 상관이 없다고 부인하는 마르크스주의자들은 인간에 대한 비난을 다른 데로 돌리고 있다. 이러한 관점은 생태학적 비상사태에 대한 마르크스주의자들의 '정치적' 응답을 위선으로 본다. 윤리학-정치학의 이원론은 진정 논쟁적이다. 반대가 너무도 급진적이어서 어떤 의미에서는 극복될 수 없다. 다음을 생각해보라. 윤리학을 고려하면, 나는 행위의 장을 존재들 간의 일대일 대면으로 환원하고 싶어진다. 정치학을 고려하면, 일대일 대면은 그것이 발생하는 관계인 (경제, 계급, 도덕 등등의) 세계만큼 중요하지 않다고 생각하게 된다. 이러한 두 가지 말하기 형식은 아도르노가 전체의 찢어진 두 반쪽이라고 불렀음 직하지만 그럼에도 하나로 합쳐지지 않는다. 이 둘 '사이'의 적절한 타협은 불가능하다. 그렇다면 우리는 사회 전체—아니, 생물권 전체—에 영향을 끼치고, 게다가 개개인에게도 영향을 끼치는(내 혈액에 수은이 흐르고, 평소와 달리 내게 자외선이 강한 영향을 끼치는 것처럼) 사안들에 대해 절뚝거리게 되지 않을까?

그러나 더 심각한 문제는 우리의 (명백히 희화적인) 마르크스주의자들과 무정부주의자들이 문제 자체를 위선으로 본다는 점이다. 위선은 냉소주의의 관점에서 맹렬히 비난받는다. 마르크스주의자들과 반마르크스주의자들은 여전히 근대성이라는 게임 안에 동거 중이며, 그 게임에서는 가장 냉소적인 '메타'적 입장을 취하는 쪽이 승자가 된다. **당신이 무엇을 할 수 있든, 나는 그것의 메타를 할 수 있다.** 메타적이 되는 것은 지난 두 세기 동안 탁월한 지적 제스처가 되었다. 나는 당신을 꿰뚫어볼 수 있기 때문에 당신보다 더 영리하다. 당신은 가능성의 조건에서 그들의 진술을 근거로 삼을 수 있기 때문에 그들보다 더 명석하다. 나는 높은 곳에서 어리석은 자들이 스스로 생각하는 바를 믿는 것을 내려다본다. 하지만 더 믿는 사람은 그들이 아닌 나다. 나는 내가 취하는 거리를 믿고, 어리석은 자들을 믿고, 그들이 속고 있다고 믿는다. 나에겐 **신념에 대한 신념**이 있다. 나는 어떤 것을 마음으로 가능한 한 세계 움켜쥐는 것을 신념이라고 믿는다. 냉소주의는 철학과 이념의 디폴트 모드가 된다. 어리석은 자들과 달리 나는 속지 않는다—진실로 나는 내가 환상에서 탈출했다고 믿거나 혹은 나를 포함한 누구도 이 망상에서 탈출할 수 없다는 것을 알고 이러한 환멸을 자랑스러워한다.

생태학적 비상사태에 대한 직접적인 책임은 대기업이나 개인 그 자체에 있지 않고 대기업과 개인 양쪽 모두에, 그리고 마르크스주의자들과 무정부주의자들의 비판에 공통적으로 내재된 [허무주의적인] **이 태도**에 있다. 철학은 길에 까는 포장용 돌의 크기와 모양에, 코카콜라 병이 내 목 뒤에 느껴지는 방식에, 항공기 디자인에, 또는 투표라는 시스템에 직접적으로 구현된다. 전체적인 가이드 뷰라고 할 만한 '최상위 철학'은 냉소적 거리를 수반해왔다. 내 세계 속 많은 것들이 이것에 영향을 받아왔다고 추정하는 것은 타당하다—쇼핑백이 보이는 방식, 텔레비전 스포츠 채널의 선택폭, 내가 자연을 '저 너머'에 있다고 생각하는 방식 등. 나는 올바름과 진실을 가장 높은 고양이자 냉소적 초월로 여기면서, 지구와 그 생물권은 관객의 유희를 위해 내가 과장되게 활보할 수 있는 무대로 여긴다. 실제로 냉소주의는 이미 몇몇 형태의 이데올로기 비판에서 동시대 이데올로기의 디폴트 모드로 명명되었다.[82] 하지만 우리가 본 것처럼, 냉소주의는

---

82   Peter Sloterdijk, *Critique of Cynical Reason* (Minneapolis: University of Minnesota Press, 1988): [국역본] 페터 슬로터다이크, 『냉소적 이성 비판 1』, 박미애, 이진우 옮김(에코리브르,

그저 **위선적 위선**이다.

냉소주의는 좌파, 우파, 녹색, 무관심 어디에나 만연해 있다. 가이아식 전체론은 냉소주의의 한 형태가 아닐까? 흔한 가이아식 주장 중 한 가지는 인간이 어딘가 잘못되었다는 것이다. 비인간이 더 자연적이라는 식이다. 인간은 길에서 벗어나 전멸할 것이다(가엾은 멍청이들!). 누구도 돌고래에게는 그런 말을 하지 않겠지만 돌고래에게도 이는 마찬가지로 사실이다. 돌고래가 멸종한다고 해서 왜 걱정하는가? [가이아식 전체론에 따르면] 돌고래는 대체될 것이다. 부분이 전체보다 더 크기 때문이다. 가이아의 네트워크 속에 있지 않은 쥐는 쥐가 아니다.[83] 부분은 대체 가능하다. 가이아는 인간마저 결함이 적은 부품으로 대체할 것이다. 우리는 어떤 거대한 기계 속에 살고 있다―잎이 무성한 이 기계가 가진 프랙탈과 창발적 속성은 적당히 쿨하면서도 위협적이지 않은 모던한 미감을 준다.

이처럼 큰 그림 보기를 거부하는 것은 하먼이 **하부채굴**under-mining이라고 부른 것으로 쉽게 분별할 수 있다.[84] 하부채굴은 한 가지 사물을 더 실재라고 여겨지는 더 작은 사물로 환원할 때 발생한다. 현대 자본주의에서 하부채굴의 고전적인 형태는 개인주의다. "오

2005). 또한 Slavoj Žižek, *The Sublime Object of Ideology* (London: Verso, 1997), 28–33을 볼 것.

[83]   Arne Naess, *Ecology, Community, and Lifestyle: A Philosophical Approach* (Oslo: University of Oslo Press, 1977), 56.

[84]   Harman, *Guerrilla Metaphysics*, 79, 185.

직 개인만이 있으며, 집단적 결정은 그 사실 자체로 거짓이다." 하지만 이 문제에 대해서라면 좌파가, 더 일반적으로는 환경주의가 잘 인지하고 있다.

맹점은 정반대 방향에 있다. 즉 왜 공통의 이념은 큰 것이 더 좋고 더 실재라고 생각하게 되었는가에 있다. 환경주의, 우파와 좌파에는 한 가지 공통점이 있는 것으로 보인다. 그들은 모두 점진적 변화가 나쁘다고 본다. 하지만 점진주의에 반대하는 입장은 지구온난화와 같은 것에 관해서 윤리학과 정치학의 영역에서 결국 하먼이 **상부채굴**overmining이라고 부르는 것에 해당하는 것이 아닐까? 상부채굴이란 하나의 사물을 (가이아나 의식과 같은) 어떤 수반[85]하는 시스템의 영향 "위쪽으로" 환원하는 것이다.[86] 큰 것이 작은 것보다 더 실재이기 때문에, 점진적인 조치로는 아무것도 달성할 수 없을 것이라고 본다. 점진주의에 대한 비판은 가능한 한 많이 재활용하려고 애쓰거나 프리우스 전기차를 모는 가엾은 멍청이들을 비웃는다. 점진주의에 대한 비판은 윤리적이고 정치적인 결정을 이상화된 미래로 미뤄

---

85   [옮긴이] 수반(隨伴, supervenience)은 서로 다른 층위의 속성 사이의 관계를 설명하기 위한 분석철학의 개념이다.

86   Graham Harman, *The Quadruple Object* (Ropley: Zero Books, 2011), 7–18: [옮긴이] 그레이엄 하먼은 "객체를 철학의 주요한 등장인물로 일축해버리는 방법"으로 하향 환원하는 하부채굴과 상향 환원하는 상부채굴을 나누어 비판적으로 다룬 바 있다. 하부채굴은 객체를 "지나치게 얄팍(shallow)해서 실재적일 수 없다"고 보기 때문에 "더욱 심오한 비규정적 토대를 생각해내는" 전략이며, 상부채굴은 "객체가 지나치게 심원(deep)"하여 객체를 성질의 다발 이외에 다른 것이 아니라고 본다. 『쿼드러플 오브젝트』(그레이엄 하먼, 주대중 번역, 현실문화연구, 2019).

둔 채 세계를 향해 우쭐해하는 거리두기를 고집하면서 결국 세계를 방임한다. 지구에 공존하는 중간 크기의 객체들(사시나무, 북극곰, 선충, 끈적이는 곰팡이, 산호, 미토콘드리아, 스타호크Starhawk,[87] 글렌 벡Glenn Beck[88])의 이름으로, 우리는 이 객체들을 [아래로] 환원시키거나 [위로] 용해시키지 않는 진정으로 새로운 윤리학적 관점을 버려야 한다.

냉소주의는 좌파에 힘입고 있다. "한 개인의 행위로는 지구온난화를 해결할 수 없기 때문에, 아무것도 하지 않거나 기껏해야 다가올 혁명을 기다리는 편이 낫다"는 식이다. 이러한 생각은 앞서 내가 논증한 것처럼 채식주의자, 전기차 프리우스 운전자, 태양열 발전 옹호자들이 종종 맞닥뜨리게 되는 논리다. 문제는 좌파 냉소주의가 미국 공화당의 아무것도-안하기-주의, 그리고 가이아 패배주의 둘 다와 완벽히 겹친다는 점이다("가이아는 우리를 결함이 있는 부품처럼 대체할 것이다"). 아무 일도 일어나지 않는다. 결과는? 지구온난화는 계속된다.

어떤 니체식 경향성이 근대성 내부에서 작동하고 있다. 이 니체주의는 '당신보다 더 메타적인' 존재가 되기 위해 분투한다. 냉소주의야말로 이 니체주의에 관해 하이데거가 "존재론적 신학"의 입장이

---

[87] [옮긴이] 스타호크는 미국의 에코페미니즘 저술가다.

[88] [옮긴이] 글렌 벡은 지구온난화를 부인하는 미국의 보수주의 정치평론가이자 토크쇼 호스트다.

라고 불렀던 것 안에 내재된 태도다. 즉 빈 공간 속을 떠다니는 순수한 되기(허무주의)다.[89] 냉소주의는 현실에서 떨어져서 그것을 객관적으로 존재하는 덩어리로 물화한 후 덩어리 자체를 폭발시킨다. 의도했던 목적에 더는 부합하지 않는 마르크스주의 비판은 이러한 니체식 경향성이 구체적으로 드러난 양상이다. 니체식 경향성을 주장하는 것이 결코 자본주의 너머에 사회적 현실이 없다는 것을 시사하지는 않는다. 하지만 이러한 [니체식] 비판 양식은 하이퍼객체의 시간에 맞춰질 수 없으며, 결국 냉소주의로 끝난다.

우리는 어떻게 니체를 극복할 것인가? 사실 니체는 극복의 대제사장이기에 우리가 그를 극복하기란 불가능하다. 내가 다른 곳에서 주장했듯이, 우리는 니체 아래로 절뚝거리며 기어들어가서 그 길로 달아나야 한다. 맬컴 불Malcolm Bull은 니체주의 근대성을 탈출하고 싶어 하는 절뚝거리는 생물체를 위한 매우 강력한 탈출 매뉴얼인 『안티니체』를 썼다. 사유는 인간들 간의 연대를, 그리고 인간과 (비'지각적인' 인류를 포함한) 비인간 간의 연대를 위해 문턱을 급격히 낮추기 시작해야 할 필요가 있다. 그렇지 않으면 우리는 연대의 문지기가 되어 니체식 존재론적 신학 안에, 즉 허무주의에 남아 있게 될 것이다.[90]

---

89   Heidegger, *Contributions to Philosophy*, p.27, 78, 80, 83; "On the Question of Being," in *Pathmarks*, ed. William McNeill (Cambridge: Cambridge University Press, 1998), 291–322(311, 313).

90   Malcolm Bull, *Anti-Nietzsche* (London: Verso, 2011), 11–13.

낭만주의 시기는 냉소주의가 최고의 사고방식이 된 국면의 시작이었다. 낭만주의 시기 예술은 아방가르드 상품을 제작하는 방법에 대한 매뉴얼을 쓰면서 연이은 아방가르드 물결이 그 선례를 압도하기 위해 분투하는 인플레이션 전쟁을 개시한다. 이러한 움직임은 철학이 점차 현실에 대해 말하는 능력을 잃고 가능성의 가능성의 가능성… 으로 후퇴하여 스스로 초래하게 된 의심과 편집증이라는 상처와 매우 닮았다.[91]

헤겔은 미네르바의 올빼미―역사의 전진은 곧 사고의 진보―가 황혼녘이 되어야 난다고 말한다.[92] 미네르바의 올빼미Owl of Minerva는 미네르바의 기름Oil of Minerva이 되었다. 그렇지만 낭만주의 시기는 비인간 존재자들이 과감히 인간의 무대 위에 등장한 순간이기도 했다. 동물의 권리는 단지 신비주의적 의식으로서가 아니라 정치적 실천으로서 사유 가능한 것이 되었다. 탄소가 지구 전체에 퍼지기 시작해 결국 극지방의 유빙 속에 갇히기에 이르렀다. 낭만주의 시기와 그 이후에 대한 대항서사는 인간이 지은 사물의 틀 안 비가시적 장소에서 미네르바의 기름이 어떻게 창발하는지에 대한 이야기다. 미네르바의 기름은 점진적으로 냉소주의가 그저 위선의 위장된 형태임을 일깨운다. 이제야 우리가 눈을 돌리게 된 이 이야기는 어떻게

---

91   Harman, "Object-Oriented Philosophy," 93–104.

92   Georg Wilhelm Friedrich Hegel, *Hegel: Elements of the Philosophy of Right*, trans. H. B. Nisbet (Cambridge: Cambridge University Press, 1991), 23.

비인간이 가장 다루기 까다로운 존재인 인간을 납득시켜 인간의 사
유 안으로 들어왔는가에 대한 이야기다. 우리 스스로의 노력 덕분이
아니라 한계에 부딪힌 과학 내부의 논리 탓에 객체의 기이한 미래성
이 여실히 드러나게 되면서 우리는 역사의 다음 순간에 이제 막 도
착했다.

비대칭성의 시대

근대적 삶은 두 가지 선택지 중 하나를 선택하도록 제시한다.

> (1) 사물의 본질은 다른 곳에 있다(자본의 심층 구조, 무의식,
>   원자, 혁명, 우주 질서 등등).
> (2) 본질은 없다.

선거와 마찬가지로 철학에도 결과가 뒤따른다. 이 두 가지로 선택권
을 제한한 것은 지구를 큰 곤경에 처하게 만든 원인 중 하나다. 흡사
회색빛 갈색과 갈색빛 회색 중 하나를 골라야 하는 상황이다.

그러나 여기 세 번째 선택지가 있다.

> (3) 본질은 있다. 게다가 바로 이곳에, 감각적 속성으로 눈부시
>   게 빛나면서도 물러나 있는 객체 안에 있다.

우리는 새로운 학문의 시대에 진입하고 있으며, 그 핵심은 연필의 존
재의 빛의 공터의 개방성의 주어짐의 흔적에 호소하면서 상대방보다

한 수 위에 서는 것은 아닐 것이다.[1] '메타적 방식'을 지나서 우리는 진화 이론, 생태학, 상대성 이론, 양자 이론 모두가 이야기하고 있는 사물의 기이함을 이해하게 된다. 이 기이함은 객체에 대한 우리의 해석에 있지 않고 객체 그 자체에 존재한다.

[미국 극우 개신교 목사인] 팻 로버트슨Pat Robertson이든 [영국의 진화생물학자이자 무신론자인] 리처드 도킨스이든 오존층 파괴의 영향에 대응하려면 선크림을 발라야 한다. 하이퍼객체는 발을 구르고 소리를 지르는 인간(하이퍼객체의 뭐라도 감각하게 되면 그저 부인하면서 멍하게 있지 않는다)을 질질 끌고 인간의 인지적 힘이 오히려 문제를 키우는 **비대칭성의 시대**로 들어간다. 우리의 레이더에 나타나는 방사선, 지구온난화, 다른 거대한 객체들을 알면 알수록, 그 속에 우리가 얽혀 있음을 더 많이 깨닫게 된다. 이제 지식만으로는 지구에서 탈출 가능한, 혹은 더 정확히 말해서, 하이데거가 "대지"라고 불렀던 밀려오고 "치솟는"towering 사물들의 실재에서 탈출 가능한 속도를 낼 수 없다.[2] 낭만주의적 철학과 예술의 화산-위에서의-춤dance-on-a-volcano이라는 관념론이 붕괴한 까닭은 그 화산의 벽이 우리가 생각했던 것보다 훨씬 더 높다는 것을 알게 되었기 때문

---

1   [옮긴이] 저자는 바로 앞 장의 「위선」에서 근대 학문을 지배할 뿐 아니라 근대적 삶의 기본 존재론이었던 메타적이 되는 태도를 '메타 증후군'이라 부르며 꼬집었었다. 이 문장에서 뜻을 잃어버릴 만치 계속 이어지는 'of'의 나열은 무언가를 넘어서려는 '메타적 방식'에 대한 풍자이자, 철학이 가능성의 가능성의 가능성으로 후퇴한 것의 패러디로 읽을 수 있다.

2   Heidegger, *Contributions to Philosophy*, 54, 265. Stambaugh, *Finitude of Being*, 60, 129을 보라.

이다. 우리는 이제 더는 초월적 전환이나 중산층 계급의 관리 능력을 예시하는 프리드리히Caspar David Friedrich의 회화 속 인물처럼 심연의 가장자리에서 아슬아슬하게 균형을 잡고서 지팡이에 기댄 채 심연의 광활함을 숙고하지 않는다(《안개바다 위의 방랑자》, 1818). 그보다는 공중에서 내달리는 윌 E. 코요테[3]처럼 우리는 이미 심연 안쪽으로, 순전히 빈 공간이 아니라 하이퍼객체의 불타는 내부로 떨어지고 있다는 것을 알고 있다. 혹은 우리가 거주하는 공간이 트여 있거나 중립적이지 않은 거대한 빙산의 내부임을 깨닫게 되었는데, 외관상 그 빙산이 투명해 보이는 이유는 그것을 보기에 단순히 우리 눈이 덜 적합하기 때문이다. 우리가 근대성이라는 이동장치를 타고 우주를 날아다니면서, 정작 브레이크는 풀지 않고 엔진의 회전 속도만 올리고 있었으며, 한편으로 이동장치의 동체胴體는 고철 처리장에서 녹슬고 있었다는 것을 알게 된다. 산 채로 묻힌 존재에 관한 영화처럼 우리는 객체 내부에서 깨어났다. 지금은 세계의 끝 이후 좀비들의 기괴한 시대이자 모든 결정이 '틀린' 위선의 시대다.

우리는 이 시대를 두려워해야 하는가 아니면 자유로움을 느껴야 하는가? 둘 다. 블랙메탈 밴드 울브즈 인 더 쓰론 룸Wolves in the

---

3 [옮긴이] 윌 E. 코요테는 로드 러너와 함께 루니 튠즈와 메리 멜로디 시리즈의 추격물 애니메이션 〈로드 러너와 윌 E. 코요테〉(Wile E. Coyote and Road Runner)의 캐릭터 듀오다. 매 회마다 끊임없이 굶주린 코요테는 언제나 그냥 달릴 뿐인 로드 러너를 잡아먹으려고 반복적으로 시도하지만 자기 꾀에 자기가 넘어가 어이없는 실패를 맛본다.

Throne Room이 말하듯, "우리는 모두 위선자"다.[4] 미국의 환경보호단체 어스 퍼스트Earth First의 멤버들에게 놀랄 만한 일이다! 그 멤버들조차도 하이퍼객체의 시대에 어떠한 윤리적, 정치적 결정도 순수할 수 없으며 타협에서 자유롭지 않음을 인정하게 된다면, 비로소 우리는 정말로 어떤 진전을 이루는 것이다. 행위와 성찰 간의 비대칭은 강력한 언캐니함의 감각을 낳는다. 우리는 사물이 무엇이고, 어떻게 작동하며, 어떻게 조작될 수 있는지 그 어느 때보다도 더 많이 알고 있다. 하지만 바로 그 이유로, 사물들은 더 평범해지기보다 오히려 더 이상해진다. 과학의 증대는 탈신비화의 증대가 아니다. 윤리학적 비대칭은 인간과 비인간 사이 존재론적 비대칭의 작용이다.

처음으로 탄소 퇴적물이 쌓이기 시작하던 인류세 초기에 저술 활동을 했던 한 철학자를 생각해보자. 바로 헤겔이다. 헤겔의 예술사는 애초에 무엇이 우리를 인류세로 진입시켰는지 이해하는 것과 관련해 꽤 설득력 있는 이야기를 한다. 헤겔은 예술을 우리가 안다고 생각하는 것과 우리가 쓸 수 있는 물질 사이의 대화로 본다. 안다고 생각하는 것은 계속 갱신되기 때문에 예술은 움직이며(헤겔은 '앞으로'forward 움직여야 한다고 주장하겠지만, 나는 확신하지 않는다), 이미 알게 된 것을 모르게 되돌릴 수는 없기 때문에 예술에 후진 기어란 없다. 헤겔은 목적론적 예술사의 윤곽을 면밀히 그렸는데, 그에 따르

---

4   Bradley Smith, "Interview with Wolves in the Throne Room 2006," *Nocturnal Cult*, June 10, 2006, http://www.nocturnalcult.com/WITTRint.htm

면 인간의 이해가 증대될수록 예술 재료의 초월이 일어나서 결국 예술 그 자체를 초월하게 되는 결과를 낳는다. 헤겔이 '재료materials'라는 용어로 의미했던 것은 예술의 '주제', 미적 관례, 페인트, 돌, 잉크 등이었다. 헤겔의 목적론적 예술사에는 **상징적 단계, 고전적 단계, 낭만적 단계**가 있다. 예를 들어 상징적 단계에서 (헤겔이 정신Spirit이라고 부른) 약한 이해는 재료 때문에 왜소해 보인다. 수천 가지 정신의 상은 (헤겔에겐 부적절하게도) 힌두 신들이나 페티시, 부처들처럼 증식한다. 즉 헤겔은 주로 '오리엔탈' 예술을 염두에 두고 있는 것이다.[5] 그런데 이러한 관점에서 보자면 고딕 성당 역시 상징적 단계를 압축적으로 보여준다. 즉 성당은 '너머'의 신이 십자가에서 죽은 이후 인간과 함께 하는 존재(성령)로 기이하게 변신했다는 맥락을 잃어버린 까닭에, 돌과 유리로 된 거대한 덩어리다. 비인간은 신과 같은 힘을 지닌 것으로 보인다. 돌은 말을 하고, 하늘은 인간의 운명을 형성한다.

나는 헤겔의 견해를 지지하지 않으며, 특히 정신이 낭만주의 시기 프러시아 어딘가에 그 목적이 숨어 있다는 것을 이미 알고 있다는 일종의 숨바꼭질 놀이 같은 그의 목적론에는 더더욱 동의하지 않는다. 대단히 흥미로운 점은 이 목적론의 비전이다. 즉 헤겔의 목적론 그 자체가 근대성의 징후라는 점이다. 헤겔의 목적론은 우리가 어

---

5   *Hegel's Aesthetics: Lectures on Fine Art*, trans. T. M. Knox, 2 vols. (Oxford: Oxford University Press, 2010), 1:408; Hegel, *Introductory Lectures on Aesthetics*, trans. Bernard Bosanquet (London: Penguin, 1993), 82–84: [국역본] 게오르그 빌헬름 프리드리히 헤겔, 『미학 강의 1』, 이창환 옮김(세창출판사, 2021) 외.

떤 것을 보도록 허락할 뿐 아니라 동시에 무언가를 보지 못하게 배제한다. 배제된 것은 헤겔의 예술사적 내부 논리에 따르면(다시 말하지만 나는 이 논리를 지지하지 않는다) 완벽히 예측 가능한 네 번째 가능성인데, 하지만 근본적으로 이는 목적론 내부에서 말해질 수 없다. 포스트낭만주의적postromantic 가능성, 또는 (진정한) 포스트모던적 단계라 부를 수 있는 것이 있으며, 이 장에서는 그것을 비대칭성의 시대라고 부른다. 우리는 이곳에서 그곳으로 어떻게 이동하는가?

예술의 상징적 단계가 불안정한 까닭은 모든 태도가 헤겔에게는 불안정하기 때문이다. 다시 말해 생각과 생각을 암호화한 태도 사이에 간격이 있다. 태도는 생각의 무의식이다. 당신이 태도를 파악하면 이제 태도는 당신이 생각하는 것의 '저쪽' 편에 있다. 이때 본래 생각과 그것이 동반하는 태도가 혼합된 새로운 생각, 즉 변증법적 종합이 생긴다. 지식(실용적 지식과 이론적 지식 둘 다)의 증대는 정신의 재료에 대한 정신의 이해를 증대시키는데, 정신 그 자체를 다시 숙고하게 해서 정신에 대한 생각을 발전시킨다. 따라서 상징적 단계는 고전적 단계로 붕괴한다. 고전적 단계에서는 정신과 예술 재료 사이에 쾌적한 대칭을 이루는 골디락스 지점이 존재한다.[6] 여기서 어떤 조화가 나타나는데, 이후 시대에서는 이것을 그저 환영illusion으로 간주한다. 인간과 비인간이 중간 지점에서 만나 온갖 종류의 아름다운 시스템을 만들어낸다. 모차르트Wolfgang Amadeus Mozart와 하이든Franz Joseph

6   Hegel, *Aesthetics*, 1:301, 309–310, 427–442; Hegel, *Introductory Lectures*, 84–85.

Haydn의 음악은 비인간이 더는 인간보다 높이 솟아오르지 못하는 것을 구현하면서 신고전주의적으로 달콤하게 들리지만 정작 인간은 그 자신이 가진 내부 공간의 깊이를 충분히 이해하지 못한다. 예술은 윌리엄 블레이크가 "거룩한 사람의 형상"이라고 부른 것에 초점을 둔다.[7] 하지만 이러한 '평형 상태'는 사실 불안정한데, 그 이유는 [유한한] 시간성이 사유 내부에 존재하기 때문이다. 양식이나 관념은 그저 '제때' 바뀌는 것이 아니다. 정신 그 자체와 그것의 발현 사이의 간격 때문에 정신 내부에서는 필연적인 어떤 움직임이 생긴다.

따라서 고전적 단계는 낭만적 단계로 붕괴한다. 이 단계에서 정신의 자기 이해는 예술 재료를 훨씬 능가한다. 철학이 지배권을 장악한다. 이 시기에 인간은 최초로 자기 내부 공간의 무한한 깊이를 인지한다. 어떠한 비인간 개체로도 인간의 내면 공간을 구현하기란 근본적으로 불가능해진다.[8] 따라서 낭만주의 예술은 내면 공간을 외부의 것으로 구현하는 데 실패한 것에 관해 반드시 이야기해야 한다. 하지만 이렇게 실패함으로써 예술은 역설적으로 내면 공간에 관해 말하는 데 **성공한다.** 내면 공간이란 바로 형태를 부여할 수 없는 것이 아닌가? 따라서 예술의 직무는 더 잘 실패하는 것, 또는 더 숭고하게 실패하는 것이다. 이제 진실로 그리스도교적 예술이 가능한 까닭은 예술이 신성한 생각과 예수의 육화를 통해 체현된 타락한 인

7   Blake, "The Divine Image."

8   Hegel, *Introductory Lectures*, 85-86; Hegel, Aesthetics, 1:516-529.

간의 몸 사이에 놓인 아이러니한 간격을 표현할 수 있게 되었기 때문이다.[9] 그래서 이상하게도 베토벤Ludwig van Beethoven의 현악 4중주가 중세 교회보다 더 그리스도교적이다. 이곳에서부터 예술은 오로지 정신의 완전한 구현과 관련한 예술 재료의 실패에 관한 것일 수 있으며, 그 실패의 원인은 바로 정신이 예술 재료로 환원될 수 없다는 데 있다. 칸트식 숭고함과 워즈워스 시에서 발견되는 내면의 무한성은 행선지를 찾는 유령처럼 사물의 세계를 돌아다닌다. 직접적으로 정신을 표현할 수 없으며 정신을 표현하기 위해서는 그 실패를 반드시 이야기해야 한다는 것을 작가가 깨달을 때, 예술은 철저히 이야기로 형성된다. 음악은 말러의 극단적인 반음계주의로 발전해서 선율을 이루는 음들 사이의 모든 가능한 관계를 탐색한다. '반음계주의'는 전통적인 서양식 음 사이의 가장 작은 음정인 반음의 사용을 의미한다.

예술이 정신을 구현하는 데 실패하는 이야기는 아방가르드 예술에 기록되어 있으며, 그것은 또한 자본주의의 객관적인 사회적 조건을 바꾸는 데 실패한 역사와도 밀접한 관련이 있다. '주의들'isms의 긴 행렬은 한 가지 낭만주의 형태에 또 다른 낭만주의가 꼬리에 꼬리를 문 행렬이다. 낭만주의, 사실주의, 인상주의, 표현주의… 그와 동시에 이제 예술은 철학이 예술의 감시자임을 깨닫는다. 예술은 적어도 선언문과 작업 계획서, 철학적 탐구와 합리화를 필요로 한다──예술의 실

---

9   Hegel, *Aesthetics*, 1:530-539.

패 때문이다. 우리는 우리가 구현할 수 있는 것보다 더 많은 것을 알고 있을 뿐 아니라 지니genies를 램프 속으로 다시 넣을 수도 없다.

인간 내면세계의 비표현성nonexpression을 표현하기 위해, 서스테인 페달[10]을 누르면 거대하게 공명하는 내부가 들리는 피아노와 같은 기술이 발명되었다. 피아노의 **평균율**이 피아노의 지배적인 조율 방식이 된 까닭은 아무리 많은 반음계주의가 적용되어도 음악이 일관된 세계 안에서 돌아다니는 것이 가능하기 때문이다. 오늘날 평균율은 피아노 현을 조율에서 약간 어긋나게 해야 얻어진다. 피아노 현들 간의 관계는 정수비에 근거하지 않는다. 정수비였다면―**순정률**이라고 불리는 조율―음파 간의 거친 불협화음과 간섭 패턴인 **울프 톤**wolf tones을 발생시켰을 것이다. 평균율은 비율을 약간 조작한다. 정신을 찾아서 떠나는 음악적 물질의 끝없는 여정은 세피아 톤의 회화나 사진처럼 평균율 조작이라는 일관된coherent 세계 안에서 생겨난다.

그래서 아이러니하게도 정신Spirit이 가진 풍부한 내적 세계에 대한 베토벤식 표현은 비인간 존재자―피아노 현―를 물렁하고 달콤한 퍼지fudge 사탕으로 바꾸는 체계의 노예가 되는 것을 대가로 얻어진다. 마찬가지로 공장에서 노동자들을 지휘하는 사장처럼 오케스트라를 통솔하는 지휘자가 생겨났다. 제1바이올린 연주자의 대행

---

10 [옮긴이] 서스테인 페달(sustain pedal)은 댐퍼 페달(damper pedal)이라고도 불리는 피아노의 가장 오른쪽에 위치한 페달이다. 이 페달을 누르면 피아노 현에서 댐퍼 패드를 들어올려서 현의 진동이 자유로워지고 따라서 음의 울림이 오랫동안 지속된다.

으로 오케스트라가 스스로 지휘했던 고상한 고전주의 시절은 지나간 것이 되었는데, 이 배치가 오히려 앞선 시대에 예시되었던 정신과 물질 사이의 골디락스 화음을 우아하게 표현한다.

그다음으로 발생한 것이 헤겔이 『정신현상학』에서 탐구한 주인-노예 변증법 같은 것이다.[11] 주인은 노예에게 명령을 내리지만 노예는 주인의 일을 함으로써 권력을 획득해 궁극적으로 자유로워질 수 있다. 하지만 그다음에 무엇이 벌어질지 헤겔은 예상할 수 없었다. 헤겔은 정신과 물질 사이 간격 때문에 예술이 아이러니가 되고 그 시대의 내면세계가 겉으로 드러나리라 생각했다. 예술은 워즈워스의 『운율적 발라드를 위한 서문』이나 브르통André Breton의 『초현실주의자 선언』처럼 선언과 함께 제공된다. 이는 의도에 관한 유사 철학적 진술들로서, 예술을 직접적으로 경험하는 것에서 빠져나와 예술에 관해 생각하는 방법을 제공함으로써 예술을 탈중심화시킨다.

낭만주의 시대는 바로 인류세가 도래한 시기였으며, 인류의 산업이 배출한 탄소층이 지구 상층부 표면 도처에 쌓이기 시작한 때였다. 지구에 탄소가 축적되기 시작한 신기원적 사건, 속이 빈 나무로 만든 거대한 판에 공장에서 만들어진 너트와 볼트로 단단히 줄을 조인 피아노의 발명, 관리직 지휘자를 둔 공장과 같은 오케스트라의 발명. 그리고 피아노의 시대가 선봉에 선 평균율의 지배. 이 일

---

11   Georg Wilhelm Friedrich Hegel, *Hegel's Phenomenology of Spirit*, trans. A. V. Miller (Oxford: Oxford University Press, 1977), 111-119.

련의 사건이 같은 시대에 일어난 것은 우연의 일치로 보이지 않는다. 평균율은 피아노가 우위를 차지해서 일반 음악 악기general musical instrument가 되도록 허용했으며, 이 점은 증기기관과 매우 닮았는데―제임스 와트의 1784년 특허권에 증기기관은 일반 용도 기계general purpose machine로 명시되어 있다는 점을 상기하라―그 후손격인 컴퓨터로 알려진 범용universal 튜링 기계와도 유사하다. 증기기관이 다양한 기계(예를 들자면 기차나 방직기처럼)로 폭넓게 활용될 수 있다고는 하지만 컴퓨터야말로 어떤 기계라도 되는 척할 수 있다.

그러나 지금까지 인류세 시대 동안 인류가 서서히 깨달은 것은 인간이 행성 차원의 강력한 기술적 지배력을 갖는 순간에도 행성을 주도하는 것이 인간은 아니라는 점이다. 인간은 의미를 통솔하는 지휘자가 아니며 실재를 연주하는 피아니스트가 아니다. 비록 진술 양상에 차이가 있을지라도, 이는 후기구조주의자나 사변적 실재론자 모두에게 공통된 진실이다.

비인간 낭만주의적 영웅인 피아노의 역사를 들여다보자. 피아노 조율사, 수행원, 기술자들이 산업 노동자들의 운명에 대한 유희적 패러디로 말해서 "기계 부속물"이 되자, 작곡가가 더는 피아노에 자신의 의지를 부여하지 않게 된 것과 같다.[12] 작곡가들은 자신의 내면 공간에 귀 기울이기를 멈추고, 피아노의 내면 공간에, 그 신체성과 음색에 조율하기 시작했다. 극단적인 낭만주의가 스크리아

---

12   Marx and Engels, *Manifesto*, 227.

빈Alexander Scriabin, 그 후에 쇤베르크Arnold Schönberg, 베르크Alban Berg, 베베른Anton von Webern 등의 작곡가들로 대표되는 표현주의로 서서히 변화한 것처럼, 인간의 내면 공간이 스토리텔링과 같은 것의 논리를 통해 대피했다고 기술될 수 있다. 무조음악은 일종의 소리의 바이마르 공화국으로서, 모든 음은 원조 사회주의적protosocialist 민주주의에 의해 공평해졌다. 그 후 음렬주의serialism는 서사적 시퀀스를 알고리즘 과정으로 환원해서 엄격히 12음렬에 기반한 패턴 계산으로 나아갔다.[13] 지젝Slavoj Žižek은 무조음악이 어떻게 인간 자신의 그림자 측면을 드러내 보이기 시작했는지에 관해 매우 통찰력 있는 진술을 했다ㅡ무조음악은 욕망의 변증법 아래 충동의 소용돌이와 접촉하고 그것을 완전히 죽지 않은 소리로, 즉 더는 이야기를 지어내지 않는 유령과 같은 신체성으로 방출하는 파라뮤직paramusic이다.[14] 하지만 이것은 또 다른 신체성, 즉 비인간 종에게도 해방의 순간이었다. 피아노 현이 자유의 몸이 되기 시작했다.

피아노의 내부가 인간 존재의 내적 삶을 구현하는 일에서 서서히 해방되자 피아노는 그 자신을 이루는 목재의 비어 있음과 공명하기 시작했다. 낭만주의 시대에 최초로 피아노 서스테인 페달이 사용

13   Susan McClary, *Conventional Wisdom: The Content of Musical Form* (Berkeley: University of California Press, 2001), 63–108.

14   Slavoj Žižek, "The Abyss of Freedom," in Slavoj Žižek and Friedrich Schelling, *The Abyss of Freedom / Ages of the World*, (Ages of the World, trans. Judith Norman) (Ann Arbor: University of Michigan Press, 2007), 46–48.

된 것과 비틀즈The Beatles의 〈일생의 하루〉 마지막에 피아노 내부에서 나는 길고 섬뜩한 쿵 하는 소리 사이에는 다소 길지만 추적 가능한 역사가 있다.[15] 존 케이지는 일상적인 환경에서 피아노 주위에 있음직한 고무줄, 나사 따위의 집 안에 있는 물건들을, 즉 다른 객체들을 피아노 현 위에 올려둠으로써 피아노 현을 피아노처럼 소리 내는 일에서 해방시켰다. 이 객체들은 '프리페어드 피아노'prepared piano를 만든 것이지 존 케이지의 내적 세계를 표현하도록 의도된 것이 아니었다. 객체들에는 객체들만의 무정부적 자율성이 있다. 그것은 마치 피아노 내부 공간을 객체들이 점거하도록 허락한 것과 같다. 케이지의 〈소나타와 인터루드〉에는 천으로 감싼 징, 튕긴 현, 주기적인 신호음 등 온갖 종류의 새로운 음색이 현에서 발생한다. 같은 방식으로 [영국의 자유 즉흥 그룹인] AMM의 기타 연주자 키스 로우Keith Rowe는 현을 조작하는 인간이 의도하지 않은 모든 종류의 소리에 전자기타 현이 공명하도록 허용함으로써 음악적 하이퍼객체를 구축한다. 실제로 침묵에 해당하는 키스 로우의 용어는 그저 소리내기를 인간이 제한하는 것, 즉 **비의도**un-intention인데, '침묵'은 오로지 인간이 소리내기를 멈출 때 존재하기 때문이다.[16] 키스 로우의 즉흥은 비인간이 예술을 뚫고 인간의 공간으로 돌출되도록 허용한다.

15   The Beatles, "A Day in the Life."

16   David Toop, *Haunted Weather: Music, Silence, and Memory* (London: Serpent's Tail, 2004), 239–240.

그 후, 존 케이지의 제자인 라몬테 영이 다음 단계로 나아갔다. 그는 피아노 현을 평균율에서 해방시켜서 낭만주의적 세피아 톤[17]의 퍼지 세계를 창조하기 위해 버려졌던 순정률로 되돌아갔다. 현을 순정률로 되돌린 것은 진정 정의로운 행위, 즉 '파멸'이었다. 공평하게 조율된 피아노 현에서 우리는 현과 나무의 파멸을 듣는다. 영은 뉴욕 미니멀리즘 음악가 중 최초로 낭만주의적 스토리텔링을 끝내는 데 소리를 사용했다. 음렬주의는 베베른이 구조의 소리Strukturklang라고 부른 것, 즉 구조라고 할 만한 것을 이루는 으스스한 유령적인 물질 소리를 피아노에 다시 되먹임feed함으로써 낭만주의적 서사를 해체시켰다. 케이지는 여기서 더 나아가 집 안 물건들을 피아노에 되먹임했다. 바흐의 〈평균율 클라비어〉에서 시작된 전통을 폭파시킨 영의 〈잘 조율된 피아노〉는 음악을 여정 중심으로around the journey[18] 조직하지 않고, 그 대신 어떤 한 음계를 눌러도 유리처럼 선명한 배음倍音[19]이 만드는 아찔한 고음을 들을 수 있도록 허용하는 비율인 정수비로 조율된 현의 진동을 중심으로around the vibrations 조직한다. 이것은 이야기의 음악이 아니라 조율의 음악이다. 매리언 자질라의 빛

---

17 [옮긴이] 세피아는 오징어 세피아의 먹물주머니에서 추출한 색소로 만든 붉은 갈색 물감이다. 사진에서의 세피아 토닝은 오래된 사진과 같은 노스탤지어 느낌을 내는 필터로 사용된다. 여기서 저자는 생기 없는, 인위적으로 조작된 세계의 은유로 세피아 톤을 언급하고 있다.

18 [옮긴이] about/around에 대해서는 2부 「위선들」 챕터 참조.

19 [옮긴이] 배음(harmonics)은 진동체가 내는 여러 가지 소리 가운데, 원래 소리보다 큰 진동수를 가진 소리. 대개의 경우 원래 소리의 정수배(整數倍)가 되는 소리를 이른다.

작업과 동반하는 영의 드론 음악[20]은 어떤 때는 하루 동안, 때로는 더 긴 시간 동안 발생하는데, 마치 가장 순수한 사인파에 인간의 목소리가 조율하려고 노력하는 것과 같다. 세피아 톤 세계, 그리고 세계를 그러한 모습으로 가능하게 했던 일관성은 나판가티와 라일리 회화에 등장하는 선들처럼, 서로 충돌하고 간섭하는 생기 넘치는 색色에 의해 끝이 난다.

피아노 현 하나가 피아노 내부에서 진동한다. 현이 정수비에 맞춰 조율되면 그 진동 소리는 선명하고 투명해서 피아노 현 자체는 유한하지만 소리는 마치 무한한 것처럼 들린다. 그러면서도 그 소리는 구체적이고 화려하며 생기 있다. 평균율로 조율된, 현의 위아래가 잘려간 세피아 톤의 소리보다 훨씬 더 생생하다. 이 소리는 선뜻 이야기를 말하지 못하는데, 그 이유는 평균율에 의해 피아노 현의 진동이 축소되어야만 음악이 조성 간 손쉬운 전조轉調[조바꿈]의 실현 가능 공간을 돌아다니는 것이 허용되기 때문이며, 이는 중국 여인의 전족처럼 현 그 자체의 절뚝거림에 비례해 자유로워지는 움직임과 같다. 조성을 바꾸려고 하면 추가적으로 광범위하게 진동하는 울프 톤이 발생해서 이 실현 가능 공간의 매끄러움을 망가뜨린다. 울프 톤이라는 용어는 인간이 이용하기 위해서는 반드시 길들여야 하는 야

---

20   [옮긴이] 드론 음악(drone music)은 지속되는 소리, 음표, 톤 클러스터의 사용을 강조하는 미니멀리즘 장르의 음악이다. 긴 시간에 걸쳐 느리게 변화하는 배음이나 리듬이 특징적이다. 라몬테 영은 1960년대 드론 음악의 창시자 중 한 명이다. 드론 음악의 요소들은 록, 엠비언트, 테크노 등의 장르와 결합되기도 했다.

생동물, 바로 비인간을 연상시킨다.

영이 선호했던 느리고 단일한 음표나 밀집음군tone cluster을 순정률로 조율된 피아노로 연주할 때 우리가 듣게 되는 것은 무엇일까? 우리가 듣는 것은 인간이 이용할 수 있을 정도로 피아노의 비인간다움에 개방된 객체로서의 피아노다. 피아니스트는 피아노를 위한—유심론적[21] 의미에서의—매개체가 된다. 〈잘 조율된 피아노〉는 다섯 시간이 넘는 길이의 사이클cycle[22]로서, 하나의 이야기를 만들려는 인간의 마음을 거부한다. 그것은 피아노로 하여금 그 준거점을 인간에게 두지 않고 소리를 내도록 허용하는 회복적 사법 정의[23]에 관한 애정 어린 작품이다. 영의 이전 음악 중에서 특히 나비를 홀에 날아다니게 놓아주거나, 벽을 뚫을 때까지 피아노를 밀거나, 책상을 밀고 당기며 찌그러지는 화음을 방출하게 하는 일련의 지시는 음악적 공간 내부에 비인간을 포함시키는 알고리즘적 방법이다. 이 방법들은

---

21 [옮긴이] 유심론(spiritualism)은 세계의 모든 것이 결국 정신적인 것으로 환원 가능하다는 입장으로서, 정신을 실체로 인정한다. 유물론과 정반대 입장에 있다.

22 [옮긴이] 사이클은 본래 전설적인 영웅과 그의 동료들을 중심으로 하여 각기 다른 작가에 의해 쓰인 일군의 산문이나 시적 내러티브를 의미하는 문학 용어다. 호메로스의 『일리아드』와 『오디세이』를 비롯한 트로이 전쟁의 모든 이야기를 전하는 6개의 서사시인 에픽 사이클(Epic Cycle), 소포클레스와 유리피데스를 비롯한 많은 극작가가 테베를 배경으로 전해지는 이야기를 다루는 테베 사이클(Theban Cycle) 등이 있다. 여기서는 단일한 서사성과 대조되는 맥락에서, 음율 시인들의 시와 비슷한 맥락에서 형식을 가리킨다.

23 [옮긴이] 회복적 사법 정의(restorative justice)는 범죄 행위 때문에 생긴 피해와 책임에 대해 피해자, 가해자, 지역사회가 함께 참여해 자발적인 합의를 이끌어내고 이를 통해 피해를 바로잡고 관계를 회복시키려는 입장으로, 응보주의적 사법 정의와 구별된다.

옥외 원형극장을 염두에 두고 설계된 〈4분 33초〉에서 케이지가 이미 제시한 것과 어느 정도 유사하다. 하지만 〈잘 조율된 피아노〉는 비인간에게 의도적으로 조율한 것으로서, 인류세의 가장 중요한 음악적 비인간이다.

이 작품은 우리를 조율과 드론이라는 영의 음악 주제로 안내한다. 영은 역년曆年에 단 한 번만 오류를 내는 매우 정확한 사인파 발진기를 사용한다. 영은 이 음향의 장 안에 가능한 한 오래도록 머무르고자 한다. 뉴욕에 위치한 영의 드림 하우스Dream House(처치 스트리트 275번가)에 들어가면 이 발진기들이 우리 움직임에 따라 변화하는 교차형 간섭 패턴을 만들어내는데, 이때 우리가 듣게 되는 것은 무엇일까? 우리가 듣는 것은 장비 그 자체이며, 장비에 맞춰진 '음악'이지 그 반대가 아니다. 장비가 음악을 연기하기보다 음악이 장비를 연기한다. 영의 드론 작품들은 중심 모티프를 감싸면서 목소리나 시타르sitar가 신성한 것에 스스로를 조율하는 인도의 고전 음악처럼, 그 자체로 조율이다. 현과 발진기는 인간의 이야기를 말하는 것에서 해방되었다. 현과 발진기는 각자의 이야기를 하면서 그들 자신의 파멸을 선언한다.

조율에 조율하기tuning to tuning와 같은 것. 이것은 헤겔 철학을 신봉하는 서구 근대성의 혈통들이 자기도취적 자기 응시라고 조롱했던 명상이나 관조에 내재한 루프loop[24]와 같은 성질을 연상시키지 않

24   [옮긴이] 루프는 끝이 시작으로 연결되는 구조로서 고리나 반복으로 번역되기도 한다. 또한

는가? 무엇보다도 칸트적 현상, 즉 사물 간의 간격gap을 가리고 싶어 했던 것이 헤겔이었기 때문이다. 내가 간격을 생각할 수 있기 때문에 간격은 사라진다―이것은 헤겔의 관념론에 대한 아주 짧은 패러디다. 단순히 간격이 존재하도록 허용하는 것은 모든 소가 전부 검은 색인 밤[25]으로, A=A라는 무섭도록 순수한 부정negation으로 나를 빠뜨린다. 헤겔은 이 루프를 무의식의 원시적 형태로 병리화해 불교라 불렀으며, 여기서 불교란 '객체'―지배받고, 극복되고, 조작되고, 변화되어야 하는 어떤 것―의 상태에 접근하는 오리엔탈리즘의 불가해함이다. 즉 그에게 객체란 날 재료다. 하지만 A=A라는 참truth, 즉 기이하게 유령적으로 차이 안에 있는 것이자 '이 문장은 거짓이다'와 닮은 루프 외에, 객체란 무엇일까? 이러한 종류의 루프는, 검은 소가 있는 밤이 완전히 비어 있거나 불투명하지 않듯이, 완전히 고정적이지 않다. 어쨌든 소들은 어둠 속에 있다…. 우리가 하이퍼객체를 이해한 바에 따르면, 객체는 정확히 외양과 실체 간의 틈rift으로 이루어진다. 그렇지만 피아노 현의 외양은 비닐봉지의 외양이 아니다. 피아노 현은… 피아노 현이다. 즉 A=A이다. 하지만 피아노 현을 정수비로 조율한다면 일반적으로 평균율에서 억제된 온갖 종류의 고주파 소리를 얻을 수 있다는 점에서, 이 A는 A가 아닌 것not-A을 촉발시킬 수 있

음악에서 루프란 소리 재료가 반복되는 구간, 그것이 만든 1-4 마디 길이의 패턴을 뜻한다.

25 [옮긴이] 1807년 헤겔은 『정신현상학』 서문에서 셸링의 절대자 개념을 "모든 소가 검은 밤"이라고 비판했다.

다. 'A와 동일하다'equals A는, 데리다가 연결동사copula에 대한 논의에서 말했듯이, A 안의 최소 차이, 스스로 삼키는 뱀을 뫼비우스 띠로 바꾸는 차이다.

그래서 후기낭만주의와 함께 태동한 근대음악이 루프를 받아들이기 시작했을 때 출현한 것이 헤겔은 부인하고 당대 그의 적수였던 셸링은 반겼던 유령적 신체성이다. 처음엔 소리의 뱀파이어 같은 잔여[26]를 방출하는 것이 기괴하고 무서워 보이지만, 영의 순정률이 들려준 순수한 색은 그것의 직계 후손이다. 영이 의도적으로 연결되고자 했던 명상적이고 관조[27]적인 혈통, 즉 인간이 육체적 형상 속에 있는 신에게(구루[28]처럼) 신체적 형태를 통해(드론과 찬팅chanting과 같은) 조율하는 헌신적 사랑[29]은 신지학神智學[30]의 서구 후손이며, 또한

---

26 [옮긴이] 2부에 걸쳐 종종 등장하는 the remainder는 맥락에 따라 재고와 잔여로 번역했다. 저자는 자본주의의 존재론을 재고의 실재론으로 부르거나, 근대음악의 특성을 소리의 유령적인 잔여라 부른다.

27 [옮긴이] 관조를 뜻하는 콘템플레이션(contemplation)은 라틴어에서 왔지만, 그리스의 원어는 테오리아(theoria)였다. '이론'이라 번역되는 단어 테오리(theory)가 거기에서 나왔는데, 테오리아의 의미는 '본다'는 것이었다. 궁극적으로 하늘과 신을 바라보며 진리를 추구하는 것을 의미했고, 세상을 알고 지식을 얻는 행위의 근본이 신적인 본질을 바라보고 묵상하는 데 있다는 뜻이었다.

28 [옮긴이] 구루(guru)는 힌두교·시크교의 스승이나 지도자를 말한다. 힌두교 경전에서 구루를 경외하는 고대 전통은 구루에 대한 경외와 헌신의 필요성을 신에 대한 것과 동일시한다.

29 [옮긴이] 바크티(bhakti)는 바가바트교와 힌두교에서 신에 대한 헌신과 사랑을 의미하는 단어로, 본래 바가바트교의 교리였으나 바가바트교가 힌두교에 흡수될 때 바크티 개념도 힌두교의 교리로 흡수되면서 바크티는 힌두교 종파들 중 비슈누파와 크리슈나파의 핵심 교리로 정착했다.

30 [옮긴이] 신지학(theosophy)은 19세기에 러시아의 헬레나 블라바츠키(Helena Petrovna

유령적인 것을 영적인 것으로, 그리스도교적 서사나 서사성에 대한 그리스도교적 사랑과는 결합하지 않은 범종교적 영역으로 보는 것에 대한 빅토리아 시대의 매혹이다.

헤겔이 A=A가 갖는 풍부함을 부인한 것은 그리스도교에서 더 명상적인 양식('영지주의'gnosticism라는 이름으로 사악시된)을 탄압해온 긴 역사와도 관련이 있다. 서구권에서 명상적 수행을 제거하려는 시도는 음악에 대한 종교적 간섭의 역사에서 쉽게 식별된다. 신성한 음악을 만드는 규칙을 고안했던 그레고리 교황이 증4도 음정을 악명 높은 **음악의 악마**diabolus in musica로 금기시했다는 점은 의미심장하다. 힌두 음악에서 증4도 화음을 신성한 것으로 간주하는 까닭은 그 화음이 인간의 귀로 광대한 배음의 범위에 접근할 수 있도록 허용하기 때문이며, 이는 음악 언어에서 음색timbre이라고 불리는 것에 대한 매우 확장된 감각을 떠올리게 한다. 즉 시타르의 나무와 줄, 열린 몸통과 같이 소리를 발생시키는 물질에 대한 감각이다. 예를 들어 순정률에서 공명하는 것은―인도 음악과 같이 정수비 화음 음정에 기반한 음악―물질성의 심오한 영역이다. 그 영역은 무조음악의 '악마적'이고 병적인 물질성과 같지만 눈부신 밝은 보라, 마젠타, 비리디언[31]을 띤다. '옴'OM(힌두교와 불교에서 물질적 우주와 같은 것에

Blavatsky)를 중심으로 설립된 신지학 협회에서 비롯된 밀교, 신비주의적인 사상 철학 체계다. 모든 종교, 사상, 철학, 과학, 예술 등의 근본적인 하나의 보편적인 진리를 추구하는 것을 목표로 한다.

31   [옮긴이] 비리디언(viridian)은 푸른색을 띤 진한 녹색의 안료다. 화학적인 결합으로 생성된

연관시키는)과 같은 산스크리트 음절을 노래하면 노래하는 몸의 물질성과 살아 있는 동안 몸 안팎으로 순환하는 숨의 물질성이 환기된다. 이 음절들은 우주의 광활함을 불러일으키면서 가능한 한 미묘하고 심오한 배음 영역에서 진동하도록 만들어졌다. 그렇다면 신에 대한 헌신의 노래를 부르는 것은 타인과의 친밀함과 만나고 또한 플루토늄과 같은 하이퍼객체가 우리에게 강요하는 먼 미래와도 만나는 하이퍼객체의 한 형태다.

미적 영역, 즉 인과의 영역은 서구 사상에서 악마로 간주되었다. 그것은 정확히 말해서 우주 바깥에 있다기보다 내재해 있는 너머에서 오는 악한 힘으로 여겨졌다. 그렇다면 무조음악의 뱀파이어 같은 소리와 라몬테 영의 영적 소리 간에 연결점이 있음은 당연하다. 언캐니한 비인간을 인지하는 일은 틀림없이 먼저 귀신에 대한 소름끼치는 일별, 즉 인간의 신체성이 공명하는('나는 곤두서다'라는 뜻의 라틴어 horreo를 암시한다) 일별glimpse로 이루어진다. 아도르노가 말하듯, 태곳적의 미적 경험은 소름 돋음이다.[32] 그런데 이는 바로 하이퍼객체에 대한 미적 경험으로서, 영적 유령성ghostly spectrality이 규범화된 인간의 시공간과 위상 조정할 때만 감지될 수 있다.

우리가 인도의 관조적인 노래 부르기 수행에서 발견하게 되는 것은 가창자와 청취자를 목소리와 몸이 내는 정확한 음색에 맞추고,

---

색으로, 차가우면서도 묘한 생동감이 있는 색이다.

[32]   Adorno, *Aesthetic Theory*, 331.

또한 음악이 연주되는 엠비언스ambience의 공진 주파수에 조율시키는 확장된 물질론이다. 그렇게 해서 확장된 물질론은 하이퍼객체를 인간의 사회적, 철학적 공간으로 데려오는 방법을 보여준다. 이 물질론은 바로 "신을 마음 안으로 데려오고자", 헌신(바크티)의 친밀성을 얻고자 고안되어 밀교에서도 수행해왔다.[33] 라몬테 영이 서구 음악과의 급진적 단절을 추구하던 1960년대 초 무렵, 그는 관조적인 방식으로 물질에 참여하는 개념을 생각해냈다. 영은 진실로 새로운 음악을 불러일으키는 유일한 방법은 서구 음악의 규범이었던 서사적 흐름을 멈추는 것이라는 결론을 내리고 비상 제동장치를 당겨서 온음계 화음과 평균율의 세계 주위를 떠도는 예측 가능한 여정을 몸서리치며 중단시켰다. 영의 1958년 작품 〈현을 위한 트리오〉는 아마도 최초의 미니멀 음악 작곡일 것이다. 거대하고 선명한 침묵의 띠 속에 거석巨石을 달아둔 것처럼, 트리오의 정교한 코드는 후기미니멀 음악 작곡가인 스티브 라이히Steve Reich나 필립 글라스Philip Glass의 반복적인 리프[34]보다 훨씬 두렵고, 훨씬 친밀하고, 광대한 어떤 것을 불러일으킨다. 스티브 라이히나 필립 글라스의 작품들이 사치품들로 가득 찬 부르주아 세계에서 영보다 더 큰 성공을 거둔 점은 유의미하며, 열정과 헌신의 수준—그리고 자유 시간—을 요하는 영의 작품은

---

33   Laurie L. Patton, *Bringing the Gods to Mind: Mantra and Ritual in Early Indian Sacrifice* (Berkeley: University of California Press, 2005), 1–14.

34   [옮긴이] 리프(riff)는 일반적으로 재즈나 대중음악 곡에서 반복되어 연주되는 두 소절 또는 네 소절의 짧은 악구를 뜻한다.

아마도 콘서트장을 자주 찾는 평균적인 중산층 사람들을 불쾌하게 할 뿐 아니라 당혹감을 느끼게 하거나 그들의 심기를 불편하게 할 것이다.

음조tones라고 할 말한 것에 대한 영의 관심은 그가 거북이 수족관 속 변압기가 내는 소리에 매료되면서 시작되었는데, 그 소리는 거주 가능한 환경을 유지시키는 데 쓰이는 전기가 발생시킨 험hum, 즉 비인간의 소리다. 그래서 영은 〈15 VIII 65: 사슴뿔의 날, 흑요암 오셀롯, 제재소 그리고 성스러운 숫자로 된 드론의 검은 호랑이 태피스트리로부터 빛나는 몫 잃어버린 고대 호수 지역의 189/98 조율비 회오리바람을 횡단하는 거북이의 꿈의 전설을 굴절시키는 푸른 톱니 고압선 스텝다운 변압기〉를 제작했다.[35] 이 놀라운 제목은 객체로 가득 찬, 명백한 하이퍼제목이다. 작품에서 찾아낼 수 있는 음향적 공간에 더해 영의 파트너인 매리언 자질라의 캘리그래피는 언어가 초월하는 것으로 추정되는 무의미의 장식무늬를 드러내기 시작한다. 자질라는 글자를 사중 쌍방의 대칭을 차용한 구조 안에 놓아서 스

35   [옮긴이] THE THEATRE OF ETERNAL MUSIC은 1960년대 뉴욕의 드림하우스에서 라몬테 영, 매리언 자질라를 중심으로 존 케일, 토니 콘라드, 앙구스 맥라이즈 등이 참여한 실험음악 그룹으로, 드림 신디케이트라는 이름으로 불리기도 했다. 이들은 드론 음악을 실험하는 일련의 공연을 선보였으며 여러 연습 레코딩 테이프를 남겼는데, 그중 하나가 〈15 VIII 65〉다. '15 VIII 65'는 퍼포먼스 날짜(1965년 8월 15일)를 가리키며 타이틀 제목인 '사슴 뿔의 날'(Day of the Antler)은 초기 멤버 앙구스 맥라이즈가 쓴 달력 시 〈Year〉에서 차용한 것이다. (즉 둘 다 시간을 표기한다.) 제목 이후의 긴 텍스트는 1965년 이스트 엔드 극장과 포켓 극장에서 공연했을 시에 영이 프로그램 노트에 쓴 것이다. 음악의 긴 시간성과 관련해 거북이에 대한 이미지, 동물이 끼친 개념적 영향 등을 보여준다.

크립트를 이미 그 자체로 판독 불가능한 아라베스크 무늬로 바꾼다. 오실로스코프의 사인파를 연상시키는 이 프랙탈 형태의 구불구불한 선은 퍼포먼스 공간을 표시하고, 이 공간은 증4도의 음들이 부딪히는 방식과 유사하게 충돌하는 마젠타와 푸른색 빛으로 밝혀지면서 방출의 과포화된 존재비存在比, abundance를 만들어낸다. 비대칭성의 시대에 이 음악이 과연 예술이 아니라면 무엇이라고 할 수 있을까? 달리 말하면, 이 음악은 하이퍼객체를 인간의 미적-개연적(사회적, 정신적, 철학적) 공간으로 데려오는 시도이자 그 공간을 더 넓은 세계로 여는, 또는 세계의 끝 이후의 납골당으로 여는 양 갈래의 시도다. 즉 비인간에게 조율하는 프로젝트가 잠깐 (몇 시간 또는 며칠) 실행되는 동안 음악적-사회적 공간을 창조하는 것이다.

조율attunement은 바로 인간의 마음이 객체와 일치되는 방식이다.[36] 영과 자질라는 가창자와 악기가 드론에 맞춘 유동적인 반복 진행sequence을 연주하는 경우 음악 스스로 '조율'하게 함으로써 조율을 예술의 최전선에 둔다. 조율은 지금 여기에 있다고 여겼던 빛과 소리를 사물의 이편, 즉 내재된 너머에 있는 무한한 "수광년의 장식무늬"lightyears tracery(영의 표현)로, 고조파 주파수의 현재성nowness으로, 진동 안의 진동으로, 물질에 깃든 무한성으로 열어젖힌다. 현존 없는, 현재 없는 소리의 생태학이다.

---

36   Martin Heidegger, *What Is Philosophy?*, trans. and intro. Jean T. Wilde and William Kluback (Lanham, Md.: Rowan and Littlefield, 2003), 77–91.

'아'AH 음절을 부르는 행위는 (영과 마질라가 이른바 『검은 앨범』이라고 한 앨범의 1면에 수록된 〈31 VII 69 10:26-10:49 pm: 열한 개의 은하계적 장식 음정 수광년의 장식무늬 세트로 된 두 시스템 49의 꿈의 지도〉에서 들려주었듯이) 숨과 성대, 신체를 둘러싼 공기 등을 수반한다. 이것은 추상적인 현존의 영역이 아니며, '세계'나 바그너식 '총체예술'의 판타즈마고리아phantasmagoria도 아니다. 소리와 빛, 음조라고 할 만한 것을 직접적으로 다루면 음색이 가진 텅 빔과 광대함이, 그 터무니없는 차이가 드러난다. 영과 자질라의 뉴욕 드림하우스는 자연적이지 않되 초자연적이고, 과잉extra 자연적이며, 자연적인 것보다 더 자연적이다. 드림하우스는 작업의 물질성에 결속되어 있다.

영의 예술을 통해 우리는 사물의 음색과 결정성을 만나게 된다. 그리고 동시에, 그리고 같은 이유로, 사물의 깊이와 조우하게 한다. 작품은 스스로를 하이퍼객체성에 조율하려고 분투한다. 라몬테 영의 1960년 알고리즘 작곡 중 한 작품은 한 개의 화음을 '가능한 한 길게 연주하기'를 포함한다. 이 예술이 여는 미래는 우리가 하이퍼객체에 대응할 수 있도록 하는 방식과 긴밀히 연관된다. 이러한 방식의 예술은 쇼펜하우어Arthur Schopenhauer가 예측한 금욕적이고 경직된 버전의 불교를 통해서가 아니라 윤회에서 위로를 주는 관조의 영역으로 탈출함으로써 인간이 가진 규범적 한계를 미적으로 초월하는 것에 다가간다.[37] [오히려] 이 관조는 뜨겁고, 강렬하고, 열정적이고,

---

[37]   Arthur Schopenhauer, *The World as Will and Representation*, trans. E. F. J. Payne, 2 vols.

자비로우며, 죽음이나 독毒과 친밀하고, 납골당에 자리를 잡고, 유령 및 구조물과 공존하며, 인간의 인식을 물러난 사물에 조율하는 적응하기mathēsis와 함께한다. 이것이야말로 우리가 하이퍼객체와 함께 살아가는 데 필요한 것이 아닐까? 우리는 매우 오랫동안 공존의 게임을 하게 될 것이다.

비인간은 이미 이곳, 사회적 공간 안에 있었지만 비대칭성의 시대가 되어서야 비로소 그 존재를 인정받았다. 비인간이 더는 단순히 (계산과 예측이 가능한) 지식의 대상이 아니라 그 자체가 하나의 존재임이 인간에 의해 알려진 것은 이제 인간이 비인간에 대해 **너무 많이** 알고 있다는 이성 그 자체의 교묘한 속임수 덕분이다. 우리는 그저 제한된 수의 피아노 현을 듣는다. 우리는 단지 제한된 전자기장 스펙트럼의 양을 본다. 우리의 지각 영역으로 솟아올라오는 소리와 빛은 일상 경험으로는 헤아릴 수 없는 깊이와 높이를 가진다는 것을 깨닫는다. 그래서 우리는 모든 개체들이 근원적으로 물러나 있음을 다소 은유적이지만 생생하게 맛보게 된다.

비대칭성의 시대는 물질이 새로운 '삶'을 얻는다는 점에서 상징적 단계와 유사하다. 하지만 인간은 자신이 알게 된 것을 몰랐던 상태로 되돌릴 수는 없다. 우리는 양자, 사인파, 베토벤 그리고 인류세에 대해 안다. 따라서 비대칭성의 시대는 애니미즘 같은 것으로의 회

(New York: Dover, 1969), 1:411–12: [국역본] 아르투어 쇼펜하우어, 『의지와 표상으로서의 세계』, 홍성광 옮김(을유문화사, 2019).

귀가 아니라, 오히려 애니미즘 지움 아래 두기animism sous rature[38]다.[39]

비대칭성의 시대라 불리는 이유는 인간의 이해 안에서 인간과 비인간이 동등하게 서로 마주보고 있기 때문이다. 하지만 이러한 동등함은 고전적 단계와 같지 않다. 인류세라는 거대 가속 안에서 골디락스 느낌은 존재하지 않는다. 이 느낌은 오히려 인간의 접근에서 완전히 물러나 있는 통제 불가능한 비인간에 대한 것이다. 우리는 비인간을 '재료'라고 부르기조차 멈추었다. 우리는 비인간이 단지 (인간의 생산을) 위한-재료material-for가 아니란 점을 잘 알고 있다. 우리는 인간을 정신이라고 부르는 것도 그만두었다. 물론 인간에게는 무한한 내적 공간이 있다. 하지만 그것은 비인간도 마찬가지다. 비틀즈의 〈일생의 하루〉 끝에 들리는 피아노 음에도 무한한 공간이 있다. 따라서 비대칭성의 시대는 내적 공간에 대한 감각을 잃지 않았다는 점에서 낭만적 단계와도 흡사하다. 다만 우리는 내적 공간에 대한 이 감각을 이제 비인간에게서도 일견하게 되었기에 그 감각은 확장되었다. 누군가는 더 '고차원'의 영장류에서, 어떤 이들은 온갖 지각 있는 존재들에서, 또 어떤 이들은 (나 같은 진짜 괴짜들은) 지우개, 블랙홀 특이

---

38   [옮긴이] sous rature는 마틴 하이데거가 『형이상학의 근본개념들』에서 처음 제기한 전략적인 철학적 장치로서, 자크 데리다가 차용해 널리 쓴 개념이다. 그것이 나타내는 개념에 완전히 적합하지는 않지만, 우리 언어의 제약 조건이 더 나은 것을 제공하지 않기에 사용되어야 하며 일단 쓰고 삭제 표시를 해두는 것을 말한다.

39   이 입장은 Chuck Dyke, "Natural Speech: A Hoary Story," in *How Nature Speaks: The Dynamics of the Human Ecological Condition*, ed. Yrjö Haila and Chuck Dyke (Durham, N.C.: Duke University Press, 2006), 66–77에서 발견되는 입장과 다소 유사하다.

성, 세라믹 칼, 당밀, 민달팽이 등 어떤 종류의 존재자에게서도 내적 공간을 발견한다.

　낭만적 단계 내부에서부터 비인간의 발자국을 감지할 수 있었던 것은 바로 아이러니이며, 이 아이러니는 우리를 내적 공간이라는 진공 상태로 빨아들이는 듯 보이는 요소다. 낭만주의의 디폴트 위치―1776년경부터 지금까지 지속되고 있는―는 아이러니다. 아이러니는 간격에 대한 미적 착취이며, 혹은 종종 내가 학부 수업에서 부르듯, **간격 착취**gapsploitation다. 보다 정확히 말하면, 아이러니는 의미화의 1+n 단계 사이 간격에 대한 착취다. 아이러니는 가까이에 한 개 이상이 있음을 뜻한다. 아이러니는 어떤 신비로운 현존의 메아리다. 아이러니가 존재하기 위해서는 이미 거기에 무언가 있어야 한다.

　이러한 아이러니 현상이 1+n 단계를 인식하는 데서 생겨난다는 점에서 우리는 낭만주의의 용해dissolution의 씨앗을 본다. 하지만 이 지식은 하이퍼객체 시대에 진입해서야 우리에게 가능해진다. 상호 객체성에 대한 논의를 상기해보라. 모든 것이 얽혀 있는 기이한 감각 공간을 사물들이 어떻게 공유하는지에 대해 하이퍼객체가 가리키는 방식을 기억해보라. 이 감각 공간에서 당신이 어떤 현상을 만나면, 1+n 개체들은 이러한 마주침이 발생하도록 물러난다. 아이러니는 적어도 또 다른 개체가 남긴 발자국이자 내적 파문, 다른 존재들의 왜곡된 현존을 가리키는 진공 요동[40]이다.

40　[옮긴이] 양자역학에 따르면, 진공은 완전히 비어있는 것이 아닌, 영점 에너지(zero-point

그래서 이상하게도 아이러니는 사라지지 않았고, 도리어 그 힘과 통렬함은 강해졌다. 아이러니는 티셔츠 슬로건 구호로 사용될 법한 '포스트모던적'('후기근대'late modern라고 부르는 편이 더 낫다) 예리함을 상실했다. 아이러니란 하이퍼객체 내부에서 깨어나는 감각이 되었고, 이 하이퍼객체에 맞서서 우리는 늘 틀리다. 낭만주의적 아이러니 안에서 화자 자신이 이야기의 일부이고 '메타언어란 없다'는 것을 깨닫게 되는데, 이러한 아이러니의 온전한 진실은 놀랍게도 낭만주의 시기가 아닌 비대칭성의 시대에 완전히 탄생한다.[41] 비대칭적 아이러니는 우리가 '지구를 구하'면서도 정확히 그 이유를 알지 못할 때 발생한다. "그들은 나를 이 일의 소령으로 삼으려고 했지만, 나는 군에 있지도 않았어"(〈지옥의 묵시록〉),[42] 또는 "이생의 성쇠盛衰는 수족관에서 익사하는 것과 같다."[43] 모든 곳에서 아이러니가 크게 증가하는 까닭은 어떤 존재의 외양도 존재의 정수를 완전히 밖으로 꺼낼 수 없기 때문이다. 아이러니는 완벽한 표리 없음total sincerity의 경험이자, 고래 뱃속에서 자신이 고래의 소화계의 일부임을 깨달은 요나가 되는 경험이며, 소행성의 표면 위에 있다고 생각했으나 실은 거대

---

energy)로 불리는 미약한 에너지로 채워져 있다. 영점 에너지 혹은 진공 에너지에 의해 입자와 반입자가 순간적으로 끊임없이 생성되고 소멸되는 진공 요동(vacuum fluctuations) 상태가 발생한다.

41 Lacan, *Écrits*, 311.

42 프랜시스 포드 코폴라 감독, 〈지옥의 묵시록〉(아메리칸 조이트로프, 1979).

43 Chögyam Trungpa, "Instead of Americanism Speak the English Language Properly," in *The Elocution Home Study Course* (Boulder, Colo.: Vajradhatu, 1983), 3.

한 벌레 내부에 있다는 것을 깨달은 [〈스타워즈〉의] 한 솔로Han Solo
와 라이아 공주가 되는 경험이다.

냉전이 낳은 기이하게 억압적인 평화 상태에서 세계를 지탱했던
상호 확증 파괴Mutually Assured Destruction, MAD의 부조리한 정치를
생각해보라. 미국과 소비에트연방 간의 대결 배후에서 우리는 인간
이 하이퍼객체, 즉 핵물질과 상호 공존하는 비대칭성의 시대적 양상
을 일견하지 않았던가? 인간은 1945년 이래로 핵물질 없는 세계에
대해 그저 추상적으로가 아니라 다음 주, 10년 후, 내 자녀들의 생애
동안이라는 구체적인 단위에서 사유할 것을 강요받은 적이 없는가?
하이퍼객체의 현존이야말로 우리가 역사의 바로 다음 순간에, 비대
칭성의 시대에 있음을 보증한다. 하이퍼객체는 하이퍼객체의 치솟
는 시간성towering temporality, 인간의 시공간과의 위상 조정, 광범위한
분포, 점성, 수많은 다른 존재자를 포함하는 방식 등을 통해 사물이
그 외양과 일치하지 않는다는 점을 생생히 보여준다. 하이퍼객체는
심미적 막인 유리창 뒤 '저 너머' 어딘가에 자연이 있다는 생각을 끝
낸다. 진실로 자연이라는 개념은 그 자체로 낭만적 단계의 산물이다.
이처럼 하이퍼객체는 사물이 우연으로 장식된 덩어리라거나 인간과
상호 작용해야만 충분히 실재한다는 생각을 종식시킨다.

따라서 비대칭성의 시대에 예술은 객체와의 **조율**이어야 한다. 기
이하게도 플라톤적 생각이 귀환한다. 악의 영역에 대한 조율로서의
예술이다. 『이온』에서 소크라테스와 음유시인 이온은 마치 뮤즈, 시
인, 시, 음유시인, 관객이 자석처럼 연결된 것처럼 예술을 사악한 힘

의 전송으로 상상한다.[44] 이것은 사실 전자기장이라고 할 만한 개념과 크게 다르지 않다. 패러데이Michael Faraday와 맥스웰James Clerk Maxwell 은 전자기장이 우주에 침투한다고 상상했다. 중력장에서도 마찬가지 다. 중력장은 결코 완전히 무효화될 수 없다. 게다가 우리는 우주 '초기'에 나오는 우주배경복사를 TV 노이즈에서 볼 수 있다. 예술은 이러한 장field의 깊이에 대한 조율이 된다.

그 자체로 하이퍼객체인 이 장의 존재는 근대성이 규정한 예술을 뒤엎는다. 서구인들은 인간이 **천재일**be a genius 수 있다고 가정하면서 지난 2세기를 보냈다. 오늘날 **천재성을 가진다**having genius(그리스어 daimon이 [인간과 신 사이를] 중재하는 영靈을 의미하듯)는 옛 관념이 귀환하고 있다. 천재성은 이제 나만의 내적 공간의 산물이 아니라 적어도 하나 이상의 다른 개체와의 협업이다. 진실로 우리가 장소의 수호신genius loci 같은 것을 발견한 이유는 우리가 스스로를 우둔하게 만들거나 과학을 잊고 손수레를 선호한 나머지 전기 엔진을 내다버릴 수 있기 때문이 아니다―그럴 수 없기 때문이다. 예술은 인간과 비인간 사이의 협업이 되거나 혹은 네가레스타니가 표현하듯 "익명의 물질과의 공모"가 된다.[45] 당신이 시를 쓸 때, 당신은 종이, 잉크, 워드 프로세스 프로그램, 나무, 편집자, 공기를 상대하고 있는 것이다. 지구온난화에 대해 쓴 당신의 시가 실제로는 인간의 귀와 도서관

---

44   Plato, *Ion*, http://classics.mit.edu/Plato/ion.html
45   『사이클로노피디아』(Cyclonopedia)의 부제(Complicity with anonymous materials).

으로 하이퍼객체가 스스로를 분포시키는 방식이 아닌지 의심해봐야한다. 예술은 사악한 것에의 조율이다. 펠릭스 헤스는 창문에 부착한 마이크로 소리를 녹음하고 인간의 속도-보다-더 빠르게 재생함으로써 대서양에 가해지는 공기 압력 파동의 소리를 청취 가능하게 한다 (1부 3장 「물결치는 시간성」 참조). 예술은 비인간으로부터 와서 우리에게 침투하는 사악한 힘에의 조율이기 때문에 당신은 천재'이기'보다 천재성을 '가진다.' 예를 들어, 우리 모두는 방사선 피폭 경험을 가졌다는 것을 알고 있다. 네가레스타니의 『사이클로노피디아』에서 기름이나 깊은 지질학적 지층과 같은 '익명의 물질'은 갑자기 사악하게 활기를 치는데, 이는 마치 철학이 이해하기보다는 실제로 존재하는 크툴루Cthulhu 같은 힘이나 크소닉chthonic 존재자들, 예를 들어 그리스의 타이탄처럼 폭군적인 태양과 갈등이 교착화되었다고 상상된 지구의 핵과 같은 존재자들을 소환하기 위한 방법인 것과 같다.[46] 차이나 미에빌China Miéville[47]의 『퍼디도 스트리트 정거장』에서 도시는 지각력이 있는 존재자가 되며, 한편 『상흔』에 나오는 수상 도시는 긴급 구조정들의 거대한 복합체로 만들어진다.[48]

---

[46] Negarestani, *Cyclonopedia*, 195–207: [국역본] 레자 네가레스타니, 『사이클로노피디아』, 윤원화 옮김(미디어버스, 2021).

[47] [옮긴이] 차이나 미에빌은 영국의 환상소설 작가이자 사회주의 정치활동가다.

[48] China Miéville, *Perdido Street Station* (New York: Ballantine, 2001): [국역본] 차이나 미에빌, 『퍼디도 스트리트 정거장 1』, 『퍼디도 스트리트 정거장 2』, 이동현 옮김(아고라, 2009); China Miéville, *The Scar* (New York: Random House, 2004).

예술이 왜 사악한 것으로 조율되는지를 설명하는 또 다른 이유가 있다. 우리가 객체를 더 많이 알수록, 객체는 기이해진다. 역으로 말하자면 우리가 객체를 더 많이 알수록, **주체**라고 부르는 것이 **객체**라고 부르는 것과 특별히 다르지 않다는 것을 깨닫게 된다. 진화론에 따르면, 나는 내 유전자를 전달하기에 충분히 인간처럼 보이고 인간처럼 떠든다. 이 '만족화'는 나를 인간으로 만들기에 충분하다. 튜링 테스트에서 컴퓨터 프로그램은 충분히 인간처럼 보이고 인간처럼 말하며, 이는 곧 컴퓨터 프로그램을 인간으로 만들기에 충분하다. 그래서 결국 나도 사람처럼 보이고 사람처럼 말한다. 생명 2.0은 가능하다. 따라서 '본래의 생명'은 생명 1.0이며 이미 인공적이다. 생명은 비생명으로 만들어지며, 따라서 유전자, RNA, 규산염 등과 같은 복제 분자는 살아 있지도, 살아 있지 않은 것도 아닌, 오히려 불균형을 지우려는 바로 그 시도를 통해 스스로를 재생산함으로써 아이러니하게 지속되는 완전히 죽지 않은 것이 된다. 제거적 유물론자들은 뉴클레오티드nucleotides나 양자와 같이 더 작고 단순한 것이 아메바, 말, 마음과 같은 중간 크기의 사물보다 더 실재적이라고 주장함으로써 비대칭성의 시대에 사물이 갖는 필연적으로 유령적인 속성을 부정한다. 존재자에게는 선천적으로 유령적이고 불안하게 불확실한 어떤 것이 있다. "가식을 구성하는 것이 결국 가식인지 아닌지 알 수 없다."[49] **객체**는 **대상화된 것**objectified을 의미하지 않는다. 오히려 객체는

---

49   Lacan, *Le seminaire, Livre III*, 48.

대상화가 완전히 불가능함을 의미한다. 우리가 오직 하이퍼객체의 발자국만 볼 수 있다는 것은 자명하다. 그런데 어떤 의미에서 보면 우리는 그저 연필, 펭귄, 가소성 폭약[과 같은 객체]의 발자국만 본다.

그렇다면 예술은 인과적-미적 사건이 램프의 지니나 정령, 요정, 진djinn[50]처럼 떠다니는 사악한, 상호객체적인 공간에 스스로를 조율해야만 한다. 감각주의나 감상주의로의 회귀와 같은 것에 아이러니와 기이함이라는 겹이 더해져서 작동하는 것처럼 보이는데, 이는 지젝이 관찰했던 것과 같이 불이 실제로 타오르고, 빛이 당신의 눈을 아프게 하며, 노래는 들어본 노래 중 가장 아름답고, 일상에서 지나쳤던 감정들이 섬뜩하고 언캐니한 색조를 띠는 데이비드 린치의 영화와도 같다.[51]

이전 장에서 하이퍼객체의 시대가 다름 아닌 위선으로 규정되는 시대임을 살펴보았다. 이제 우리는 (진실로) 포스트모던적인 인간의 목록에 또 다른 구체적인 항목을 추가할 것이다. 그것은 약함weakness이다. 약함은 조율하기의 능력을 결정한다. 위선이 근대성 내부의 니체식 경향성을 거스르듯이, 약함은 궁극의 인간과 초인에 대한 추구를 끝낸다. 근대성은 공룡처럼 행성 규모의 대변동에 의해 멸종되었다고 여겨진다. 작고 약한 포유류들이 잔해 밖으로 기어 나

---

50 [옮긴이] 아랍 지역에서 숭배되는 정령의 존재.

51 소피 피엔스(Sophie Fiennes) 감독, 〈지젝의 기묘한 이데올로기 강의〉(The Pervert's Guide to Cinema), 슬라보예 지젝(Slavoj Žižek) 제작(P Guide Ltd., 2006).

왔다.

하이퍼객체의 시대는 약함의 시대로서, 인간은 인간을 파괴할 수도 있는 개체들에게 조율된다. "자, 이름이 무엇입니까?" 당신이 묻자, 그는 "오드라덱Odradek"이라고 답한다. "그럼 어디에 살죠?" "정해진 거처는 없습니다." 그는 말하고 웃는다. 하지만 폐 없이 가까스로 웃는 웃음이다. 낙엽이 서걱거리듯 들린다.[52] 카프카는 자연 글쓰기Nature writing("낙엽의 서걱거림")를 인간과 비인간 사이의 밀실공포적 실내 대립과 기이하게 섞는다. 이 형상은 콜리지Samuel Taylor Coleridge[53]가 『늙은 수부의 노래』중 "낙엽의 갈색빛 해골"에서 사용한 것과 동일한 것으로, 완전히 죽지 않는 존재자에 대한 생각을 불러일으킨다.[54] 나무들의 소리는 영혼을 달래거나 영혼을 불어넣는 뻔한 방식으로 울리지 않는다. '오드라덱'이라는 탁월한 현대적 객체는 그저 거기에 있다. 우리는 그를 설명하기엔 무력하다. 하지만 어떤 이유에서인지 그는 우리 집에 초대되었다. 오드라덱은 가뭄이나 예측하지 못한 토네이도처럼, 또는 눈에서 다리가 자라난, 체르노빌 근처에서 태어난 돌연변이 잎벌레와 같은 신체적 이형異形이다. 그 이름의 기원은 모호하다. "어떤 이들은 오드라덱이 슬라브 태생이라고 말하면서 이에 근거를 두고 설명한다. 다른 이들은 슬라브 혈통

---

52   Kafka, "Cares," 160.

53   [옮긴이] 새뮤얼 테일러 콜리지는 영국의 낭만주의 시인이자 비평가다.

54   Samuel Taylor Coleridge, "The Rime of the Ancient Mariner," in *Samuel Taylor Coleridge: The Major Works*, ed. H. J. Jackson (Oxford: Oxford University Press, 2008), 533행.

에 영향을 받은 독일 태생이라고 믿는다. 두 해석의 불확실성 탓에 둘 다 사실이 아닐 수 있으며, 특히 공정하게 추정해볼 때 어떤 이름도 그 단어의 명쾌한 의미를 제공하지 않는다."[55] 지구온난화는 언제 시작하고 멈출까? 인류세는 언제 시작되었을까? 결정적 시기(1784년, 1945년)와 생생한 뉴스(지진과 화재에 대한)는 하이퍼객체의 밝혀지지 않은 모호함과, 그럼에도 그것의 실재성을 착각하게 만든다. 재앙이 곧 시작될지 모른다는 바로 그 의구심이야말로 이미 재앙이 시작되었다는 징후다. 게다가 하이퍼객체는 너무 끈적거리고, 비국소적이며, 녹아내리고, 너무나 상호객체적이어서 우리가 일반적으로 객체로 고정되어야 한다고 생각하는 방식으로 명확히 특정되지 않는다. 하이퍼객체의 속성은 기후변화 부인론자인 '회의론자들'이 수세기 동안 담배회사들이 부려온 속임수를 쓰게 하는 빌미를 제공한다. 그들의 속임수는 (통계적으로 의미 있는 데이터의 모음이 바로 과학임에도) 확률이 인과관계를 보증하지 않는다고 주장하는 것이다. 크고 복잡한 시스템은 결정론적이지 않은 인과 이론을 필요로 한다. 흄식 회의주의로 귀환함으로써 상관주의 시대의 인식론적 황홀과 전율을 반복하려는 억압적 충동은 그 자체로 비인간이 이미 여기에 와 있다는 징후다.

2010년 브리티시 페트롤리엄사의 딥워터 호라이즌 기름 유출에 대한 응답으로 쓰여진 셰릴 세인트 저메인Sheryl St. Germain의 시 「자

---

55   Kafka, "Cares," 160.

정의 기름」을 살펴보자.

어떻게 말해야 하지
이것은 운율도 맞지 않고
단장격短長格에 박동하지도, 예측 가능하게 움직이지도 않는데
행이나
문장처럼

어떻게 배열해야 하지
이 사물은
조수를 타고
조수와 일렁이고 조수 아래를
조수 사이를 통과하는데
너무나 깊고 넓은 아랫배를 가지고 있기에
우리가 지닌 가장 강한 빛으로도
그 전신을 밝힐 수 없다

이것은 우리 영혼의 그림자
소유할 수 없는 어둠이자
이름 붙일 수 없는 형상

나는 그것을 쓸 수밖에 밤이면

내 그림자가 나를 깨우고, 내가 느끼게 될 때
밤이 내 모든 땀구멍과 털구멍까지 뒤덮는 것을, 눈과
귀로 침입하는, 제우스처럼 내게 들어오고, 원치 않는 밤
내 위로도, 안으로도, 그러면 나는 아이를 낳는 꿈을 꿔
녹슨 덩어리진 아이가 스르르 내 몸 밖으로 기어 나와
밖으로 밖으로 멈추지 않고 미끄러져서는 자라나고 어두워지고
내 두 다리 사이에서 퍼졌다 맥박 치며
세계 속으로 물러난다

거북이가 된다는 건 어떤 감각일까, 이를테면
네가 아는 유일한 물에서 헤엄치는 것
헤엄치는 것만이 네가 세계를 건너는 유일한 방법이기에
우연히 마주친 이 검은 담즙bile[56]
질려버린 애인 같은 것
너를 보는 사물은
해파리 같아, 너는 잠수를 해서 먹으려 하지만
해파리가 네 지느러미를 뒤덮어 전처럼 움직일 수 없게 되지
네 등껍질과 머리에서 느껴지는 무거움
그것은 전에 없던 것, 그러자 너는 눈앞이 보이지 않는다

---

56   [옮긴이] 멜랑콜리아의 어원은 검은 담즙이다. 인간의 몸에 검은 담즙이 많이 나오면 우울한
      기분 상태가 나타난다고 보았던 히포크라테스의 4체액설에서 유래했다.

네가 태어난 그 물속에서[57]

시가 들쑥날쑥하며, 마치 거대한 힘이 일반적인 좌우의 극성을 뒤집은 듯 페이지의 좌측이 아닌 우측으로 정렬된 것에 주목하자. 시는 페이지의 우측면 가장자리 끝에 있는 끈적이는 객체에 들러붙은 것처럼 보인다. 인간 주체가 사물에 우선한다고 상정하면서 앞세우지 않고 일반적인 행 배열을 전도시키는 탓에, 시는 **조율**이라는 심원한 의미에서 하나의 진실한 응답이 된다.

하이퍼객체는 이미 사실인 것을 분명히 할 뿐이다. 인간은 주위에 운집한 개체에 성실하게 조율할 수 있을 뿐, 스스로 메타언어라는 정지궤도로 빠져나올 수 없기 때문에, 인간은 약하다는 것이다. 거대 가속의 내적 논리에 따르면, 주사 터널링 현미경으로 객관적 현존의 "실재를 만지"면 반드시 인간은 그 즉시 실재를 놓친다.[58] 몇몇 동시대의 생태 예술 작업들은 공존하는 사물들 간 관계에 대한 인지 지도cognitive maps를 창조하려고 시도한다. 하지만 사물들이 비환원적으로 물러나고 피할 수 없는 그림자 측면을 가진다면, 그 인지 지도는 사물의 표면만 활주할 수 있을 뿐이다. 비대칭성의 시대는 근대성의 아름다운 영혼 신드롬을 끝낸다. 아름다운 영혼을 '메타적'인

---

57   저자의 허락을 얻어 수록했다.

58   Colin Milburn, *Nanovision: Engineering the Future* (Durham, N.C.: Duke University Press, 2008), 83.

것으로 이동시키는 데 필수적인 미적 거리를 유지하는 것이 이제 더는 불가능하기 때문이다.

워즈워스로 전형화되는 낭만주의 예술은 접근을 지도화하는 매뉴얼이며, 그것의 전위적 특성을 나는 **구성주의**라고 부른다. 구성주의는 작품을 보는 이의 마음을 업그레이드시키는 일종의 기계로 간주한다. 그 기계는 매우 복잡하고 산만해서 보는 이의 습관적인 행동양상을 동요시켜 새로운 인지 지도가 그려지도록 촉진한다. 벤야민 Walter Benjamin의 글 다발convolute[59] 속 지도나 대사전(아케이드 프로젝트Arcades Project), 두 개 내지 세 개의 열column로 이루어진 책(데리다의 『조종』), 하이퍼링크로 양념을 친 온라인 텍스트 등은 모두 이러한 워즈워스식 접근에서 파생되었다. 구성주의는 근본적으로 낭만주의적이다. 구성주의는 알아야 할 것들을 너무 많이 제공하고, 정신은 사물들을 떠나 유령처럼 떠다닌다. 구성주의의 소망은 오직 그렇다면 if-only으로 함축된다. 즉 내가 독자를 충분히 교체한다면, 독자여, 세계는 바뀔 것이다.

어떤 작품은 하이퍼객체에 대해 직접 말하기도 한다. 영국의 예술가 뱅크시Banksy[60]의 신랄한 그래피티와 게릴라식 설치 작품들을

---

59 [옮긴이] 벤야민이 나치의 박해를 피해 1940년 파리를 탈출하여 작가 조르주 바타유에게 맡긴 아케이드 프로젝트는 노트와 복사된 인용문의 뒤엉킨 콜라주였으며 36개의 폴더로 나뉘어져 있었는데, 이를 독일어로 '뭉치' 또는 '묶음'을 의미하는 Konvolut, 글 다발이라 부른다.

60 [옮긴이] 뱅크시는 영국의 작가 겸 그래피티 아티스트, 영화감독이다. 신상을 감추고 활동하며, 다양한 공간과 소재에 기발한 유머 감각과 신랄한 현실 비판을 담은 작품으로 유명하다.

생각해보라. 한 아이가 그의 설치 작품 〈부두 압력〉에 있는 기계 돌고래 장치를 타자, 친숙한 영국 노래가 흘러나온다. "오 나는 바닷가 옆에 있는 걸 정말 좋아해…" 기름 바다에서 헤엄치는 것은 오직 돌고래뿐이다. 뱅크시의 돌고래 타기는 역겨움과 기분 나쁜 농담을 자아내도록 고안된 것이다.[61] 용도가 변경된 놀이공원 기구는 구성주의의 적절한 예시다. [그래서] 우리에게 생각할 것을 강제한다. 워즈워즈식 미적 전략의 증손뻘이다. 마찬가지로 2세대 워즈워즈주의자인 셸리는 자신을 그저 워즈워즈가 했던 것을 조금 더 잘하게 될 하이퍼-워즈워즈hyper-Wordsworth로 양식화했으며 급진적인 정치 활동에 더 헌신했다.

하이퍼객체를 작품 형식으로 삼은 예술은 어떠한가? 섬뜩한 기름 유출을 실행하는 하이퍼-예술-객체가 있는가? 앞서 논의했듯이, 하이퍼객체를 향하는 우리의 자세는 달에 더 가까워지려고 달을 향해 달려가면서 막상 두 발이 지구 표면을 딛고 있다는 사실을 망각하는 것과 같다. 점성은 증대된 정보가 만든 직접적인 산물이다. 하이퍼객체에 대해 더 많은 데이터를 가질수록, 우리가 아는 것은 더 적어진다―우리가 하이퍼객체를 **결코** 진실하게 알 수 **없음**을 더욱 더 깨닫는다. 우리가 본 것처럼 하이퍼객체는 **끈적거린다.** 우리는 그것을 떨쳐낼 수 없다. 기름보다 더 끈적이고 슬픔만큼 무겁다. 더 가까이 갈수록, 아는 것은 더 적어진다. 그러나 우리가 얼마나 멀리 후

61   Banksy, *Pier Pressure*, http://www.youtube.com/watch?v=4hjIuMx-N7c

퇴하든지 하이퍼객체로부터 도망칠 수 없다. 마치 꿀단지에 손을 담그면 떠오르는 사르트르의 악몽, 즉 "자신을 위한 달콤한 죽음"을 하이퍼객체가 수행하듯, 우리는 하이퍼객체에 들러붙는다.[62] 하지만 실제로는 이보다 훨씬 더 끔찍하다. 우리는 하이퍼객체 앞에서 초월적 형이상학을 주장할 수 없다. 하이퍼객체는 그렇게 하도록 놔두지 않는다. 하이퍼객체는 우리에게 계속 달라붙는다. 초월적 매끄러움과 존재에 관한 우리의 환상이야말로 하이퍼객체를 존재자로 소환했다. 모든 것을 보고 알려고 하는 우리의 충동 때문에 하이퍼객체의 기름진 존재를 어디서든 발견하게 된다. **근대성의 허무주의는 근대성 자신의 유령, 즉 사물의 무無와 직면한다.**

이 기이한 현상은 우리가 생태학적 시대에 진입했음을 확증한다. 얼마 전만 하더라도 우리는 아이러니한 자유 유희를 즐기고 있었다. 이제 우리는 거울에 들러붙은 듯 보인다. 이 들러붙음은 진보에 대한 꿈을 실현하려고 역사의 종말[63]이라는 거울에 우리 스스로를 비추어보려는 시도에서 생겨났다. 우리의 신체적, 생물학적 존재에서 탈출할 수 있는 속도를 얻으려는 바로 그 시도가 지구에 들러붙은 존재를 낳았다. 우리에게 남은 것은 프레드릭 제임슨Fredric Jameson식 주체의 완전한 분열, 또는 해체의 아찔한 자유라기보다는 오히려 우

---

62 Sartre, *Being and Nothingness*, 609.

63 [옮긴이] '역사의 종말'은 미국의 정치경제학자 프랜시스 후쿠야마(Francis Fukuyama)가 낸 저작의 제목이며 거기서 제기된 역사관이다. 소비에트연방이 해체되어 인류의 이데올로기 진화가 끝났다고 주장했다.

리가 객체에 영원히 들러붙어 있다는 소름끼치는 각성이다.

아난시Anansi와 타르 베이비Tar-Baby 이야기[64]처럼 하이퍼객체에서 도망칠 수 있는 방법은 없다. 순전히 거리를 둔 아이러니를 달성하기란 불가능해진다. 점성은 하이퍼객체에서 도망치려는 바로 그 시도를 통해 스스로 강화된다. 우리는 A=A 안에 얽혀 있으며, 그 등식은 모든 소가 검은 밤이 아니라 이상하게 끈적이는 뫼비우스의 띠임이 드러난다. 그래서 우리 스스로는 어리둥절해하는 우주인 같은 1980년대식 포스트모더니즘을 할 수는 없다는 것을 알게 된다. 하이퍼객체에 대해 더 많이 안다는 것은 우리가 무기력하게 하이퍼객체에 묶여 있다는 것을 더욱 깨닫는 것이다. 하이퍼객체는 지난 25년 동안 포스트모더니즘이 실패한 것, 즉 인간이 만들어낸 개념적 세계의 중심에서 인간을 추방하는 일을 해냈다(세계라는 그 용어가 여기에 다시 나온다).

우리는 미적 거리를 유지하는 것이 불가능한 상황에 다다랐다. 이러한 거리가 **자연**Nature이라는 관념을 만들어내는 주된 요인이다. 그래서 하이퍼객체가 우리 주변에서 기이하게 흘러나오기 시작하듯 자연이 용해되면서 흥미로운 현상이 발생한다. "사물은 거울에서 보이는 것보다 더 가까이 있습니다." 점성은 강제로 우리를 (링기스의

---

64   [옮긴이] 조엘 챈들러 해리스(Joel Chandler Harris)의 소설에 나오는 타르 인형으로, 채소를 훔쳐 먹는 토끼를 유혹하기 위해 사용된다. 토끼가 타르 인형에 저항할수록 더 얽히게 된다.

용어를 빌리자면) **정언 명령**의 **지대**에 데려다 놓는다. 이 지대에서 선택이란 도덕적 행위의 규약이 아니다. 하이퍼객체의 점성은 우리에게 끊임없이 들러붙는다. 그것은 우리의 사회적, 심령적, 생태학적 공간에 흐릿하게 나타난다. 아니 오히려 하이퍼객체가 이미 닥쳐왔다는 것을 알게 된다. 하이퍼객체는 존재론적으로 (그리고 시간적으로) 우리의 개념적 탐측에 선행해서 이곳에, 〈식스 센스〉에 나오는 유령처럼 와 있다.

이 때문에 우리는 정확히 구성주의 반대편에 있는 접근법에 관해 생각하게 된다. 이 접근법은 상당히 남성적인 구성주의 전략의 괴짜 여동생을 닮았다. 나는 이것을 **객체 지향 접근**이라고 부르겠다. 객체가 객체의 관계를 우연히 뿌려진 사탕으로 꾸며진 실체와 같은 허튼소리가 아니라 접근에서 물러나 있는 반짝이는 실재로 그 경계를 정한다면, 구성주의적 접근법에는 한계가 있다. 객체 지향 존재론의 창시자는 존 키츠John Keats[65]였는데, 그는 근대성 안에서도 객체로 장난을 치는 바람에 순진하고, 키치적이라거나 상품-페티시적이라고 비난받았던 소수자적 전통의 좋은 예시다. 워즈워스는 키츠의 시 「엔디미온」을 접하고는 불쾌해하며 거슬리듯 "이교도적인 소품"이라고 비꼬았다. 워즈워스가 키츠의 시를 두고 어린애 취급을 하고 여성적이라 폄하한 논평은 정확했다. 워즈워스는 거기서 위협을 보았

---

[65]   [옮긴이] 존 키츠는 영국의 낭만주의 시인이다. 퍼시 비시 셸리, 조지 고든 바이런과 함께 18세기 영국 낭만주의 전성기의 3대 시인으로 꼽는다.

다. 키츠는 근대 소비지상주의의 실현 가능 공간 내부에서 완전히 새로운 움직임을 발견했다. 키츠는 결코 열린 형태를 띤, 주체를 업그레이드하는 복잡한 기계 공간인 워즈워스의 공간에서 놀지 않았다. 그 대신 곧장 객체한테로 가서 독자의 마음을 업그레이드하는 대신 독자의 마음을 녹아내리게 했다.

우리는 설득하는 일에서 벗어나 마법의 일, 촉매의 일, 매혹하는 일, 혹은 그 어떤 이름으로 부르든 간에 그것으로의 진입을 시작할 필요가 있다. 근거를 사용하는 것이 틀리지는 않는다. 하지만 이 거대하고 광범위하게 분포한, 반反직감적이고 차원을 초월하는 객체들을 두고 예술을 단순히 사실의 꼭대기를 장식하는 사탕 정도로 사용하는 것은 충분하지 않다. 우리는 예술로 홍보 업무만 할 수는 없다. 퍼시 셸리는 "우리에겐 우리가 아는 것을 상상할 창의적 능력이 [부족하다]"고 씀으로써 이를 아주 잘 표현했다.[66] 그때가 1820년이었는데, 그 후로 점점 더 후퇴했다. 에콰도르의 라고 아그리오 유전 지역 땅의 경계를 이룬 거대한 탄화수소[67]인 검고 끈적이는 퍼지fudge 같은 하이퍼객체가 식수로 새어 나와 알려지지 않은, 과소평가된 돌연변이와 암을 일으켰다는 사실을 생각해보라. 이 오염된 흙에 피해를 입

---

66   Shelley, *Defence of Poetry*, 509–535(530).

67   [옮긴이] 1967년 라고 아그리오에서 대규모 원유가 발견되었다. 2001년 셰브런에 인수된 석유회사 텍사코는 1992년 에콰도르에서 철수할 때까지 20여 년간 원유를 퍼내며 막대한 양의 유독성 폐수를 아그리오 주변 강에 버리고 주변 토양에 900여 개의 유독성 폐기물 저장 웅덩이를 남겼다.

은 사람들이 제기한 법정소송의 피고인 [석유회사] 셰브런처럼 우리는 데이터를 계속 분석할 필요가 없다. 데이터 분석과 같은 것은 거대 기업이 지도와 그래프를 끊임없이 만들어내는 것과 동일한 전략을 쓰는 일일 것이다.

우리에게 필요한 것은 니콜라스 잠브라노Nicolás Zambrano 판사가 종국에 이 사례에서 내린 판결인데, (불가피하게 불충분할 수밖에 없는 통계적) 데이터를 끊임없이 구축하는 것을 중단하고, 우리의 지식에 간격이 존재한다는 것—거대한 탄화수소가 정확히 무엇을 하는가—을 조건으로 지정해서, 최선의 행동이란 마치 그 위협이 실재인 것으로 결의하는 것이다. 탄화수소를 관계들의 집합assemblage이 아니라 하나의 **유닛**으로, 미지의 힘을 가진 개체이자 온갖 다른 종류의 개체들로 구성된 고유한 개체로, 온갖 종류의 복잡한 탄화수소로, 그럼에도 타디스[68]처럼 비일관성을 띤 하나의 개체로 명시하기. 근대와 근대과학이 기반하고 있는 현상과 존재 사이의 칸트식 간격을 존중하기. 거기에 더해서, 더 많은 정보와 더 많은 증거를 끊임없이 찾는 부인론자보다 이 간격을 더 많이 존중하기. 이것은 철학적 투쟁이며, 블레이크가 "정신적 싸움"이라고 불렀던 것이다.[69] 잠브라노 판사의 전술은 사실상 기름을 어떤 집합이나 일련의 관계로 보는 대신

---

68   [옮긴이] 〈닥터 후〉에 나오는 차원 초월 시공 이동장치. 1부 「위상 조정」 참조.
69   Blake, "And Did Those Feet in Ancient Time," 13행 https://ko.wikipedia.org/wiki/%EC%98
%88%EB%A3%A8%EC%82%B4%EB%A0%98_(%EC%B0%AC%EA%B0%80)

그 자체를 개체로 명시하는 것, 즉 객체 지향적 전술이다. 하이퍼객체가 물러나기 때문에—인간에게는 많고 많은 양의 정보로 수식화될 수 있다—하이퍼객체의 외양은 불확실해진다. 하이퍼객체는 암으로 드러나거나 신생아의 몸을 뒤덮는 발진으로 드러난다.[70] 또한 **바로 그 이유로** 예방책이 지침 원칙이 되어야만 한다. 더는 증거가 필요하지 않은 까닭은 증거 찾기가 이미 하이퍼객체를 시인하기를 꺼림으로써 오염되었기 때문이며, 이러한 꺼림을 우리는 기꺼이 부인denial이라 부른다.

증거 찾기에 대한 부담은 피고에게 옮겨간다. 이제 셰브런은 기름이 해롭지 **않음**을 증명해야 한다.[71] 이것은 과학적 개연성을 단지 통계적인 것으로 여기는 후기 흄 시대 내부에서 행하는 유도柔道 동작이다. 유독성이라는 범주는 통계적 개연성을 다루는 흄식 과학에서 창발했다. 유독성을 측정하는 단일한 기준이 없기 때문에 유독성을 직접적으로 명시할 수는 없다—유독성의 객체는 물러나지만, 우리는 매일 사람들이 방사능이나 탄화수소가 유발시킨 유전자 변이의 영향으로 암에 걸려 사망하는 것을 목도한다. 더욱이 지구상 존재하는 탄화수소의 0.025퍼센트만이 유독성 영향의 유무와 관련해 조사되었을 뿐이다. 따라서 셰브런은 기름이 해롭다는 증거가 없다

70　조 벌링거(Joe Berlinger) 감독, 〈크루드〉(Crude) (Entendre Films, Radical Media, Red Envelope Entertainment, Third Eye Motion Picture, First Run Pictures, 2009).

71　Suzana Sawyer, "The Toxic Matter of Crude: Law, Science, and Indeterminacy in Ecuador and Beyond," lecture, Rice University, November 29, 2012.

고 인색하게 주장할 수 있게 된다. 인과관계를 정확히 파악하는 것이 가능하더라도 비인간과 인간의 삶에 더 긴 지체와 더 많은 손해라는 결과를 낳는다. 그것은 링기스의 세쿼이아 숲 속 담배꽁초 일화와 유사하다. 증거 찾기로서의 추론은 단지 [결정을] 지연시킬 뿐이고, 그 총효과는 부인이다. 이는 담배가 우산이라거나 목화사탕이 향이 강한 탄화수소의 효과로 인해 바나나 나무에 뿌리내리게 된다는 말이 아니다. 사물들은 '이 문장은 거짓이다'와 같은 진실을 말하는 거짓말쟁이라는 의미다. 사물의 규모가 클수록 이 특징은 더 뚜렷해진다. 흄과 칸트 이후 후기근대post-modern 시대의 윤리학과 정치학은 개체에서 나오는 정언 명령과의 조율에 정초해야 하며, 이는 결국 진실한 거짓말을 받아들이고 귀 기울이는 것으로 귀결된다. 그리하여 어떠한 윤리적, 정치적 결정도 텅 비어 있음으로 기이하게 도약하는 것으로 느껴진다. 그곳에서 우리는 우리 자신에 대해 확신하지 못하는데, **그 이유는** 바로 데이터가 너무 많기 **때문이다.**

홍보식 접근이나 (이와 쌍둥이 격인) 근거만 찾는 접근의 문제점은 인류가 인류세에 자신들이 가져야 하는 역할과 관련해 슬픔을 부인하는 단계에 있다는 것이다. 하이퍼객체는 한 번에 받아들이기에 너무 큰 무엇이다. 그것은 마치 자궁, 그것도 독성 자궁 속에서 우리 자신을 다시 발견하는 것처럼 우리가 거대한 객체 안에서 깨어나는 것만이 아니다—그 책임이 우리에게 있다는 것도 받아들여야 한다. 게다가 우리에게 책임이 있다는 것을 우리가 잘 아는 이유는 순전히 우리가 지구온난화가 무엇인지를 이해할 수 있기 때문이다. 사실 우리에게 근거가 필요한 것은 아니다—근거는 우리의 책임 있는 행동을 방해하거나 심각하게 지연시킨다. 산모의 독성 몸체에 대한 책임이 신생아나 태아기에 있는 아이에게 있지 않다. 그럼에도 이것이 우리가 스스로를 발견하고 있는 상황이다—한편으로는 소름끼치게 퇴행적이며, 다른 한편으로는 격분할 정도로 많은 것이 연루되어 있다. 자신이 거대한 닭에게 쫓기고 있다는 피해망상에 시달리는 사람이 수용소에서 생을 마감하는 농담과 같다. 병원에서 퇴원한 지 몇 주 지나지 않아 그는 겁을 먹고는 식은땀을 흘리며 다시 병원으로 돌아온다. 책임 정신과 의사는 그 남자를 안심시키고자 말한다. "당신을 따라다니는 닭이 없다는 걸 **알잖아요.**" "그건 알아요"라고 그는 말한다—"하지만 닭에게 그걸 설명해야 해요." 우리 시대의 긴급한 질문은 우리가 존재하지도 않는 닭을—특히 미국 닭을—어떻게 납득시킬 것인가다. 달리 말하자면 우리는 어떻게 무의식에 말을 거는가다. 계속되는 근거 만들기는 인간이 여전히 실존적으로 또한 정치적으로 하이퍼객체에 강하게 묶여서 그것을 돌보게 할 정서적 경험을 치를 준비가 되지 않았다는 징후다. 우리에게는 생각하게 만드는 예술보다(이미 그런 역할을 하는 환경예술은 충분히 많다)는, 우리가 횡단하기 어려운 내적 공간을 차근차근 나아갈 수 있도록 돕는 예술이 필요하다.

그렇다면 이제 필요한 것은 키츠가 선구적으로 개척했던 객체 지향 접근을 새롭게 하는 일이다. 자연 전략Nature strategy을 포기하거나 보완해야 한다—왜 자연 전략은 로드첸코Alexander Rodchenko

와 나움 가보Naum Gabo[72]의 혈통에 있는 구성주의인가? 자연 예술 Nature art은 사람들의 태도를 변화시키는 기계를 만들고 인간의 의식을 업그레이드하는 역설적 장치를 창조해서 인간이 다른 인간 및 비인간과 맺는 관계를 바꾸기 때문이다. 자연 예술의 원자재는 관람객과 독자의 개념적 마음이다. 왜일까? 셸리가 "자연의 시인"poet of Nature이라 불렸던 워즈워스는 이 전략에 대한 매뉴얼을 작성했다. 이 매뉴얼은 개념미술, 퍼포먼스 아트, 심지어 (웬델 베리Wendell Berry[73]의 작업에서처럼) 퍼포먼스 아트로서의 농경을 포함한 온갖 예술적 실천에 영향을 끼친다. 지리학적 텍스트로서의 작품이다. 당신은 자연이 무엇인지 안다고 여긴다—필요한 것은 그저 효과적인 홍보라고 생각한다. 그렇게 당신은 설득하는 일로 진입한다. 광고하기라는 위상 공간 속에서 일하는 것이다. 객체 지향 접근을 선호해서 자연-구성주의적Nature-constructivist 접근을 포기하는 것은 많은 사람들에게 자연을 포기하는 것으로 보일 것이다. 그렇기도 하다—하지만 이는 결코 지구를 포기한다거나 이상한 생기에 찬 사물들을 포기한다는 뜻이 아니다. 오히려 그 반대다. 몇 가지 예를 살펴보자.

프란시스코 로페스Francisco Lopez[74]의 사운드 아트는 객체 지향

---

[72]　[옮긴이] 알렉산드르 로드첸코는 러시아의 화가이며 조각가, 사진가, 그래픽 디자이너다. 나움 가보는 러시아 출신의 미국 조각가다. 이들은 1920년대 러시아에서 구성주의 운동을 선도했다.

[73]　[옮긴이] 웬델 베리는 미국의 시인이자 농부, 문명비평가이다.

[74]　[옮긴이] 프란시스코 로페스는 스페인 출신의 아방가르드 실험음악가다.

적 방식으로 하이퍼객체를 연상시킨다. 〈라 셀바〉는 매우 강력한 예
시다.[75] 로페스는 단순한 장비를 사용해 이를 해냈다. 아마존 정글에
성능이 좋은 두 대의 마이크를 두고 녹음 버튼을 누른 후 정지 버튼
을 눌렀다. 그 결과물은 앰비언트적 연출이나 실재를 모사하는 시뮬
레이션과는 전혀 다르다. 루프를 사용하고 섬세하게 주파수를 조정
함으로써 자연 녹음은 둘러싸임이 주는 위안의 감각을 불러일으킨
다. 우리가 〈라 셀바〉에서 듣게 되는 것은 위협적이면서도 단단한 쐐
기와 같은 소리다. 로페스는 정글을 분리된 유닛으로, 더는 나눌 수
없는 **양자**로 호출한다. 실재 객체란 존재하기 때문에 내가 보기에 실
재 객체에 대한 몇몇 메타포는 다른 메타포보다 더 낫다고 할 수 있
다—또한 내가 경험한 아마존 우림에 근거하자면 정글을 MP3 형태
로 옮긴 것은 매우 뛰어난 번역이다. 정글에서 생명체들은 어떤 미적
거리 감각도 모조리 무너뜨린다. 그 생명체들은 당신의 얼굴 바로 앞
에 있다—치명적인 질병을 피하려면 자주 쫓아내야 한다. 정글의 온
도는 대략 인간의 신체 온도와 같은 온도로 일정해서 살갗이 멎고
우림이 시작되는 경계를 깊은 감각의 차원에서 유지하기 어려워진
다. 또한 유닛으로서의 정글은 현존한다—전체가 부분의 합보다 더
크다(그것은 가이아식 엉뚱한 가설이다)고 주장하는 것이 아니다. 당
신은 정글을 작고 대체 가능한 구성품으로 이루어진 거대하고 자애
로운 기계로 경험하지 않는다. 오히려 정글은 당신의 살갗 바로 앞에

---

[75]   Francisco Lopez, *La Selva* (V2_Archief, 1998).

당도해서 살갗을 뚫고 엑스레이선처럼 당신을 빛으로 관통한다. 이러한 방식으로 로페스는 우리가 아마존 우림과 대면하도록 강제한다.

로버트 애슐리Robert Ashley의 〈그녀는 방문자였다〉를 살펴보자.[76] 애슐리는 마이크에 대고 "그녀는 방문자였다"라는 구절을 읊조린다. 관객은 그 문장에서 임의로 음소를 하나 선택해 발음하기 시작한다. "그녀는 방문자였다"라는 발음을 소리의 작은 덩어리들로 쪼개어 넓게 펼쳐놓은 것이 된다. 기이한 낯선 것의 생경한 현존, 즉 비환원적으로 언캐니한 개체라는 생각을 소름 돋게 잡아낸다. 음소들의 치찰음과 혀 차는 소리가 이룬 대양 위로 애슐리의 목소리가 말을 하면 그리스 비극에 등장하는 코러스와 주인공이 메아리친다. "그녀는 방문자였다"는 낯설어진다. 아마도 그녀는 우리 집에 왔던 방문자였는지 모른다. 어쩌면 콘서트홀에 왔던 방문자였을 수도 있다. 다른 행성에서 온 방문자였을 수도 있다. 그녀는 우리에게 사물이 가진 미래적 실체를 언뜻 보여준다. 이처럼 그 구절 자체가 "방문자", 즉 생경한 존재자가 되어 애슐리를 둘러싼 우림처럼 바스락거린다. 그 구절은 관객의 입에서 하이퍼객체가 되어―분포하지만 거기에 있다―매직아이 그림 속 이미지처럼 왜곡된 상으로만 일별할 수 있으며, 홀로그램처럼 그림판 전체에 분포해 있다. "그녀는 ―이었다she was"라는 문

[76]　Robert Ashley, *She Was a Visitor, Automatic Writing* (Lovely Music, 1979). [옮긴이] 로버트 애슐리는 미국의 작곡가이자 실험음악가다.

구의 과거는 미래로, **미래의 미래로**, 미지의 미지로 녹아내린다.[77]

존 F. 사이먼John F. Simon의 〈모든 아이콘〉은 온라인에서 쉽게 접근할 수 있는 알고리즘 작품이다.[78] 소프트웨어 코드 자체가 작품인 〈모든 아이콘〉은 검은색 또는 흰색의 일련의 셀로 구성된 작은 그리드로 만들 수 있는 모든 컴퓨터 아이콘을 컴퓨터 마이크로프로세서를 통해 만들어낸다. 충분한 전력, 그리고 인간의 시간과는 매우 다른 지속 시간을 가진 하나의 유기적 영역이 주어져 작동하게 되면, 〈모든 아이콘〉은 제목에서 말하는 바를 10조 년 동안 실행한다. 작품에 수반된 텍스트가 이를 간결하게 설명한다.

주어진 것:

32 x 32 그리드로 형성된 아이콘 하나.

허용된 것:

검은색 또는 흰색으로 칠해지는 그리드의 모든 요소.

보이는 것:

모든 아이콘

---

[77] [옮긴이] 방문자를 뜻하는 visitor는 라틴어 visitare에서 왔는데, vi는 '본다', '살핀다'는 뜻으로 미래를 본다는 의미의 vision과도 연결된다. 작품의 제목은 미래에서 온 방문자를 상기시킨다.

[78] John F. Simon, *Every Icon* (1997), http://numeral.com/everyicon/ [옮긴이] 존 F. 사이먼는 LCD 스크린과 컴퓨터 프로그래밍을 활용하는 뉴미디어 아티스트다.

애슐리의 〈그녀는 방문자였다〉처럼 이 작품도 불안하게 미래적인 작품이다. 알고리즘이 1012년 이후에나 멈출 것이라는 사실은 하이퍼객체의 미래성을 전달한다. 앞서 언급했듯이, 매우 큰 유한성은 무한성을 굴욕적일 정도로 쉬운 것으로 만든다. 사이먼의 작품은 어떻게 하이퍼객체가 **실행**execution이라는 것의 실재를 분명하게 하는지—알고리즘이 실행될 때 무엇을 하는지—보여준다.[79] 〈모든 아이콘〉 각각의 순간적 상태는 알고리즘의 실행이기 때문에 〈모든 아이콘〉이 될 수 없다. 굳이 객체 지향 이론을 언급하지 않더라도 〈모든 아이콘〉 각각의 순간이 〈모든 아이콘〉이 아니라는 사실은 더미의 역설Sorites Paradox이 작동하고 있는 것은 아닌지 의심하게 한다. 더미에 관한 이 고대 역설에서는 한 알의 모래 알갱이를 다른 알갱이 옆에 두어도 그것은 더미가 아니다—그리고 이 과정을 일만 번 반복한다 해도 알갱이 한 알을 더하는 것은 더미를 만들지 않기 때문에 매번 확인할 때마다 더미는 존재하지 않을 것이다. 〈모든 아이콘〉의 어떤 순간도 작품 그 자체가 아니라면, 작품은 불현듯 사라진다! 작품이 **실행하기** 때문에 **물러난다**는 사실은 작품의 지속 시간보다 더 중요하다. 〈모든 아이콘〉은 시시각각 절차적으로 전개되는 가운데 우리 인간을 무시한다.[80] 하이퍼객체의 명멸하는 조각들만 볼 수 있다

---

79   이에 대해 나와 토론해준 로버트 잭슨(Robert Jackson)에게 감사하다. "What the Hell Is a Hyperobject?"를 보라. http://robertjackson.info/index/2010/10/what-the-hell-is-ahyperobject/

80   Robert Jackson, "Some Notes on 'The Art of the Real'"를 참고하라. http://robertjackson.

는 사실은 하이퍼객체의 비존재가 아닌 하이퍼객체의 실재에 관한 암시다.

재러드 파울러Jarrod Fowler의 작품은 객체 지향 접근의 한 예다. 파울러는 비非음악non-music의 창조 또는 발견으로 개념화한 작업을 하는 퍼커션 연주자로서, 이 범주는 철학을 더 넓은 위상 공간 안에서 보려고 시도했던 프랑수와 라뤼엘François Laruelle[81]의 비非철학 개념을 연상시킨다. 이러한 맥락에서 보자면, 파울러의 음악은 노이즈의 현존뿐 아니라 음악의 완벽한 부재를 포함한다. 하지만 이 이론은 퍼커션 소리 조각들을 겹겹이 쌓은 거대한 샘플링으로 구성된 그의 작품 〈퍼커션 앙상블〉이나 〈P.S〉의 실제 소리와 대면할 때 거의 무의미해진다. 이 겹겹이 쌓음은 끝도 없이 길게 늘어뜨린 부서진 유리의 반짝이는 조각들로 이루어진 숲의 감각을 상기시킨다.[82] 나는 〈P.S〉 앨범의 해설 노트에 다음과 같이 썼다.

발생시키기, 더 정확히는 음악 그 자체의 내부에서 음악이라는 범주화뿐 아니라 음악이라고 하는 것에 저항하는 실체를 발견하기. 프랑수와 라뤼엘을 따라서, **비음악**이라는 거대한 대

info/index/2010/12/some-notes-on-the-art-of-the-real/

81   [옮긴이] 프랑수아 라뤼엘은 '비철학(non-philosophy)'이라는 개념을 창시한 프랑스의 철학자다.

82   Jarrod Fowler, *Percussion Ensemble* (Senufo Edition 6, 2011); Jarrod Fowler, *P.S.* (Leaving Records, 2011), http://leavingrecords.com/releases/lrf010-p-s/

양에 있는 유사 일관성의 작은 섬으로 음악을 위치시키기. 이 섬이 노이즈, 고요, 소리, 침묵보다 훨씬 더 큰 대양 속에 극미하게 침하된 것으로 노이즈를 위치시키기.

음악이 그 자신에 대해, 음악으로서 생각하게끔 강제하기. 음악에 대한 사고를 사고 외부에 있는 것에 의해, 심지어 인간 존재 외부에 있는 것에 의해 왜곡된 것으로 보기. 조금 섬뜩한 공포에 휩싸여 발견하기, 인간 존재자와 비인간 사이 벽이 비인간 자체의 외양임을. 이 저항하는 벽이 철학자 퀑텡 메이야수가 **하이퍼카오스**hyperchaos라고 부른 것의 징후임을 깨닫기.

이 방법을 통해, 재러드 파울러가 **리듬성**이라고 명명한 것에 의해 운행되는 인과 그 자체의 작동 모형을 설명하기. 음향적 연속체를 깨트릴 비트를 탐색하기. 개연성을 띤 극소 단위의 깜빡임으로서의 비트를. 이 개연성이란 리듬성의 대양 위를 떠다니는 것이자 거기에서 창발한 것임을 깨닫기. 계속 자신을 샘플링하고, 자신을 자신으로 쪼개는, 오로지 이 대양밖에 없음을 보고 또 듣기. 음향적 형태 안에 있는 본질적으로 모순된 이 실재를 참이자 거짓인 명제, 이중의 참으로 선언하기: p ∧ ¬p.[83]

83   티머시 모턴, 재러드 파울러(Jarrod Fowler)의 『P.S.』(리빙 레코드, 2011)의 레코드 재킷 해

하지만 귓속에서 음악은 비트와 비트 아닌 것들이 문자 그대로 겹겹을 이루어 위상이 바뀌는phasing, 고차원적 소리(와 비非소리)의 현기증나는 시점을 제공하는 하이퍼객체가 된다. 여기, 우리에게 없는 것은 포스트모던적 모방 작품이다. 우리에게 있는 것은 진실로 새로운 개체인 음악적 하이퍼객체다. 우주의 모든 리듬의 파동을 합쳐 가능한 최고의 복잡성을 띤 음악적 하이퍼객체를 구성한다고 상상해보라―이것이야말로 이 '비음악'에 관한 플라톤식 이상(그럼에도 실체적이고 내재적인)일 것이다.

이제, 비록 거대하긴 해도, 이 합은 필연적으로 불완전하다! 왜일까? 전송 매체를 포함해서, 우주에 있는 객체들이 가진 결정성 때문이다. 비트가 존재하려면 적어도 **하나의** 주파수는 인지된 비트에서 항상 '누락'되어야 한다―어떤 음악도 완전할 수 없는데, 그 이유는 바로 파동 사이에 상호작용이 있기 때문이며, 여기에 더해서 적어도 하나의 파동은 상쇄되기 때문이다. 하나의 비트를 듣기 위해서 무언가는 삭제되어야 한다. 따라서 완벽한 합을 '들을' 수 있는 '너머'란 실제로 있을 수 없다. 이 사실은 초한 집합에 대한 칸토어의 대각선 논법과 매우 유사하다. 이때 파울러의 음악이 시연하는 것은 객체가 언캐니하고, 미래적이며, 조금은 위협적인 기이한 **사실주의**weird realism다. 위상 조정에 관한 이전 장에서 보았듯이, 객체들은 1+n 객체들의 공존에서 창발한 상호객체적인 공간 안에 존재한다.

설, http://leavingrecords.com/releases/lrf010-p-s/에서 다운로드할 수 있다.

대부분의 환경주의 예술은 객체 지향적이지 않고 구성주의적인데, 그 간단한 이유는 근대성 안에서 구성주의가 지배적인 예술 양식이었기 때문이다. 또 다른 이상한 사실. 인류세 시작 단계에서 창발하는 예술은 인류세에 대해 충분히 말하기 어렵다는 것이다. 350.org 운동[84]은 숫자 350을 해변과 같이 거대한 표면에 배치하고 상공에서 사진을 찍는다. 페루에 있는 나스카 라인처럼 그 숫자는 지표면 높이에서는 완전히 볼 수 없다. 숫자 350은 재앙과 같은 지구온난화를 피할 수 있는 허용치로 알려진 100만분의 1 단위[ppm]의 이산화탄소 농도다. 이 그래피티는 당신의 마음을 바꾸기 위해 설계되었다. 또한 지리학적 지도 같은 작품인 마리예 드하스Marije de Haas의 〈시간에 따른 건강〉을 살펴보자(도판4). 북극에 대한 작가들의 응답을 담은 이 상세 지도는 훔볼트Alexander von Humboldt의 선구적인 작업에 영향을 받은 등온선 횡단면을 포함해 물리적 공간에 대한 보충 지도로서 그려졌다. 익살맞게도(또한 적절한 상징으로) 지도에는 정서 상태, 식습관 등에 덧붙여 배변 문제라는 변수가 있다. 구성주의적 작업이란 지도이며, 우리에게 더 많은 것을, 더욱더 많이, 심지어 지나치게 주려고 하기 때문에, 우리는 모든 것을 소화할 수 없다.

2011년, 몇몇 작가, 건축가, 학자가 시드니에 모여 하이퍼객체에

---

[84] [옮긴이] 350.org 운동은 2008년에 저술가 빌 맥키벤(Bill McKibben)과 대학생들에 의해 설립된 기후변화운동 단체다. 이산화탄소의 안전한 농도인 350ppm을 따서 명명되었다. 2009년 국제 기후행동의 날, 2010년 글로벌 워크 파티, 2011년 키스톤 XL 반대 운동 등을 펼쳤다.

대한 전시를 궁리했다.[85] 나는 전시장 상공을 지나는 궤도의 우주 인공위성을 구입하자고 제안했다. 그 인공위성에 실린 컨테이너 속에는 무언가가 담겨 있고, 오직 몇몇 사람만 이에 대해 알고 있으며, 하이퍼객체와 관련한 의미는 알려진 바가 없다는 소문을 퍼뜨린다는 발상이었다. 그리고 나서 인공위성이 전시장 위를 지날 때, 인공위성은 전시장에 들어가는 사람들을 사진 찍는다. 관객들이 미술관에 들어올 때 이메일 주소를 남기도록 한다. 사람들이 전시장을 떠난 후 임의의 시점에 인공위성은 자신들이 미술관에 들어가는 사진을 관람객들에게 송신한다. 나는 작품이 가능한 한 두려운 것이 되기를 원했다. 하지만 이러한 아이디어조차 여전히 구성주의적 틀 안에 남아 있다.

이와는 대조적인 작품으로 붉은 빛 속에 있는 빙산을 담은 사진 작품인 크리스 웨인라이트Chris Wainwright[86]의 〈붉은 얼음 3〉을 들수 있다(도판5). 작가는 이를 달성하기 위해 단순히 붉은 플래시 조명을 빙산에 비춰서 사진을 찍었다. 워즈워스가 조롱했던 여성적인 유희가 작동한다. 이 빙산은 히치콕의 〈현기증〉에 나오는 팜므 파탈 주디처럼 보이는데, 그 영화에서 주디가 붉은 빛에 잠길 때, 우리는

85　티머시 모턴, 데이비드 기센(David Gissen), 더글러스 칸(Douglas Kahn), 물질 객체 환경 (Materials Objects Environments) 컨퍼런스의 라운드테이블 토론, NIEA, 뉴사우스웨일스 대학교, http://ecologywithoutnature.blogspot.com/2011/05/materials-objectsenvironments. html

86　[옮긴이] 크리스 웨인라이트(Chris Wainwright)는 영국의 사진작가이자 큐레이터, 활동가다.

그녀가 실제로 영화 전반부에 나왔던 바로 그 여자라는 것을 깨닫고 소름 돋는 공포를 느낀다. 바다는 더는 깊지도, 바닷물 특유의 비릿한 냄새도 나지 않는, 잔물결이 이는 겹겹의 라텍스처럼 보인다. 키츠 스타일처럼 인공성을 강조함으로써 어떤 객체 같은 것이 인간의 사회적, 심령적 공간으로 침입한다. 거울을 적선홍색으로 물들임으로써 그 거울 속 객체가 '보이는 것보다 가까이 있다'는 것을 알게 된다. 홀연히 배경이 사라지자 빙하는 드라마 속 배우나 표현주의 회화에 등장하는 인물처럼 돌출한다.

배경도, 자연도, 세계도 없이 그 빙산은 우리에게 들러붙는다. 물러남과 불안한 친밀함을 동시에 불러일으키는 이 기이한 효과는 또 다른 히치콕 특유의 카메라 기교인 줌 인 트랙 아웃과 유사하다. 데이비드 린치의 영화, 크리스 웨인라이트의 빙산, 슬로다이브Slowdive와 러시Lush의 드림팝[87]은 구성주의적 지도와는 다른 방식으로 공명을 일으킨다. 이 공명 안에 생기 있는 생태학적 진실이 담겨 있는 까닭은 비대칭성 시대의 객체 지향 예술이 우리에게 비인간과 공존할 것을 강제하기 때문이다—그것은 의제 없는 공존이다. 이제야 우리는 나판가티가 〈무제〉에서 **지도**(구성주의)와 **장치**(객체 지향 예술)를 결합할 수 있었던 것이 얼마나 놀라운 일이었는지 알 수 있으며(도판 1), 이에 대해서는 1부의 「위상 조정」에서 논의한 바 있다.

---

[87] [옮긴이] 드림팝(dreampop)은 1980년대 중반 영국에서 생겨난 얼터너티브 록의 하위 장르다. 멜로디만큼이나 소리의 질감과 분위기에 몰두한다.

객체 지향 예술은 우리 스스로를 끈적이고 들러붙으며 느린 것에 적응시키는 가능성과 대면하게 한다. 우리에게 들러붙고 우리를 넘쳐흐르는 예술. 이런 의미에서 핑크 플로이드Pink Floyd는 최초의 우주 로커가 아니다. 그들은 최초의 끈적거리는 팝음악의 주창자였다. 핑크 플로이드라는 이름만으로도 1967년 라이브 공연에서 팬들이 뛰어든, 핑크색 물컹거리는 것으로 가득한 거대한 그릇이 연상된다. 그들의 초기 조명 쇼에서는 처음으로 오일 휠oil wheel이 사용되어 밴드 멤버들을 줄줄 흐르는 빛으로 뒤덮었다. 이것은 몽롱한 우주에 대한 은유가 아닌, 자신들의 몸을 뒤덮어 벗어날 수 없는 기름과 방사선 그 자체로 읽힐 수 있다. 피터 윈윌슨Peter Wynne-Wilson[88]은 표리 없음이라고 불리는 현상학적 진실에 대해 돌려 말한다. 감각 객체성 밖으로 뛰어내리려고 시도할수록 또 다른 객체 한가운데에서 자신을 발견할 것이기 때문에 가능한 방법은 없다. 여러 번 말했듯이, **메타언어는 없다.**[89] 아이러니는 하이퍼객체에 들러붙는 그저 또 다른 방식이 되었다. 버카루 반자이Buckaroo Banzai[90]의 표현을 빌리자면, "당신이 어디를 가든, 그곳에 당신이 있다."[91] 표리 없음은 아이러니를 잡

---

88   [옮긴이] 핑크 플로이드와 함께 사이키델릭한 쇼를 만든 조명 엔지니어로서 오일 슬라이드를 개발했다.

89   Lacan, *Écrits*, 311.

90   [옮긴이] 1984년 개봉한 SF영화 〈카우보이 밴자이의 모험〉(The Adventures Of Buckaroo Banzai Across The 8th Dimension)의 주인공.

91   *The Adventures of Buckaroo Banzai across the Eighth Dimension*, directed by W. D. Richter (20th Century Fox, 1984).

아먹는다.

브렌다 힐만Brenda Hillman의 시 「스티로폼 컵」은 그리스식 유희를 담고 있는 제목으로서, 이 시가 키츠의 「그리스 자기에 부치는 송가」[92]의 일종의 리믹스가 될 것임을 미리 공표하고 있다.

그대는 여전히 능욕당하지 않은　　　　　그대

그대,　　　그대는 신부

그대는 여전히 아닌
그대는 능욕당하지 않은　　　　비신부

비그대　　　　　비신부[93]

한편으로 이 시는 눈에 덜 띄는 쓰레기를 양산하는 일회용 문화에

92　[옮긴이] 「그리스 자기에 부치는 송가」(Ode on a Grecian Urn)는 존 키츠가 1819년 발표한 6개의 송가 중 하나다. 키츠는 당시 영국이 그리스에서 약탈해간 파르테논 신전의 대리석 부조 조각상들을 보고 이 시를 썼다.

93　Brenda Hillman, "Styrofoam Cup," from *Cascadia* (Middletown, Conn.: Wesleyan University Press, 2001). 작가의 허가를 받아 전재.

대한 일종의 해설이며, 그 문화에서 스티로폼 산더미는 그 자체로 하이퍼객체를 형성한다. 다른 한편으로 힐만은 시 안에 '쓰레기'를 포함하고 인간의 용도를 벗어난 상품의 내세로 되돌아옴으로써, 키츠와 키츠가 관조한 그리스 자기처럼, 어떻게 객체가 우리가 사용하더라도 닳지 않고 오히려 우리의 사용을 벗어나서, 무덤 너머에서도 지속되는지 보여준다. 컵이 시적 공간에 출몰하는 것은 그리스 자기가 "[그] 형상 주변에 출몰하는" "잎사귀 장식이 달린 전설"로 키츠에게 출몰하는 것과 유사하다(키츠의 「그리스 자기에 부치는 송가」, 5행). 시는 키츠의 송시 첫 행을 차용한다. "그대는 여전히 능욕당하지 않은 침묵의 신부"다. 그리고 그 문장을 (공업 생산처럼) 반복하면서, (스티로폼 컵을 구기는 무심한 손처럼) 쭈그러뜨리듯 변형한다.[94] 시의 행들을 둘러싼 공간은 스티로폼 자체처럼 부풀어 오르면서 시의 일부가 된다. 마치 우리가 어디를 보든, 스티로폼 조각을 보고, 시행의 조각—가시화된 쓰레기—을 보듯이. 컵, 시, 첫 행은 탁월하게 반복되고 폐기된다. 하지만 그렇다고 컵을 제거할 수 있는 것은 아니다. 컵은 마치 환생하거나 좀비가 된 것처럼, 어떤 쭈그러트림이나 재사용도 컵을 '능욕하지' 않을 것처럼, 기이하게 돌아오기를 반복한다. 컵은 기이한 불투명함을 유지하고, 이 불투명함은 현존 너머 무無로 가득한 기이한 영역, 즉 "비신부"—완전히 죽지 않은 "비그대"로 확장된다. 이것은 탁월한 키츠식 객체 지향적 전략이다. 이 전략에서 기

---

94   John Keats, *The Complete Poems*, ed. Barnard, John, 2nd ed. (London: Penguin, 1987).

이한 줌 인 트랙 아웃 효과가 발생하는데, 이로써 아이러니가 표리 없음을 탈출할 수 있는 속도를 획득하려는 시도는 거듭 좌절되고 불어난 스티로폼의 팽창처럼 점점 더 커지는 물질성을 야기한다.

코모라 톨리버Comora Tolliver의 설치 작품 〈단지〉는 현시점의 생태학적 위기를 불온하면서도 탁월하게 파고든다[95](도판6). 톨리버는 닳고 닳은 자연-말하기Nature-speak에 기대지 않고 문제의 핵심을 찔러 친밀함과 슬픔 그리고 압도라는 낯선 조합을 만든다. 이는 지구온난화와 여섯 번째 대규모 멸종 사건—인간의 활동이 촉발한 지구상의 여섯 번째 대규모 멸종(마지막은 6,600만 년 전이었다)—에 대한 현재의 반응이기도 하다. 작품 전체는 마일러Mylar[96]로 덮여 있다. 얼핏 보면 이 작품은 "세계를 플라스틱으로 뒤덮는 것이 이 작품을, 이 파괴를, 이 상품화를, 멸종 위협을 받는 것들을 보존해야 할 이 필요성을 초래했다"고 말하는 듯 보인다. 또한 작품은 강력한 음향 시스템을 통해 핑크 플로이드의 음악이 흘러나오던 무렵 달 탐사선을 덮고 있던 방사선 저항성 호일을 참조하고 있다. 진실로 위대한 예술작품이 그렇듯, 〈단지〉는 그보다 더 많은 것을 말하는 변증법적 이미지다. 〈단지〉의 문 입구는 개와 같은 비인간이 놀라서 달아날 정도로 온통 형태와 색채로 진동한다.

---

95   Comora Tolliver, *Pod*, http://www.comoratolliver.com/installation.html
96   [옮긴이] 마일러는 녹음테이프나 절연막용에 쓰이는 얇은 폴리에스테르 필름의 상표명이다.

〈단지〉는 기타 피드백[97]이 이루는 거대한 벽의 시각적 등가물로 변한 씨앗 저장고다. 단지 내부에는 무덤 같은 페인 웅덩이가 있고 거기에 죽은 꽃이 떠다닌다. 마치 이제는 자연Nature이라는 죽은 개념을 위한 무덤이, 실재 사물로 위장한 플라스틱 페티시가 단지 안에 담겨 있는 것 같다. 그와 대조적으로 작가에게 마일러는 우리의 비자연을 조롱하는 뒤틀린 거울이자, 인간을 비추기를 거부하고 오히려 파괴하려고 다가오는 거울이다. 이러한 의미에서 보면, 무덤 같은 〈단지〉의 중심부에 떠다니는 꽃이야말로 전체 설치 중에서 가장 인공적이다. 내부뿐 아니라 문 입구도 페인트를 뚝뚝 떨어뜨리는 진동하는 마일러와 함께 녹아내린다. 표면의 반사가 심하고 빛은 강렬해서 긴 잎과 촉수에 뚝뚝 떨어지는 페인트는 군데군데 표면에서 돌출되어 보인다. 마치 배경과 전경이 충격적으로 유예되어 즉시 강렬하게 실재이면서도 동시에 언캐니하게 물러나는 형언할 수 없는 환각적이고 정신착란적인 경험을 남긴다. 스페이스멘 스리Spacemen 3,[98] Sunn O)))[99] 또는 라몬테 영과 같은 음악가들이 만든 소리의 거대한 대양처럼, 톨

---

97   [옮긴이] 기타 연주에서 피드백이란 증폭된 신호가 다시 기타로 되먹임되어 오디오 입력 장치(마이크)와 오디오 출력 장치(앰프) 사이에 증폭된 소리의 루프가 연속적으로 생성되는 현상을 가리킨다.

98   [옮긴이] 스페이스멘 스리는 각각 Sonic Boom and J Spaceman이라는 익명으로 알려진 피터 켐버(Peter Kember)와 제이슨 피어스(Jason Pierce)로 이루어진 영국의 사이키델릭 록 밴드다.

99   [옮긴이] Sunn O)))는 미국 시애틀 기반의 실험적인 성향이 강한 드론 둠 메탈 밴드다. 밴드의 이름은 오레건 기반의 기타 앰프 회사인 '선(Sunn)'에서 비롯되었다고 한다.

리버의 작품은 브리짓 라일리가 관객에게 관객 자신의 시각적 신경을 보게 만드는 것과 유사한 방식으로 신경학적 충격을 유도하면서 문자 그대로 비틀거린다. 톨리버는 하이퍼객체의 점성을 복제한다.

순수한 공간에서 녹아내리는 것 같은 색채가 빚어낸, 넋이 나갈 정도의 아름다움은 세계라 부르기에 너무도 가까이에 있는 세계를, 우리 살갗 아래에 있는 생태학적 실재를 불러낸다—그것은 우리의 피부다. 살갗 바로 아래에 있다. 우리는 스스로를 생명체들이 이룬 생태학적 메시 내부에서 깨어난 수감자처럼 느낀다. 바깥은 없었다. 〈단지〉 입구의 사이 공간은 "당신은 이미 이 안쪽에 있다"고 외친다. 역사의 시작을 알리는 기념비다. 베를린 장벽이 무너지자 그것을 역사의 끝이라고 생각했던 우리는 얼마나 오만했던가.

마리나 주르코우Marina Zurkow[100]의 〈메조코즘〉은 140시간 이상 지속되는 두 편의 디지털 작업이다. 하나는 영국 노섬브리아에, 다른 하나는 미국 텍사스 윙크Wink의 석유 싱크홀 현장을 배경으로 한다 (도판7). 애니메이션이 시작되고 흐르면서 흡사 날씨처럼 보는 이의 주의를 오고 가는 것에 돌린다—하이퍼객체에 대해 생각할 때 요구되는 스칼라적 변화[101]에서 권태와 불안이 얼마나 본질적인 것인지를 우리가 알도록 강제한다. 기이한 어긋남이 있다. 즉 애니메이션의 시

---

100 [옮긴이] 마리나 주르코우(Marina G. Zurkow)는 뉴욕을 기반으로 활동하는 미디어 기술, 애니메이션 및 비디오로 작업하는 시각예술 작가로, 거의 불가능한 자연과 문화의 교차에 초점을 맞추면서, 인간, 다른 종, 행성적 행위자 간의 친밀한 연결 작업을 도모한다.

101 [옮긴이] 급격하고 예상치 못한 놀라움을 주는 방향을 상실하게 만드는 변화를 뜻한다.

간 척도는 어딘가 불안한 반면, 애니메이션 속 이미지는 자연 컬러링 북에 있을 법한 친근한 그림을 닮았다. 하지만 매력적인 친근함이 느껴지는 와중에 이상한 것이 발생한다. 비대한 한 남자가 벌거벗은 채 일어나 스크린 밖으로 혹은 양편 텅 빈 공간으로 걸어 나간다. 낯선 행성이 지평선에서 떠오른다. 텍사스 윙크에 관한 애니메이션에는 황홀한 나비들이 슬로 모션으로 날아다니고 어리둥절할 정도로 작은 사람들(아마도 아이들?)이 방호복을 입고 풍경을 가로질러 기어 다닌다. 하지만 이 기이한 사건들은 일상과 나란히 일어난다. 별들이 나온다. 비가 내린다.

메조코즘mesocosm은 생태학자들이 사용하는 용어로, 연구를 위해서 고립시킨 생태 시스템의 한 조각을 뜻한다. 주르코우의 〈메조코즘〉은 다른 존재, 생명체, 수평선, 프레임 주위의 텅 빔과 더불어-있음의 언캐니한 느낌을 불러일으킨다. ["텍스트 바깥은 없다"는] 데리다의 구절을 각색하자면, 메조코즘-바깥은 없는 것으로 보인다. 즉 마치 자연과 자연 예술이라 간주되는 사물들(하늘, 나무, 나비, 그것들을 삽화로 그리는 매력적이고도 아이 같은 양식)은 여전히 거기에 있는 반면, 그렇지 않다고 여겨지는 사물들(텅 빔, 방호복, 이상하게 겹쳐진 속도)은 천천히, 부드럽게 그리하여 진실로 무자비하게 자연을 먹어치우면서 나란히 공존한다. 주르코우의 〈묘약〉 연작에서 우리는 인간을 크리스털 디캔터[102] 속 깨지기 쉬운 실체로, 파도나 파

102　[옮긴이] 크리스털 디캔터(crystal decanter)는 포도주 등을 일반 병에서 따라서 상에 낼 때

상운波狀雲 속 폭풍이 휩쓸고 간 것으로 본다(도판8). 디캔터 내부에
는 액체로 된 작은 세계가, 광대한 대양 없이 있기에 각각의 병은 더
큰 비인간 공간의 미장아빔[103]이다. 각각의 병 안에는 만화적으로 그
려진 인간이 인공 날개를 펄럭이거나 서핑을 한다. 병에 든 세계 속
에 만화적 필선으로 그려진 인간을 담고 있는 깨지기 쉬운 유리 디
캔터들은 기후라는 하이퍼객체 내부에서 폭풍이 휩쓸고 간, 병 속의
상관주의적 배들이다. 각각의 병은 실재 세계 속에 표류하는 꿈으로
가득 찬 부푼 유리 윗부분이다.

객체 지향 접근의 완벽한 예시로 태평양에서 진행됐던 수소폭
탄 실험에 대한 일련의 가감 없는 녹음물인 제이리앗JLiat의 파운드
사운드found sound 작업을 들 수 있다.[104] 제이리앗의 웹사이트에 "미국
역사상 최악의 방사선 참사"라고 기술된 브라보 테스트[105]의 소리 녹
음물 초반 몇 초를 듣는 것만으로도 불러일으켜지는 그 공포를 말
로 표현하기란 불가능하다. 나는 단 몇 초를 듣고 바로 헤드폰을 벗

쓰는 장식적인 유리병을 말한다.

103 [옮긴이] 미장아빔(mise en abyme)은 이미지 안에 복제된 이미지를 두어 무한히 반복되는
효과를 내는 형식적 테크닉을 말한다.

104 JLiat, *bravo*, 18:45:00.0 1954년 2월 28일(GMT) 비키니환초(Bikini Atoll), http://www.
jliat.com/

105 [옮긴이] 브라보 테스트(The Bravo Test)는 1954년 마셜제도의 비키니 환초에서 시행한 일
명 캐슬 브라보(Castle Bravo)라고도 알려진 수소폭탄 실험을 말한다. 과학자들이 방사능 낙
진과 관련해 중대한 계산 실수를 하는 바람에, 엘루겔라브(Elugelab)섬을 완전히 파괴하고
마셜제도 주민들에게 방사능 낙진 피해를 일으켰다. 버섯구름이 솟아오르는 폭발 장면은 유
튜브에서 쉽게 찾아볼 수 있다.

어딘져야 했다. 그 소리를, 그 실제actual 소리를 듣는 것에는 무언가
가 있다. MP3로 샘플링되고 변환되었다고 하더라도, 여전히 거대한
폭탄이라는 실재 객체가 만들어내는 실재real 소리다. 무엇이든 보기
좋게 하는 모니터 유리 스크린 뒤편 유튜브로 작은 영상 이미지를
보는 것과 달리, 듣기는 우리가 삭제한 트라우마와 고통이 가진 미적
차원을 용감하게 복원한다. 다르게 말하자면, 듣기는 완전한 현존을
사물에 복원하는 것이 아니라 **유령적 친밀감**을 복원한다. 이것이 객
체 지향 접근의 가능성이다. 즉 객체 지향 접근은 자연-으로-돌아가
기를 통해 예술의 허위를 삭제하는 것이 아니라—이는 현상과 존재
사이의 칸트식 간격을 부인하는 일일 것이다—우리를 친밀함으로,
낯선 것과의 공존으로, 즉 생태학적 함께-있음으로 데려가는 간격을
묘하게 강화시킨다.

생태학적 각성에 현재란 없다. "내가 … 를 쓸 때"라는 **생태미메
시스**ecomimesis의 수사는 현재 없음을 시인하지 않고 쓴, 완벽히 잃어
버린 현존에 대한 비가elegy다.[106] "내가 이 문장을 쓰고 있을 때, 숲
가장자리에 있는 내 오두막 바깥에는 조용히 눈이 내리고 있었다"
는 문장은 인류세라는 치솟는 현실을 인정하는 것과는 반대다. 지구
에 결코 존재하지도 않았던 균형을 복원하자는 요청은—지구란 지
질트라우마geotrauma에 관한 텍스트를 위해 붙여진 이름이다—필사
적으로 지니genie를, 아니 더 정확히 말하면, 인류세적 이성과 인류세

106   Morton, *Ecology without Nature*, 29–78.

적 인간의 힘이라는 쌍둥이 지니를 램프 속에 넣으려고 애쓴다. 부
적절해 보이는 생명체—바이러스성 인간—에 대한 가이아의 가학적
정복을 관망하는 비뚤어진 승리주의는 500년 동안 지속하는 스티로
폼 컵, 스트론튬 90을 투여받고 40년 동안 콘크리트 블록에 매장되
어 있던 개, 히로시마 벽에 새겨진 인간의 그림자—1961년 이브 클
랭Yves Klein의 블루에서 재연된 기이한 이미지(그림15)—와 같은 모
든 사물들이 지닌 환원될 수 없는 기이한 미래성을 정복하려고 헛되
이 시도한다.[107]

　일어나고 있는 것을 더욱 진실하게 인정하는 것—인간이 보게
된 실체와 외양 사이 틈의 열림, 현재와 현존의 사라짐—은 히로시
마 폭격에 뒤이어 일본에서 발명된 '어둠의 춤'인 부토舞踏가 하는 일
이기도 하다.[108] 부토에서 인간의 몸은 더는 추상적인 공간에서 무게
없는 존재처럼 떠다니는 것이 아니라, 거대한 객체가 내뿜는 시공간
인 끔찍한 중력에 의해 모든 방향에서 눌려 인간이 탈출할 수 있는
속도를 획득하지 못하게 막는다. 다른 존재자들의 파동은 인간의 얼
굴을 일그러뜨려 그 자신의 역겨운 가면—가면처럼 보이도록 이미
과도하게 분장된 얼굴들—으로 만든다. 몸은 마치 원자폭탄의 낙진
에서 나온 듯한 재로 분칠된다.[109] 석탄재, 재, 흔적, 홀로코스트의 그

---

[107]　Book, Spangler, and Swartz, "Effects of Lifetime Ingestion," 244–251.

[108]　Nanako Kurihara, "The Most Remote Thing in the Universe: Critical Analysis of Hijikata Tatsumi's Butoh Dance" (PhD diss., New York University, 1996).

[109]　Sondra Fraleigh, *Butoh: Metamorphic Dance and Global Alchemy* (Urbana: University of

그림15. 원자폭탄 폭발로 생긴 (사다리와) 인간의 그림자, 히로시마. 한 사람이 벽 앞에 서서 폭발로 방출된 열로 벽을 완전히 탈색하는 것을 막는다. 이 이미지에 비추어 누군가는 남자의 형체가 해변의 모래에 그려진 이미지처럼 사라질 것이라고 푸코Michel Foucault의 재담(『말과 사물』끝에 나오는)을 반전시켜 생각할 수도 있다. 하이퍼객체가 더 명확히 드러내는 불편한 사실은 '인간의'human라 불리는 것이 (인간의) 세계가 끝난 후에도 지속된다는 것이다. 여기서 인간은 말 그대로 훨씬 더 큰 물리적 구조물에 비친 하나의 그림자, 물질이 에너지로 바뀌는 전환의 그림자다.

림자.[110]

인류세의 현실은 점점 더 생생해지고 '비현실적'이고 유령적인 것이 된다. 세계도, 자연도 없이 비인간은 인간 공간으로 몰려 들어와서는 제임스 엔소르James Sydeny Ensor[111]의 회화 속 인물이나 부토 무용수의 얼굴들처럼 음흉하게 웃는다. 얼굴과 가면(그리스어 prosōpon) 간의 차이는 무너진다. 현존이 사라지자 습관적으로, 존재적으로 소여된 유의미함의 좌표도 와해된다. 이 환원될 수 없는 비현실은 **현실의 징후**라 할 만한 것으로, 지질트라우마와 인류 역사의 언캐니한 교차 지점에서 창발한 특징인 기이한 사실주의(사변적 실재론, 객체 지향 존재론)가 그 징후에 대처하기 시작한다. 재를 뒤집어쓴 채 인류는 끔찍한 육체성에 갇혀 춤을 춘다. 너머도, 바깥도, 현존도 없는 육체성이다.

유령ghosts, 낯선 것, 환영specters과 함께하는 것이야말로 생태학적 공존인 이유는 실재와 무관해서가 아니라 실재가 바로 그러하기 때문이다. 어떤 의제 없이 존재들이 공존하는 것은 내가 **절뚝거림**lameness이라 부르는 것에 근거한다. 절뚝거림은 하이퍼객체 시대에 맞춘 **위선**과 **약함**에 이은 세 번째 인간적 조율이다. 위선이나 약함이란

Illinois Press, 2010), 61.

110 데리다는 석탄재에 대해 지속적으로 썼다. 예시는 너무 많지만, 데리다의 『석탄재』를 보라. Jacques Derrida, *Cinders*, trans. Ned Lukacher (Lincoln: University of Nebraska Press, 2001).

111 [옮긴이] 제임스 엔소르는 벨기에 출신의 화가다. 가면을 소재로 한 작품이 많아 '가면의 화가'로 불린다.

용어처럼 절뚝거림도 매우 구체적인 의미를 갖는다. 절뚝거림의 근본적인 이유는 어떤 존재든 갖고 있는 특별한 속성과 관련이 있는데, 하이퍼객체의 경우 유독 이 속성이 가시화된다. 다른 객체에 비춰지는 객체의 외양이 얼마나 정확하든지 간에 외양과 객체는 동시에 발생하는 데 실패한다. 따라서 모든 객체 내부에는 절뚝거림이, 바로 객체라고 하는 것의 존재를 구성하는 절뚝거림이 있다. 객체가 존재하기 위해서는 그 자신과 완전히 일치하는 데 실패해야만 한다. 알랭 바디우Alain Badiou의 생각과는 반대로, 존재는 일관되지 않으며 오히려 부서지기 쉬운 불일치다.[112] 모든 객체가 이러한 존재론적 불일치를 드러내기는 하지만, 특히 하이퍼객체는 이를 분명히 한다. 하나의 토네이도a tornado가 지구온난화는 아니다. 하나의 산a mountain이 지구 행성은 아니다. 엑스레이로 인한 세포 조직의 흉터가 방사선은 아니다. 한 명의 아이a child가 생물권은 아니다.

이 절뚝거림은 이제 하이퍼객체의 공진resonance 내에 있는 인간에게도 적용된다. 우리가 어떻게 보이는지와 우리가 누구인지 사이에는 이 책에서 틈Rift이라 부르는 깊게 갈라진 금이 있다. 낭만주의 시대에 칸트와 다른 이들이 문을 연 '내적 공간'은 사진의 네거티브처럼 틈을 반전시킨, 틈과는 동떨어진 캐리커처일 따름이다. 아무리 깊이, 생생히, 섬세하게 내적 공간에 조율된다 하더라도, 틈은 그 내

---

112   Alain Badiou, "Towards a New Concept of Existence," *The Symptom* 12 (Fall 2011): http://www.lacan.com/symptom12/?p=116 Morton, *Realist Magic*, 199–200.

적 공간이 다른 개체와 거리를 두고 완전히 밀폐되어 있음을 보장한다. 미와 숭고함에 대한 칸트식 경험은 다른 존재들이 반향되어 울리는 내적 메아리다. 이러한 칸트식 경험이 보증하는 종합 판단이 다른 존재들의 발자국인 것과 똑같이 말이다.[113] 심지어 상관주의조차 비인간 실재와의 미약한 탯줄을 유지한다. 하이퍼객체가 인간 존재에게 충분히 노출되면, 낭만주의적 숭고함에 깃든 힘과 자유가 낭만주의 자체를 전도시켜 동시대적 절뚝거림으로 변모된다. 인간이 늘 모든 것의 우위에 있어야 할 필요가 없다면, 이 역전이 불쾌하지만은 않다. 진실로 휠덜린이 말한 "구원하는 힘"은 틈에서 비롯되는 구원의 절뚝거림이다. 그렇게 모든 존재는, 인간도 예외 없이, 존재론적 간격 탓에 내면에서부터 절뚝거린다. 정신은 이제 더는 내적 공간의 무중력 속을 떠다니지 않는다. 대신 인간은 세계의 끝에 있는 납골당에서 비인간 존재들이 모든 방향에서 내리누르고 있음을 알게 된다.

이러한 조건에서 예술은 애도 작업이 된다. 우리는 환상fantasy —중립적이거나 자애로운 대자연 안에 침잠해 있다는 환상—을 상실하고 있는 중이며, 나아가 환상을 잃어버린 인간은 매우 위태롭다. 따라서 예술은 결코 기후변화를 위한 홍보 수단이 되어서는 안 된다. 무자비한 좀비 부대를 상대로 홍보를 한다는 것이 가능하긴 하

[113] Immanuel Kant, *Critique of Pure Reason*, trans. Werner S. Pluhar (Indianapolis: Hackett, 1996), 201, 202, 232–237.

겠는가?

하이퍼객체는 모든 면에서 우리가 특정한 방식으로 절뚝거리는 것을 강화한다. 하이퍼객체에 들러붙게 하는 점성은, 우리가 새어나오고 있으며 비인간 존재자들과 함께 곪고 있음을 인정하도록 강제한다. 수은, 방사능 입자, 탄화수소, 돌연변이 세포, 우리와는 무관하게 하이퍼객체의 그림자에서 살고 있는 미래 존재자들. 하이퍼객체의 비국소성은 인간 세계를 구성하는 전경-배경 다양체manifolds를 파낸다. 하이퍼객체에서 내뿜어진 물결치는 시간성은 인간 규모의 시간과는 급진적으로 다른 시공간적 소용돌이로 우리를 감싼다. 하이퍼객체의 위상 조정은, 프로타고라스나 상관주의가 약속하듯, 우리가 모든 사물의 척도가 아니라는 점을 강제로 상기시킨다. 또한 부드럽게 퍼지는 극장 커튼처럼, 객체 앞을 떠다니는 상호객체성은 위협적일 만치 환영적인 사악한 지대이자 본질과 외양 사이에 있는 틈의 징후다.

하이퍼객체를 우리와 함께하는 존재로 해방시킨 객체 지향적 접근은 그것이 일종의 **휴식**이라는 점에서 키츠적이다. 키츠는 방에서 쉴 때, 마치 카멜레온처럼, 그의 주위에 있는 것들의 속성을 빨아들인다고 쓴다. 즉, "그 자신이 아닌 것이 자신에게로 돌아온다"는 것이다. 방 안에 있는 모두의 정체성이 그를 내리 눌러 그의 정체성을 소멸시켰기 때문이다.

시인의 캐릭터 그 자체에 관해서라면 … 그것은 그 자체가 아니다―그것은 자아가 없다―그것은 모든 것이자 아무것도 아니다―그것은 어떤 캐릭터도 갖지 않는다―그것은 빛과 그림자를 즐긴다. 그것은 열정 속에 산다. 반칙이거나 정당한, 높거나 낮은, 풍족하거나 가난한, 천박하거나 고상한. 이아고를 이모젠으로 상상하는 일에 큰 기쁨을 느낀다.[114] 고결한 철학자를 경악하게 하는 것이 카멜레온 시인에게는 기쁨을 준다. … 시인은 존재하는 것들 중 가장 시적이지 않다. 시인에게는 정체성이 없기 때문이다―그는 계속해서 겪어낸다―그리고 다른 몸을 채운다―해, 달, 바다, 충동의 생명체인 남자와 여자는 시적이고 불변의 속성을 갖는다―시인은 아무것도, 어떤 정체성도 갖지 않는다―확실히 그는 신의 모든 창조물 가운데 가장 시적이지 않다. … 고백하기엔 가엾은 것이다. 하지만 내가 말한 어떤 단어도 나의 동일한 본성에서 자라난 하나의 의견처럼 당연하게 받아들일 수 없는 것이 사실이다―나에게 본성nature이라는 것이 없는데, 어떻게 그럴 수 있겠는가? 내가 사람들과 방에 있을 때, 내 자신의 뇌가 만들어낸 것들을 헤

---

114 [옮긴이] 이아고는 셰익스피어의 『오셀로』에 등장하는 악한 인물이며, 이모젠은 『심벨린』에 나오는 첫째 딸의 이름이다. 키츠는 구체적인 시 창작뿐 아니라 사상적으로도 셰익스피어에게서 많은 영향을 받았다고 전해진다. 키츠는 1817년 12월 동생 조지와 톰에게 보낸 편지에서, 셰익스피어를 "사실이나 근거를 성급히 쫓지 않고 불확실함, 미스터리, 의심에 머무를 수 있는"(capable of being in uncertainties, mysteries, doubts, without any irritable reaching after fact and reason) 위대한 사상가로 부르며 존경을 표했다. http://mason.gmu.edu/-rnanian/Keats-NegativeCapability.html

아리는 것에서 벗어난다면 내 자신이 아닌 것이 나 자신에게
로 돌아온다. 하지만 방에 있는 모두의 정체성은 나를 내리누
르기 시작하여, 나는 곧 소멸된다.[115]

쉼resting은 심미적 사건이다. 하이퍼객체를 대하는 우리의 처신은 다
양한 형태의 지금 당장의 '쉼'처럼 보인다. 어리둥절한 침묵, 부인, (충
분히 높은 차원에서 본다면) 지구 표면을 가로질러 멈춤에 이르게 되
는 강박적이고 충동적인 행동들(해변에 끝없이 쓰인 350이라는 숫자
들). 이러한 의미에서 명상 혹은 관조contemplation[116]는 쉼의 정수다. 그
렇다고 해서 강박적이거나 망연자실할 필요는 없다. '쉼'이란 단순히
후설이 "지향적 객체"라고 부른 것을 사고가 다루는 방식이다. 쉼이
란 비인간의 필연적인 유령성과 공존하면서 비인간과 조율하는 것일
수 있다. 사고의 논리적인 내용이 그것을 사고하는 마음에서 독립적

---

115   존 키츠가 리처드 우드하우스(Richard Woodhouse)에게. 1818년 10월 27일. *John Keats:*
       Selected Letters, ed. Robert Gittings and Jon Mee (Oxford: Oxford University Press, 2002).
       [옮긴이] 키츠는 외과의사 수련를 받은 후 약제사의 길을 걷다 시인의 길을 선택했다. 친구인
       리처드 우드하우스에게 보낸 이 편지에서 키츠는 자기의식에서 벗어나 모든 사물과 타인에게
       공감하는 상상력의 힘을 시인의 중요한 능력이자 자질로 보았다. 인용된 편지의 대목은 키츠
       의 중요한 시론으로 이야기되는 '소극적 수용력'(negative capability)을 구체적으로 개진한 자
       료로 연구된다.

116   [옮긴이] 서구 사상에서 contemplation은 아리스토텔레스가 진리란 바라보는 것이라는 의
       미로 사용한 관조(觀照)를 의미하거나 그리스도교 전통의 묵상을 뜻한다. meditation은 불
       교가 대중적으로 확산되면서 좌선, 행선과 같은 불교 수행법을 가리키는 표현으로 널리 알
       려졌다.

일 수 있다는 점에서 사고는 이미 그 자체로 비인간과 맺은 관계다.[117] 이러한 의미에서 사고란 본질적으로 관조적이다. 그래서 명상 중에 마음이 스스로를 휴식하는 그 자신의 객체로 받아들이면 마음 그 자체의 물러나 있는 비밀스런 속성은 통절해진다. 힐만의 〈스티로폼 컵〉을 다시 생각해보자. 왜곡된 반복은 컵이라고 하는 것에 대한 관조적 조율의 한 형태이며, 이는 키츠가 고대 그리스의 항아리를 찬찬히 보며 관찰한 것과 같다. 언캐니하게도 더 많이 관찰할수록, 객체는 덜 즉각적으로 파악된다―그 이유는 바로 우리가 객체와 더 친밀해지기 때문이다. 이러한 관조는 지나치게 단순화된 정치적 무관심이라든가 사물들로부터의 철수撤收와는 전혀 다르다.

하이퍼객체에 대한 철학적인 성찰도 쉼의 한 형태다. 이러한 쉼에는 다양한 차원―마음 챙김mindfulness, 알아차림, 단순한 놓아버림letting-be―이 있으며 저마다 매우 흥미롭다. 이러한 '긍정적' 의미에서 쉼은 공존에 대한 깊은 차원의 받아들임을 의미한다. 키츠는 (존재적으로 소여된) 키츠가 아니라[118] 그의 카멜레온 같은 살갗에 자국을 남긴 타인에 대한 모든 인상으로 이뤄진 공생적 군집이며, 따라서 그가 할 수 있는 것은 그저 그 모든 자국과 함께 쉬는 것이다. 이

---

117   Edmund Husserl, *Logical Investigations*, trans. J. N. Findlay, vol. 1 (New York: Routledge, 2008): [국역본] 에드문트 후설, 『논리 연구 1』, 『논리 연구 2-1』, 『논리 연구 2-2』, 이종훈 옮김 (민음사, 2018). 전체 책은 이 점을 이해하는 데 필수적이지만 "두 번째 연구"(Second Investigation)가 특히 관련 있다.

118   [옮긴이] 키츠는 키츠가 아니다(키츠≠/키츠)라는 표현은 A=A에 대해 헤겔이 차이의 풍부함에 대해 인정하지 않은 것에 대한 패러디다.

것은 비단 주관적인 인상에 대한 수용성일까? 그렇다. 하지만 변형된 의미에서 그렇다. '주관적인 인상'은 사물에 대한 그저 엉뚱하거나 자기중심적 해석이 아니라, 사물이 가진 실재와의 조율이다. 이 조율은 왜곡된 것일 수 있지만, 왜곡되기 위해서는 항상-이미 진행되고 있는 실재가 있어야 한다. 이 수용성은 객체를 관계로 환원하는가? 아니다. 어떤 것에 대한 나의 미적-인과적 인상이 당연히 그 대상은 아니다. 이 점은 하이퍼객체의 사례에서 명확해진다. 내 머리 위에 툭 하고 떨어지는 차갑고 젖은 것은 지구온난화가 아니지만, 그렇기도 하다. 더욱이 그런 의미에서 모든 개체가 카멜레온 시인이기에─키츠와 카멜레온과 칼세도니 광물은 모두 같은 것을 하고 있다─모든 개체들은 '쉬고 있다.'

이 책에서 우리는 무엇을 목격했는가? 방사선, 탄화수소, 지구온난화, 여타 많은 하이퍼객체를 보았다. 더불어 이러한 하이퍼객체를 단순히 인간적 응시의 산물이 아니라 진정한 비인간 개체로 보는 최근의 반응을 알게 되었다. 하이퍼객체는 그저 도표나 시뮬레이션이 아니라, 다른 객체들로 이루어진 거대 객체다. 지구온난화는 태양, 생물권, 화석 연료, 자동차 등으로 구성된다. 따라서 하이퍼객체는 불은 불로, 물질은 물질로, 현재는 현재로 근대성에 맞서 싸우면서 자연Nature(근대성의 도구)을 소비하는 환경주의에 종말을 불러온다. 매우 놀라운 상황이다. 누군가는 생태학을 연결된 피드백 고리feedback loop로 보는 것이 이 행성의 모든 존재를 시스템이나 물질 과정으로, 또는 담론 효과로 '하부채굴'undermine하거나(아래로 환원)

'상부채굴'overmine(위로 환원)할 것이라고 생각했을지도 모른다.[119] 또한 누군가는 근대성 밖으로 우리를 밀어낸 것이 환경주의나 생태비평ecocriticism이었다고 생각했을지도 모른다. 하지만 사실상 우리를 밖으로 밀어낸 것은 근대성이라는 비행기 속 뜨거워진 최후의 공기였다. 밖에서 우리를 기다리고 있었던 것은 하이퍼객체였으며, 거기에 더해 우리를 비행기 밖으로 밀쳐 나가게끔 하는 원인도 하이퍼객체다. 우리는 이제 비대칭성의 시대에 있다. 이 시대는 인류세에 생겨났던 상관주의 집단에 반대하는 사변적 실재론의 탄생으로 특징지어진다.

이 책의 말미에 다다르게 될 때 비대칭성의 시대를 조금 더 주의 깊게 탐구할 수 있을까? 인간의 내적 공간은 심오하고 광대하다. 우리는 무한성을 이해할 수 있다. 우리는 초한성transfinite도 이해할 수 있으며, 그 이유는 칸토어가 놀라울 정도로 단순하게 유리수의 유한성보다 더 큰 유한성을 식별할 수 있는 대각선 논법을 증명해냈기 때문이다. 내가 '내적 깊이'라고 말할 때 그것은 마치 인간의 두개골 속의 생명과 같은 차원적 '내부'가 아니다. 심령이나 영혼 또는 자아에 대한 필연적인 암시는 전혀 없다. 이에 가장 근사近似한 것은 현존재에 대한 하이데거의 사유인 세계-속-존재다. 하이데거의 '세계' 개념은 환경주의 철학자들이 하이데거에게 기대한 것, 즉 우리를 감싸면서 위안과 영감을 주거나 고양시키는 일련의 존재와는 다른 것

---

[119]   Harman, *Quadruple Object*, 7–18.

을 의미한다. 현존재는 대단히 기괴하다. 만약 하이데거가 말한 **세계**가 이 책에서 말하는 세계와 같은 의미라면, 현존재는 세계가 끝난 이후의 존재자다.

인간의 내적 깊이와 기이함은 실재하며 많은 철학자나 작가가 이를 표현해왔는데, 그중에서도 특히 이 책 2부의 제사題詞로 가져온 소포클레스Sophocles의 『안티고네』에 나오는 코러스를 들 수 있다. "경이롭고 공포스러운 많은 존재 가운데 인간을 능가하는 것은 없다."[20] 이 구절은 하이데거를 매혹시켰다.[121] 중성 복수형 용어인 deina는 두려움과 기이함이 섞여 있음을 암시한다. 공룡dinosaur이라는 단어의 앞부분이 여기에서 유래했다. 데이모스Deimos와 포보스Phobos(공포)는 형제다. 가장 정확한 표현은 '무시무시한dreadful'이다. 데이모스는 두려움의 악령인 반면, 포보스는 공황의 악령이다. 두려움은 실존적으로 공황에 앞선다. 공황은 두려움에 기반한 도피flight나 싸움fight의 상황이 되기 시작한다.

인간의 생태학적 힘이야말로 인간을 가장 무시무시한 존재로 만든다. 인간 존재의 기이함은 대양을 휘젓고, 바위를 가르고, 흙을 갈아엎는다. 『안티고네』에 나오는 코러스는 이에 대해 격렬하리만치 불안하게 노래한다. 『안티고네』는 초월적인 법의 이름으로 법을 넘어

120   Sophocles, *Antigone*, ed. Martin D'Ooge (Boston: Ginn, 1888), 52.

121   Martin Heidegger, *Introduction to Metaphysics*, trans. Gregory Fried and Richard Polt (New Haven, Conn.: Yale University Press, 2000), 156–176.

선 한 여성에 대한 작품이다. 안티고네는 그리스 도시 국가의 물리적이고 규범적인 경계마저도 넘을 태세를 갖추었던 언캐니한 한 인간이다.

인간이 가장 두려운 존재to deinotation라는 개념에는 딱 한 가지 문제가 있다. 바로 무시무시한 깊이는 모든 존재자에게 있다는 점이다. 중성 명사인 to deinotaton은 두려움이 사물 같다는 점을 드러낸다. 내가 가진 깊이는 크게 확대된 민들레 씨앗이 활짝 피어 떠 있고 그 미세한 갓털 하나하나가 뚜렷하고 놀랍도록 선명해 보이는 투명 아크릴 수지로 만든 구형 문진文鎭의 기이함이 아니다. 작은 무지개가 구형 맨 위에 걸려 있고, 뱅커스 램프의 형광등 불빛이 그 속에 거꾸로 비춰진다. 나는 그 문진을 바르르 떠는 점들의 웅성거림이나 빛과 색을 가진 반점들에서 창발한 속성으로 해석하지 않는다. 이 실제 문진은 눈을 뗄 수 없는 둥글둥글함과 부드러움으로 나를 유혹하면서 힘을 발휘한다. 하지만 내가 문진을 사용하든 무시하든, 남은 평생 문진을 관조하든 간에 나는 그 문진의 실체를 파악할 수 없다. 스탠리 카벨Stanley Cavell[122]의 표현대로, 사물은 "냉담"한데, 이는 에머슨의 에세이 「경험」에 나온 사유의 구절에서 차용한 표현이다. "나는 모든 객체에 있는 이 덧없음과 매끄러움을 붙잡지만, 그것을 세게 움켜쥐

---

122 [옮긴이] 스탠리 카벨은 미국의 철학자다. 미학, 문학비평, 정치, 영화와 오페라 등 다양한 분야에 관해 글을 썼다. 에머슨과 소로가 가진 철학적 함의에 대한 재평가를 통해 '미국적 철학'을 구축하는 데 기여했다.

려 하면 손가락 사이로 빠져나가 우리 인간 조건의 가장 추한 부분이 된다.[123]

　이러한 사물에 대한 이해는 하이퍼객체의 시간 때문에 가능해진 것으로 보인다. 나는 이를 가장 완전한 의미로 명확하게 하기 위해 더 확고한 용어로 다시 말하고자 한다. 비인간 존재자들은 인간의 역사와 사유의 다음 순간의 원인이다. 이것은 단순히 인간이 비인간을 의식하기 시작했다거나 인간이 비인간에게 더 높은 지위의 작위를 내리기로 결정했다거나—또는 인간 자신의 지위를 제거해서 스스로를 낮추기로 했다는 의미가 아니다. 이른바 포스트휴먼 게임이라는 것은 하이퍼객체의 시간에 대응할 수 있을 만큼 **결코 포스트휴먼적이지 않다.** 포스트휴먼 게임은 근대 시대가 들이쉬는 최후의 숨과 같고, 심연의 *끄트머리*에서 하는 마지막 피루엣[124]과 같다. 현실은 하이퍼객체가 이미 이곳에 있었으며, 우리는 더디지만 하이퍼객체가 하고 있던 말을 확실히 이해했다는 것이다. 하이퍼객체는 우리와 접촉했다.

　하이퍼객체는 어떤 객체에 대해서든지 사유하는 방식을 깊이

123　Stanley Cavell, *This New Yet Unapproachable America: Lectures after Emerson after Wittgenstein* (Albuquerque: Living Batch Press, 1989), 86–88; Ralph Waldo Emerson, "Experience," in *Essential Writings*, ed. Brooks Atkinson and Mary Oliver (New York: Modern Library, 2000), 307–326(309). 이 점에 대해 나와 대화해준 캐리 울프(Cary Wolfe)에게 감사하다.

124　[옮긴이] 발레에서 한쪽 발로 서서 빠르게 도는 동작.

변화시킨다. 기이하게도 모든 객체는 하이퍼객체다. 하지만 이러한 생각은 우리가 이제 막 깨어난 생태학적 비상사태 내부에 비추어서만 사유가 가능하다. 하이데거는 오직 신만이 지금 우리를 구원할 수 있다고 말했다.[125] 일련의 거대한 객체 내부에서 우리가 깨어나고 있다는 것을 알게 될 때, 우리는 하이데거가 거기에 덧붙여 한 가지 말하기를 잊었다는 것을 깨닫는다. **우리는 다만 그 구원의 신이 어떤 종류의 신일지 모른다.**

---

[125] Martin Heidegger, "Nur noch ein Gott kann uns retten"(오직 한 신만 우리를 구할 수 있다), interview in *Der Spiegel*, May 1976, 193–219.

생태학적 비상사태 시기의 사유와 예술

『하이퍼객체: 세계의 끝 이후의 철학과 생태학』은 티머시 모턴 Timothy Morton의 *Hyperobjects: Philosophy and Ecology after the End of the World* (University of Minnesota Press, 2013)를 우리말로 번역한 것 이다. 티머시 모턴은 영국 런던 태생으로 옥스퍼드 모들린 칼리지에 서 수학한 이후 미국으로 건너가 현재 미국 라이스대학교 영문학과 에서 가르치며 활발한 저술 활동을 이어가고 있는 철학가이자 생태 이론가다. 그는 『자연 없는 생태학(2007)』을 시작으로 『생태학적 사 상(2010)』, 『어두운 생태학(2016)』으로 이어지는 생태학 3부작을 통 해 영국 낭만주의 문학의 비판적 연구에서 출발한 독창적인 생태학 적 비전과 사유를 개진해왔다. 저자는 『하이퍼객체』를 일컬어 3부작 사이에 출간된 스핀-오프로 명명하기도 하였는데,[126] 이 책에서 그는 지구온난화와 그 영향을 철학, 과학철학, 인지과학, 명상학, 문화 이 론, 문학, 수사학, 미학, 생태 이론 등의 초학제적 관점에서 검토하고

---

126 https://ecologywithoutnature.blogspot.com/

특유의 유추적, 수사적 사고와 비학술적 글쓰기를 통해 하이퍼객체의 존재를 생생하게 독자의 눈앞에 그려내고 있다.

하이퍼객체란 인간에 비해 시공간에 광범위하게 분포한 사물들을 뜻하기 위해 저자가 만든 조어다. 여러 세대에 걸쳐 그 흔적을 남기는 핵 방사선, 분해되는 데 500년이 걸리는 플라스틱 컵, 반감기가 2만 4천 년인 플루토늄, 흡혈귀처럼 인간의 피를 빨아먹고 자연을 착취하는 자본주의 등이 하이퍼객체로 분석된다. 저자는 객체 지향 존재론 철학 운동으로부터 객체에 대한 존재론적 관점을 수용해 하이퍼객체의 특성과 그 영향을 검토해나간다. 일견 이 조어가 생소하게 들릴지라도 그러한 속성을 공유하는 사물들에 주목했던 것은 기원전 2-4세기 산스크리트어로 쓰인 경전 『바가바드 기타』에서도 찾을 수 있다. "오래 사는 것에 대해, 오래가는 사물에 대해 생각하라, 영원에 대해 생각해보려면." 하이퍼객체는 인간이 경험하고 상상할 수 있는 시공간 척도를 넘어서는 탓에 인간중심적 척도에서 실재라 믿어왔던 것들은 위협을 받게 되었다. 특히 인간과의 상관 관계 속에서 존재의 특별함에 차등을 매기는 상관주의적 태도가 더는 작동하지 않는다고 본다. 저자는 생태학적 비상사태를 일으킨 근대적 세계관과 이에 제대로 대응하지 못한 후기근대적post-modern 세계관 모두에 파멸을 선언하고 존재론적 대변동의 시기에 요구되는 공존의 철학과 생태학을 논한다.

이 책은 1부 「하이퍼객체란 무엇인가」와 2부 「하이퍼객체의 시대」로 분리된 구조를 취한다. 저자가 서문에서 두 폭의 제단화diptich

로 설명한 이 구조는 하이퍼객체와 인간의 관계 양상에 대한 관점을 반영한다. Diptich는 본래 쇠침으로 새길 수 있는 경첩으로 이어진 두 개의 밀랍 서판을 일컫는 용어였다. 하이퍼객체가 인간 존재 내부에서부터 인간중심적인 기준점을 깊게 파낸다는 저자의 사유를 고려한다면, 이 두 개의 밀랍 서판은 하이퍼객체와 인간의 관계를 은유하는 것으로 생각해볼 수 있다. 또한 이 구조가 이후에는 한쪽에는 신을, 다른 쪽에는 신을 바라보는 신앙심에 찬 인간의 모습을 그린 목판 성상화로 사용되었다는 점을 상기한다면 두 폭의 제단화에 대한 일종의 패러디로서 1부와 2부는 각각 하이퍼객체와 인간을 담아낸 객체화로 볼 수도 있다.

이 간략한 [해제]에서는 독자들이 이 책을 이해하는 데 도움이 될 수 있도록 모턴의 생태 이론을 이루는 핵심적인 개념들을 소개하고, 저자의 생태학적 사고와 생태학적 쓰기의 전략을 수사와 스타일의 측면, 다르게 보기와 보기의 전위적 측면으로 나누어서 살펴볼 것이다. 또한 저자가 중요하게 다루고 있는 생태학적 시대에 촉발되는 감정과 예술의 양상은 무엇인지를 살펴볼 것이다.

모턴의 생태 이론과 객체 지향 존재론

모턴은 실체로 인식되지 않았던 것을 존재로 드러내고 호명하는 전략을 통해 그것이 우리에게 영향을 끼치는 실재임을 그려나가고 있다. 이로써 무엇을 '존재'로 볼 것인지를 검토하는 작업이 매우 정치적일 수 있음을 보여준다. 저자는 이러한 존재론적 접근을 통해 기후변화 부인론자들의 논리에 내재된 모순을 지적한다. 오염 물질과 질병 간의 인과성을 부인하면서 책임을 미루는 기업들은 여전히 기후는 언제나 변해왔다고 말한다. 저자는 기존의 환경주의 운동에 내재된 자연과 세계를 보는 관점 역시 관념적이고 존재신학적이기 때문에 이 문제에 대응하기에는 한계가 있다고 비판한다.

모턴이 '자연 없는 생태학', '물질 없는 생태학', '현재 없는 생태학'이라고 부른 일련의 생태학적 기획은 그가 무엇에 대해 비판적인 입장을 취하고 있는지를 구체적으로 보여준다. 자연, 물질, 현재는 일반적으로 실재한다고 여겨질 뿐 아니라 일종의 인식 규범으로 작동한다. 따라서 저자가 이 개념들을 비판적으로 검토하는 과정에서 이러한 부정 어법의 수사를 통해 무엇을 성취하려는지 살펴보는 것은 중요해 보인다. '자연 없는 생태학'에서 대문자로 표기되는 자연Nature은 낭만화되고 물화된 자연을 가리키며, 저자는 자본주의에 의해 착취되는 자연관에서 벗어나 생태를 재사유할 것을 촉구한다. '물질 없는 생태학'을 통해서는 서양 철학에서 물질에 주목했던 아리스토텔레스의 물질론이나 마르크스 유물론 모두 사물 그 자체의 존재에 대한 고려 없이 인간중심적인 관점에서 물화하거나 상품으로만 간주했다는 점을 비판하면서 물질을 객체 그 자체로 볼 것을 제안한다. 마지막으로 '현재 없는 생태학'은 현재를 과거와 분리된 외떨어진 섬이나 점으로 간주해 현재만을 기준으로 과거와 미래를 바라보는 현재주의를 비판한다. 그는 이러한 비판에 근거해 인간의 척도가 아닌 다른 사물들의 편에서 시간을 재사고할 것을 촉구한다. 이와 같이 저자는 실재라 간주되었던 자연, 물질, 현재가 실은 상관주의적 관념이라고 비판하고 이를 존재론적으로 개정함으로써 생태학에 대한 논의를 논쟁적으로 펼치고 있다.

그렇다면 모턴이 지향하는 생태학에는 무엇이 '있을까'? 저자는 일차적으로 생태학에 대한 논의를 그 어원적 의미인 oikos, 즉 '집'에 착안해 하나의 객체가 다른 객체의 집이 되는 감각에 대한 검토에서 출발한다. 이 논의는 인간과 비인간, 생명과 비생명 간의 존재론적 차이나 위계를 두지 않으려는 평평한 존재론적 사유를 거쳐 비인간, 비생명, 유령적인 것이 우리 안에 이미 가까이 들어와 있는 것이야말로 현실이고 실재임을 인식하는 것으로 나아간다. 궁극적으로 저자는 독자에게 생태학을 낯선 객체들과의 친밀함에 대한 학문으로 정의한다.

이렇게 낯선 객체들과 가까이 있음에 대한 사유는 필연적으로 '자기' 개념에 대한 존재론적 재검토로 이어진다. 저자는 '자연'이나 '세계'에 대한 규범적인 개념과 마찬가지로 '자기' 역시 낭만화되고 물화된 개념이라는 주장을 개진하면서 근대적 의미에서의 자기 개념을 포기하고 재정립할 것을 제안한다. 그렇다면 생태학적 공존을 가능하게 하는 자기 개념이란 구체적으로 어떤 것일 수 있을까? 저자는 자기 정체성이나 자아가 없는 상태를 시인의 캐릭터로 본 존 키츠의 사상이나, 비-자기적 선물을 받았을 때의 느낌을 벽 없는 터널에 비유한 데릭 파릿의 사유를 들려준다. 이를 통해 저자는 '낯선 존재와의 가까움이 감정의 가장 내밀한 본질'임을 사유하고 자기 안의 낯선 존재를 인정하는 것을 생태학적 자기 개념의 출발점으로 삼는다.

모턴이 하이퍼객체를 드러내는 과정에서 중요하게 언급하고 있는 객체의 특질은 모든 객체가 가진 간격gap이다. 저자가 수용한 객체 지향 존재론의 객체에 대한 논의에 따르면, 객체의 실재는 객체 내부에 존재하지만 알 수 없고(실재 객체), 오직 감각적인 매개(감각 객체)를 통해서만 부분적으로 접근할 수 있다. 이때 감각되는 객체의 외양(다른 객체에 비친 객체)은 객체의 실재와 같지 않은데, 저자는 이를 간격이라 일컫는다. 동전의 뒷면은 실제로 뒤가 아니며, 달의 어두운 면은 실제로 어둡지 않다. '뒤'나 '어둠'이라는 인간중심적인 감각적 번역은 객체에 있는 것이 아니라 동전의 뒷면을 투시할 수 없는 인간 시각의 한계와 인간이 발 딛고 있는 지구와 달 사이의 위치 때문이다. 이렇듯 모든 객체에는 언제나 다른 객체에 의해 완전히 파악될 수 없는 '어두운 면'이 존재하는 것이다. 저자는 이렇게 '물러나는' 객체를 두고 먹물을 뿌리고 뒤로 사라지는 문어에 비유한다.

그렇다면 저자가 생태학적 시대에 이러한 객체에 대한 사유가 필요하다고 주장하는 까닭은 무엇일까? 그것은 객체에 대한 사유를 통해 인간도 하나의 객체로서 다른 객체와 더불어-있는 조건 안에서 인간의 위치를 재설정하도록 강제하기 위해서다. 이러한 접근이 생태학적 위기에 대응 가능한 각성과 실천을 이끌 수 있다고 보기 때문이다. 주체 역시 객체의 하나이며 모든 객체에는 인간의 지식이나 관찰, 그 모든 부딪힘으로도 알 수 없는 면이 남아 있다는 사실이 인간을 겸손하게 한다. 인간은 이러한 각성을 통해 사물을 대상화해서 사물을 다 파악할 수 있다는 태도가 더는 유효하지 않는다는 것을 깨닫는다. 저자는 다른 객체들과의 메시mesh 안에서 인간 객체의 위치를 고민하고 객체 간의 상호연결성을 고찰하여 생태학적 공존이란 곧 객체 간의 조율이라고 강조한다. 저자는 유전 지역에서 유출된 기름을 실제로 인간 객체에게 영향을 끼치는 엄연한 실재 객체로 보고 선제적으로 다뤄야 한다고 주장한다. 또한 예술작품이 관객에게 더 많은 지식을 전달해 설득하려는 구성주의적인 방식을 취하기보다는 작품에서 방사되는 힘으로 관객의 마음을 녹이는 객체 지향적 방식으로 관객과 공명해야 한다고 본다. 저자는 이러한 논의를 통해 객체 지향 존재론을 철학 내의 논의로 국한하지 않고 하나의 정치적, 미적 전략으로 다룰 것을 제안하고 있다.

이 과정에서 저자는 생태학적 공존을 방해하는 이분법적 사고 체계를 비판하고 부정적(이라 여겨지는) 속성들을 전위시키는 사유 방식을 보여준다. 먼저 생명과 비생명을 엄격히 가르는 이분법을 비판하면서 완전히 살지도, 완전히 죽지도 않는 유령적 존재론을 펼친다. 유령은 낯선 것, 환영에 가까운 것, 죽지 않는 존재다. 저자는 실상 생명이란 비생명에 기대고 있으며, 우리가 유령과 함께 공존하는 법을 익히는 것이야말로 생태학적 공존의 양상이며 이것이 현실이자 곧 실재라고 말한다. 또한 참과 거짓이라는 이분법에서 벗어나 '진실의 형식은 '역설'이며 하이퍼객체의 존재 방식은 인간에게 보이는 그 외양과 실재에 차이가 있다는 점에서 '위선'이라고 명명한다. 이렇듯 하이퍼객체의 시대적 성격을 위선, 약함, 절뚝거림으로 기술하고 이러한 가치들을 전복적으로, 적극적으로 사고한다. 그의 표현대로라면 '부정적인 것에 대한 비-헤겔적 마술'인 셈이다.

모턴의 생태학적 사고와 생태학적 쓰기의 전략 1
―수사와 스타일의 문제

이 책은 사회과학서들이 지구온난화에 대해 기술하는 입증과 주장의 방식과는 매우 다른 방식으로 쓰였다. 가장 큰 특징은 책을 가득 채운 은유와 메타포, 유추다. 일반적으로 이러한 수사학적 장치들은 문학의 전유물로 생각되기 쉽지만 사실 수사학은 그 역사가 훨씬 깊다. 그리스 철학자들이 수사학을 발명한 이래로 수사학적 도구는 여러 분야에서 사유를 확장하는 사고의 도구로 쓰여 왔다. 또한 수학과 과학에서도 수사학적 방식은 실증 불가능한 자연현상이나 수에 대한 숙고 과정에서 분석과 상상을 이끌어내 보이지 않는 차원을 사유하고 미래를 예측할 수 있게 했다. 그리스의 자연학에서 철학자들이 자연의 법칙을 설명, 기술하면서 취한 방법은 바로 은유였다. 이러한 맥락에서 유추와 수사는 저자가 여러 분야와 시대의 지적 발견들을 본질적이고도 감각적으로 연결하고 융합하는 데 사용한 사유와 쓰기의 방법으로 보인다. 예를 들어 언어를 유추의 일차적 매개체로 사용해 단어의 어원을 통해 개념 간의 연결성을 살피고 우리가 개별적으로 알고 있던 개념들을 새롭게 연합해 상상하는 방식을 보여준다. 이를 통해 저자는 한 번에 직접 경험할 수 없으며, 미래적인 하이퍼객체를 '본다.' 본문에서 인용한 시인 퍼시 셸리의 표현대로 저자는 '이미 아는 것을 상상한다.' 자칫 그 논의가 개별적인 지식들에 대한 현란한 전시에 그치지 않도록 본질의 유사성과 이미지적 연관을 통해 다양한 객체들을 페어 논의를 진행하고 있다.

　　이 책에 가장 많이 등장하는 은유이자 유추의 이미지 중 하나인 그림자에 대해 살펴보는 것은 저자의 논지를 살피는 데 핵심적일 수 있다. 그림자는 더 큰 존재의 일부이자 어떤 것의 징후, 존재가 모습을 드러내기 시작하는 어른거림에 대한 은유다. 마치 거대한 구름이 드리운 그림자가 구름보다 먼저 도착하듯, 저자는 지구온난화가 비국소적으로 발현되어 자신의 몸과 감각에 자국을 남기는 것에 주목하면서 자신의 몸 너머를 본다. 책에 실린 마지막 도판 이미지는 히로시마 원자폭탄 투하 당시 방사선에 노출된 벽에 인간의 그림자가 흐릿하게 찍힌 벽의 사진이다. 마치 인화지에 사물을 올린 후 빛을 노출시켜 사물의 그림자로 형상을 만드는 포토그램처럼 벽 앞에 있었던 긴 사다리와 인간의 그림자만이 그 존재의 부재를 증거하며 남아 있다. 저자는 이를 인간이 사라진 이후의 시대에도 인간은 그림자로 남게 되었다고 서술하면서 인간이 사라진 후에도 긴 시간 동안 지속될 하이퍼객체의 시간에서 인간이 그림자가 되는 순간을 사유한다.

저자는 인간이 자연을 낭만화하고 물화시키는 것이 자연을 말하는 수사의 문제와 긴밀히 연결되어 있다고 본다. 이전 저작들에서 자연 글쓰기 수사(생태미메시스)를 비판적으로 검토한 저자는 학술적 글쓰기가 아닌 사적 에세이 스타일로 이 책을 썼다. 생태학이 곧 친밀함에 대한 학문이라는 저자의 관점이 글의 형식과도 조응한다고 볼 수 있다. 여기서 친밀함은 정서적 익숙함이나 친근함을 가리키기보다, 오히려 먼 곳에 있다고 여겼던 대상이 나와 매우 가까이 있다는 것을 알게 되었을 때 촉발되는 낯설음의 감각에 가깝다. 사적 에세이라는 글 형식의 1인칭 시점을 전달의 통로로 유지하면서도 비-자기적 관점의 서술이 어떻게 가능할 것인지에 대해 문체적으로 실험하는 것으로 읽히기도 한다. 저자는 하이퍼객체에 대해 과학적으로 그 존재를 증명해내려 하기보다는 자신의 몸에 새겨지는 흔적들이 일으키는 감각을 느끼고 이를 다학제적으로 사유하면서 그 흔적을 남긴 힘의 존재를 은유적이고도 유추적인 방식으로 그려낸다. 이로써 자신이 그 힘과 내밀하게 만나고 있으며 곧 그 힘은 독자에게도 가까이 존재하고 있다는 의식을 유도해 독자를 저자와 하이퍼객체 모두에게 끌어당기는 전략을 취하고 있는 것으로 보인다. 이는 정확히 저자가 비판적으로 검토해온 전통적인 자연 글쓰기에서 은폐되어 온 생태미메시스 수사를 전유한 것이다.

모턴의 문장이 지극히 유추적이고 개념적이면서도 동시에 매우 감각적으로 다가오는 이유는 이렇게 저자가 자신의 몸으로 겪은 경험과 감각을 이야기하면서 동시에 그 감각을 통해 인식할 수 있는 것의 한계와 실재와의 간극이 유발하는 위선에 대해 함께 사유하기 때문일 것이다. 모턴은 추상적인 개념을 구체적인 감각으로, 구체적인 사물을 고차원적 개념으로 다룬다. 유년 시절 코가 얼얼할 정도로 매웠던 살충제 냄새의 기억을 떠올리며 자신에게 발병된 암과 관련이 있을지 더듬고, 따끔거리는 뒷목의 통증에서 일상 화상을 유발시키는 이상 고온을 느끼며, 휴가지에서 화상으로 벗겨진 등가죽의 상처에서 흘러내린 고름이 베갯잇에 들러붙는 장면을 묘사한다. 이러한 일화들을 통해 모턴은 지구온난화라는 하이퍼객체가 자신의 몸을 '파내는' 감각을 마치 새겨지는 밀랍 평판처럼 생생히 그려내어 독자로 하여금 그것을 '보게' 한다.

또한 모턴이 제시하는 객체 지향적 관점과 시공간에 대한 재사유는 근대 및 후기 근대 사회의 세계관이 투사된 언어 관습과 그 사고의 틀을 다시 보게 한다. 예를 들어, of를 주격 속격이자 목적격 속격으로 읽는 것이 가능하다는 점을 통해 인과와 미적 현상 간의 차이가 견고하지 않음을 이야기한다. 또한 현재라는 감각은 (문법 시제에서 현재시제가 그러하듯) 반복되는 패턴에 기대고 있을 뿐 현재 자체가 실재함을 담보하는 것은 아니라는 통찰은 마치 해가 떠오르는 것이 사실이 아님에도 해가 떠오른다고 말하는 수사 속에서 그 실재가 곧 외양으로 물화되는 것과도 관련이 있다. 저자는 현재가 모니터상의 깜빡이는 커서의 앞뒤가 아니며, 세계처럼 현재도 약한 환상임을 강조한다. 또한 끊임없이 결단과 행동을 유예하는 정부가 사용하는 가정법 미래적 어법, 환경주의에 깔려 있는 위장의 수사 등을 예리하게 드러낸다. 저자가 생태학적 사고 및 쓰기를 이루는 주요한 기재로 언어의 활용, 즉 수사에 집중한 것은 매우 설득력 있게 읽힌다. 나아가 근대 영어의 동사 활용에서 주체와 대상, 인간과 비인간을 엄격히 구분하는 수동과 능동과 같은 이분법적인 태voice 역시 그 언어가 형성된 사회의 세계관을 함축한다고 볼 수 있을 것이다.

모턴의 생태학적 사고와 생태학적 쓰기의 전략 2
—다르게 보기와 보기의 전위 문제

저자는 늘 무언가를 보거나 듣는 장면으로 각 장을 시작한다. 그것은 자동차 사이드 미러에 적힌 "거울 속 사물은 보이는 것보다 훨씬 가까이 있습니다"라는 문구이기도 하고, 전시장 벽에 걸린 나판가티의 회화나 바람에 흔들리는 대나무 숲의 소리(후에 이 장면은 촬영한 동영상을 보면서 쓴 매개된 장면임이 드러난다)이기도 하다. 1부 「비국소성」의 첫 문단은 저자가 태양광 패널 위로 내리쬐는 햇빛을 바라보는 장면에서 시작된다. 그는 자신의 눈과 지구 밖에서부터 오는 거대한 태양빛, 그 빛을 받아 전기를 축전하는 태양광 패널이라는 여러 객체들 간의 '공모'를 본다. 하지만 저자는 이렇게 감각을 통해 인식하는 것(감각 객체)이 곧 지구온난화의 실재(실재 객체)는 아니라고 말한다. 또한 저자는 독자를 특정 장면 속으로 불러내어 마치 독자가 영화나 사진 속에 들어와 어떤 장면을 보고 있는 것처럼 묘사한다. 독자로 하여금 이 상황을 '상상'하게 하고 그 속에서 무언가를 보도록 유도한다. 대형 슈퍼마켓 주차장에서 우연히 타인과 이상한 날씨에 대해 대화하다 어색한 침묵이 흐르는 순간이나, 질주하는 트럭에 사람이 치일지 모르는 급박한 상황에서 독자가 어떤 행동을 선택할지(혹은 선택하지 않을지)를 두고 사고실험을 하는 장면 등을 그린다. 이렇게 저자는 본다는 것의 의미를 때로는 감각 객체를 매개로 상호객체적으로 만나는 행위로 제시하기도 하고, 감각적으로 경험할 수 없는 것을 상상을 통해 이해하고 이를 통해 인식의 확장을 꾀하는 행위로 제시하기도 한다.

또한 모턴이 다르게 보고, 다시 쓰려는 전위적 시도는 인간에게 익숙한 시간적, 공간적 척도에서 벗어나서 보는 방법으로 이어진다. 먼저 시간적 척도에 대해서 살펴보자면, 저자는 시공간이 객체와 독립적으로 존재하는 것이 아니라 객체에서 흘러나와 물결치며 광막히 이어진다고 본다. 이러한 관점에서 보자면 지금의 행동방식이 미래에 영향을 끼치기에 우리는 (미래의 자신을 포함한) 미래의 누구와도 의미적으로 무관하지 않고, 그 긴 시간의 축에 있는 존재들과 지금의 나는 가까워진다. 이러한 객체적 시간성에 대한 탐구는 내가 나라고 여기는 것이 어디까지이며, 나의 친밀한 이들을 어디까지 확장할 수 있을까에 대한 질문이기도 하다(저자는 이 책을 나의 '확장된 가족들'에게 헌사했다). 다시 말하지만 저자가 말하는 친밀함은 친근함과는 다르다. 오히려 낯선 가까움이라는 점에서 친근함과는 정반대인 기이함 내지는 언캐니함에 더 가깝다. 저자는 어디에도 현재란 없으며, 그것은 단지 반복되는 항상성에 기댄 관념이라고 지적하면서 현재(혹은 현존)에 매몰되는 것이 생태학적 사고를 방해할 수 있다고 경계한다. 지구온난화야말로 이러한 기후의 반복적 패턴을 벗어나는 기이한 존재이기 때문에 시간적 척도를 변화해서 보지 않는다면 지구온난화의 존재를 제대로 이해할 수 없다고 논한다. 단지 현재에 기반해 미래를 예측하는 것이 아니라, 인간보다 오랜 시간을 사는 객체의 미래적 시간성에 비추어 다시금 현재를 바라본다면 우리는 어떤 결정을 내리게 될까?

이렇게 익숙한 척도에서 벗어나서 보기는 장소나 거리에 대한 개념에도 적용된다. 저자는 같은 자리에 있는 대상을 다른 거리 감각을 가지고 보게 만드는 히치콕의 줌 인 트랙 아웃 기법이나 대상으로부터 멀어질수록 더 커지는 존재의 그림자를 묘사한 워즈워스의 시에서 드러난 시차 효과 등을 통해 생태학적 사유에서 요구되는 다른 보기의 방식을 예시한다. 저자는 자연을 저 멀리 있는 것으로 믿도록 하는 픽처레스크 회화에 사용된 원근법이라는 눈속임이 우리가 거리를 두고 자연을 보는 시선의 기저에 있다고 본다. 저 멀리 있다고 여겼던 것이 이미 우리 몸속에, 우리 얼굴이 되어 들러붙어 있다고 말한다. 이와 같이 시간의 척도를 재조정하듯 거리에 대한 척도를 바꾸어볼 것을 제안한다. 중심과 주변(about과 around에 대한 논의), 배경과 전경의 전도 역시 이러한 맥락에서 이해될 수 있다. 역설적으로 저자는 눈멂blindness이 오히려 진실을 보게 한다고 말한다. 어떤 의미에서 그 말은 시간적으로 현재에 눈멀고(인간에게 익숙한 시간성에서의 유의미한 현재를 덜 중시하고), 거리적으로는 먼 곳에 눈멀게 됨으로써(자연을 대상화하는 관점에서 벗어나서) 미래적 시간과 가까이 있는 장소를 다르게 보게 하려는 전략이다.

모턴의 글을 관통하는 이러한 생태학적 사고와 글쓰기의 전략을 형성하는 데 영향을 주었거나 책에서 저자가 동의하고 있는 철학자와 작가들의 관점을 모아 살피는 일은 이 책에 대한 독자들의 이해에 도움이 될 수 있을 것이다. 우선 책의 1부와 2부의 제사로 쓰인 두 문장은 저자가 이 책을 통틀어 가장 깊게 바탕을 두고 있는 두 축인 퍼시 셸리와 하이데거와 관련이 있다. 퍼시 셸리는 티머시 모턴이 생태 이론에 대한 논의 다지는 데 있어서 중요하게 다루어지는 낭만주의 시대를 대표하는 시인이다(저자는 낭만주의 시대를 증기기관의 발명과 피아노의 생산, 탄소의 축적이 시작된 인류세의 도래기로 본다). 하이데거는 비록 인간중심주의에서 벗어나지 못한 상관주의자이자 관념론자이지만 존재의 의미를 깊이 탐구하여 객체 지향 존재론에 영향을 준 철학자로 소개된다. 또한 서문에서 직접 밝혔듯 모턴의 사적인 글쓰기에 영향을 준 이는 임마누엘 레비나스의 다수의 저작을 영어로 옮긴 번역가이자 철학가, 작가인 알폰소 링기스다. 그 밖에도 관조의 중요성을 설파했던 아리스토텔레스, 양자역학에 대한 해석들 중 유일하게 존재론적 관점을 가진 물리학자 데이비드 봄, 실험을 통한 경험적 입증이 아닌 사고실험을 통해 보이지 않는 시공간에 대한 예측 가능성을 연 이론물리학자 아인슈타인, 사적 이론도 이미 타자에 대한 고려를 포함한다는 논지를 주장한 도덕철학자 데릭 파핏 등이 모턴의 사유와 공명하고 있다.

생태학적 시대의 감정 그리고 예술

저자는 하이퍼객체의 시대가 인간에게 권태와 불안, 친밀함과 슬픔, 압도 등의 감정을 불러일으킨다고 말한다. 저자는 그 이유를 하이퍼객체의 시대에 객체들 간의 비대칭적 관계에서 오는 위선, 약함, 절뚝거림이라는 특성에서 기인한다고 본다. 이 단어들은 대체로 사악하거나 힘이 없다고 느껴지는 부정적인 인상을 준다. 하지만 저자는 일견 부정적으로 여겨지는 이러한 특성을 전복적으로 사유한다. 오히려 위선이야말로 진실의 역설이며, 약함이야말로 연대를 가능하게 하며, 절뚝거림이야말로 실재와 외양 사이에 균열이 나 있는 존재의 본질이라고 외친다. 애니메이션 〈월-E〉를 고장 난 로봇이 지구를 구할 수 있다는 스토리로 읽어내면서 저자는 하이퍼객체의 시대가 유발하는 멜랑콜리와 강박의 정신적 고통 역시 수용하려는 태도를 보인다.

　이 책에서 모턴이 수행하는 것은 아직 보이지 않는 것을 보고, 눈앞의 존재로 그려내는 환시가visionary의 임무와도 같다. 그렇다면 모턴의 생태학적 비전으로 제시되는 예술이란 구체적으로 어떤 모습일까? 저자는 작품이 관객과의 상호적인 미적 작용—저자는 작품을 대할 때 매우 아프고, 눈물 흘리고, 강제하는 힘을 느낀다—을 통해 그 영향력을 발휘하며, 작품의 심연은 객체의 심연이 그러하듯 작품 앞에서 관객 객체와 상호적으로 만들어진다고 본다. 이러한 관점을 바탕으로 모턴은 호주 선주민 예술가인 나판가티의 그림을 인식의 공간을 보여주는 지도이자 보는 이에게 강력한 힘을 발휘해 변화를 일으키는 도구가 결합된 사례로 든다. 저자에게 그 그림 속 수 많은 선들은 보는 이의 시신경에 영향을 가하고 마음속에 얼어붙은 무언가를 녹아내리게 하는 주술적 힘으로 경험된다. 그것은 설득이 아닌 매혹의 방식이다. 이러한 사유를 바탕으로 저자는 생태학적 시대 예술의 역할은 관객의 마음에 들러붙어 자연이나 세계를 거리를 두고 딱딱한 것으로 보는 시각을, 우리의 냉소나 허무를 녹아내리게 하는 것으로 본다. 이것이야말로 죽지 않은 것들이 출몰하는 납골당에 머물면서, 멜랑콜리와 강박이라는 정신적 고통을 부인하지 않고, 시대의 권태와 불안을 수용하는 것이 생태학적 태도임을 이야기하는 저자가 상상하는 생태학적 시대의 미감이다. 모턴이 기술하는 생태학적 예술은 우리가 생각해온 자연 예술의 외양과 꽤 다르며, 자연다움에 대한 기존의 인식과도 거리가 있어서 인공적이고 기괴하게 느껴지기도 한다. 저자는 지구온난화의 문제가 실은 인간의 무의식의 문제, 그리고 마음을 어떻게 보는지의 문제와 연결되어 있다고 본다. 따라서 생태학적 시대에 예술은 규범적 자연의 모습이나 그 수사를 답습하는 것을 경계해야 하며, 인간이 내적 공간으로 한 걸음 진입하는 것을 도와야 한다고 제시한다.

저자는 하이퍼객체 시대에 자연을 낭만화, 물화시키고 착취 가능하게 하는 자본주의적 거리를 부수듯, 자연과 세계에 대한 심미화를 부술 것을 과감히 주장한다. 이러한 논의를 진행함에 있어서 저자는 헤겔의 미학 이론을 비판적으로 고찰하면서 정신과 물질 사이의 간격과 그로 인한 정신의 물질로서의 구현의 실패를 설명한다. 헤겔이 가진 목적론적 세계관을 비판하면서 저자는 자연에 대한, 세계에 대한, 자기에 대한 낭만주의적 서사를 멈추고 객체가 가진 간격을 인정할 것을 촉구한다. 그러한 태도의 예시로서 비인간을 포함하거나 비인간에 의도적으로 조율하는 예술 작업들을 살핀다. 특히 서구 음악사에서 '서사적 음악'을 (물질에 맞추는) '조율의 음악'으로 바꾼 예술 작업들에 주목한다. 저자는 인간중심적인 이야기로 물질을 호령하는 태도가 아닌, 물질 그 자체에 대한 객체 지향적 접근을 바탕으로 예술적 공명을 일으키는 것을 하이퍼객체 시대의 예술의 방향으로 검토해나간다. 그러한 맥락에서 저자는 세계상이 붕괴하는 이 시대에 예술을 (낭만과 환상을 잃은 인간을 위한) 애도 작업이라고 말한다.

저자는 지구온난화와 예술작품을 동시에 하이퍼객체로서 논의하면서 예술을 단순히 지구온난화에 대한 홍보 수단이 아닌 보다 깊은 존재론적 차원에서의 일로 제시한다. 하이퍼객체는 마치 우리가 처음 만나는 외계의 존재, 내부로 물러나 있는 사물의 실재, 혹은 보이지 않지만 우리에게 작용하면서 무언가를 강제하는 힘을 가진 존재로 그려진다. 지구온난화와 예술작품이 객체로서 갖는 공통점은 그것이 다른 객체에게 인과적, 미적(여기서 미적이라는 것은 한 객체가 다른 객체에게 어떻게 비치는가에 대한 것이다) 영향과 흔적을 남긴다는 점이다. 저자의 논의에 따르자면, 인과와 미적 영향은 다르지 않다. 저자는 마이 블러디 발렌타인의 음악을 들을 때, 나판가티의 그림을 볼 때 불러일으켜지는 수동성의 감각을 매우 섬세한 필체로 긴 문단에 걸쳐 생생히 보여주면서 그 만남에서 촉발되는 고통과 공명을 뚜렷이 전달한다. 이와 마찬가지로 지구온난화가 인간을 포함한 모든 종에게 거대한 시공간적 차원에서 물리적 흔적을 새김으로써 촉발되는 경이감과 공포를 선연히 보여준다. 이로써 독자가 생태학적 시대에 예술작품이 발휘할 수 있는 힘의 양상에 대해 사유하도록 이끈다.

저자는 모든 객체가 가진 균열과 비일관성을 우리가 인정하고, 외양과 실재 간의 위선을 깨닫고, 관념이나 감각을 물화시킨 것이 아닌 실재에 조율하기를 촉구한다. 파멸을 미루는 것은 오히려 나아질 수 있다는 희망을 유예하는 것이라고 말한다. 저자는 서양 철학사에 흐르는 메타적 태도를 강하게 비꼬면서 생태학적 시대에 아는 것만으로는 충분하지 않으며 이러한 앎은 오히려 생태학적 행동을 방해한다고 본다. 생태학적 행동이란 객체들과 조율되는 것이고 조율은 이성의 작용만으로는 이뤄지지 않는다. 바로 그곳에서 예술의 자리에 대해 생각해볼 수 있을 것이다. 예술을 통해 인간이 객체에 조율하는 것은 생태학적 공존이자 곧 쉼이며, 이것이 우리에게 필요한 하나의 태도로서 제시된다.

옮긴이 후기

모턴의 글은 그간 학계에서 경시되어온 비주류의 지적 전통과 영적 수행, 유치하고 약하며 여성적이라 폄하되어온 예술 양식을 되짚어 넘으로써 생태학적 비상사태에 제대로 대응하지 못하는 학계의 경직되고 냉소적인 태도를 전복하는 통쾌함을 선사한다. 동시에 그가 가진 멜랑콜리와 강박, 소외의 정감을 솔직히 드러내는 사적 문체는 도드라지는 인간 객체의 존재론적 틈과 위선을 인정하고 대면하도록 격려하는 묘한 위로를 준다.

모턴의 주장은 급진적이고 역설적인 면이 다분하여 자칫 말의 표면적 무늬만을 본다면 오히려 반감을 살지도 모른다. 나아가 그 역설의 의미가 우리의 일상에서, 구체적인 상황에서 다시 떠오르려면 시간이 필요할 수 있다. 어느 날 요가 수업에서 아사나를 하다가 시선을 어디에 두느냐에 따라 몸의 자세가 바뀐다는 것을 몸으로 체험하면서, 모턴이 왜 시간과 공간에 대한 우리의 시선을 조정할 것을 제안하는지 체감할 수 있었다. 모턴이 이야기했던, '세상이 우리에게 달려 있지 않다는 것을 깨닫는 것이야말로 생태학적 각성'이라는 말의 의미 역시 최근에서야 내 일상에서 발견할 수 있었다. 내가 인지할 수도, 생각할 수도 없었던 부분이, 틈이 분명히 더 있다는 것. 타인에게는 내가 다 알 수도, 끄집어 낼 수도 없는 낯선 부분이 존재한다는 것. 그러니 내가 지금 느끼는 모든 압박, 바로 '내가' 해결해야 한다고 느끼는 모든 문제들이 사실 나에게 좌우되지 않음을 알 때, 우리는 옴짝달싹하지 못하던 손끝을 움직이고 고개를 움직일 공간을 확보할 수 있으며, 그러한 변화를 통해 강박과 마비에서 풀려날 수 있다. 그제야 내딛을 수 있게 되는 작은 한 걸음. 새로이 들려오기 시작하는 작은 목소리들. 거기서 우리는 겸손의 의미를, 타자와의 조율의 의미를 다시 헤아릴 수 있을지 모른다.

　　나는 모턴의 글을 옮기며 유령과 함께 사는 것, 생명이 죽음에 기대고 있는 것, 존재의 참 모습에 개방하는 것, 뜨겁게 관조하는 것, 결코 알 수 없는 존재의 본질이 있다는 것, 객체와의 조율이 곧 자기를 비우는 일이기에 그것이 쉼이 된다는 통찰에서 위안을 얻었다. 또한 기꺼이 예술작품이 일으키는 고통과 아픔을 수용하려는 저자의 수용력은 예술이라 불리는 일을 업으로 삼고 있는 내게 그것이 남기는 여진과 흔적에 대해, 그 경험을 허용할 때 발생하게 되는 열어냄에 대해 다시금 돌아보게 했다. 독자들이 모턴의 사유를 통해 어떠한 공명이나 위안, 지금 이곳을 다르게 보는 혜안을 얻을 수 있다면 이 책을 조금 더 오래 읽어온 번역자로서 더 없이 기쁠 것 같다.

　　이 책을 번역하는 과정은 녹록치 않았다. 여러 학문 분야의 연구들을 종횡무진 오가며 엮어내는 저자의 지적 횡단과 그 은유적 수사를 옮기는 과정은 무척 힘들었다. 저자의 신선한 사유에 매혹되

다가도 그 맥락을 정확히 읽어내어 적절한 표현을 찾는 데 많은 시간이 필요했다. 여전히 아쉬움이 남는다. 부족한 부분은 독자 분들의 너른 이해를 구하고 싶다. 독자의 독서 과정을 돕고자 시간을 들인 탓에 역주 분량이 꽤 늘어나게 되었다. 모쪼록 최근 몇 년 사이에 국내에 번역되어 출간된 모턴의 저서들에 더해서 그의 사상을 소개하고 생태학 관련 논의를 풍성히 하는 데 보탬이 되길 희망한다.

2016년 모턴의 책을 처음 접하고, 옮기고, 초고를 수정하며 이해를 다시 톺아나가는 긴 과정에서 나온 번역물을 내놓으며 두려움과 기쁨을 함께 느낀다. 창작자로서의 경험과 관심에 기반해 이 책의 번역을 시작했고 마치기까지 어려움도 있었지만, 내가 맡은 몫을 다시금 이해하고 매듭지을 수 있도록 격려해준 동료들에게 이 번역물이 보탬이 되었으면 하는 바람이다. 그간 받았던 도움에 대해 감사함을 표하고 싶다. 초벌 번역 글을 발견하고 출간으로 이어지도록 도와주신 길예경 선생님, 2018년 레지던스 기간 동안 초고 일부를 나누는 자리를 열어주신 제주 문화공간 양의 김범진 대표님과 김연주 선생님께도 감사드린다. 직접 편집하시며 함께 책을 만든 현실문화연구 김수기 대표님께도 감사드린다.

교정본을 다시 들여다보며 지낸 지난 일년여 동안, 이른 새벽이면 어김없이 책상 앞에 앉아 번역을 하시던 아빠의 뒷모습을 많이 떠올렸다. 문틈으로 새어나오던 빛줄기, 얇은 종이가 손끝에 구겨지는 소리와 그럴 때마다 더욱 크게 느껴지던 집의 고요함 같은 것들. 그때는 등 너머에서 아빠가 고심하며 단어와 생각을 옮겨 심는 일에 대해 알지 못했고, 그 일이 미래의 나와 연결 될 거라고도 생각하지 못했다. 번역의 시작은 내 단출한 호기심이었지만, 마무리는 내 안의 아빠와 함께여서 조금은 더 무게를 달게 된 것 같다. 아빠가 내게 말 없이 보여 전해준 것들을 이제라도 알아볼 수 있어서 다행이다. 먼 곳에 계신 아빠에게 사랑과 존경의 마음을 적어둔다.

그리고 나와 함께 서로의 집이 되어 주는 사랑하는 강일에게, 그 사이 우리와 새로운 가족을 이룬 미미와 마틴, 조카 이율에게 깊은 애정을 전한다.

2023년 6월
김지연

용어 찾아보기

인명 찾아보기

작품 찾아보기